清宫档案说清史

邹爱莲 著

华中科技大学出版社
http://www.hustp.com

中国·武汉

图书在版编目（CIP）数据

清宫档案说清史/邹爱莲著. —武汉：华中科技大学出版社，2020.9

ISBN 978-7-5680-6537-5

Ⅰ.①清… Ⅱ.①邹… Ⅲ.①宫廷-史料-中国-清代 Ⅳ.①K249.06

中国版本图书馆 CIP 数据核字（2020）第 151131 号

清宫档案说清史　　　　　　　　　　　　　　　　　邹爱莲　著
Qinggong Dang'an Shuo Qingshi

策划编辑：吴素莲	
责任编辑：吴素莲	
封面设计：李彦生	
责任校对：阮　敏	
责任监印：朱　玢	
出版发行：华中科技大学出版社（中国•武汉）	电话：(027) 81321913
武汉市东湖新技术开发区华工科技园	邮编：430223
印　　刷：湖北新华印务有限公司	
开　　本：710mm×1000mm　　1/16	
印　　张：25.75　插页：8	
字　　数：433 千字	
版　　次：2020 年 9 月第 1 版第 1 次印刷	
定　　价：68.00 元	

本书若有印装质量问题，请向出版社营销中心调换
全国免费服务热线：400-6679-118　竭诚为您服务
版权所有　侵权必究

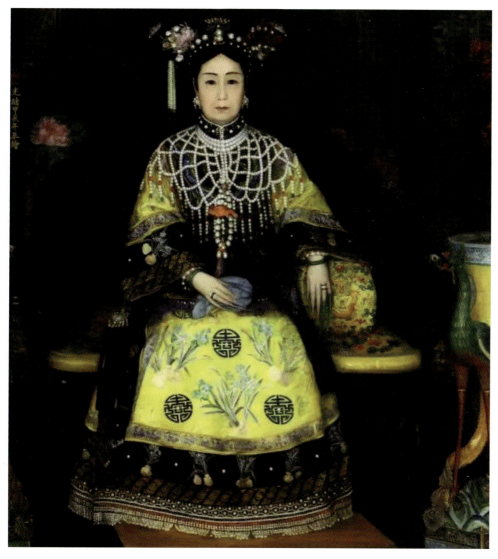

慈禧太后像

咸丰六年懿妃(慈禧)遇喜档

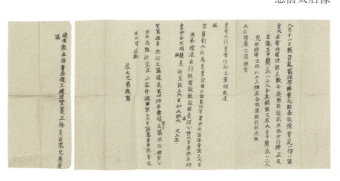

咸丰十一年慈禧写给醇郡王奕譞的密信

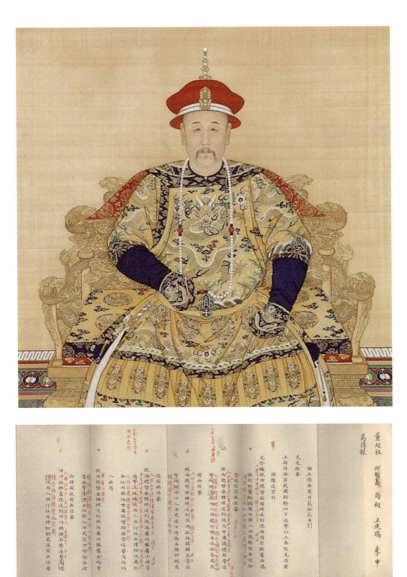

雍正皇帝像

雍正皇帝朱批引见官员单

雍正皇帝朱批曹頫请安折

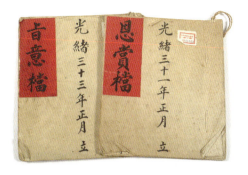 

升平署旨意档、恩赏档　　　　　　　　　　　　升平署印

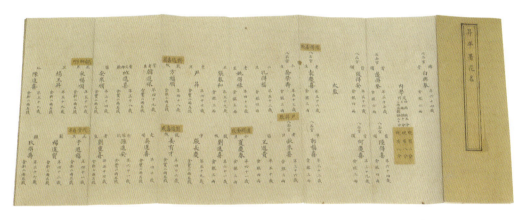

升平署花名册

宁寿宫戏单

赤道南北两总星图

乾隆朝金沙江上下两游图（局部）

黔省驿递道路图

徐扬进祝乾隆皇帝万寿图并诗

乾隆朝新葺江南名胜图册

康熙皇帝朱谕

乾隆皇帝元旦开笔字

雍正五年瑞谷图

嘉庆皇帝元旦开笔字

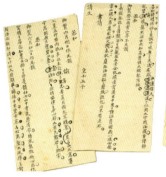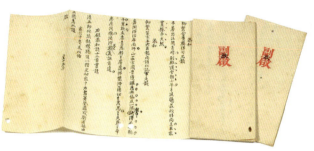

嘉庆皇帝做皇子时写的诗

光绪皇帝御书匾额"自强不息",悬于北京故宫养心殿后殿东次间东门上。

北京故宫存金瓯永固杯

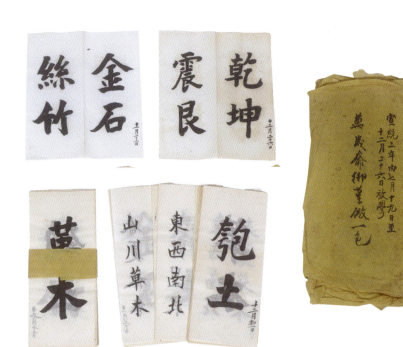

宣统皇帝学写的字

光绪皇帝大婚典礼红档

皇史宬大殿

皇史宬大殿内景

 康熙皇帝朱批
 雍正皇帝朱批
 乾隆皇帝朱批
 嘉庆皇帝朱批

 道光皇帝朱批
 咸丰皇帝朱批
 同治皇帝朱批
 光绪皇帝朱批

自 序

自 1977 年进入山东大学历史系学习,我就和历史结下不解之缘。后来又被分配到中国第一历史档案馆工作,使我有 30 年时间和明清历史档案相伴。从档案的整理编目,到保管利用、档案编研,我在工作中常常看到一些和史书上和传说中不一样的或没有记载的内容,每每怦然心动,就想把它介绍给大众、介绍给需要它的专家和读者。特别是 2002 年国家开始启动大型清史纂修工程,我有幸成为国家清史编纂委员会委员,参与了清史纂修工程全国清代档案的立项整理、编辑出版和新清史史表审核等工作,使我有了更多接触全国清代档案和参与国内外清史研讨的机会,能够得以在工作之余,陆续写下了几十篇有关清代档案和读档谈史的文章。这些文章,有些曾在刊物上发表过,有些在参加学术讨论会或学术演讲时宣读过,也有些尚未正式发表过。

本书收辑文章共 36 篇,主要是有关清代史实、人物、制度以及清宫档案介绍等方面的文章。例如,在人物考证方面,有慈禧出生地考察、慈禧何时称老佛爷、赛金花班妓自杀案等;在制度方面,有清代官员密考制度、清代国史馆及其修史制度等;在事件方面,有"台湾事件"与"琉球案"、清朝"百年禁教"期的天主教政策等;在清帝治世方面,有清帝朱批用语规律及特点、清帝元旦开笔及其思想等;在档案述评方面,有清宫舆图档案研究及介绍、清宫萨满教档案研究及介绍等。这些文章都是以档案为依据,或对人物、制度、事件有所考证和辨析,或对我所了解并认为较重要档案的研究或评价;有的依据的是几宗档案,有的依据的是几十件甚至几件档案。

至于与国家清史纂修工程以及中国第一历史档案馆工作相关的内容,

如全国清代档案调研报告、《清史稿》纂修始末研究、清史工程与清代档案利用以及各种清代档案史料书籍的述评和清代档案专题史展览的评介等，因篇幅所限，本书未予选录。

档案不是历史，但每件档案都承载着历史。作为一个学历史的人，更懂得珍惜档案，因为珍惜档案就是珍视历史；也更希望能利用好档案，因为只有利用好档案，才能真正体现它所蕴含的意义和价值。所以，今天能有机会把自己的文章以"清宫档案说清史"的名称贡献给读者，是我很乐意的事情。

要说明的是，因本书与学术论文集要求不同，所以有些原来学术性较浓的文章，我按本书要求从语句或结构上做了一些修改或调整。另外，因这些文章原来没有统一的注释，重新加注释难度较大，这次出版只做了少量补充，这可能会给读者带来考证的不便，敬请谅解。

本书中有"一次承前启后的册封——赵文楷、李鼎元赴琉球册封活动""清帝朱批常用语规律及特点""清代的密考制度"三篇文章原来分别是与中国第一历史档案馆高换婷，文化部清史纂修与研究中心穆蕾、王金山几位同志合著，这次我重新修改后选入。另有"德龄出宫真相及对清末女学的影响"一文中的日文档案，系由中国科学院大学人文学院黄荣光教授帮助翻译，在此一并特别说明和致谢。

本书的出版，首先真诚感谢我过去老同事的推介、感谢出版社同仁的热心帮助。同时，也衷心感谢那些真诚关心、帮助过我，在困难时给我以鼓励的同志和朋友。特别要衷心感谢阎崇年先生，8年前，阎先生就鼓励并推荐出版社让我将有关论文结集出版，此次又蒙阎先生在百忙之中为本书撰写前言。甚至今年春节的拜年短信，阎先生首先询问本书出版进展，并确定前言交稿时间。其热情与帮助，一直让我感动在心。

限于本人理论研究水平，文章中难免有不当之处，敬请读者批评指正。

邹爱莲

2020年2月

前 言

著名清史专家、档案学家、中国第一历史档案馆前馆长邹爱莲研究馆员新著《清宫档案说清史》，恰逢北京故宫建成600周年之际，即将由华中科技大学出版社付梓，我非常高兴，更表示祝贺。我同邹爱莲馆长相识近40年，又是大同乡，有着特殊的缘分。我就地缘、书缘、学缘，在书之前，写几句话，权且算作前言。

一 说 地 缘

中国第一历史档案馆前身是故宫博物院明清档案部，自始至今，都在故宫紫禁城之内。故宫与我有特殊的地缘。我早先的住家，与故宫南向第一道大门——天安门红墙只有一街之隔；我所上的中学，校址原是清宫内务府升平署旧址，与故宫西墙也只有一街之隔。这南北与东西两个一街之隔的地缘因素，给了我太多去故宫博物院暨明清档案部和中国第一历史档案馆的便利和机会。

我之所以学习清史、研究清史，其中一大原因，就是北京故宫有唯一的、大量的、珍贵的、第一手的明清档案史料——1000多万件（套）明清档案、200多万件（套）满文档案等。这是中华文化的瑰宝，也是人类文明的珍粹。曾经有一段时间，我几乎每天早上带着书籍、文具和窝窝头，来到故宫西华门外等候，大门一开，急忙进去，到靠近故宫西墙的中国第一历史档案馆查阅档案，直到傍晚关门前离去。可以说，我在学术上的每一点收获、每一点成绩，都同中国第一历史档案馆有着密切的关系。所以，我对中国第一历史档案馆、对馆里的领导和朋友，始终怀着感谢、感激、感恩的心情。

邹爱莲馆长1982年刚到中国第一历史档案馆,我们就认识。多年以来,我和中国第一历史档案馆的各届领导、档案专家、年轻俊彦,或师或友,情谊至深。我举个例子。中国第一历史档案馆珍藏的"康熙起居注",我去借读时,开始时一月一月地查,做卡片,记笔记等。这批重要史料,为方便读者,由该馆朱金甫先生等整理、标点,中华书局于1984年出版,但其另一半存在台北故宫博物院文献处。两岸所存,大体各半——不是前一半、后一半,而是不规则地错开珍藏。这就给读者利用造成极大的不便。海内外读者、中外之学人,迫切希望两岸能合璧出版其全部影印本。1992年,我和冯尔康教授等一行9人,到台北出席"海峡两岸清史档案学术研讨会"。会间应邀到台北故宫博物院参观,看到该院收藏的另一部分"康熙起居注"。后来,我在1997年、2003年、2007年和2008年等多次去台北,都到台北故宫博物院去查档案。此时台湾联经出版公司老总林载爵先生,正在编辑出版我的《康熙大帝》(繁体字竖排本),并请我吃饭,席间谈起两岸合作出版《康熙起居注册》一事,他表示有同大陆合作出版此书的愿望,但种种原因,落实却难。随之台北故宫博物院冯明珠院长邀请我为该院专家作学术报告。事后请我餐叙,我们谈及此事,她表示愿意尽力玉成之。我回到北京后,同时任中华书局总经理李岩谈及此事,他表示早有此意。最后我专程到中国第一历史档案馆找邹爱莲馆长谈及此事,她也愿意跟有关领导报告,态度积极,鼎力支持。这样经过海峡两岸4家单位反复协商,多次磨合,终于就合作出版"康熙起居注册"达成共识。2009年9月3日,《清代起居注册·康熙朝》统一开本、统一版式、统一纸张、统一装帧,精装成54册,合璧出版发行。这成为海峡两岸出版界、档案界、清史界、文化界的一件盛事。邹爱莲馆长为两岸文化交流、为传承中华优秀文化,极力协调,克服困难,做出了积极的贡献。我也为此事尽了绵薄之力,而收获一套《清代起居注册·康熙朝》,在第一册扉页上,邹爱莲、李岩、冯明珠、林载爵等诸君都签名作为纪念。

二 说书缘

《清宫档案说清史》一书,有两个显著的特点:一是清档,二是清史,以档案证清史,以清史说档案,历史与档案,史料与观点,彼此结合,进行论述。这既是本书的一个优势,也是本书的一个特征。

《清宫档案说清史》分作"人物与考证""制度与事件""清宫档案述评""清帝治世谈"四大部分。

"人物与考证"部分,约8万字,涉及雍正皇帝、西太后慈禧、东太后慈安、赵文楷、李鼎元、德龄、赛金花、周自齐、端方等清代人物,从帝后、大臣,到格格、妓女等。从《清实录》《清史稿》等官书可以查到上述人物的部分资料,而难得一见的是他们的档案资料。著者熟悉清宫档案,平时积累大量的摘记资料,在书中运用,惠益于读者。

"制度与事件"部分,约8万字,涉及清代职官、外事、文化、宗教,亦有民族、教育、修史制度等,许多问题过去很少有人论及,最难能可贵的是文章中大量史料过去没人使用过,如"清代的密考制度",就是该书第一次论及,"台湾事件与琉球案"是第一次有人依据大量清朝总理各国事务衙门档案写成。

"清宫档案述评"部分,更是作者的长项,约6万字。文章结合历史史实,阐述归纳馆藏档案,这不仅给一般读者,而且给专家学者,以新鲜知识,更拓展眼界。例如舆图,书中收录了5篇关于历史舆图的内容。从清宫舆图的来源和形成到清朝时期的管理,从清宫舆图的内容到价值,文章做了详细论述。著者在馆时间久,用功勤,积累多,书中展现了大量馆中极为珍贵、难得一见的清宫舆图,不仅提供大量第一手信息,而且可以使读者一饱眼福。

"清帝治世谈"部分,约5万字,字数虽不多,却是作者从档案中提炼的精华,如"清帝朱批常用语规律及特点",就是作者从康熙到同治各帝十几万件朱批奏折中,总结和归纳出的特点。所以,读者从这部分文章中亦可以看到文献典籍所看不到的档案资料、历史信息和学术新见。

三 说学缘

《清宫档案说清史》的作者邹爱莲馆长,为人勤奋诚恳,热情厚道,埋头做事,寡言少语。她大学历史系毕业后,被分配到中国第一历史档案馆做档案管理工作,从此我们结下了学缘。她出身普通家庭,也没有什么背景,一心一意,踏实工作。她在管理部工作时,我每去馆里看档案,她都热情周到,耐心细致,许多人都对她赞赏有加。后来她逐步做到部门主任、副馆长、馆长。做馆长时,还是那样和颜悦色,平易近人。有一次,我碰到一个学术难题。清代北京王府,都在内城,无一例外,这成为共识。但在北五环、昌平郑各庄,有个"平西府"。有人说是平西王吴三桂的王府。这肯定不符合历史事实。假如不是吴三桂的王府,那是谁的王府?恰好我到台湾去讲学,顺便到台北故宫博物院查满文档案。经过一番努力,有幸查到满文《上驷院郎中尚之勋等奏报郑家庄行宫工程用银数折》(康熙六十年十月十六日)。郑家庄工程竣工奏折的详细记载,同当地城垣、护城河等遗址数据相符。但这是孤证。回到北京后,需要查找中国第一历史档案馆是否有这一工程开工的满文档案。我即去找邹馆长报告此事,希望在该馆里能找到这份满文档案。当时馆里特别忙,还有其他重要任务。因为邹馆长是著名清史学家、档案学家,我们沟通起来很方便。她提出在200多万件满文档案里找,如大海捞针,实在太困难。我同这位热情而耐心的馆长商量:先在内务府档里找,后在工程档里找,再在奏销档里找,最后商定时限从该工程完工之日、倒查5年即从康熙五十五年开始查。最后满文专家郭美兰研究员,查到了康熙五十七年十二月工程开工的满文奏折。海峡两岸这两份满文开工、竣工奏折,与昌平郑各庄考古遗迹,三者数据完全吻合,这个200多年的历史疑案终于破解。可以说,没有邹馆长的大力支持,这个学术疑案不知何时才能解决。她为此做出了贡献。

由上,我联想到:邹爱莲馆长是中国第一历史档案馆第一位历史专业出身的馆长,是中国第一历史档案馆第一位出版学术著作的馆长,还是中国第一历史档案馆第一位女性馆长。她的《清宫档案说清史》我一定买一本读,并向读者朋友推荐。

阎崇年

2020年4月2日

人物与考证

慈禧生何处 ………………………………………………………………… 1
慈禧太后称"老佛爷"时间背后 ……………………………………… 12
从两件奏折清单谈慈安、慈禧太后陵 ………………………………… 22
对高规格慈禧太后陵寝的再解读 ……………………………………… 34
赛金花其人其事 ………………………………………………………… 40
赛金花班妓自杀案 ……………………………………………………… 58
德龄出宫真相及对清末女学的影响 …………………………………… 70
雍正皇帝与浙江海宁海神庙 …………………………………………… 78
一次承前启后的册封——赵文楷、李鼎元赴琉球册封活动 ………… 93
周自齐外交经历及对清末外交之贡献 ………………………………… 109
端方与端方档案 ………………………………………………………… 121

制度与事件

清代的密考制度 ………………………………………………………… 131
清代官员回避制度 ……………………………………………………… 141
清朝对台湾移民政策 …………………………………………………… 148
"百年禁教"期的天主教政策 ………………………………………… 159

明清时期的诰命与敕命⋯⋯⋯⋯⋯⋯⋯⋯⋯⋯⋯⋯⋯⋯⋯⋯⋯⋯ 178
清代的国史馆及其修史制度⋯⋯⋯⋯⋯⋯⋯⋯⋯⋯⋯⋯⋯⋯⋯ 188
清朝国家最高学府兼教育管理机构国子监⋯⋯⋯⋯⋯⋯⋯⋯⋯ 204
石室金匮的皇史宬⋯⋯⋯⋯⋯⋯⋯⋯⋯⋯⋯⋯⋯⋯⋯⋯⋯⋯⋯ 212
"台湾事件"与"琉球案"⋯⋯⋯⋯⋯⋯⋯⋯⋯⋯⋯⋯⋯⋯⋯⋯ 220

清宫档案述评

十七年艰难革命路——清政府缉拿孙中山百道密谕档案揭秘⋯⋯ 234
清帝退位诏书——中国封建君主专制制度终结的标志⋯⋯⋯⋯ 243
清宫里神秘祭祀活动的原始记录——萨满祭祀档案⋯⋯⋯⋯⋯ 249
清宫萨满祭祀的特点⋯⋯⋯⋯⋯⋯⋯⋯⋯⋯⋯⋯⋯⋯⋯⋯⋯⋯ 255
清宫萨满祭祀的兴衰与演变⋯⋯⋯⋯⋯⋯⋯⋯⋯⋯⋯⋯⋯⋯⋯ 265
漫谈清宫舆图之一——清宫舆图的来源⋯⋯⋯⋯⋯⋯⋯⋯⋯⋯ 277
漫谈清宫舆图之二——清朝时期对宫中舆图的管理⋯⋯⋯⋯⋯ 283
漫谈清宫舆图之三——现存清宫舆图的分类、内容及价值⋯⋯ 288
清宫档案中有关琉球的舆图⋯⋯⋯⋯⋯⋯⋯⋯⋯⋯⋯⋯⋯⋯⋯ 299
清宫礼仪档案略论⋯⋯⋯⋯⋯⋯⋯⋯⋯⋯⋯⋯⋯⋯⋯⋯⋯⋯⋯ 313
中国第一历史档案馆馆藏租界档案及其价值⋯⋯⋯⋯⋯⋯⋯⋯ 327

清帝治世谈

清帝读书与执政⋯⋯⋯⋯⋯⋯⋯⋯⋯⋯⋯⋯⋯⋯⋯⋯⋯⋯⋯⋯ 338
清帝朱批常用语规律及特点⋯⋯⋯⋯⋯⋯⋯⋯⋯⋯⋯⋯⋯⋯⋯ 349
从元旦开笔看清朝皇帝治世思想的变化⋯⋯⋯⋯⋯⋯⋯⋯⋯⋯ 365
同治皇帝典学教育的得与失——从"功课档"和《翁同龢日记》谈起 ⋯ 371
从清宫舆图的形成看清朝兴衰⋯⋯⋯⋯⋯⋯⋯⋯⋯⋯⋯⋯⋯⋯ 386

人物与考证

慈禧生何处

清道光十五年十月初十（1835年11月29日），是清朝入关后第七位皇帝咸丰的贵妃、第八位皇帝同治的生母、后来闻名天下的慈禧太后的诞辰日。在她刚出生的日子里，和普通人家生了女儿一样，除了她的父母多了一份欣喜之外，并没有引起其他人过多的关注。关于她的出生，历史几乎没有留下任何正式的记录，因为谁也没有料到，几十年后，这个普通人家的女子，会成为执掌大清国朝政40余年的圣母皇太后、人人都要向之顶礼膜拜的"老佛爷"，她的名字被列入世界近代200名人之中。

历史对她出生留下的这段空白，给后世想了解她的人带来了许多遗憾和困惑。自清末迄今，围绕她的家世和生平，有种种传说，对她的出生地问题，更是众说纷纭，

慈禧太后像

莫衷一是。屈指数来，竟有6种说法：安徽芜湖说、山西绥远说（即内蒙古说）、甘肃兰州说、浙江乍浦说、山西长治说、北京说。人们都试图从这位赫赫有名的圣母皇太后降临人间的第一个驿站起，追根溯源，探询她的思想、性格形成的脉络和根源，探询她成长、成名的偶然和必然，以解开发生在她身上、又给一个民族带来过深刻影响的许多历史之谜。特别是20世纪90年代以来，随着全国旅游业的发展和名人效应的产生，也随着清宫戏铺天盖地般地进入影视银屏，历史名人成为各地争相开发的一个亮点，吸引游客的一道风景。历史上并不多么光彩、"文革"中曾被"批倒批臭"的慈禧太后，也成为许多地方争抢的人物。围绕她出生地的争论，风波再起，既给后人增加了不少麻烦，也给社会平添了几分热闹。

一、安徽芜湖说

安徽芜湖说，又叫"生长南中"说，这是关于慈禧太后出生地传说中最早的一说。

这种说法的根据是，慈禧的父亲惠徵，曾做过清朝安徽宁池太广道的道员，因之慈禧"生长南中"，"雅善南方诸小曲"。据民国时期出版的《清朝野史大观》记载：慈禧，"那拉氏者，惠徵之女也，惠徵尝为徽宁池太道，其女生长南中，少而慧黠，缥艳无匹俦，雅善南方诸小曲，凡江浙盛行诸调，皆朗朗上口"，因此得到咸丰皇帝的宠幸。一些小说家及影视编导根据这种说法，将此情节经一番渲染，写进小说，搬上银幕——圆明园桐荫深处，一曲甜甜绵绵的小曲"艳阳天……"，听得咸丰皇帝如醉如痴，慈禧也由此发迹。不仅如此，由此说还演化出了慈禧与吴棠的故事。说是惠徵在徽宁池太广道上，以亏款罢官，病殁于途，慈禧奉母扶柩归京，因生活甚贫，几不能办装，幸得清江候补知县吴棠相助白银三百两为之解难。为感吴棠之恩，慈禧掌权后，将吴棠由知县累擢为四川总督，"懿眷之隆，未有出其右者"。

事实上，惠徵任安徽道员是在咸丰二年（1852）二月，正式上任在当年七月，当年慈禧已18岁，而且已经入宫，被册封为兰贵人了。在清宫档案里清楚记载着：咸丰二年二月初六，谕令惠徵任宁池太广道道员，二月初八、初九两天，清宫挑选秀女，结果慈禧被选中，二月十一日，敬事房太监传达皇帝谕旨，封慈禧为兰贵人，并命于五月初九进宫。这对惠徵全家来说，可谓喜上加喜，等将慈禧送进宫后，惠徵才携家眷赶往江南，七月到芜湖正式接印上任。另外，在档案中，还有不少咸丰二年，皇帝、皇太后赏赐兰贵人的赏单，多则赏银百两，少则野味一盘。所以反对"安徽说"的学者断言：慈禧不仅没有"生长南中"，而且可以说其一生根本没有去过南方。

咸丰二年二月任命惠徵为安徽宁池太广道道员上谕

二、内蒙古说

和安徽芜湖说堪称南辕北辙的一种说法是"山西绥远说"。清代的绥远城，民国时期改归内蒙古自治区，所以此说又称"内蒙古说"。

在北方塞外的内蒙古呼和浩特市有一种传说，慈禧的父亲惠徵，当年曾任山西归绥道道员，归绥道驻地在归化城，即今呼和浩特市，呼市新城有条落凤街，慈禧就出生在这里。她小时候有个乳母，是当地回民，人称"逯三娘"。小时候的慈禧，还常到归化城边玩耍。这一美丽动人的传说，绘声绘色，至今犹存。

然而，在清朝道光二十九年（1849）的"上谕档"中却清楚地记载着，任命惠徵为山西归绥道的时间是道光二十九年闰四月，惠徵走马上任是当年七月，这时的慈禧，年方15，正等待宫中挑选秀女。显然，"落凤街前未落凤"。不过，和清朝多数官员一样，惠徵是带着家眷赴任的，所以慈禧确实在归化城住过3年，若说呼市是她的第二故乡，则不为过。而慈禧的外祖父惠显，从道光十一年至道光十七年，在归化任过副都统，所

道光二十九年任命惠徵为归绥道道员上谕

以慈禧和归化城多少有些联系，持"绥远说"的人可能正是把惠显错当成了惠徵，才得出这种误导性的传说。

三、甘肃兰州说

"甘肃兰州说"的说法是，惠徵曾任过甘肃布政使衙门的笔帖式，当时住在兰州八旗会馆以南的马坊门，即今永昌路179号院。而慈禧就出生在乃父任职兰州之时，所以她的出生地就在这个院落里。

此说将慈禧的出生地说得比较详细具体，并且在惠徵的一生中，他的确曾长期担任过笔帖式之职。但有的学者经过考证发现，惠徵任笔帖式的时间是在京城各衙门，这期间，他没离开过北京，更没有去过甘肃，所以慈禧生于兰州说，轻而易举就被击破了。

"安徽说""内蒙古说"及"甘肃兰州说"，都因纰漏太多，已被史学界否认，并达成了共识。而后三种说法，从20世纪80年代以来，随着对慈禧太后研究的深入，却越争越烈，迄今尚无定论。

四、浙江乍浦说

1993年8月22日，《人民日报》在一处不起眼的地方，刊有一篇不足300字的报道："史界新发现，慈禧生于浙江乍浦。"文中说，慈禧太后的父亲惠徵，在道光十五年至十八年间（1835—1838），曾外放到浙江乍浦，任正六品武官骁骑校，而慈禧正是在这一时期出生，所以她的出生地，是"浙江平湖市乍浦城内的满洲旗下营"。该报道又写道：在现今的浙江乍浦老人中，仍有种种关于慈禧幼年的传说。这就是从1993年开始出现的"浙江乍浦说"。

此说抓住了道光十五年慈禧出生这个关键性的年代，也抓住了当今诸说中时间考证上最薄弱的环节，所以单从时间上立论，此说似乎是可以相信的。但是细心的学者仍从中发现了疏漏：根据清朝政府对官员的考核档案，道光十四年官员考核时，惠徵被定为吏部二等笔帖式，道光十九年，被任命为吏部八品笔帖式。如果按"乍浦说"的说法，惠徵在这几年之间在乍浦当过骁骑校的话，他将从一个京城八品以下的二等文官，忽然连升几级，成了正六品的武官，这不合常理；再由正六品武官，无缘无故一下又降回八品文官，则更讲不通。这些明显的破绽，最终使人对"浙江乍浦说"难以信服。

五、山西长治说

最新奇、最独特的说法要数"山西长治说"了，这种说法又称"潞安说"。因为当今的长治市，就是清代的潞安府。此说认为，慈禧压根就不是满洲人，她的生身父亲也不是惠徵！

此说正式提出于1989年。1989年6月23日，长治市郊区下秦村农民赵发旺（自称是慈禧五辈外孙）到长治市地方志办公室找到负责人刘奇，说慈禧是长治县上秦村人，并交出了一份由五位老人联名、还人人按了手印的书面材料，要求政府帮助澄清。此后的9月，长治市志办公室的人员到上秦村对慈禧的身世做了调查，10月8日，长治市志办负责人刘奇写的《慈禧太后是长治人》一文在《长治日报》发表，"长治说"开始引起社会反响。

此说所依据的"铁证"主要是百年来流传于当地、特别是长治县西坡村和上秦村一带关于慈禧童年的口碑传说。

据说，慈禧原本是长治县西坡村汉族农民王增昌之女，名叫王小慊，4岁那年，因家贫，母又病死，被卖到上秦村宋四元家，改名宋龄娥。龄娥天资聪颖，爱唱小曲，宋家夫妇把她视为掌上明珠。7岁时送她去书房上学，9岁时就会双手写字，不料其11岁上，宋家又遭灾难，因而被转卖给潞安府知府惠徵家做丫头。一次，惠徵夫人富察氏发现龄娥两脚底下都有一个痣子，被视为福相而收作养女，改姓叶赫那拉，更名玉兰，惠徵又请人教她填词作赋。玉兰出落得越发聪明可爱，后来参加皇帝三年一次的选秀女，被选中入宫，从妃嫔一步步升成了皇太后。当了皇太后的慈禧，爱吃长治的地方食品：黄小米、玉米面、壶关醋、萝卜菜；偏袒重用长治人和长治官员：长治人原殿鳌犯了欺君罪因慈禧讲情而免死，提拔了山西五台人徐继畬、长治人郭从矩，1900年逃到山西时还接见了潞安知府许涵度；爱看山西地方戏上党梆子；爱唱山西民歌；关心长治人的疾苦，曾专拨银粮赈济长治灾民等。

与传说相呼应还有大量的物证：在上秦村关帝庙后，至今保存着一处"娘娘院"，被认为是慈禧入宫前住过的院落；在西坡村王氏家谱上，更明确写着"王小慊后来成为慈禧太后"的话;在位于西坡村外羊头山西麓的荒滩岸边,甚至还有慈禧生母的坟;在长治市城区原潞安府后院保存有"慈禧太后书房院";而在上秦村宋家的土炕上,又刨出了慈禧给宋家的信,光绪、宣统年间清廷特制皮夹式清代帝后宗祀谱以及慈禧本人的单身照片等。林林总总,口传、实物和文献,各种证据共达38项。

为此,宋四元家的后人,自称是慈禧四辈、五辈侄孙女的宋双花、宋六则等曾联名写信,要求政府调查澄清。长治地方的男女老少,众口一词,并纷纷画押公证:慈禧是长治人。长治市为此专门成立了慈禧童年研究会,《长治日报》连篇刊载了有关慈禧童年及其家世的文章,认为"慈禧太后本是山西汉人"。前些年,长治慈禧研究会还陆续编辑出版了《慈禧童年考》《慈禧童年——解开百年不解之谜》等书,拍摄了《慈禧是长治人》《慈禧后代、乡亲话慈禧》的电视片、资料片,举办了慈禧童年展览等。

山西长治说,从人证到物证纷纷扬扬,似乎证据最确凿,但在史学界争议也最激烈。

1993年,长治市慈禧研究会与北京史学会联合召开了"慈禧童年学术研讨会",有30余位专家学者参加了研讨会。有的专家认为:长治市慈禧童年研究会"经过多年的深入访问调查,提出了自己的学术见解,认为慈禧出生于山西长治,这是关于慈禧童年研究中值得重视的一种意见"。还有的专家学者认为,社会上流传的慈禧生于内蒙古、安徽、浙江等说法可以排除,但"山西长治说"和"北京说"可以并存。但也有的专家学者对慈禧生于长治的说法提出了一些疑点和不同看法,他们认为,此说太富于传奇色彩了,物证中有许多失实的地方:

其一,慈禧生母的坟,这是长治说的物证之一。根据长治说,1958年西坡村曾平了许多坟,20世纪六七十年代时,该村和全国一样,在"农业学大寨"高潮中也曾到处平坟造地,但"因该墓系慈禧太后生母之墓,得以保存至今"。反对长治说的学者观点正好相反,他们认为,自清末以来,慈禧太后的名声一直不太好,特别是新中国成立以后,慈禧太后更成为一个臭名昭著的人物,"文革"后,还一度在全国掀起了批判慈禧的高潮,在以阶级斗争为纲的年代里,许多历史名人的墓被毁被平,怎么会在西坡村独留下慈禧生母的坟?

其二,慈禧给宋家的书信残片,据说是慈禧的五辈孙宋六则从当年慈禧所住房屋东面的土炕里刨出的，这是"长治说"的又一证据。但反对此说者，将其和清宫档案中光绪二十六年（1900）慈禧写的便条，以及咸丰刚刚去世时慈禧写给恭亲王奕䜣的密谕进行鉴别对比，认为其明显不是慈禧的手笔。再看全信的内容支离破碎，仅剩下了45个字，而由"山西说"的学者按自己的想法猜测增加上去的

笔迹对照（左边是慈禧太后的笔迹）

竟达118个字，并且关键性的字是加上去的，所以可信度很低。另外请人代写这种私密信，不符合慈禧一贯的做事风格。在清宫档案中，有一些慈禧写的便条和密旨以及元旦开笔所写的吉字等，都是慈禧亲自写的。

其三，至于王氏家谱上写的"王小慊后来成为慈禧太后"的话，反对"长治说"的学者认为"这只是后人所为，是什么人所加，根据是什么都不知道"，在没有弄清来龙去脉之前，更不足为凭。

其四，清制黄皮夹，说它制于清光绪年间可能是正确的，但是说持此皮夹者应为高级官员和皇亲国戚则不一定，从这个皮夹就推断出宋四元夫妇为慈禧太后（养身）父母也缺乏根据，而说它是慈禧"让家人作为进京入宫谒见皇太后的通行证"，更是与清朝宫廷制度不符。

除以上各种疑点外，反对"山西长治说"的学者，又从清代的起居注档、上谕档、朱批奏折等档案中，详细查对了历任潞安府知府的任职年代。从道光五年（1825）至咸丰元年（1851），潞安知府前后共7人：道光五年六月至道光十五年七月，知府马绍援，任职10年1个月；道光十五年八月至道光十八年三月，知府达镛，任职2年半；道光十八年四月至道光二十八年八月，知府多慧，任职10年5个月。其中，道光二十四年，多慧因大计卓异，赴京由吏部引见皇帝，知府之任由同知陈维屏护理；道光二十八年九月至咸丰元年五月，知府珠陨，在任2年7个月；咸丰元年六月至九月，知府万济堪，在任3个月，期间八月曾拟调袁彦龄，但袁未上任，知府实际还是万济堪担任；咸丰元年十月始，知府金君善。也就是说，在这25年中，潞安府7任知府中，均没有惠徵的名字。而且在惠徵

的任官经历中,也没有查到任过这一职务的记载。故这些学者提出:既然惠徵没有在潞安任过职,甚至没有到过潞安府,怎么会存在慈禧在潞安被卖到惠徵家之事?

显然,在这些疑窦没解开之前,"山西长治说"也不能成立。

六、北 京 说

最后一说,是"北京说",这是传统的官方的说法。在《清代宫廷史》中这样写道:慈禧太后叶赫那拉氏,道光十五年十月初十日生在一个满洲官僚世族之家,属满洲镶蓝旗。在《清帝列传》附传《慈禧太后传》中的记载是:慈禧,姓叶赫那拉,小名兰儿,生于道光十五年十月初十日。父亲惠徵,由道光十一年的八品笔帖式,历迁吏部文选司主事、吏部验封司员外郎、山西归绥道道员、安徽宁池太广道道员,为官17年,由八品至四品,成为主管一方的行政要员。母亲佟佳氏,一个普普通通的家庭妇女。慈禧兄妹共4人,兄弟二人是照祥、桂祥,妹妹在慈禧得宠后,受咸丰皇帝之命,奉旨和醇亲王完婚,成了王爷的福晋。另一本《垂暮帝国的老佛爷》中说得更明确:慈禧诞生在"北京的一家并不豪华的王府院内",她的祖先居住在叶赫,故称叶赫那拉氏,属于叶赫那拉家族。她的父亲惠徵,是"一位在清廷从事翻译、拟稿的小文官"。另外在《清史稿》《清代人物传稿》《清代全史》等清史专著中,虽然具体表述不完全相同,但都以"北京说"为基础,确认慈禧是满洲叶赫那拉家族惠徵的女儿。

近几年,持北京说的学者,又从中国第一历史档案馆所存的清宫档案中,为这一说法找到了新的佐证。

(1)清朝皇帝挑选秀女的名单。清朝从顺治时就规定,凡满族八旗家年满13岁至16岁的女子,必须参加每三年一次的皇帝选秀女,选中者,留在宫里随侍皇帝成为妃嫔,或被赐给皇室子孙做福晋,未经选秀女者,不得嫁人。阅选时,按八旗的顺序,一般七八个人站成一排,由皇帝、皇太后们挑选。被挑选女子的名字,每排写一张单子,留宫中存档,这种名单,在档案中称为"秀女排单"。现档案中保存有咸丰五年挑选秀女时,慈禧的妹妹,即醇亲王的福晋、光绪皇帝的生母的记录。还有光绪十一年选秀女时,慈禧的叔伯妹妹的记录。在这些排单上,都清楚记载着：慈禧的祖辈，属满洲镶蓝旗，姓叶赫那拉，父亲名惠徵，祖父名景瑞，曾祖父名吉朗阿。惠徵最高官职做到五品道员，景瑞则做到刑部郎中，但因道光二十七年（1847）没能按时退赔其父吉郎阿在户部任职时的银两亏空，被革职。吉郎阿的最后官职是刑部员外郎。慈禧就出生在这样一个世宦之家。

（2）记载惠徵任职年代和生平的有关档案，其中有清朝每三年一次考察京城各部官员的"京察册"；有给官员发放银两的"八旗官员俸银俸米册"；有任命惠徵职务的有关上谕；还有大臣奏折中对惠徵的评语等。综合这些记载，他们得出慈禧的父亲惠徵的为官经历：道光十一年（1831）前任笔帖式，是负责文字抄写的小官；道光十一年至道光十四年，仍为笔帖式，任职吏部，并于京察后被定为"吏部二等笔帖式"；至道光十九年时，还在笔帖式任上，为"八品笔帖式"；道光二十三年，京察定为"吏部一等笔帖式"；道光二十六年，调充吏部文选司主事；道光二十八年，升任吏部验封司员外郎；道光二十九年，京察成绩又被定为一等，因此由吏部推荐面见皇帝，奉谕旨，准以道府一级的职务任用，同年闰四月初，升任该司郎中，并兼任工部宝源局监督，四月底，外任为山西归绥道道员；咸丰二年（1852），调任安徽宁池太广道道员，惠徵到任不久，即逢太平天国军攻克武汉，危及安徽，安徽一些官员纷纷弃城躲避，惠徵也连忙把家眷护送至宁国府，自己带了印信、粮饷，同总兵陈胜元等先转至南京，又移至镇江，再转到丹徒。一些官员的临阵脱逃，使咸丰皇帝大为震怒，令安徽巡抚严行查办，惠徵也在被劾查之列，但至咸丰三年，还未待查办，惠徵即于六月初病故。

从惠徵的仕宦经历，持"北京说"的学者得出明确结论：首先，在道光二十九年之前，惠徵不具备充任道府一级职务的资格。因为按清朝制度，道府级的官员起码要五品或五品以上，而惠徵在道光十九年时，才官居八品，10年后，方被谕令准予授任道府级官职，而这年慈禧已经15岁，所以不存在生在外地或从外地收养之说。其次，按京官三年一考核的制度，道光十一年至道光十四年、道光十八年至道光二十年、直至道光二十九年之前，惠徵都在北京任职，这些都有明确的档案记载，只有道光十五年至道光十八年的考核档案暂缺，留下3年"空档"。但是，这3年内，山西潞安知府是达镛，并且达镛一直在任，经考证，这期间惠徵也没去过浙江乍浦。所以完全可以推断：道光十五年慈禧出生时，惠徵正在北京任笔帖式。也就是说，慈禧的出生地是北京。

（3）有关慈禧太后的祖父、外祖父的档案。如官员"履历单""在京官员俸银册"等，从这些档案可以看出，道光十五年，慈禧的祖父景瑞，这个时候也在刑部郎中任上，就是说，也在北京。只有慈禧的外祖父惠显，在山西归化城（今呼和浩特市）任职副都统。因归化离北京较远，再加上当时的风俗，慈禧的母亲到娘家去生孩子的可能性不大，那么慈禧的母亲应当也在北京。所以可以断定：慈禧的出生地只能是北京。

（4）其他宫廷生活档案。包括记载清帝后每天吃饭情况的"膳食档"、每次看戏情况的"月戏档"、记录其生活起居的"起居档"等。在这些档案里清楚地记载着，慈禧最爱吃的是北京的小吃，如"八珍糕""油炸糕""酥皮饽饽""奶油琪子""小窝头"，爱喝"荷叶粥""薏仁米粥""绿豆粥"等；一生酷爱看的是京戏，就在她去世前一周，还看了京剧名角谭鑫培、杨小楼等演的"金钱豹""艳阳楼""鹊桥密誓""伐东吴"等京剧名段。持北京说的学者认为，有人说慈禧善唱南方小曲，也有人说慈禧善唱山西民歌，并都将其作为证明慈禧出生在南方或山西的旁证。但档案比传说可信得多，这只能说明，慈禧是地地道道的北京人。

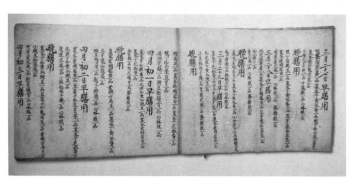

慈禧太后早晚膳单

可偌大的北京城，慈禧又是生在何门何院呢？这是北京说目前尚未能做出具体解答的唯一遗憾。

根据清朝档案记载，慈禧娘家先后住过三个地方：一是咸丰五年（1855）慈禧的胞妹参加选秀女时的材料，写的是"住西四牌楼劈柴胡同"；二是咸丰六年"内务府官房租库"的呈稿，写的是咸丰皇帝将"西直门内新街口二条胡同北官房一所"赏给惠徵家居住，即慈禧娘家由劈柴胡同搬到了新街口二条；三是同治五年（1866）十二月，慈禧太后以同治皇帝名义下达的上谕：将"方家圆"官房，赏给其胞弟照祥居住，这样其娘家再由新街口二条搬到了方家圆。显然，后两处地方不可能是慈禧的出生地。所以，持"北京说"的学者，参照慈禧胞妹参加选秀女时的材料认定：咸丰五年之前，慈禧的娘家"住西四牌楼劈柴胡同"，这里也就是慈禧太后的出生地。

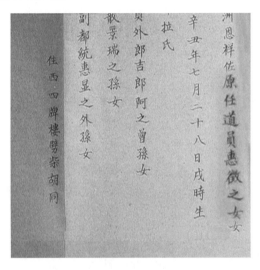

慈禧胞妹参加选秀女单

关于慈禧出生地的种种说法，乍听起来真让人无所适从，但稍一仔细推敲，还是"北京说"的论据更加充分和可信。因为口碑传说虽有一定的参考价值，但认定历史史实，档案更具权威性，更有历史价值和意义。

经过百年巨变，旧日的北京西四牌楼劈柴胡同（现为辟才胡同）已变成高楼林立、车水马龙的现代化大街，再也找不到幼年慈禧生活的影子了，但历史将永远会承认，这里曾诞生过一个给中华民族带来过深刻影响的女人——慈禧太后。

慈禧太后称"老佛爷"时间背后

慈禧太后,因实际执掌清朝政权47年而成为中国历史上的重要人物,特别是加上"老佛爷"的称号,更使其增加了几分威严和神秘。所以,慈禧太后为什么被称为"老佛爷"、什么时候开始称她"老佛爷"、是谁最先称她"老佛爷",以及这背后的政治原因等问题,一直是人们议论的话题。但清宫档案证实,过去各种说法均是误说、传说或戏说,与历史的真实相差甚远。

慈禧佛装照

一、种种说法

自清末到现在,对慈禧太后被称为"老佛爷"的原因,说法有多种。

（1）拜佛坐禅说。据《清朝野史大观》记载："孝钦后政暇，曾作观音妆，以内监李莲英为善财，李姊为龙女，用西法照一极大相，悬于寝殿。宫中均呼以'老佛爷'。"也就是说，因慈禧太后曾扮观音照过一张很大的相片，悬挂在寝宫之中，从而宫中上下才皆称呼她为"老佛爷"。此说后来曾被清史研究者作为正史经常引用。

（2）有人加号说。也叫作李莲英首称"老佛爷"说，这也是民间流传比较广的说法。其说又有两个版本：一说是因为有一年北京大旱，慈禧太后与朝廷官员向如来佛祈雨，只三天雨就来了，李莲英便趁机恭维慈禧太后好像佛爷一样灵，此后，"慈禧老佛爷"这个称号便不胫而走，传遍宫廷内外。另一说是光绪初年，慈禧太后想二度垂帘听政，但又担心自己威力不能服众，李莲英看在眼里，便令人在北京万寿寺大雄宝殿后面按照慈禧的模样塑造了一尊佛像，佛像建好后，慈禧太后来到万寿寺，李莲英带头喊了一句"老佛爷到!"其他人员也当即伏地高呼"恭迎老佛爷"，自此，不仅老佛爷的称呼从万寿寺传遍京城，慈禧太后再度垂帘听政也心安理得了。

（3）沿蒙古习俗说。清末民初著名文人王无生在《述庵秘史》中说："宫中称老佛爷，沿蒙古俗也。"

（4）自加徽号说。蔡东藩在《慈禧太后演义》中说，在慈禧太后六十大寿时，"自加徽号，令承值人员等称她作老佛爷，或称她作老祖宗"。

（5）帝后徽号说。王浩元在《清宫秘史》中说："老佛爷三字，乃是满人尊称帝后的徽号。"

以上几种说法，不管是被加称号说还是自加称号说，其共同点是，都认为慈禧太后称老佛爷的时间在光绪年间，最早在光绪初年二次垂帘听政前，最晚在光绪三十年（1904）左右慈禧太后照扮观音相之后，或"折中的一种说法，慈禧六十大寿（即光绪二十年）前后"①。不同点则有二：在原因上，一种认为是因慈禧太后信佛或因垂帘听政引起，一种认为是满、蒙族习俗所致；在首倡者是谁上，一种认为是李莲英，一种认为就是慈禧太后自己。

二、升平署档案中的记载

清宫档案中有不少称慈禧太后为"老佛爷"的记载，如"老佛爷脉

① 左书谔著：《慈禧太后》，吉林文史出版社，1993年，第308页。

案档""老佛爷漱口方""老佛爷戏曲档"等，最早记载慈禧太后为老佛爷的档案，是在国家图书馆收藏的"升平署档案"中。

2011 年国家图书馆出版的升平署档案

升平署是清朝管理宫廷戏曲演出活动的机构，成立于康熙年间，称南府，署址位于南长街南口路西，道光七年（1827）改称升平署，1924 年溥仪出宫，升平署随之解散。

当时该署档案流入社会，被学者朱希祖发现后购得，共 1803 件册。朱先生又将这些档案全部转给北平图书馆。2011 年，国家图书馆将这些档案汇编出版，其中包括：恩赏日记档、旨意档、恩赏档、差事档、知会档、日记档、花名档、散角档、分钱档、白米档、库银档、银钱档、颜料纸张档等。这些档案详细记录了清代帝后们关于戏曲的谕旨；宫中每次排戏、演戏、安排角色的情况；清朝帝后给演戏人员的赏赐情况；升平署人员的招纳裁减、升奖惩处、当值请假及各项钱粮花费等情况。

在升平署档案中，对慈禧太后"老佛爷"的称谓记载，有几个重要的时间节点和变化。

第一个时间节点在同治二年（1863）三月，首次出现了"佛爷"的称呼。内容是"恩赏日记档"中，在记载同治皇帝当天的活动和行程时写道，同治皇帝在各处拈香行礼毕，"还养心殿，给二位佛爷行礼"①。这里的二位佛爷，是指东太后慈安和西太后慈禧。同年十二月二十四日在出现"佛爷"称呼的同时，单独出现了称"慈安皇太后佛爷"的记载，"同治二年十二月二十四，奴才安福谨奏，正月初一元旦节令，佛爷在慈宁宫陞座受贺，奴才安福带领中和乐伺候中和韶乐。谨此奏闻"。此档后注："慈安皇太后佛爷赏安福银四两。"② 由此看出最早被人称呼"佛爷"的是慈安太后而不是慈禧太后。同治四年的档案，不仅大量出

同治二年升平署档案首次出现
称慈禧慈安"二位佛爷"

现了称呼慈安、慈禧太后为佛爷的记载，而且开始出现了"东佛爷""西佛爷"的称谓。档案中写道："申初二刻十二分戏毕，东佛爷赏李（三德）燕窝鸭子一品、饽饽二碟；西佛爷赏总管、首领果桌品……"③ 有意思的是，在这里，"东、西"两个字还分别都用小字做了标注，说明这时称东佛爷、西佛爷还不习惯。

在该年年底的记载中，则同时出现了"两宫佛爷"和没加注的"东佛爷""西佛爷"称谓，标示着这一称谓的成熟，"十二月二十九日，巳正二刻五分，两宫佛爷同皇上至漱芳斋、百子门，中和乐请，台上迎请开戏：如愿迎新、小妹子……总管、首领、官职太监等给两宫佛爷、皇上辞岁。东佛爷赏总管、首领、官职太监之人十五名，每名荷包一对，五钱重银锞子一个，卷子一条；西佛爷赏总管、首领、官职太监之人十五名，每名荷包一对，五钱重银锞子一个"。④

此后一直到同治十二年上半年，升平署的档案中，凡遇有慈安太后、慈禧太后的记载，除少数时候称"皇太后"外，基本都是合称"两宫佛爷"，或分称"东佛爷""西佛爷"。

①④　中国国家图书馆编：《清宫升平署档案集成》第二〇册，中华书局，2011年，10041页。
②　中国国家图书馆编：《清宫升平署档案集成》第二〇册，中华书局，2011年，20299页。
③　中国国家图书馆编：《清宫升平署档案集成》第二〇册，中华书局，2011年，10368页。

第二个时间点在同治十二年（1873）下半年，出现了"老佛爷"的称呼："九月初一日，奴才韩跪奏，为求恩事。现今升平署人不敷当差，奴才叩恳老佛爷天恩，赏给本署太监学习差事，谨此奏请。"① 第二次是在同治十三年，明确称呼"东老佛爷"。该年的旨意档记载："十月二十八日，掌案传旨：内学首领、白兴泰、边得奎，宁寿宫伺候切末戏……东老佛爷有信，中和乐迎请……"②

第三个时间点是光绪三年（1877），档案中不仅出现了慈安、慈禧太后并尊"二位老佛爷"的记载，而且以该年为分水岭，之前的档案中，只要是慈安、慈禧太后同时出现，所有记载都是东佛爷在前，西佛爷在后，而从光绪三年末开始，则大多都变成了西佛爷在前，东佛爷在后。

如，光绪三年恩赏日记档记："十二月初十日，奴才边得奎、内学首领王进喜、陆得喜、张得安、何庆喜、孔得喜恭进老佛爷苏酱、酱油、苏鱼、糖蒜，西佛爷赏总管银四两，首领五名每名银三两，太监银二两；东佛爷赏总管银四两，首领五名每名银三两，太监银二两。"③

光绪五年恩赏日记档记："八月初四日，奴才边得奎、内学首领何庆喜、王进喜、张得安、陆得喜、孔得福恭进老佛爷苏酱、酱油，西佛爷赏边得奎银四两，内学首领张得安、陆得喜、王进喜、何庆喜、孔得福五名每名银三两；东佛爷赏挑酱银二两。"④

光绪六年恩赏日记档记："十二月初六，奴才边得奎、内学首领何庆喜、张得安、陆得喜、孔得福恭进老佛爷苏酱、酱油、苏鱼、糖蒜，西佛爷赏边得奎银四两，挑钱四吊……东佛爷赏总管边德奎银四两，首领五名银十五两。"⑤

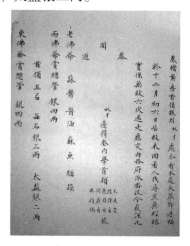

光绪三年始"西佛爷"在前

---

① 中国国家图书馆编：《清宫升平署档案集成》第二〇册，中华书局，2011年，12964页。
② 中国国家图书馆编：《清宫升平署档案集成》第二六册，中华书局，2011年，13316页。
③ 中国国家图书馆编：《清宫升平署档案集成》第二七册，中华书局，2011年，13875页。
④ 中国国家图书馆编：《清宫升平署档案集成》第二八册，中华书局，2011年，14235、14236页。
⑤ 中国国家图书馆编：《清宫升平署档案集成》第二八册，中华书局，2011年，14645、14646页。

光绪七年三月慈安太后去世，此后对慈禧太后的记载，基本全称为"老佛爷"。

三、称呼变化背后的政治原因和深意

在慈安、慈禧两太后被称"佛爷""老佛爷"的三个时间节点上，对应的是发生在清朝宫廷中的三个重要历史事件，而慈禧太后在这三个事件中的博弈过程，正是其政治地位逐步上升和变化的过程。

第一阶段，两宫开始垂帘听政，被称"佛爷"。

咸丰十一年（1861）七月十六日，咸丰皇帝在热河驾崩的前一天，诏立他唯一的儿子载淳为太子，随后继位。由于载淳年方六岁，不能执政，咸丰皇帝同时任命肃顺等八大臣"赞襄一切政务"。在辅政体制基本确立后，为防止大权旁落，咸丰皇帝又将两枚随身私章"御赏""同道堂"，分别授给了皇后钮钴禄氏和儿子载淳，以后下达诏谕，必须有这两枚印章作为信符才能生效。但载淳年幼，"同道堂"章便由其亲生母亲慈禧太后保管和代用。有了这两枚印章，两太后就有了参政的权利。起初八大臣势力强大，两太后并未能取得实权，经过"北京政变"，排除了八大臣的阻挠，终于在咸丰十一年十一月一日实现了两宫太后垂帘听政。

御赏和同道堂印

在垂帘听政之始，两位太后虽然得到了政治权利，但权威还不够，所以没有被称"佛爷"的记载。其后，清廷连续采取的一系列举措，震动朝野，也使两太后威严大振。

一是整肃军政。同治初年，清朝面临严峻的政治局面。外部英法联军造成的创伤还未完全抚平，国内农民运动风起云涌，各地官吏拥兵自重，畏缩不前，甚至假冒战功，欺蒙朝廷。两太后掌权后，为明纪立威，首先下令连斩了在对太平天国作战中临阵脱逃的两江总督何桂清和居功自傲、镇压回民起义不力的兵部侍郎胜保。这一举措，引起朝野巨大震动，使军政为之一肃。二是依靠恭亲王奕䜣调整了军机处、内阁、总理各国事务衙门等中枢机构领导班子，放手使用了一批新人，缓和了统治集团内部的紧张关系。三是重用曾国藩、胡林翼、骆秉章等汉族大臣，对太平天国等农民运动进行强力镇压，稳定了清朝摇摇欲坠的政权。四是对西方列强各国采取了妥协合作政策，使中外关系紧张局面出现缓解，给清朝社会发展带来了短暂契机。并从同治元年开始兴起洋务运动，虽然这时中兴局面还没形成，但已经有了良好开端。

政治上的良好开局，使慈禧、慈安两太后逐渐站稳了脚跟，树立起威信，于是，宫中一些特殊的人群，开始给她们送上了更尊崇的称谓——"佛爷"。

第二阶段，同治皇帝亲政，两太后撤帘归政，其称谓由"佛爷"升格为"老佛爷"。

同治十一年（1872）九月十五日，同治皇帝大婚，标志着他已经长大成人，可以独挑政治大梁了。次年正月二十六日（1873年2月23日），举行亲政大典，两太后撤帘归政。

两太后垂帘听政十一年，历经政治斗争的风风雨雨。这期间，清政府彻底镇压了太平天国和捻军运动，支持洋务派兴起了洋务运动，使全国出现了"同治中兴"的好局面。这时的两宫太后，较当初刚听政时已经大不相同，资历、政绩都有了，威信也更高了。并且按照清宫惯例，撤帘归政后，她们就应离开东、西六宫，搬到专门供去世老皇帝后妃们居住的慈宁宫，去过颐养天年的老人生活了。所以，对她们的称谓也自然而然由"佛爷"上升为"老佛爷"。

第三阶段，光绪皇帝继位，两宫再度垂帘听政，慈禧太后政治地位公开超过慈安太后。

同治十三年（1874）同治皇帝去世后，选立年仅4岁的光绪皇帝继位，两宫太后再度垂帘听政。同治时期，虽然慈禧太后是皇帝的生母，但同治皇帝亲近的人却是慈安太后，加上恭亲王奕䜣的支持，虽然政事多由慈禧太后拿主意，但政治地位上慈安太后还是高于慈禧太后。

到光绪时期，随着奕䜣的权力被削弱，慈禧太后羽翼丰满，其权势和政治地位已经超过慈安太后。所以档案中的记载逐渐变成西佛爷慈禧太后在前，东佛爷慈安太后在后。光绪七年（1881）慈安太后去世，慈禧太后大权独揽，"老佛爷"也成了她的专称。后来，随着时间的推移，人们逐渐忘记了慈安太后也曾被称过"佛爷"和"老佛爷"的历史,特别是清末慈禧太后又照了一些佛装照片,所以人们才以为"老佛爷"的称谓一直都是慈禧太后的专享。

四、结　　论

归纳档案记载,首先证明的是,过去慈禧太后称"老佛爷"的各种说法都是不准确的。

一是时间不准,慈禧称"老佛爷"的时间,既不是开始于光绪初年二度垂帘听政时,也不是开始于慈禧六十大寿时,更不是开始于光绪三十年左右她照扮观音像之时,而是早在同治二年(1863)两太后垂帘听政不久即被称为"佛爷",同治十二年撤帘归政不久就升格为"老佛爷"。

二是被称为"佛爷"和"老佛爷"的人不仅有慈禧太后,还有慈安太后。并且不论称"佛爷"还是称"老佛爷",都是慈安太后在先,慈禧太后在后。

三是最早称慈禧老佛爷的人应该不是李莲英。按照同治二年升平署档案中出现佛爷记载时间推算,那个时候,李莲英还没到慈禧太后身边,当时慈禧太后的贴身侍卫太监是安德海,同治八年,安德海死后,李莲英才逐渐得宠。

从升平署档案中看到,第一次在奏折中称"佛爷"的是升平署总管

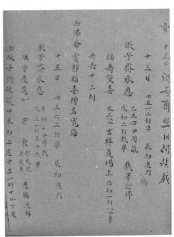

同治时期一直是"东佛爷"在前

太监安福。太监是宫中身份地位极低下的人，但他们又是离皇帝最近的一群人。身份地位的低下，政治环境的优越，二者形成强烈反差，在高高在上的皇帝及其家人面前，他们不得不学会察言观色，阿谀奉迎。面对威信越来越高的两宫太后，既不能叫她们皇帝，也不能用对皇帝的尊称叫她们"万岁爷"，"太后"又只是行政上对每位太后通用的官称，所以，一群机灵又卑微的人率先对慈安、慈禧两位太后使用了一个既神圣又亲切的称谓——"佛爷"。

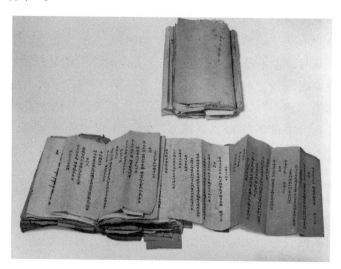

西太后起居注

"佛爷"称谓之所以会最早出现在升平署太监口中，还有一个特殊原因，就是两宫太后都喜欢看戏，升平署不少太监颇受偏爱和恩宠。两太后

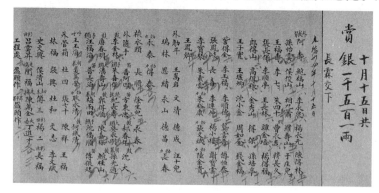

赏赐唱戏人员银两单

不仅每次对他们的赏赐出手阔绰，而且其中的个别人甚至敢在慈禧太后面前挑赏、拒赏。另外，当时宫里还常演一出名叫"佛爷"的戏，所以，这个称谓能从升平署太监口中叫出，绝不是无缘无故的。

　　档案中记载的称慈安、慈禧两太后"佛爷""老佛爷"的三个时间点，正是同治朝和光绪初年三个重大历史事件发生时期。这个过程，恰恰是慈禧太后从登上政治舞台，到威信不断提高、地位不断巩固的历史过程，这也正是她被称"老佛爷"的政治历史背景和深意。

从两件奏折清单谈慈安、慈禧太后陵

清末历史上两位重要的人物——慈安、慈禧东、西两太后,死前曾并坐垂帘听政,死后又并列葬在咸丰皇帝陵以东的普祥峪和菩陀峪,其陵寝富丽堂皇,超祖越制,记载其陵寝兴修过程的档案,详细备至,数量近千。就在这近千件的档案中,有两件尤为引人注目的清单,打开它,能够一览两太后陵寝修建过程的全貌,也能使人从中感悟到当年两位太后的权势及其竞争之烈。

一、两件引人注目的清单

清单,是清代官员上奏本章时随呈的附单。如赋役钱粮清单、地丁田亩清单、雨雪粮价单、官员人名单等。本文所说的这两件清单,分别是光绪八年(1882)东陵工程处奏报的建造两太后陵寝工程中形成的"奏折总目"清单①,和光绪二十二年(1896)重修慈禧太后陵时,会勘大臣载漪等所奏"菩陀峪万年吉地宝城等处各工情形做法分析钱粮数目暨行取物料数目"清单②。

1. "工程处奏折总目"清单

咸丰二年(1852),咸丰皇帝钦定自己的"万年吉地"在东陵西隅的平安峪,按照后随帝葬的定制,也就等于同时决定了以后慈安、慈禧两太后陵的总体位置,所以咸丰皇帝驾崩不久,两太后就开始派大臣在咸丰陵

---

① 中国第一历史档案馆藏:宫中朱批奏折,卷114,第1号。
② 中国第一历史档案馆藏:军机处录副奏折,卷7162,第73号。

附近选勘和规划自己的陵寝。经多次反复勘测，拟改方案，终于在两太后撤帘归政半年后的同治十二年（1873）八月二十日，两陵分别在普祥峪、菩陀峪同时破土兴工，至光绪五年（1879）九月①，全工告竣，历时近10年。在这近10年的施工过程中，从监督大臣的选派到经费的筹拨使用，从地势相度到图形烫样，从所用石料的性能到木料的挽运，事无巨细，均由承修大臣奏请两宫太后钦准。除上谕之外，前后共形成题奏档案409件，其中奏折224件，各种清单137件，附片48件。我们这里所说的"工程处奏折总目"，就是详细记载所有这些奏折、清单、附片目录的总单。

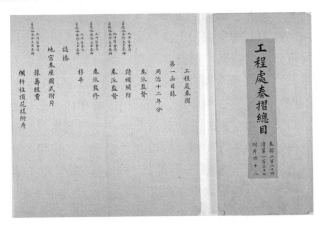

慈安、慈禧两陵工程处形成的奏折总目清单

该清单形成于光绪八年（1882）九月，共76扣，打开有9米多长。与一般清单不同的是，首页并未写清单二字，而是在另粘的黄纸签上直接注明"工程处奏折总目：奏折二百二十四、清单一百三十七、附片四十八"。根据该总目的记载，当时共把这些档案装成了4函，入档范围从同治十二年三月十九日两工程正式开工前，普祥峪工程承修大臣惇亲王奕誴会同菩陀峪工程承修大臣醇亲王奕譞奏请选派监督，颁给关防折（此为第一件）始，至光绪八年九月，陵寝外围工程亦全部竣工，并办理完保固年限移交给马兰镇总兵后，奕譞奏请回缴关防（此为最后一件）止，每一函均以奏报的时间先后为序排列。主要内容有：奏派监督弁兵折、请颁关防折、筹拨经费折、采买架木折、查看石样石性折、工程验收折及工

---

① 中国第一历史档案馆藏：宫中朱批奏折，卷114，第2号。

程清单、用款清单、用料清单、地宫券座图式片、明楼等处牌匾字样片等。披览这件清单总目，两太后陵工兴修概貌尽收眼底。

2. "菩陀峪万年吉地宝城等处各工情形做法分析钱粮数目暨行取物料数目"清单

两太后陵彻底完工后，全部建筑移交马兰镇总兵看守，同时制定了10年保固章程，并拨银5000两交东陵承办事务衙门收存，作为日常维修经费。光绪七年（1881）三月，慈安太后暴亡，同年九月，入葬普祥峪陵，菩陀峪陵则一直封闭待用。至光绪二十一年八月，兼管菩陀峪陵寝事务护军参领衔掌关防郎中文锦，按照常规进行年检后报称：查菩陀峪万年吉地因连年雨水过大，所有宝顶1座、宝城上沟嘴3座、大殿5间、东西配殿5间，均有渗漏、糟朽、吊落、爆裂、酥碱情形。据此奏报，先是溥龄等前往查看后上了一道奏折："奴才亲往查看，与该郎中所报均属相符。查此项工程系属万年吉地要工，非别项工程相比，必须赶紧奏请查勘修理，方足以昭慎重而壮观瞻。除东西配殿、东西朝房、神厨库库门、东大库、省牲亭等处系明年方向相宜再请查勘修理外，仅将今年方向相宜应修各处情形敬缮清单恭呈御览。"① 此折一上，立即引起光绪皇帝和慈禧太后的重视，一些大臣趁机向慈禧太后献殷勤，经几番查勘，层层升级，最后由庆亲王奕劻会同有关大臣上折，将修建仅16年的菩陀峪慈禧陵由最初的维修几乎变成了重修。这件清单，就是光绪二十二年八月多罗端郡王载漪会同吏部尚书徐桐、承修大臣户部尚书敬信、礼部尚书李鸿藻、庆亲王奕劻等会勘后提出的菩陀峪第一期拟修工程做法、估报工料钱粮数目及需领取的物料数目清单。此后的光绪二十二年十二月、光绪二十四年闰三月，载漪又在此基础上几次奏报续估工程及追加需用银两数目，是为这件清单的续单。

该清单先对各处工程施工情况做了分析介绍。根据这份清单所列修理工程共13项：宝城1座一律拆修。城上宝顶1座拟筑打抹饰，东西两面石沟嘴4件换新，城下散水补墁平垫。金券外石海拆墁。方城、方城隧道一律拆修。方城券门拟油饰，前面蹉踩砖拟补墁，象眼石拟修补。明楼1座拆修。琉璃花门3座拟全行修补整竖。大殿1座5间拆修，大殿内宝龛木须弥座拟修补见新。大殿前月台1座拟修理整齐。五供石须弥座1座拟焊补见

---

① 中国第一历史档案馆藏：宫中朱批奏折，04-01-37-0142-041。

新。宫门1座5间拟揭瓦修理。碑亭1座拟揭瓦檐头修理,角脊找补仙人走兽。神厨库内南库房3间拟揭瓦,檐头其余夹陇添安修理,台帮挑墁地面。北库房1座3间拟揭瓦,檐头其余夹垄添安剑靶背兽,琉璃门拟抹饰找补瓦帽钉。宫门红墙拟找补,墙外台帮俱修理,各院地面俱挑墁修理。

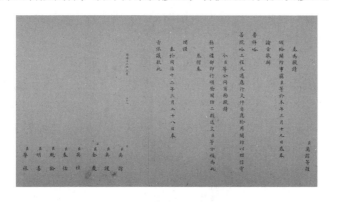

同治十二年奕𬣞等奏请颁发陵寝工程处关防折

继之,该清单对工程需要物料银两逐项进行开列。完成全项工程共需行取物料74种,包括:叶子金496.29两,熟红铜2588.11斤,黄铜872.87斤,坎锡56240.16斤,黑铅37257.55斤,叶铁116946.64斤,平铁247112.88斤,江米27.653石,漆朱1553.35斤,银朱938.158斤,江标朱783.143斤,头江土8447.158斤,片江土865.94斤,见方三寸三分红金139块34贴5张,见方三寸三分黄金285块31贴8张,见方一尺杉木17811.84尺,见方二尺二寸金砖228块,见方二尺金砖24块,见方一尺七寸金砖196块,四样至七样黄绿色琉璃脊瓦料共74379件等。所有物料共折合银263315.884两,再加上工价运脚等银,净估需银597617.659两。但这仅是第一期工程估算清单,之后又续估工程并追加经费4次。所以,显然这只是一份保守的估算清单,然而,仅透过这份相当保守的清单,重修后的慈禧太后陵,其富丽堂皇之貌已可窥见一斑。

下面仅就以上两件清单所及,来看看这两次浩大的陵寝工程。

二、两次浩大的工程

1. 耗时10年建成的两太后陵

帝王陵寝工程,在中国封建社会历来被视为"钦工""要工",为修好自己的"万年吉地",历代帝王不惜抛金撒银,糜帑劳民。慈安、慈禧两太后陵,是清朝历史上兴建的最后两座大规模的皇后陵,它充分借鉴和吸收了其他诸陵工程的经验和精华,规制完备,设备合理,建筑恢宏,不仅在清代皇后陵中属于上乘,即便和其他一些皇帝陵相比,除不能突破的规制外,也毫不逊色。两陵工程用时之久,耗费财力之巨,都是屈指可数的。

两陵主体建筑自南而北依次有:神道碑亭、神厨库、三孔神路桥、东西朝房、隆恩门、隆恩殿、东西配殿、明楼、方城、宝顶、地宫等。根据"总目清单"第五、第六件,普祥峪陵工承办大臣惇亲王奕誴、醇亲王奕𫍯会同菩陀峪承办大臣上的奏折记载,两陵主要殿座工程如方城、明楼、宝城等均"依照昭西陵规制";"琉璃花门仿孝东陵规模";地宫券座式样参照了慕陵、慕东陵、昌西陵三陵丈尺图说;宫门前桥梁栏杆顶等上面的花样,是经两太后钦准,从其他陵寝使用的二十四节气和云龙云凤中选用的云龙云凤图案。至于技术上诸如防水排水等,则总结诸陵的经验教训,地势水道采取了"引水归槽,以顺水势"的做法,并根据两陵中间间隔距离较近,"引线分中,衡度局势,面宽较窄而进深南北有余,遍历周山虽无水源,但雨水汇聚冲决成渠,宽窄浅深行止不准"① 等问题,特在两陵中间添设"分水霸、马槽沟以制水势"。所以从建制、设计、技术等方面,普祥峪、菩陀峪两陵可谓是集大成的、最为完备的、科学合理的后陵。

两陵在营建过程中,动用了全国大量人力、物力和财力,前后用时10年,方全部建成。

(1)用人。两陵从最初勘察设计到最后完工,到底用了多少人工,没有明确的记载,我们只能根据一份份奏折做出大略的统计。据同治十二年九月即正式开工一个月后的普祥峪工程经费清单记载,当月从该陵寝工程项下领取经费的在京人员有35人,东陵住班的官役92人,算手1人,样子匠3人,刑书皂役、文武弹压官兵82人,照料看守11人,夫匠1770人,另外还有派出查看桥梁用料的官役人等12人,合计共2006人。② 若按此推算,两处工程每月用夫匠官役约4000余人,而这尚且不算在外地

---

① 中国第一历史档案馆藏:宫中朱批奏折,卷114,第5号。
② 中国第一历史档案馆藏:宫中朱批奏折,卷114,第37号。

采运转石、木植等各工人员。浩浩荡荡4000多人马，一干就是10年，工程之宏大可以想见。

同治十二年，奕𬤇等奏请饬户部拨修两太后陵用款折

（2）用时。过去一般的说法是，从同治十二年八月开始，到光绪五年六月两陵工程同时完成，用时6年，而根据"工程处奏折总目"所列清单及现存档案记载，光绪五年仅完成了主体工程，直到光绪八年九月全工才彻底告竣，如果再加上前期的勘察设计等工作，实际两陵工各用时远远超过10年。在此之前，清朝的5座皇后陵，只有顺治皇帝孝惠章皇后博尔济吉特氏的孝东陵和乾隆皇帝的生母、雍正皇帝孝圣宪皇后钮祜禄氏的泰东陵营建时间超过了10年。9位皇帝的陵工，也只有乾隆皇帝的裕陵及两度营建的道光皇帝陵用时超过10年。虽然并非用时长工程就必然好，但相对来说，还是能反映出工程的浩大。

（3）用料。据档案记载，两陵所用砖瓦分别产自山东的临清和北京的琉璃厂；所用石料，"豆渣石采自边外鲇鱼关、茅山及头坑、二坑、上关等处，金券、宝床、门、碑、蝠石、五供、阶条石等所用大件青白石，往房山大石窝一带开采"①，仅为普祥峪工程，就在大石窝一带同时开挖石塘12处，开采大件青白石180件②；所用木料，仅普祥峪陵工就采买架木22652根，其中长6—7丈的桅木12根，长4.5—6丈的广木140根，长3.5—6丈的通梢架木10000根，长2丈的短架木12500根③；而仅菩陀峪陵就用了柏木桩5115根，柏木丁59465根④。至于"殿宇等处需用木

---

① 中国第一历史档案馆藏：宫中朱批奏折，卷114，第27号。
② 中国第一历史档案馆藏：宫中朱批奏折，卷114，第31号。
③ 中国第一历史档案馆藏：宫中朱批奏折，卷114，第22号。
④ 中国第一历史档案馆藏：宫中朱批奏折，卷125，第7号。

料，按照原估，梁柱枋檩等件均用黄松木，伏查此项黄松丈尺大者近年无从购觅，间有丈尺小者仅敷建造朝房、配房、值房以及门窗之用，当经饬商前往天津等处采办，购得外洋所产之楠木代用……现拟将明楼、大殿、配殿、宫门、碑亭、省牲亭、大库等处大件木料均以楠木代用，其余各处仍照原估用黄松木成造"①。这次采买的外洋所产楠木，"普祥峪万年吉地所用楠木较少，计每尺连运脚核银二两八钱，较原估内地楠木例价每尺省银七钱九分六厘，通共节省银四万一千九百柒拾两"②。按此推算，仅普祥峪陵工就在天津采买楠木52726尺，而菩陀峪所用的还要多。在两陵工程中，唯有此项木植比原计划标准略有降低，这也正是此后慈禧陵重新修建的原因之一。

（4）用银。一项庞大的工程，必然要耗用巨额的资金。两太后陵工程中，慈安陵用白银266.5万余两，慈禧陵用白银227万余两，合计共用银近500万两。首先，这对刚刚经历了第二次鸦片战争、镇压太平天国运动，内忧外患并存、国库空虚如洗的清王朝来说，的确是一笔巨大的开支，为凑足这笔银两，只能将负担转给各省。同治十二年"指拨各直省款项一百二十万两"，限半年交清。各省虽然感到十分困难，但对"钦工"经费丝毫不敢耽搁，只有再分摊到地丁，转嫁给百姓。其次，与其他诸皇帝陵相比，泰陵用银240余万两，昌陵用银200余万两，慕陵用银240余万两，裕陵用银近220万两，所以两太后陵用银也是最多的。

2. 用时14年重修的慈禧陵

在清朝历史上，陵墓未启用先改建的是道光陵，其次是大规模拆建的菩陀峪慈禧陵。如果说道光陵因渗水严重不得不改建还有一定道理的话，慈禧陵的拆修在很大程度上则是人为的、层层推波助澜的、献媚慈禧的结果。拆修工程不仅丝毫不比新建时规模小，而且用料之精良，建筑之奢华，远远超过初建。

（1）重修方案的形成。

首次发现并报告菩陀峪慈禧陵有渗漏、酥碱、爆裂等问题的人，是兼管菩陀峪事务护军参领文锦，他提出有问题的地方共5处，即宝顶、宝城上沟嘴、大殿、东西配殿；在核实了文锦的奏报后，提出"必须赶紧奏

---

① 中国第一历史档案馆藏：宫中朱批奏折，卷117，第13号。
② 中国第一历史档案馆藏：宫中朱批奏折，卷118，第22号。

请查勘修理"的是溥龄,他的奏报中增加了当年相宜修理的琉璃花门、宫门、小碑亭,第二年再相宜修理的东西朝房、神厨库门、东大库、省牲亭等①。又根据溥龄的奏折和所列各处情形清单,经勘查提出"各情节情形实系严重"应择其"方向所宜者及早兴修"的是礼部侍郎刚毅。这三次奏折一次比一次将问题说得严重,一次比一次提出要修的地方增多,但是尽管如此,三份奏折中提出唯一需要拆修的地方也只有宝城"东面石沟嘴南起往北第二件伤、第三件伤;西面石沟嘴南起往北第二、第三件共两件俱伤折,均拟拆修"②,除此之外,都没有超出维修、抹饰的范畴。而至光绪二十一年十一月二十九日,颇得慈禧信任的承修大臣庆亲王奕劻、兵部尚书荣禄经一番勘查后,所上奏折中则提出:明楼、方城城身、宝城等处"按原估剔砌补墁恐不足以资巩固……筹思再四,不敢不详细奏明,拟请于明岁开工时特派王大臣一二员,会同原估大臣暨奴才等再行详细查勘,以昭慎重"③。此折说明奕劻、荣禄虽然为钦命承修大臣,但此时并不了解慈禧的真实意图是要大修还是一般维修,修的标准低了怕不合慈禧心意,过于奢华又怕承担向社会交代的责任,所以筹思再三,还是请增人再一同勘查,同时还要得到慈禧的明示。正是这份奏折,为大规模拆修埋下了伏笔,因为此折很快得到批复:"宝山寿藏规制崇隆,殿宇城垣,观瞻所系,理应随时修理,以为万年巩固之基。著添派载漪、李鸿藻会同原估大臣徐桐、敬信,承修大臣奕劻、荣禄,恭诣菩陀峪再行逐细复勘,应如何墁筑地基、挑换木石,绘图贴说,详细具奏,各敬慎从事,不准稍有迁就。"④ 也就在光绪皇帝这道上谕的基础上,奕劻等诸大臣十二月十六日的会勘奏折有了根本的改变,奏折称:"碑亭、琉璃花门、宫门、北库房等处均于原勘情形相符,惟原勘大殿五间……应修之处甚多,拟拆修……方城等处复经查出,隧道券砖酥碱,过梁石前后间有渗漏……宝城上压面带荷叶沟石料间有走错,跺口墙……地面间有沉陷,城下衬石多有破碎酥碱,台帮石料走错,均一律拆修,以资巩固……以上各处,臣等公同查勘,均未便稍涉迁就。"⑤ 这样,原本无问题或间有走错等小问

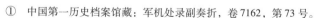

① 中国第一历史档案馆藏:军机处录副奏折,卷7162,第73号。
② 中国第一历史档案馆藏:军机处录副奏折,卷7162,第16号。
③ 中国第一历史档案馆藏:军机处录副奏折,卷7162,第23号。
④ 中国第一历史档案馆藏:军机处录副奏折,卷7162,第36号。
⑤ 中国第一历史档案馆藏:军机处录副奏折,卷7162,第38号。

题的工程均变为拆修重做,"一律拆修"成为会勘清单的主要内容。这就是我们前面介绍的第一份勘估清单。至此,一个大规模的重修工程方案就正式形成了。

(2)重修规划的实施。

菩陀峪慈禧陵重修工程于光绪二十一年(1895)十一月破土,二十二年二月正式动工,因为这是一项先拆后建的工程,所以,至光绪二十四年三月,宝城、方城、明楼等各主要工程方"拆卸将次告竣"。此间,又陆续勘估东西配殿、东西朝房、宝城周围罗圈红墙等工程,到最后实施时,工程项目共达41项。除项目不断增加外,施工中,根据慈禧懿旨,木石等各项用料标准也不断提高,先后将大殿原奏柁柱梁桁系用楗楠木,斗栱系用南柏木,檐椽望板槛框等项用杉木、松木、椴木,即原拟用旧木五成,改为"除上下檐斗栱仍照原估用南柏木成做外,其余均改用黄花梨木";东西配殿亦仿大殿一切做法,改用黄花梨木;并将方城压面石、大殿栏板石、荷叶沟等处石料原估"挑换新石五成,选用旧石五成",改为"一律换用新石"。①

对于工程质量,承办人员更是丝毫不敢马虎,每一项工程都制定了详细的做法清册,包括在某处钉多少钉,涂几遍油等无不一一列入,工部屯田司档案中有一部分菩陀峪各工做法清册,详尽记载了这方面的情况。②施工期间,逢八国联军入侵,被迫停工两年,光绪二十八年(1902)二月重新开工,先后派永隆、铁良、玉山等轮流驻陵监工③,整个重修工程,一直延续到慈禧去世前的光绪三十四年(1908)十月才彻底完成,前后用时14年。

这次重修工程,承修工程处借用的是神机营关防,由于八国联军入侵北京,神机营档案丢失,所以这次工程到底动用多少人力,耗费了多少银两,无法查到最终确数,但可据现有资料做一估算。首先是前面所介绍的第一次勘估宝城、方城、明楼,大殿等主体工程需用银597067.659两;继之光绪二十二年十二月又续估拆修东西殿、东西朝房、东西焚帛炉等工程7项,除行取物料61种,折合物料银72832.254两外,加上工价运脚

---

① 中国第一历史档案馆藏:军机处录副奏折,卷7162,第31号。
② 中国第一历史档案馆藏:工部档案,卷86。
③ 中国第一历史档案馆藏:神机营档案,卷22。

等，共用银 130233.017 两；光绪二十四年闰三月再次续估宝城外周红墙各工经费，除行取物料 18 种，折合银两 11611 两，加上工价、运脚等，共用银 16049.94 两；光绪二十四年闰三月大殿及东西配殿木植拟均改用黄花梨木、宝城等处石料拟全部换用新石，又追加经费一次，由于此前只有梨木板价而没有原梨木价，所以用银多少无法计算，但根据外务部档案，光绪三十年（1904）修惠陵隆恩殿和前门城楼时，在新加坡购买原条木价格推算，至少要 10 万两。① 为此，户部于光绪二十二年先筹拨工程银 100 万两，二十五年又筹拨银 50 万两，二十八年工程复工后，见于档案记载的又于二十九年二月由户部拨银一次。显而易见，这次重修工程用银总数远在 150 万两以上，若再加上第一次兴建时用银 227 万两，慈禧陵是清朝所有帝后陵中耗用银两最多的。巨额的投入换来了重修后的慈禧陵的超豪华。

三、两太后权势的缩影

人类自从产生等级差别观念以来，就对属于礼仪范畴的陵寝丧葬制度，有了明确的等级规定，陵墓标准的高低，成为代表主人身份、地位及其权势的象征。咸丰十一年（1861）咸丰皇帝死后，经过"辛酉政变"，慈安、慈禧两太后同时被推上国家权力的高峰，从此围绕她们发生的一切活动都成为权力的注脚和缩影。两陵兴建及慈禧太后陵重修的全过程，既表明了这两位太后在全国的权势和地位，更表明了两太后之间权势的制约和竞争。

第一次兴建的两陵，已形成对其他皇后陵的超越，在这个过程中，显示了慈安高于慈禧的地位。

同治十二年至光绪八年兴建的两太后陵与其他皇后陵比，在技术质量上是属于上乘的，在用时、用人上是属于较多的，在用银数量上是超越所有后陵的，而在建筑规制上也是攀仿其他后陵，就高不就低，形成了事实上的超越。如，在清朝 7 座皇后陵中，唯孝庄文皇后的昭西陵建了神道碑亭，两太后陵效仿之也建了神道碑亭；唯孝圣宪皇后的泰东陵在隆恩殿月台上置放了铜鹤、铜鹿，两太后陵也效仿放置了铜鹤、铜鹿。在清朝历史

---

① 中国第一历史档案馆藏：外务部档案，卷 3106。

上，位最尊的皇太后是孝庄文皇后，她因辅佐三代开国皇帝，为清朝立下大功而得到后人的敬重；而最有福气的则是孝圣宪皇后，她因生了乾隆这位盛世皇帝而得以颐养天年。这两位皇后陵，都因其特殊的地位而略有超越规格的地方。慈安、慈禧两太后陵，在规制上一仿孝庄文皇后，二仿孝圣宪皇后，不仅集清代后陵制度之大成，也集清后陵中超越规制之大成，反映在政治上，则充分显示了她们的政治地位和权力。事实也正如此，除孝庄文皇后外，清朝其他皇后的确都没有像慈安、慈禧太后那样参与政务，即便孝庄文皇后，也没有公开临朝听政。

慈安太后，钮祜禄氏，满洲镶黄旗人，广西右江道、三等承恩公穆扬阿之女。初入宫侍咸丰皇帝于潜邸，咸丰二年（1852）六月被封为皇后，同治继位后尊为母后皇太后，上徽号"慈安"。因其居住紫禁城内东路的钟粹宫，故称东太后。

慈禧太后，叶赫那拉氏，满洲镶黄旗人，安徽宁池太广道惠徵之女。咸丰元年选为秀女，封兰贵人，咸丰六年生穆宗同治以后，先后升为懿妃、懿贵妃，同治继位后，尊为圣母皇太后。

由于两人一为先帝的正宫皇后，一为嗣皇帝的生母，又同时垂帘执政，故第一次建造的两太后陵，在总的规模、规制、布局上是相同的，但在某些地方还是略有差别。其一，在409件奏折档案中，大部分是慈安太后普祥峪陵工程情况，只有很少部分是会勘、会奏慈禧太后菩陀峪陵工程的，而单独奏报菩陀峪陵工的折件更少。其二，从工程用料来看，质量上慈安太后陵要好于慈禧太后陵，如主体工程所用木料，慈禧太后陵用的大多是从天津购买的外国产楠木，慈安太后陵大多用的是国产楠木，按照当时价格，外国的楠木比国产楠木价格每尺便宜银0.796两，虽然这种楠木木质并不一定比国产楠木差，但由于价格上的差距，人们还是认为不如国产楠木。其三，慈安太后陵最后用银266万余两，慈禧太后陵用银227万余两，慈禧太后陵几乎少用银六分之一，应该说还是不小的差距。这些都足以说明，两陵同时兴建时，是以慈安太后为主的，更说明，身为正宫皇后的慈安太后，其生前地位、权势都是在慈禧太后之上的。我们过去一般笼统认为起主导作用的是慈禧太后，并且自然地将这种作用归结为慈禧太后的霸权和奢侈，是不确切的。

但是，这种局面对于野心比慈安太后大、能力比慈安太后强的慈禧太后来说，是不能长久容忍的，自己的万年吉地比慈安太后的差，更不是慈禧太后所愿意的。所以慈安太后暴亡后，慈禧太后没有了任何权势的制约和抗衡，唯我独尊，为所欲为，逐渐达到权力的顶峰。重修后的慈禧太后陵就是这种独尊权力的一个缩影。

首先，和同期该修的诸帝后陵相比，慈禧太后陵完全不用重修。据查看东陵大臣奏报，光绪二十一年（1895），由于雨水过大，各陵都出现了不同程度的渗漏、坍塌、檩椽糟朽伤折、油饰爆裂等情况，其中"情形较重应急修理者二十八项"①，包括昭西陵、孝陵、景陵、裕陵、定陵及惠陵，并且这些和慈禧陵损坏程度差不多。但是这些陵全部是局部维修，而这些陵埋葬的全是清朝祖先，既然其祖先陵可以局部维修，慈禧太后也完全可以不用重修。

其次，光绪二十一年至光绪三十四年，正是中国历史上民族灾难空前的一个时期，中日甲午战争、八国联军入侵、几次不平等条约赔款、外加三国干涉还辽款，共达白银6.8亿两。国内灾难频仍，民不聊生，内忧外患，清朝政府已到了崩溃的边缘。慈禧太后陵也就是在这14年期间完成的一项浩大重修工程，用天下的民脂民膏，供其一人死后的安乐。

虽然重修后的慈禧太后陵从规制上并没有新的突破，但其豪华已达顶点，且不说大量使用其他陵所没有的贴金，全部用的黄花梨木木植其他陵也没有，特别是建筑中比比皆是的龙追凤图案造型更是其独创。正是这豪华独特的慈禧太后陵，为唯我独尊的西太后形象留下了最后浓浓的一笔，也给后人留下了不休的话题和思考。

---

① 中国第一历史档案馆藏：军机处录副奏折，卷7162，第12号。

清宫档案说清史

对高规格慈禧太后陵寝的再解读

谈慈禧太后，一般还会谈到慈禧太后陵，因为这是最能说明慈禧权势、性格和生活的物证。对慈禧陵太后陵寝的介绍和评价，最常用的词是"精美、奢华、越制"。那么慈禧太后陵究竟是否越制，豪华在什么地方，为什么慈禧太后陵建的规格会如此之高？我们将依据清宫档案进行解读。

一、慈禧太后陵规格高在什么地方

慈禧太后陵名为"菩陀峪定东陵"，它和慈安太后的"普祥峪定东陵"都位于咸丰皇帝定陵之东，所以统称为"定东陵"。在清朝，只有咸丰朝有两座皇后陵。

清朝帝后陵寝规制

要说慈禧陵规格高，就先要知道清朝陵寝有什么规制。简单说，皇帝陵总建筑包括附属建筑和主体建筑两大部分，附属建筑有：大碑楼、神路、神路桥、石像生、神道碑亭、下马碑、神厨库、东西朝房、东西值班房等。主体建筑分为前朝和后寝。前朝包括隆恩殿、东西配殿、东西燎炉、隆恩门，后寝包括二柱门、石五供、方城、明楼、宝城、宝顶、地宫等。帝后陵每处建筑的长宽、大小、数量都有定制，比如，皇帝陵地宫一般为九券四门，皇后陵为五券二门。皇后陵各建筑名称和功用与皇帝陵相同，但是皇后陵不建大碑楼（即圣德神功碑亭），无石像生、五孔神路桥、牌楼门和二柱门。

34

慈禧太后陵规格高在什么地方

简单说有三个方面：一是政治规格上超越清朝所有皇后；二是有些地方超越皇帝；三是建筑用材超豪华、死后随葬品超豪华。

具体来说，包括五点：

（1）建筑规制上超越其他各朝皇后陵。比如神道上建了碑楼和下马碑，隆恩殿上放置了铜鹤、铜鹿，这都是其他皇后陵没有的。但是要说明的是，在这点上慈禧太后陵和慈安太后陵是一样的，都是清代等级最高的皇后陵。

（2）敢于压制皇帝。在慈禧太后陵隆恩殿大殿内柱子上以及月台栏杆上和大殿月台丹陛石上，多处雕刻有凤在上、龙在下和凤在前、龙在后的图案。在这点上慈禧太后陵和慈安太后陵也是一样的。这一点往往是后人认为慈禧霸权、专权的重要依据。

（3）使用了名贵的木料。慈禧太后陵的隆恩殿和东西配殿除斗拱使用了楠木外，其他所有木构架全部使用的是名贵的黄花梨木。

（4）各处使用了大量的黄金。慈禧太后陵不仅各处彩绘精美绝伦，石栏、御路、各种雕刻，多用高浮雕加镂雕等最难的雕刻技术，而且主体建筑的隆恩殿和东西配殿墙壁全是沥粉扫金，所有的彩画全是贴金，殿内柱子的盘龙全是镀金。光这几项共用叶子金就近5000两。连故宫皇家建筑等级最高、规模最大的太和殿的柱子，也只有中间6根盘龙用的是沥粉贴金，其他则用的是红漆。慈禧太后陵这种超豪华的扫金、贴金和镀金装饰，在明、清两代陵寝中都绝无仅有。

（5）身后随葬品奢侈。有人估算，列入账目的皇家宝物价值就达白银5000多万两。慈禧太后随葬的珍宝究竟有多少？她的心腹太监李莲英亲自参加了慈禧太后棺中葬宝的仪式，据李莲英侄子所著的《爱月轩笔记》记载：慈禧太后尸体入棺前，先在棺底铺三层金丝串珠锦褥和一层珍珠，共厚一尺。头部上首为翠荷叶，脚下置粉红碧玺莲花。头戴珍珠凤冠，冠上最大一颗珍珠大如鸡卵，价值一千万两白银。身旁放金、宝石、玉、翠雕佛像27尊。脚下两边各放翡翠西瓜、甜瓜、白菜，还有宝石制成的桃、李、杏、枣200多枚。身左放玉石莲花，身右放玉雕珊瑚树。另外，玉石骏马八尊，玉石十八罗汉，共计700多件。葬殓完毕，又倒入四升珍珠、宝石2200块填棺。仅仅碧玺首饰一项，据清朝内务府簿册所载

对高规格慈禧太后陵寝的再解读

就有10种：红碧玺朝珠、红碧玺手串、紫碧玺手串、红碧玺念珠、金镶红碧玺正珠、红碧瑯抱头莲、绿玉镶红碧玺抱头莲、红碧玺绿玉穿珠菊花、红碧玺镏子、红碧玺帽花等。

以上这几方面，往往是后人评价慈禧太后陵奢侈、高规格的重要依据。

二、慈禧太后陵高规格是什么原因造成的

社会普遍认为，慈禧太后陵之所以规格高，是因为在她执政期间，特别是在慈安太后去世以后穷奢极欲造成的；有的说是她本性决定的，原因是她喜欢出风头，但是在慈安太后生前她却被压了一头，慈安太后死了，她就要在陵寝上压慈安太后一头。这些话虽然不无道理，但不是全部道理。从清宫档案看，这里有三个方面的因素：一是慈禧太后权势的作用；二是慈安太后的责任；三是时间的契机和一些大臣的有意抬轿和烘托。

第一次修建规格已经形成超越

慈禧太后陵共修过两次，第一次是和慈安太后陵同时修建的，从同治五年（1866）开始勘探，用了近7年时间，到同治十二年确定方案，开始动工，又用了近7年时间，到光绪五年（1879）建成，前后共用了13年时间。在这次修建过程中，仅大臣为修陵上达的奏折就有409件。两陵建成后，工程处将这些奏折汇集存放，并制作了一份目录清单，仅这件目录清单就有9米多长。

同治十二年，奕𫍽等奏普祥峪用款折

从这些档案中我们看到，这次修建，在总的规模、规制、布局上，慈禧太后陵同慈安太后陵基本是一样的，只在某些地方略有差别。

其一，在工程用料及质量上，慈安太后陵要好于慈禧太后陵。

其二，在工程总价格上，慈禧太后陵比慈安太后陵少用银39万两。

其三，以该工程所形成的奏折数量来看，409件档案中，大部分是报告慈安太后陵工程情况的，很少部分是会勘、会奏两陵共同情况，单独报告慈禧太后陵的折件更少，说明当时大臣对慈安太后陵比对慈禧太后陵要重视。

慈禧太后陵

这些情况都说明，第一次修建两陵时，是以慈安太后陵为主的，陵寝修建成什么规格，起决定作用和主导作用的是慈安太后。而在这次修建的两陵中，已经建了牌楼、下马碑；已经在隆恩殿前安放了铜鹤、铜鹿；一些雕刻更已经是凤在上龙在下。所以，要说慈禧太后陵越制，实际从第一次修建时期这种越制就已经开始了。过去人们一般将慈禧太后陵规格高的原因笼统归结为是慈禧太后的霸权和奢侈，是不确切的。若说始作俑者的责任，慈安太后应当首当其冲。

第二次重修的慈禧太后陵超级豪华

第一次建造的两太后陵虽然与其他帝后陵寝比规格较高，但还不太引人注目，因为没达到超级豪华程度。造成慈禧太后陵超豪华的是第二次的重修。这次重修也形成了大量档案，其中也有一件十分重要的清单，即光绪二十二年（1896）重修慈禧太后陵时，会勘大臣载漪所奏"各处工程做法钱粮数目及行取物料数目清单"，该清单详细记载了慈禧陵重修中的工程做法和用过的钱两、物料、人员等数目。

慈禧太后陵重修工程于光绪二十一年开始，在光绪二十六、二十七停了两年，一直到光绪三十四年才彻底完成，前后共用了14年。

光绪五年，慈安、慈禧陵两陵建好后，便移交给了马兰镇总兵看守，并制定了10年保固章程，清政府下拨了每年的日常检查维修费。光绪七年，慈安太后去世并入葬普祥峪陵，慈禧太后的普陀峪陵则一直封闭。至光绪二十一年八月，即修建16年之后，管理该陵事务的护军参领文锦按常规检查后发现，因雨水过大，普陀峪陵分别有宝顶、宝城上沟嘴、大殿、东西配殿共5处地方，有不同程度的渗漏、吊落、酥碱等情形，此为第一次上折奏报。接报后，大臣溥龄去查看核实，他在核实情况中，增加了当年要修的琉璃花门、小碑亭、宫门3处和第二年要修的东西朝房、神厨等5处，共13处，是为第二次奏报。根据溥龄奏报，礼部侍郎刚毅第三次去查核，他查后没提出具体要增加什么该修的地方，而是严肃地提出，"各情节情形实系严重"，应择其方向所宜者及早兴修，这是第三次奏报。这三次报告虽然一次比一次说得严重，但还没突破修饰的范围。接

到刚毅的奏折后，当时最得慈禧太后信任的奕劻、荣禄亲自前往查看，再奏道："按原估剔砌补墁恐不足以巩固……请再特派大臣共同勘查，以昭慎重"，此为第四次奏报。此奏折很快得到批复："宝山寿藏规制重隆……为万年巩固之基。著添派载漪、李鸿藻会同原估大臣……再行逐细复勘……绘图贴说，详细据奏……不准稍有迁就。"也就是在这道"不准稍有迁就"谕旨的基础上，奕劻等大臣的会勘奏折将原来的应修5处、8处、13处一下上升为："大殿拆修""宝城、方城、隧道、垛口等，一律拆修"，主体建筑基本是全部拆修，是为第五次奏报。

经过5次复奏，问题说得一次比一次严重，原本的普通维修工程几乎变成了重新再造工程。

其实，这一年由于雨水过大，许多陵寝都出现了不同程度的渗漏、坍塌、爆裂等情况，包括昭西陵、孝陵、景陵、裕陵、定陵及惠陵。和这些陵寝相比，慈禧太后陵建造得晚，质量也更高，所出现的问题并不太大，但是其他陵当年全部都是进行的局部维修，既然这些陵可以维修，慈禧太后陵也完全可以不用重修。

所以，重修方案基本是各级官员为讨好慈禧太后，层层推波助澜的结果。在此方案和指导思想下的重修工程，规格上又是层层加码，项目不断增加，直到最后拆修项目达到41项。物料标准更是一再提高，比如，原定重修隆恩殿大殿木料拟用旧木五成，后改为除下檐斗用原木外，其余均改用黄花梨，东西配殿也仿大殿做法，改用黄花梨；石料原拟"挑换新石五成，选用旧石五成"，后改为"一律用新石"。所以，这次重修，其豪华远远超过第一次。

所以说，最后使慈禧太后陵变得规格如此之高的几种因素中，除第一次建造已经形成政治规制上的超越有慈安太后的责任外，促成第二个14年高规格重修的原因，则是慈禧太后权势的作用和大臣的推波助澜，以及在时间上给慈禧太后提供了可以利用权势的机会。

所以慈禧太后陵的修建过程既表现了慈禧太后的权势和地位，也表现了同慈安太后之间的竞争。第一次兴建时，说明慈安太后地位在前，第二次的重修，以及后来极尽奢侈的随葬品，都是慈禧太后权力顶峰和唯我独尊形象的缩影。

赛金花其人其事

多年前，曾看过光绪二十九年（1903）关于京城名妓赛金花虐待妓女致死案的档案，就此写过一篇文章，所以后来对涉及赛金花的一些人物和资料比较关注。而在阅读这些资料的过程中，令我非常吃惊的是，没想到事件是那样的复杂，说法正反悬殊又是那么大。"在中国历史上，能为一个如此女子引起这么持久的争论，不算是绝无仅有，也是最多之一"。最主要的是，当细读这些争论背后的原意，透过她个人的命运，反映的则是国家大事、国人心态以及传统的文化心理。她的命运，实际是中国在一个特定屈辱年代的历史侧影。

年轻时的赛金花

一、亦真亦假的传奇身世

在清末民初众多的名妓中，赛金花应该是最具传奇色彩的一个。她的一生，从妓女到公使夫人再到妓女，三个阶段两种身份，命运跌宕起伏，大起大落、大喜大悲。有关她的一些基本情况，包括其家庭籍贯、生卒年月，乃至姓名等都真真假假，扑朔迷离，版本众多。

我简单地罗列了一下对其姓名、年龄、籍贯、出身的各种说法，大致有以下几种：

1. 家庭籍贯江苏盐城说

清末文人，也是最早把赛金花写入小说的曾朴，在其小说《孽海花》中说赛金花是江苏盐城人，初名傅钰莲，又名彩云，约生于1872年，幼年被卖到苏州花船上为妓。1936年11月，病逝于北京，终年64岁。

有关赛金花的书籍

2. 家庭籍贯安徽说

（1）安徽休宁说。《赛金花外传》的作者曾繁、《清末名妓赛金花传》的作者柯兴以及《赛金花故事编年》的作者瑜寿，都说她是安徽休宁人，姓赵。但对其父亲的职业的描述，曾繁和柯兴都说是一位轿夫，而瑜寿则说："赛的家庭成分，属于城市游民阶层，她祖父曾和人合伙开过当业。……赛金花的真实年龄实生于1864年，去世在1936年，已经是73岁了。"

（2）安徽黟县说。其表述不尽相同，有的文章写道："赛金花原籍安徽黟县，原姓赵，小名三宝，又叫灵飞，生于清朝同治十一年（1872）十月初九。她的父亲在太平天国运动时流寓苏州，娶了当地的女子为妻，先生一女赛金花，后生一男。"即祖籍安徽黟县，出生在苏州。

又有的文章写道：赛金花原名郑彩云，出生在安徽黟县二都上轴郑村，祖父在苏州开当铺，其父亲郑八哥为避战乱到苏州，他们就住在苏州萧家巷，后赛金花被家中下人诱卖到妓院。即出生在黟县，后随其父亲迁居苏州。

此说中写得比较详细的是赛金花故居介绍：赛金花，原名郑彩云，艺名赛金花，1872年10月出生在黟县二都上轴村，父名郑八哥，赛金花12岁时随其父迁居苏州。后经熟人引见最初化名傅彩云，成为花船上陪客调笑不陪宿的"清倌人"。1887年，适逢前科状元洪钧回乡守孝，对彩云一见倾心，遂纳为妾。不久洪钧奉旨为驻俄、德、奥、荷四国公使，其原配畏惧华洋异俗，遂命她陪洪钧出国。洪钧归国后不久病死，1894年在送洪钧灵柩回苏州途中，赛金花潜逃至上海再度为妓，改名曹梦兰，后至天津，改名赛金花。1936年病逝于北京，年63岁。

安徽黟县赛金花故居陈列馆外景

（3）安徽歙县说。2005年《建设者》第5期曹晋杰的文章中，他以"赛金花后人身份说赛金花"更是富于戏剧性。文曰："赛金花本名曹梦兰，按曹氏宗谱所列辈分，和我祖父曹菊农是远房堂兄妹，比我祖父小七岁。其父亲曹彭洛原为安徽歙县人，是大学士曹振镛的曾孙，后逃难到苏北盐城县上冈镇定居，赛5岁时被拐子看中，将其拐卖给了江西吉安知府何廉舫，十几年后，何因案入狱，其管家为筹措营救款，以2000两银子将赛金花嫁给了程姓盐商，两年后，盐商得了霍乱病死，盐商的大老婆连哄带骗将赛金花卖到苏州为娼，时年赛金花20岁。"即生在歙县，逃难到苏北，被拐卖到江西，嫁给盐商，盐商死后，又被卖到苏州。

（4）安徽宣城说。《新时代杂志》皓翁"再谈赛金花"一文曰："她原籍是安徽宣城人，寄寓苏州，说的是一口苏白。"

（5）徽州说。北大教授刘半农和他的学生商鸿逵编的《赛金花本事》，只笼统说赛金花祖籍是徽州人，姓赵，1874年生在苏州。但是，同时商鸿逵又不太相信自己对赛的采访记述，在书的注释中写道，赛金花"或谓伊之姓赵也是冒出，实乃姓曹，为清代某显宦之后"。此解释又和歙县说相同。显宦即指曹振镛。

最奇特的说法见于《赛金花秘事种种》一文："赛金花原名春菲，今名是好事的嫖客所取的……赛金花的出生……据说她是苏州山塘左近一只十分考究的灯船上一个三十余岁的鸨母所生的。"

所以，仅从以上所列我们就知道，对赛金花的原名有赵彩云、郑彩云、傅彩云、傅钰莲、春菲、小名灵飞、三宝等说法；对其籍贯有苏州、江苏盐城、安徽休宁、安徽歙县、安徽黟县、安徽宣城等说法；对其出生年月则有1864年、1872年、1873年、1874年等说法。见诸其他文章还有1870年、1871年的说法。

对于自己的出身、年龄、籍贯，赛金花自己的表述也是常常矛盾。

她对刘半农自述，本姓赵，生长姑苏，原籍徽州，家中世业当铺。彩云是乳名，同治十三年（1874）十月十九日生在苏州城内周家巷。按她自己所说，刚开始在苏州花船上当幼妓时，因常常出去应酬客人，为了顾家里的体面，不好意思露出赵氏真姓，便想了一个宝字盖的"富"字，取"富而有财"之意，后来人们把宝字盖的"富"写成人字旁的"傅"，所以姓傅是假冒的。

对曾繁则说，她的祖籍是徽州休宁县，光绪元年（1875）生在苏州虎门萧家巷。

而她在因班妓致死案被发配时，遇到安徽程梦余（进步人士，新中国成立后当过安徽政协委员，曾为文史馆馆员）则又说，她原籍是安徽黟县二都上轴郑村，原姓郑。

但在同案的她自己的供词中又说，是"江苏元和县李寿山的妻子，叫李赛氏"。

对后期一直陪伴她的义仆顾妈则说，平时她跟别人说的年龄都少说了3岁。

也就是说，她自己对自己籍贯的说法就有4种，姓氏有3种，年龄则有1871年、1872年、1874年、1875年多种说法。

为什么对赛金花的基本情况的记载版本这么多,甚至她的自述也是互相矛盾,就是因为没有原始档案,时人记忆难免有误,特别是多数记载依据的是赛金花自述,而赛本人对不利于自己形象的内容难免有意更改,甚至信口编造。比如其年龄,1864年与1874年两说相差10年,《赛金花故事编年》的作者瑜寿就说:"关于赛金花的真实年龄……她自己一再虚报,有时称为辛未年(1871)生,有时自称

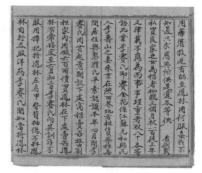

光绪二十九年清宫刑部档案中有关赛金花为江苏元和县民人李寿山之妻李赛氏的记载

为甲戌年(1874)生。她那样毕生在过着被损害与被侮辱的生活的女人,青春是她们的主要资本,当然要尽可能地低报其实数,这是无足为怪的。"再如她的籍贯,本是很简单的一件事,但赛的说法却那么的不一致,对此有人解释说:"作为一个妓女,也许最忌讳的就是自己的身世来历了,所以大凡向别人告知时,都不会说自己完全确切的老家,更何况赛金花的祖籍又是礼教严酷的徽州!"所以赛金花自述多有矛盾,是极正常的现象。

除上述其原名、籍贯外,后来随她三次嫁人和两度为妓,她又曾叫过洪梦鸾、曹梦兰、赵灵飞、魏赵灵凤(飞)、赛二爷等。后来她的姓氏名字多变,大多数是随其丈夫的姓而改动的。

比如,洪梦鸾是她嫁了第一任丈夫洪钧以后的名字,是洪钧给其取的。魏赵灵凤的名字则是1918年她同其第三任丈夫魏斯灵结婚后才有的。

至于现在多数人所叫的、也是其最响的名字"赛金花"的来历,说法也有多种。一种说,当她早年还在苏州做妓女时,苏州有一名妓叫金花,因傅彩云年在妙龄而又美丽,赛过金花,故获得"赛金花"之称。另有一种说法则是,在赛金花二度为妓后,于1898年来到天津,曾租住在天津滨江北道的江岔胡同旧"金花"妓院原址,并组织了金花班,挂牌名称为"赛金花书寓",她自己也改名为赛金花。"这是赛金花三字问世之始"。

3. 基本结论

由于其姓名、籍贯和出生年月版本太多,我们对此又找不到直接的档

案证据，所以只能取比较正统、也是多数历史研究者认可的说法，其他仍然存疑。

所谓比较正统的说法，就是指现在国家清史编纂委员会所修"清史"的说法。国家现在修的清史，将赛金花列入了《妇女传》，我在进行了认真的鉴别后，在此基础上做了归纳补充，基本情况是：

赛金花，原姓赵，名"彩云"，又名洪梦鸾、曹梦兰、魏赵灵凤、赛二爷。祖籍安徽徽州，约同治十年（1871），生于苏州萧家巷，13岁时成为苏州花船上"清倌人"。光绪十三年（1887）15岁时，被同治朝苏州状元洪钧纳为妾。不久，洪钧受命出使德国、俄国、荷兰、奥匈帝国四国，因其原配夫人不愿同行，赛金花遂以公使夫人的身份随丈夫去了欧洲。在欧洲生活5年，学会了英语、德语，并生一女名叫德官。1891年，洪钧任满回国，晋升兵部左侍郎。1892年，发生帕米尔中俄争界案，洪钧因献给朝廷的《中俄界图》的帕米尔部分有误，遭到官员们的联名弹劾，抑郁成疾，1893年8月病逝。赛金花扶柩南归，到吴县接官亭，将灵柩和女儿德官交给洪家人后，脱离洪家。1894年前后，一度嫁与元和县民李寿山短暂为妻，因李家家贫，赛金花来到上海，改名曹梦兰，在二马路彦丰里挂牌为妓，并同天津人孙少棠建立了同居关系。1898年，由于上海妓院生意日渐衰落，又从上海来到天津，在江岔胡同开了"金花班"，自己改名赛金花。此时结识了户部尚书杨立山及历任浙江、江西巡抚的德馨，受二人怂恿，1899年由天津迁到北京，后因其租住的高碑胡同有暗操卖淫者，被步军统领衙门右翼总兵载澜驱逐，又回天津。1900年后，再迁来北京。因与德军统帅瓦德西的关系和救京城百姓的历史公案，及后来班妓自杀案，又两度嫁人，两度重操旧业等行为，成为名贯京沪的交际花和社会新闻热点人物。晚年租住在北京居仁里16号，生活穷困潦倒，1936年11月21日在北京居仁里16号病故，终年65岁。

二、似是而非的那些事情

赛金花的故事传说上百年，虽然很热闹，但正面的、值得反复讲述的事，就是所谓庚子年间救助京城百姓的一件事，另外还有一件反面的、不光彩的事，即光绪年间虐待妓女自杀案。本文就说说赛金花庚子年间救京城百姓的事。

要想说清这件事，首先必须破解"瓦赛公案"，也就是她和德军统帅瓦德西的关系，没有这层关系，就没有她救京城百姓事的传说。"瓦赛公案"分两个时期，即赛金花随洪钧出使欧洲时期和八国联军进占北京时期。

在欧洲时期有关赛瓦关系的传说，主要来自从1903年陆续出版的曾朴的小说《孽海花》。该书曾被鲁迅先生称为晚清四大谴责小说之一，书中除含沙射影讽刺了清朝时政，也描写了赛金花在德国时期与青年军官瓦德西在柏林中国公使馆邂逅、缔尔园约会的情事。但该书中所写的瓦德西1890年才20岁左右，按此推算，1900年八国联军入侵北京时应为30多岁，而真实的德军统帅瓦德西，1890年时已经是58岁（1832—1904），所以《孽海花》中的这一段赛瓦关系完全是虚构的。这一点作者本人后来也承认此二人实不相识，只是为了小说事有线索，文有来龙，且可铺张数回，张冠李戴，虚构的事迹。

社会上传说更多的是在北京庚子事变时期的瓦赛关系。

光绪二十六年（1900）义和团运动爆发，这一年是农历庚子年，所以又称"庚子事变"。最初，义和团的口号是"反清复明"，但随着形势的发展，教案增多，义和团开始支持清朝抵抗西方，口号也改为"扶清灭洋"。由此引发英、美、法、德、意、日、俄、奥各国以保护传教士及使馆为由，组成了八国联军侵略中国。八国联军于1900年6月攻陷天津后，又于8月16日，占领了北京，慈禧太后与光绪皇帝则在8月15日逃往西安。八国联军的统帅开始是英国海军中将西摩尔，后来才是德军统帅瓦德西。瓦德西进入北京后，德国司令部就设在中南海的仪鸾殿。

八国联军进入北京城时，赛金花刚从天津逃难到北京，先是借住在定王府旧仆杜升家中，后迁入南城李铁拐斜街。传说中的赛金花救京城百姓的事迹就发生在这个时期。近百年来，有的说有，有的说无。说有的，虽然都认为赛金花在1900年劝说瓦德西遏制了联军的暴行，保护了京城百姓和文物，但实际又有两种情形：一种是真心褒扬赛金花，一种则是讥讽和嘲弄赛金花。

瓦德西像

持褒扬者说。如曲江春在《赛金花轶事汇录》序言中道:"溯当八国联军入京之际,清廷两宫仓皇西遁,满朝文武百官乱窜如丧家之犬,敛迹缩头而不敢露面,一任联军之屠杀劫掠。当此之时,朝野寂焉无人,独有赛金花者以一弱女子,挺身而出,周旋于联军统帅瓦德西及各重要首领之间,诱以情,导以理,动以仁,律以纪,卒使联军就范,而燕市百万之民,乃得卸去惊愕之容,重登衽席。于是赛二爷之名,亦被歌颂九城矣。设非有赛其人,恐太庙、皇城、颐和、万寿,亦必继明园而成废墟,亿民百官,千娇万丽,俱遭毒屠与奸淫,亦未可知。是赛之有功于国家社稷,有德于燕市百姓者也。"

又如林语堂在《京华烟云》中写道:"北京城总算得救,免除了大规模的杀戮抢掠,秩序在恢复中,这都有赖名妓赛金花的福荫。"

还有许多文章,直言赛金花是"大清义女,保护百姓"。

持讥讽者说。社会上对赛金花的花边新闻传说,从其在上海挂牌为妓时就已经出现,但她和瓦德西的关系广泛传说则是出现在清宫仪鸾殿大火之后。

光绪二十七年二月二十九日(1901年4月17日)夜内德军驻地仪鸾殿失火。清宫档案中有一件三月初一(4月19日)留京作议和代表的奕劻给在西安的光绪皇帝和慈禧太后发的电报,写道:"二月二十九日夜内(4月17日),仪鸾殿不戒于火,延烧前后殿、配殿","烧毙德国提督一名"。电报中提到丧生的德国提督,即德国参谋长施瓦兹霍夫少将。瓦德西本人闻警撤出,但衣衫不全。按4月20日,瓦德西给德国皇帝威廉的报告中的说法是,他本人"则于仓促着衣之后,以及帅笏与少数衣服救出之后,必须取道余之石棉行舍窗子,以往近旁军官大厅而去"。

这次大火以后,北京就传出了一种流言,说瓦德西逃出火场时还挟着一个

光绪二十七年三月一日奕劻为仪鸾殿大火事致在西安的光绪皇帝和慈禧太后电报

女子,这个女子即是前出使德国公使洪钧的夫人赛金花。

最早将这种传说写入文学作品的,是1900年曾随扈慈禧到西安负责处理军机政务、后曾任陕甘等省布政使、鸳鸯蝴蝶派诗人樊增祥,他在1903年写了《后彩云曲》,其中道,"谁知九庙神灵怒,夜半瑶台生紫雾。……此时锦帐双鸳鸯,皓躯惊起无襦袴。"在其诗序言中更直白道:"因思庚子拳董之乱,彩侍德帅瓦尔德西,居仪鸾殿……仪鸾殿灾,瓦抱之穿窗而出。当其秽乱宫禁,招摇市鄽,昼入歌楼,夜侍夷寝。"

另一本书是前面所说曾朴的小说《孽海花》,但该书只有"夜宿仪鸾曹梦兰从头温旧梦""片语保乡闾二爷仗义"等章目,并无内容。

再就是当时有些小报,为了猎奇,以讹传讹。比如1903年因直言报道了《中俄密约》被杖毙的新闻记者沈荩,1900年在听说赛金花女扮男装跟随别人到南海去游览过,就将此事变成戏说,谓赛金花被召入紫光阁,与瓦德西如何如何,并寄往天津《新闻报》发表。

对于自己与瓦德西的关系及在庚子事件中制止联军的作用,赛金花有自己的说法,但在不同场合,说法却不一致。

一是跟瓦德西是否在欧洲就认识?她对刘半农和商鸿逵说:"我同瓦以前可不认识。"对《赛金花故事编年》的作者瑜寿也曾说:"他们都是胡说呀,我哪儿会和他(瓦德西)认识?"但在曾繁访谈做《赛金花外传》时,她又说:"那年在德期间,结识了瓦德西将军,他和洪先生常常来往,故而我们也很熟。外界传说我在八国联军入京时才识瓦德西,那是不对的。"

二是和瓦德西有没有特殊关系?她对刘半农和商鸿逵说:"他们说我天天夜里和瓦德西一同在西太后的龙床上,有一天,睡到半夜,着起火来,我俩都赤裸着身子,由殿里跑出。这简直是侮辱我,骂我。我同瓦的关系固然很好,但彼此间的关系,却是清清白白,就是平时在一起谈话,也非常的守规矩,从无一语涉及过邪淫。"但是在1934年《申报》访问她时,她的回答却有些暧昧,记者问:"你在皇宫住了几天?"她答:"我同瓦德西住在仪鸾殿,共四个月。他走的时候要带我回德国去,我不愿意。他又要我随便拿宫中宝物,我也没敢要。"

三是在制止联军杀戮的作用上,她对曾繁说:"后来我便借机和瓦德西说:'北京的百姓受义和团的蹂躏已经民不聊生,今更受联军的肆意残杀,更何以堪,将军还要下令安民,肃整军纪才好。'瓦德西第二天便下令不准士兵违纪妄行,京里的居民此后才可以不致再遭遇到屠戮之苦。这是联军入京第五日的事,第五日之后,京民便得安宁了。"但是赛金花在晚年看了陕西易俗社演出的《赛金花》后说:"阻止外国兵屠杀民众,及劝德国公使克林德夫人应允中国议和之事,余不过斯时见外国兵屠杀我国人民,一时激于临时感情,随便向瓦一说,并非预有若何救国之成竹在胸,而有计划爱国举动也,该戏演来,少失真相,虽十分夸奖我,但于我良心上,诚为不安。"

由此可以看出,赛金花对她与瓦德西的关系,前后说法有许多不一。为什么赛金花的说法会自相矛盾呢?有人曾从其生活状态和心理变化进行分析,认为:"这无非是赛氏晚年,甚或在一种变态心理下,她自觉社会已全然忽视她的存在,只有在夸张和瓦德西关系的时候,社会才惊奇地注意起她来,一切物质的筹助也跟着来了。"另外还有人从其职业环境进行分析认为,"对于一个风月场上的老手来说,这样习惯性的诳语似乎太正常不过了。"

那么,到底赛金花在庚子年间与瓦德西有没有特殊关系?在制止联军杀戮中起没起作用?起多大作用呢?确切地说,这些基本上都属于无事实根据的传说。

第一,可以断定的是,赛金花说她在联军入京第五日,就劝说瓦德西整顿军纪,"第五日之后,京民便得安宁了"的说法,纯属虚构。因为1900年8月14日北京沦陷之日,瓦德西还远在柏林。据《瓦德西拳乱笔记》记载,他是在8月7日得到其国王的电旨,任其为东亚高级军事司令,8月23日起航,9月27日到达天津,10月17日到达北京。这时北京沦陷已有63天之久。所以,从时间上看,赛金花在联军入京第五日就和瓦德西发生私情,并劝瓦德西制止联军杀戮,是完全没有的事。

第二,还有另一种声音,早就对赛金花的标榜做了正本清源的说明,但是此说法过去并没有得到应有的重视,只是近几年才越来越被研究者认可。

其中一件是事件的亲历者齐如山提供的材料。齐如山是近代戏曲理论家,也是京剧大师梅兰芳的搭档,为梅写过剧本,懂得德语,庚子之乱时正在李鸿章官邸帮忙做德文翻译,故和一些德国军人和赛金花都相熟。他这样回忆道:"我相信赛金花没见过瓦德西,就是偶尔见过一两次,她也不敢跟瓦德西谈国事。"齐如山还描绘了他与赛金花同时见到瓦德西的两次情景。一次齐如山同一位军官到中南海紫光阁办事,一进门便看见赛金花与两个德国军官在一起,刚说几句话,忽然看见瓦德西从南边走来,与赛金花在一起的军官露出仓皇之色,连忙商量躲避,齐如山便出来搭话,瓦德西问了几句话就走了。还有一次在瀛台,齐如山又遇到赛金花和两个军官在一起,他正跟赛金花说着话,又远远看到瓦德西在和站岗的士兵说话,这两个军官也露出不安之色,其中一个说瓦德西不会进来,后瓦德西果然走了。所以齐如山认为,"这两次赛金花都没敢见瓦帅,所以测度她没有见过瓦帅"。另外,齐如山还写到,赛金花为了两件小事居然还曾求齐如山与德军说情。一是赛金花手下的刘海三被德国当时在北京的行政机构逮捕,赛金花托齐如山去说情。二是赛金花在卖给德军土豆做军粮时,土豆被冻了,德国军官不要,又托齐如山去说情。因此,齐如山认为,赛金花只不过是因为生意,与德国下层军官有往来。

另一件是事件的亲历者丁士源的日记。丁士源当时在北京帮助德国人办事,他和另一位给德国"格知府"当翻译的葛麟德都是赛金花那里的常客。在其所写的《梅楞章京笔记》中,根据亲身经历,记述了庚子年间的一些事情。据记载,一次小聚,"赛曰:'葛大人,吾等空相识月余,前恩君携赴南海游览,君虽口诺,而终未见实行。'葛说,吾辈小翻译不能带妇女入内,便推辞给丁士源。丁士源应允,但提出赛必须着男装。赛金花异常高兴,第二天扮男装,作为丁士源跟人,进入南海。当他们经过跨越北海和中南海的大桥时,赛金花大呼曰:'好景致!好看!'丁曰,勿声!迨至南海大门,告守门德兵以谒瓦帅,兵曰,今晨瓦帅已行外出。丁曰,参谋长在否?兵谓,亦与瓦帅同出,因之不克入内。""格知府",即德军"巡防普安公所",长官为格尔少将,1900年11月以后到任。按照丁士源记载,赛金花和格尔的翻译葛麟德相识月余,时间应在12月以后,也就是说,赛金花最早在12月以后才得以随丁士源进到中南海,加上该书中丁士源对赛金花去中南海时穿的冬天衣服描写,这个时间还是比较可信的。而这时瓦德西进京已经两个多月了,八国联军进京则已经四个多月了,按此情景,在此之前,赛金花和瓦德西肯定尚未发生任何亲密关系。

以上两位当事人的材料,虽说不可以百分百相信,但相比文人诗作以及小说中的资料还是可靠的。所以,近代著名学者冒鹤亭在其《孽海花闲话》中直言:"彩云与瓦德西事,实报纸谰言。"其来龙是,庚子京城陷，赛金花先后求葛麟德、丁士源携带到中南海一游，但当日适逢瓦德西外出，赛瓦连面也没见上。丁士源回来后，将事情告诉了同住的钟广生、沈荩。钟、沈随各戏草一稿，一个寄到《游戏报》，一个寄到《新闻报》，谓赛金花如何见瓦得幸。再后，逢中南海仪鸾殿起火，樊樊山借此进一步添油加醋，作《后彩云曲》，编出了半夜大火起，瓦德西挟赛金花裸身跳窗逃出的荒唐故事。

第三，瓦德西日记和西方的资料，这些资料虽然只可作为反证，但我们也不能忽视。

首先是《瓦德西拳乱笔记》，该书是瓦德西自1900年8月—1901年11月所写的日记、笔记以及给德皇的奏议、函电、报告。主要记载了瓦德西在侵华期间的个人活动和感受。书中有许多内容是关于议和的记载，也有多处提及李鸿章托人转达和谈的意见。但书中不仅只

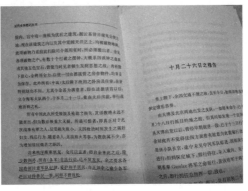

1900年10月22日瓦德西日记内容

字未提及赛金花，更有几处可以反证和赛金花没什么关系。

第一条，1900年10月22日："余可以言者，即自余来此之后，除少数例外，所有（各军）非法行动，已不复发见。"瓦德西10月17日到京，22日是其到京第五天。这段日记从时间上印证，赛金花这时还没有机会见到瓦德西，更不用说"所有（各军）非法行动，已不复发见"，是她劝说瓦德西的结果。

第二条，瓦德西日记中关于克林德碑的记载。建克林德碑，一直是传说中以及赛金花自己反复标榜的庚子年间她为议和做出的所谓"重要贡献"。

克林德碑即1901年清王朝被迫为德国公使克林德建立的牌坊。1900年6月20日，克林德乘轿从东交民巷使馆前往东单牌楼北大街东堂子胡同总理各国事务衙门交涉义和团问题，走到东单牌楼北大街西总布胡同，被正在巡逻的神机营章京恩海打死。事件发生后，德皇威廉二世决意报复中国，派遣了2万多人的对华远征军。1901年清朝战败，与11国签订《辛丑条约》，德国对此事的解决提出了非常苛刻的条件，最后以清廷派

醇亲王载沣赴德国，就克林德被杀一事向德国皇帝道歉，并在克林德被杀地点修建一座品级相当的石牌坊了结。这一条被列入了《辛丑条约》的第一款。

克林德碑横跨在繁华的东单北大街上，于1901年6月开工，1903年1月竣工，形制是四柱三间七楼，碑文用拉丁文、德文、汉文三种文字，表达清朝皇帝对克林德被杀的惋惜。1918年11月11日，第一次世界大战结束，德国战败，11月13日，中华民国北京政府将牌坊迁往中央公园（今中山公园），将坊额改为"公理战胜"，规模缩小为三楼。1920年7月4日，举行了纪念坊的落成典礼。1953年10月，亚洲及太平洋地区和平大会在北京召开期间，再次改名为"保卫和平坊"。

在该碑的建立过程中，按赛金花所说，是她看到克林德夫人提出的条件太苛刻，"把个全权议和大臣李鸿章弄得简直没有办法了，我看着这情形，心里实在起急，又难过，私下里向瓦德西苦苦劝说了有多少次"，又自告奋勇去做克林德夫人的工作，德国才答应的。过去也有许多人认为是赛金花在编造谎言，理由主要有两点：一是赛金花和瓦德西不认识，若没有重要人物介绍，赛金花当时只是个妓女，克林德夫人不会和她见面，何来劝说之事？二是赛金花曾谈到，克林德夫人当时50多岁，而实际上克林德夫人当时只有30多岁，这就证明赛金花根本没见过她。

对此事件，在《瓦德西拳乱笔记》中还有一条可以反证的材料，是记录瓦德西到北京第四个星期时，乘马到总理各国事务衙门一路查看的情况："由使馆区域直至该处之大街，现名为克林德街，盖因卑怯之暗杀事件，系在此街所为故也。"这段日记的时间是1900年11月30日，从中我们看出，《辛丑条约》商议之前，在德

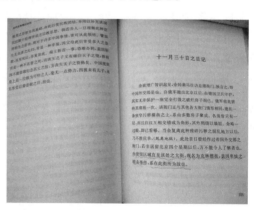

1900年11月30日瓦德西日记中出现的克林德街

国人心目中，从东交民巷使馆区到东堂子胡同，这条街已经叫"克林德街"。原因就是克林德在此街被杀，清朝感觉理亏又十分害怕，故将此街叫

"克林德街"。也就是说，在瓦德西到北京不足一个月时间，在德国人那里，已经有了克林德街之说，建立克林德碑，或以克林德名字命名街道建筑，是德国人早有之意，不是赛金花通过瓦德西说服克林德夫人的结果。

另外，还有一件英国方面的资料。在《英国蓝皮书有关义和团运动资料选译》一书中，英国公使萨道义1900年11月8日向其国王报告了11月5日八国联军会议情况。该次会议内容，是各个国家商议拟向中国要提出的条款。在会议上，德国使节建议加入下列补充条款："派遣一个以亲王为首的特别使团前往柏林，表示中国皇帝陛下和中国政府对克林德男爵被害一事的惋惜。""日本公使询问说：如果他以后必须要求中国政府建立一座纪念碑，以纪念被中国政府军队于6月11日杀害的他本国使馆的书记生，其他使节是否将支持他的行动。此事获得了我们全体使节的同意。"① 萨道义这个报告的时间，是在瓦德西到京的第18天（10月17日—11月5日），德国这时已经明确提出要建立克林德碑，而短短这十几天里，赛金花可能连见都还没见过瓦德西，所以更不可能通过瓦德西去见克林德夫人了。

不过，虽然赛金花和瓦德西没关系，是不是她救京城百姓的事就纯属虚构呢？并不是。她虽然和瓦德西没关系，但是，不能否定，她在德国生活过五年，会一些德语，便于和德国人交流，所以当时她既帮德军筹集过粮食，也帮一些德军找过妓女，和一些下层德军混得很熟。齐如山及赛金花本人都谈过赛金花帮助德军买军粮的事情，并且按齐氏说，他还不止一次看到赛金花陪同德国军人在前门大街一带骑马。赛金花正是把这些和德国下级军官交往的经历，添枝加叶地张冠李戴，加到了瓦德西头上，所以在和瓦德西的关系上她撒了谎，但同时也利用和下层德军这种关系，确实帮助了一些人。

除赛金花自己所说，比如在大街上只要碰到德国兵误拿老百姓当成义和团，她便急忙跑上去"担保"。除解救等事情外，在记录赛金花班妓自杀案的清宫档案中，也有所反映。该案中曾冒名顶替死者母亲的彭濮氏，在其供词中有一段话，说明她为什么愿意顶名帮赛金花解围，就是因为庚子年间得到过赛金花的帮助。"氏与这赛金花乱时住过邻居，现在于初二

---

① 胡滨译：《英国蓝皮书有关义和团运动资料选译》，中华书局，1980年，第391—398页。

日闻赛金花买来之女凤林服洋药毒身死，氏因感念乱时之恩，一时糊涂，诬说尸母"。这是唯一一件距离庚子事变时间最近、能证实赛金花帮助过京城百姓的档案，虽然数量不多，但据此足以证明，庚子之乱时赛金花确实做过一些让京城百姓感激的事情，最起码对其周围邻居有所保护和帮助。

所以，合情合理的解释应当是：赛金花和瓦德西并不熟识，即便见过面，但没有过特殊关系，所以，传说是通过她劝说瓦德西制止了联军杀戮的事情，系子虚乌有。但是她通过和下层德国军官的关系，帮助过周围邻居，为京城部分百姓做过一些好事，也确是实情。

三、百年争说赛金花的原因

对赛金花的传说、争论、宣扬，从1894年到现在，已经过了一百多年，一个风尘女子，为什么能引起史学界、新闻界、文艺界的百年争说？原因应该有很多，我认为主要有以下几点：

1. 赛金花传奇的生活经历和其本身，就是极好的谈论素材

赛金花的妓女加公使夫人身份，三次嫁夫、三次孀居的经历，以及庚子年间与瓦德西的关系与作为，都使其一生充满了传奇而神秘的色彩。这就给文学家、史学家、新闻界都提供了写作、宣传、争论的生动的素材和话题。

2. 特殊的历史和文化背景下，国人爱国情怀的释放

在中国这片文化土壤里，早就产生了这样的传统和习惯，每逢国家遭受危难，当七尺男子支撑不了半壁江山时，文人笔下就会出现几个女性，像南北朝时期的花木兰，北宋时期的杨门女将，清军入关时

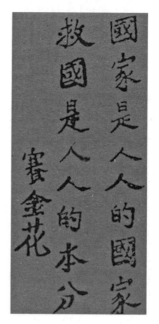

赛金花亲笔"国家是人人的国家，救国是人人的本分"

的柳如是、李香君等。当男人纷纷倒下时，她们却成了傲雪斗霜的一剪梅；在达官士绅卖国求荣时，地位最低下的弱女子却展现出了一身风骨和气节。赛金花的故事，就是在这样一个特定的屈辱年代的背景下，被这种文化土壤催生和放大的奇葩。

赛金花的事迹被广泛宣传，集中在20世纪三四十年代。第一次是在1931年"一·二八"事件后，第二次是1936年夏衍的话剧《赛金花》公演后。此时的中国，正面临日本的侵略，国家民族危在旦夕，全国上下都期望尽快制止日本的侵略行径。从刘半农和商鸿逵采访赛金花口述而成的《赛金花本事》，到戏剧理论家齐如山笔下的赛金花，从小说家张恨水言谈中的赛金花，以及当时报纸文人笔下形形色色的赛金花，再到夏衍的戏剧《赛金花》，都贯穿着一种思路，就是借"爱国女性"来讽刺"卖国官吏"。例如《赛金花本事》开篇那句话："本世纪初，中国出了两个活宝：一个卖国，一个卖身；一个可恨，一个可怜；前者是西太后慈禧，后者就是名妓赛金花。"大家实际上都是希望借助赛金花讽刺当局政要，鼓舞民族救亡。所以1936年夏衍的话剧《赛金花》公演，在全国引起巨大反响和轰动，赞扬该剧的认为，它用一个下层弱女子也能救中国的精神，激发了国人的爱国热情，宣传了救亡，鼓舞了志气，"赛金花她那爱国之心，比起当时卖国贼、汉奸犹胜千万倍"。夏衍在《懒寻旧梦录》中说："朝堂上的大人物的心灵还不及一个妓女。"反对者则认为，赛金花为德军办购军粮，向瓦德西献媚，宣扬了汉奸精神，以致该剧在北京上演时，因演员演得太逼真，引起部分观众反感，发生了向舞台上扔痰盂的事件。

但不管当时双方对该剧争论如何，都是出于爱国之心，争论的焦点，不在赛金花本身，而在于赛金花庚子年间的行为是爱国行为还是汉奸行为；争论传播的是赛金花的故事，抒发和释放的则是文人名士的梦想及亿万国人的爱国情结。2012年刘晓庆主演话剧《风华绝代》，其中赛金花有一句台词："钓鱼岛，是慈禧老佛爷赐的！"每演到此，台下都引发强烈反响，掌声不断。所以说，赛金花虽然只是一个符号，但却有特定的时代印迹，是中国屈辱时代的一个侧影。

3. 同情心、感恩心、猎奇心等传统文化心理的助推

20世纪30年代赛金花热的高潮时期，既是国家危亡之时，也恰是生活中的赛金花处于贫困潦倒之时，身边只有一个多年仆人顾妈和她弟弟陪

同，贫穷到了连房租也交不起的地步，她只得给该管警局写信，请求豁免房租。这封请求信恰被《小实报》一个记者看到，拿去刊登。于是，当年京城名妓、救过京城百姓的赛金花穷困交加、交不起房租的消息，很快引发了社会的强烈反响，触动起人们心灵中最美、最柔弱的情感。各种报道、宣传大量涌现，据《申报》通讯，各种报纸不超过 20 天，必见一次赛金花的消息，仅从北京大学现存的除《申报》《大公报》等大报外的各种小报，1936 年登载的赛金花的消息就有 370 多条。特别是 1936 年 12 月赛金花在贫病交加中去世，面对这样一个命运多舛的女子，爱国心、同情心复杂地纠缠在一起，使越来越多的人不愿再细问赛金花故事的真伪，只是认为她是一个于国有功、于京城百姓有德的受害者，包括 1903 年的致班妓自杀案，也成为"因那些 1900 年庚子事件仇视赛金花的达官贵人，要故意借机贬低她，伤害她"的冤案。甚至还有人宣传是慈禧太后从西安回京后，听到妓女救京城的传说，觉得有伤堂堂政府脸面，所以借着班妓自杀案将赛金花赶出了北京。时人把她比做法国作家莫泊桑笔下的羊脂球，纷纷替她打抱不平。如 1936 年 12 月 4 日北京《大晚报》关于赛金花去世的报道中写道："一些从洋人跟洋人走狗巴结到功名的官儿，都升了官了，大家忘记赛金花的功劳，而且妒恨她。赛金花呢，瓦德西去了以后，她没有受到西太后的酬谢，依旧开着妓院，因为妓院出了一件人命案，那些妒恨她的官僚，趁此加以'伤风败俗、虐待人命'的罪名，把赛金花的家产归公发卖，押解回籍，不许再回北京，使她不得不第三次沦为妓女。"

当赛金花去世后，许多人帮她筹备丧葬事宜，许多名人为她送葬，陶然亭的和尚捐了一块地皮为她建墓，墓邻鹦鹉冢和香冢；齐白石为她题写了墓碑（但开始时尚没有碑，故未刻上）；国画大师张大千为她作了肖像画——《彩云图》。1937 年，北京沦陷以后，潘毓桂为赛金花立了一个碑，并写了碑文，因为潘毓桂的汉奸名声，这个墓碑没给赛金花带来荣誉，"文革"中反而成为其罪状之一。所以广泛的同情心、感恩心，是催生赛金花热的另一种添加剂。

四、历史的回声和另样解读

一百多年过去了，如今报章仍偶见有关于赛金花的文章，影视舞台上仍常有赛金花的形象，在安徽黟县通往宏村的路上，又建起了一座名为"归园"的赛金花纪念馆。随着历史研究越来越重视档案、强调求真，文章大都多了几分理性；随着文化自由、百花齐放，舞台上赛金花的形象则更加完美。但不论当今历史文化各个领域对赛金花的解读有何出入，我们仍然以美好的心态，相信"大家之所以纪念她，不就是因为她多少给人民做了点好事"，"只要是给人们做过点好事的人，人民是不会忘记她的"。

赛金花班妓自杀案

清光绪二十九年（1903）六月初三黎明时分，在北京虎坊桥八大胡同的陕西巷赛家车厂内，一名妓女服毒自杀身亡。这桩十分平常的刑事案，因事涉当时的京城名妓赛金花，她那传奇般的身世和经历、在庚子年间与八国联军统帅瓦德西谜一般的关系和作为，使该案也变得疑窦点点、迷雾重重。直到百年后的今天，生活中又响起历史的回声：在从安徽省黟县去宏村的路上，一处崭新的赛金花"归园"，据管理人员说，就是当地人为纪念赛金花犯案后被发配回故乡黟县所建。

一、案说种种

历史上对赛金花班妓自杀案的记载，有多种版本：有赛金花不同时期对不同人的自述，有时人的回忆，有当时社会上的记载和传说，还有后人

安徽黟县赛金花故居陈列馆

的杜撰与猜测。

1. 赛金花的自述

赛金花的自述，文本较多，北京大学教授刘半农和记者曾繁对她的访问记录，可作为代表。《赛金花本事》是1934年刘半农和其弟子商鸿逵采访赛金花后所著，书名是赛金花的亲笔题字。

书中对该案的记述题目是："班妓服毒，己身受祸。"赛金花对刘半农和商鸿逵是这样说的：

这年，我办完弟弟的丧事，由苏州回到上海，在那里挑了6个姑娘，把她们带到了北京。这时妓班在陕西巷，因为还有空房子，我就打算再买一个。凭中人说，这是个良家姑娘，武清县人，长得很美。她来时，穿的一件蓝布衣裳，扎红腿带，还梳着髽髻，像个刚从乡下来的样子，可是模样长得还不错，瓜子脸，双眼皮，水灵灵一对俊眼，皮肤很白嫩。讲了讲价，作妥一千二百两银子，一千归她家里，二百算是中人的佣钱，给她取了个名字叫凤铃。过了些天，才打听出她原来已经在小李纱帽胡同茶室里混过，名叫小五子，因有个熟客，想用八百两银子为她脱籍，没有办成，领家怕他们携手跑了，才急着卖她。过了一段时间，渐渐又发觉她还有鸦片烟瘾。我心里虽然知道是上了当，可是看她样子还老实，也就装个哑巴吃黄连，未曾发作。有一天，九门提督鹿中堂的少爷约定在班里请客吃午饭，八九点钟，姑娘们都忙着起来装扮，只剩下凤铃，她伏在桌上，低着头，不动也不说话。我过来问她怎么啦，她还是一声不哼。我扶起她的头来一看，眼睛通红，两手直挠胸口，像是吞了鸦片烟。我赶紧派伙计到街上买来药，撑开她的嘴，灌了下去。这时候已经快十一点钟了，还要伺候鹿少爷请客呢，我就叫人先把她抬到后面继续灌救。一会儿，客人都来了，我只顾陪他们吃酒，也没有到后面去看，等散席后，伙计们才告诉我，凤铃已经死了。我急得什么似的，忙打发管家用二百五十两银子买来一口棺材。正要到五城报官，有个蒲二奶奶，是开裁缝铺的，来给我送衣服，一见这种情形，就说："这样去报，恐怕不妥当，不如我冒个名，作为凤铃的母亲去报，担起这个错，你们可就轻省多了。"伙计们都觉得有理，我就随口说了句："好，就凭你去报吧。"等一会儿，城上就派人来验了验，也没说什么。我以为就没事了，不料横生枝节，不知从哪里跑出来的尸亲，不依不饶。我班里的几个伙计，也里勾外串地从中传坏话，说什么凤铃是因受我虐待，被逼服毒的。在城上这么一告，城上只得派人来传我。到了城上，一句话也没问，就把我送到了刑部。幸亏刑部里的人差不多我都认识，很得了些关照。这时候刑部正堂是孙家鼐，他随慈禧太后往颐和园去了，没叫我过堂，就押起来。"等孙家鼐回来，把我提出，略问一问，就叫带下，判的是罚三钱七分二厘银子，说就放我出去。待了几天，又说要解我回籍，不准再住北京。"

按赛金花上面的自述，凤铃之死，纯粹因为私情所致，和她没有任何关系，虐待妓女之说是班子里伙计的诬陷之词。

赛金花对曾繁讲述的事情经过，与对刘半农讲的有许多不一致的地方。

曾繁在1934年访问赛金花后，于1936年写了部《赛金花外传》。该书中与刘半农记述最明显不一致的地方有两处：一是凤铃到赛班的时间。她给刘半农讲，过了一段时间，才渐渐发觉凤铃有鸦片烟瘾，感到有些受骗。而给曾繁则讲，凤铃来了后，因和情人小五子的关系，第三天便服毒而死。二是充当凤铃母亲的人的身份问题。她对刘半农讲，正要去报官时，恰巧有个开裁缝铺的蒲二奶奶来送衣服，见状主动冒名做凤铃的母亲，为的是想替她担起差错。而对曾繁则讲，正要去报官，"平地里又出了个自认凤铃母亲的人，到城上告发"。

晚年赛金花

赛金花这次讲的，将责任推脱得更加彻底，案件不仅和自己无关，而且她完全是一个被冤枉者。

对将其发解回籍的过程，她对曾繁讲的则比对刘半农讲的更详细一些："经一堂讯问后，释放我出来，我正想怎样可以恢复旧时盛况，忽然又来了一道公文，说要我立即出境回籍，不得再留居京中。出京后，由天津乘火轮到上海，从上海再转车返苏州原籍到案。到了苏州，时已入夜，恐怕城门已关，便乘小船回到了虎门下萧家巷的故里。"

2. 当事人的回忆

参与该案的一些高层当事人，可能是忌讳和赛金花的关系，留下的记述文字很少，现在能见到的，多是下层人员的回忆文章，他们从不同侧面记述了该案的经过。

《谏书稀庵笔记》的作者陈恒庆，据他自己说当时是参与拘捕赛金花的巡城御史，他记述道："当时我正任北京中城巡城御史，接到报案后，便派指挥赵孝愚拘捕赛金花。但因官场中替赛金花奔走说项的人很多，五城御史不敢堂讯，所以用了'推尸过界'的方法，直接将案件送归刑部。结案后，赛氏起解，押送她们上火车的，还是开头拘捕她的指挥赵孝愚，这位赵指挥押送赛氏一行到良乡，县令还特别到车站来接，名为接差，实为'揩油水、赏名花'。次日，赵回城复命。"

另一位当事人，是近代著名学者、时任清朝刑部郎中的冒广生（鹤亭），他在《孽海花闲话》中这样写道："光绪癸卯（1903），予官刑部，赛金花以虐婢致死，入刑部狱，案结，以误杀定徒刑，从原籍徽州计算，一千里至上海。"

还有一位，也可以算做当事人。只不过他不是参与办案人员，而是亲眼见到赛金花被递解回安徽的人，这就是曾任安徽省文史馆馆员、省政协常委的程梦余先生。1963年的《文史资料选辑》载有他的文章——《回忆赛金花发配原籍》。其中说："1903年一天下午，有当快马的本家程兴到店里来，说由上海递解回黟一名妓，住在南街王吉祥饭店。我们到达该店时，有个刑房书吏周某，正要敲那妓女的竹杠。我要了来文一看，才知道这女犯就是名传中外的赛金花，文书上写明她的案由是'虐待婢女'。赛住在上海英租界，事情也发生在租界上。依照惯例，清廷官员是不能在租界上捕人的，赛是在南市丹桂戏院观剧时被捕的。问她原籍黟县哪一都，她说她生在二都上轴郑村，她原姓郑。她还有一个姓曹的男朋友，跟她一起从上海回来的，曹某在上海某银行工作。赛在王吉祥饭店住了大致半个多月，虽然有朋友出入，但是旧业不能做，开支又有所增加，生活难以为继，后来经程先生向县里疏通，赛又回了上海。"

程先生记述的赛金花回安徽黟县的这段过程，是其他人的记述中没有的，他说赛被逮捕的地点是在上海，也是最新奇的。但是安徽当地的人们则确信程先生的回忆，相信赛金花回过黟县，相信赛金花的祖籍就是安徽

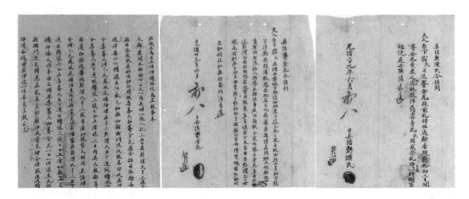

赛金花案卷

黟县。并且为纪念赛金花这段回故乡的历史，特地筹建了"赛金花归园"。

3. 时人对该案的传说和记述

时人对该案的传说和记述更多，但其中的记述简略不一，情节南辕北辙，观点也各不相同。

《清稗类钞》中载梦惠草堂主人丁士源所作《梅楞章京笔记》记述：当时赛班中有雏妓六，中有名蝶芬者，花娇月媚尤杰出，内务府某特爱之，常往访。赛知其意，迫使度夜，蝶以年幼哀免，不允，多次被凌虐，鞭笞无完肤，蝶不堪虐待，遂仰药死。赛乃将其裸而裹以芦席，埋后园隙地，又贿赂左右，使无人敢说。内务府某至，闻其死，伤悼不已，询之大疑。次日，报五城公所，检验尸身，遍体鳞伤。于是，银铛枷锁，将赛押送刑部。

该书的说法，和赛金花自己说的完全不同。首先，死者名字叫蝶芬而不叫凤铃；其次，蝶芬的死因是不堪赛金花的虐待而非为殉情；再次，蝶芬死后是被内务府某人发觉疑点报的案，而非赛金花主动报的案。

最早将赛金花名字入书的谴责小说家曾朴则说："赛金花因打死一丫头，入刑部狱，后来由刑部发至苏州，由长洲、元和、吴县三堂会审，有人从中帮忙，乃得释放。"

近代著名鸳鸯蝴蝶派诗人樊增祥即樊樊山的说法更离奇。他说被赛虐待致死者不是一个妓女，而是赛家的一个婢女，并且该婢女是一位已故秀才之女。对刑部判递解赛金花回原籍，他认为判得太轻了。"赛案事发到刑部，问官皆相识，从轻递籍而已"。"后来虐婢如虺蝮，此日能言赛鹦鹉，较量功罪相折除，侥幸他年免缥首"。樊樊山的意思是说，赛金花对待婢女像蝮蛇一样狠毒，此案本应判她死刑，但一是因为她与刑部官员相识，二是考虑到她在1900年庚子事变中的作为，将功折罪，所以被从轻发落。

近世文人瑜寿则另有不同说法，他在其所著《赛金花故事编年》中写道：光绪二十九年五月，凤铃服毒自杀，引起官场轰动。因赛氏经历过1900年事件，在北京的官僚里，仇视她的人很多。她的处境，像法国作家莫泊桑所写的羊脂球一样，卑鄙阴险的缙绅先生，把她利用完了以后，更要加倍地凌辱她、伤害她。命案发生后，她立即为巡城御史逮捕，直接送到刑部。赛金花被关在刑部大狱，直到光绪三十年春间才开审。案结，以误杀罪定刑，六月起解，发回原籍苏州。

按瑜寿所说，赛金花在刑部狱中被关押了一年之久，而赛金花所以因案被捕定刑，则是因那些1900年庚子事件仇视赛金花的达官贵人，要故意借机贬低她、伤害她。

赛金花班妓自杀案

他的这种观点，曾代表了20世纪三四十年代社会上许多人士的看法，特别1936年赛金花去世的一段时期，这种报道更多。1936年12月4日，北京《大晚报》关于赛金花去世的报道写道："一些从洋人跟洋人走狗巴结到功名的官儿，都升了官了，大家忘记赛金花的功劳，而且妒恨她。赛金花呢，瓦德西去了以后，她没有受到西太后的酬谢，依旧开着妓院，因为妓院出了一件人命案，那些妒恨她的官僚，趁此加以'伤风败俗、虐待人命'的罪名，把赛金花的家产归公发卖，押解回籍，不许再回北京……"

直到百年后的今天，仍有不少人为赛金花打抱不平，甚至认为是清政府制造了这桩虐待妓女的冤案，为的是借机把赛金花赶出北京。最近一个网站发表了有关赛金花案的文章，文中这样写道：1900年，八国联军入侵北京，慈禧携光绪皇帝仓皇西逃。赛金花得知联军统帅为瓦德西时，前往并提两条请求：不妄杀人民，保护文物，不能重演焚烧圆明园的悲剧。此后，赛金花厄运连连。慈禧恼怒民间有"妓女救驾"的舆论，找了个"虐待侍婢"的罪名，将因瓦德西回国后已迁移上海避风头的赛金花拘捕，发配原籍黟县。一贫如洗的赛金花只得第三次入青楼，28岁的她在老家是鸨母的角色。

63

二、疑窦重重

种种不同的说法，使赛金花班妓自杀案变得扑朔迷离，疑窦重重，真如雾里看花，不知道哪个是真，哪个是假。

疑惑一，死者叫凤铃，还是叫蝶芬？是赛金花买的妓女，还是家中的婢女？

疑惑二，死者是被赛金花虐待自杀，还是殉情自杀？

疑惑三，冒充死者母亲的到底是何人？为什么？

疑惑四，赛金花是在哪里被捕的？在刑部大狱到底被关押了多长时间？

疑惑五，刑部判罚赛金花三钱七分二厘银子，是真是假？这种奇特的处罚，依据的什么法律？

疑惑六，为什么罚了银子又判将其递解回原籍，递解赛金花的地方是苏州、上海还是安徽？

让我们带着这些疑惑，看看清宫档案是怎么说的吧。

三、档案里的记述

中国第一历史档案馆保存的刑部档案中，有一卷是清朝办理赛金花案件专档，案卷名称为："赛金花在陕西巷地方开设卖奸下处并逼打妓女凤林致其吞服洋药自尽案。"

该卷档案共有8件，时间从光绪二十九年（1903）六月初八至七月初四。内有：北京五城察院和北城分公所移交给刑部的赛金花案公文、尸检报告、赛金花等人的供词和甘结、五城察院收到刑部批文后的回照，以及良乡县接到北城兵马司递解赛金花人犯后的回文。档案里的记述是这样的：光绪二十九年四月，赛金花用600两银子买了一个17岁少女，取名凤林，迫其在租住的陕西巷赛寓下处卖淫，因凤林不常接客，常被赛金花训斥。六月二日，又有客人来，凤林仍不接，赛金花先是对她进行训斥，后用掸把抽打她，凤林不甘忍受，便吞服了鸦片。赛闻知后，令人将其抬至车厂内用药灌救，医治无效，迨至天明时分死亡。这时，恰巧在庚子年间与赛做过邻居的彭濮氏来看望赛金花，赛随央求彭濮氏冒充凤林的母亲，替赛赴北城报了案。

当时的北京，设内、外城巡警总厅管理地方治安，其中内城巡警总厅下辖东、西、南、北、中五个分厅，所以一般又简称五城，遇有一般民刑事务，要先报所在分厅和五城处理，各种重大民事刑事案件，则要由五城上报刑部直隶司审理。

六月三日，总甲陈奎和北城巡警分厅正指挥赵录俊首先接理了此案，并于当日移报到五城察院，五城察院与北城指挥派北城仵作苟常福、稳婆薛氏和南城仵作宋元、稳婆王氏共同进行了尸检。尸检报告中写道，死者除舌面俱呈青黯色外，"左肩甲（胛）近下青赤，伤相连二处，难量分寸，细木物抽伤"，"脊背偏右青赤，伤相连二处，难量分寸，细木物抽伤"。结论是"委系带细木物抽伤，服洋药毒身亡"。

根据尸检结果，经再三诘问，彭濮氏始供出赛金花，承认自己是冒充尸亲。北城正指挥赵录俊将赛金花和看管车厂的于三提解到案，经过对质，赛金花、彭濮氏、于三交代了原委，六月初八日，赛金花、彭濮氏、于三都对自己的供词分别用右手第二指按了押。

五城察院审问后，因感到事关人命，随于六月初八日将该案移交刑部直隶司。六月二十一日，刑部进行堂讯，赛金花详细交代了案件过程。赛金花的供词道："我系江苏元和县民人李寿山之妻，年二十九岁，来京在陕西巷地方租赁柴姓房间居住，与这彭濮氏平素认识。本年四月间，我因贫起意开设赛寓下处窝娼卖奸。旋由刘姓家内用银六百两价，买凤林在下处卖奸。至六月初二日，我因凤林并不时常接客，向她训斥不服，用掸把将她左肩甲（胛）并脊背偏右抽伤，不料凤林自行吞服洋药。我闻知当将凤林抬至车厂内，用药灌救未效，至天明身死。适彭濮氏到我家内瞧看，我害怕，央令彭濮氏替我赴北城司呈报。"

堂讯后，刑部按"私买良家女子为娼"和"不应为而为"两罪定案，加等判刑。判决是：按大清律例，私买良家女子为娼者枷号三个月，杖二百，徒三年，例上再加一等，杖一百，流二千里。因赛金花系妇人，故杖罪之决；加流各罪因系初犯，准收赎。流二千里的赎银为"三钱七分五厘，限三日内报部，赎银入官"。又因京师当时正整顿治安，未便任赛在京逗留，即递解回原籍江苏元和县，交地方官管束，勿令再行来京。彭濮氏与看管车厂的于三，均照折责发落，具结释放。另判由赛金花、彭濮氏、于三共同将凤林尸棺抬至城隍庙山东义地葬埋。

赛金花班妓自杀案

案结后，刑部下发公文，交北城兵马司监督执行。

七月初四日，仍由北城兵马司正指挥赵录俊，派役员和伴婆将赛金花递送至良乡县衙门转递。赵录俊取具良乡县衙印收后，回城复命。

赛金花回苏州后的情况，档案中没有记录。虽然如此，根据清宫这些档案，我们对案件本身的情况还是可以有比较清楚的了解的：

其一，死者叫凤林，不叫凤铃，也不叫蝶芬，赛金花买来是要其做妓女的。由于林和铃的发音在江浙基本相同，赛金花的吴侬软语可能使刘半农等采访者误将林听成了铃。凤林和内务府的人并没什么关系，更不是被内务府某人发现疑点后报的案。

其二，蒲二奶奶即彭濮氏，在庚子年间曾和赛金花是邻居，是赛金花央其冒充死者的母亲报的案，不是彭濮氏主动要求冒名报的案。是在审讯中彭濮氏供出了赛金花，而不是尸亲告的赛金花，其间也没有其他冒充尸亲的人。

其三，凤林确系被赛金花虐待服毒自杀，所以不是和赛金花没关系，更不是冤假错案。

其四，直接逮捕赛金花的人是北城兵马司指挥赵录俊，不是赵孝愚。案件首先经过了北城兵马司和五城察院会审，然后移交到刑部。并不是五城察院未审理就直接"推尸过界"送到了刑部。

其五，赛金花在刑部大狱中前后共有一个月，而不是一年。

其六，判罚赛金花的银子确实只有三钱七分五厘，只不过这不是案件本身的罚金，而是代替流放二千里的赎金。

其七，赛金花被递解的地方不是上海，也不是安徽，而是江苏省元和县。

到这里，案件的基本情况已经大致明了，许多疑惑也得到了解释，按说，故事到此也该结束了，可是，一件普通的刑事案，为什么会引起那么多人的关注？赛金花交了赎金又被递解回原籍的处罚和其在庚子年间的作为、和八国联军统帅瓦德西到底有没有关系？要解开这些谜团，我们还要打开案件背后的秘密。

四、案件背后的秘密

《赛金花本事》的作者刘半农，在该书开篇有一句话："本世纪初，中国出了两个活宝：一个卖国，一个卖身；一个可恨，一个可怜；前者是西太后慈禧，后者就是名妓赛金花。"且不管刘半农说这句话出于何种心态，但却足以说明，赛金花这个名字在中国近代史上占有一定位置，她的名声，竟能和举世闻名的慈禧太后相并列。

赛金花出名的原因，其实主要有两点，一是其传奇般的身世，二是她和八国联军统帅瓦德西的关系及其在庚子年间的作为。这两点，也正是我们解读赛金花虐待妓女自杀案背后秘密的钥匙。

关于赛金花的籍贯、身世、经历、出生地点，甚至姓氏，都有多种说法。普通的也是最权威的说法是：赛金花原

刘半农著《赛金花本事》

本姓赵，艺名彩云，小名金花，生于江苏苏州，祖籍安徽。12岁起在苏州花船上做"清倌人"，开始青楼生涯，并随鸨母改姓富。15岁时，嫁苏州状元洪钧为妾。不久，洪钧受命出使德国、俄国、荷兰、奥匈帝国四国，因其原配夫人不愿同行，赛金花遂以公使夫人的身份随丈夫去了欧洲，在欧洲生活5年，学会了英语、德语，所以是中国第一个懂外语的公使夫人。洪钧回国后不久病逝，赛金花即离开洪家，改名曹梦兰，在上海二马路鼎丰里旁的彦丰里挂牌，重操妓女旧业。江苏士绅觉得赛的行为不仅丢洪钧家人的脸，也丢江苏人的脸面，遂将其赶出上海。她只好来到天津，在江岔胡同组成了金花班。在天津一年后，她又将金花班迁到北京，先住李铁拐斜街，1900年八国联军攻陷北京时，居石头胡同，后来再搬到陕西巷。班妓自杀案以后，她又两度嫁人，两度重操旧业。晚年租住在北京居仁里16号，生活穷困潦倒，靠典卖旧物和社会人士接济度日，1936年病逝。

综观赛金花的一生，可谓跌宕起伏、大悲大喜。仅凭她这名妓兼公使夫人的身份和具有传奇色彩的经历，我们就不难理解，为什么发生在她身上的这件普通的刑事案，会引起那么多人的关注和争论。更何况，传说中她还有一段和八国联军统帅瓦德西说不清道不明的关系呢。

对于赛金花和瓦德西的关系,一种说法是,在欧洲期间赛瓦就认识,甚至有的说那时候他们就已经是情人,1900年八国联军入侵北京,赛瓦旧情重温,曾天天夜里同住在西太后的龙床上,借此机会,赛金花向瓦德西提出,要他约束士兵,不要滥杀无辜,不要破坏北京文物,还帮助李鸿章说服瓦德西在和谈条约上签了字,劝说德国公使克林德夫人应允和中国议和。因此,这些人认为,是赛金花在1900年制止了八国联军的滥杀,保护了京城百姓。后来命案发生,赛金花被递解回籍,这种说法就逐渐演化成了案件的背景语:当逃到西安的慈禧太后回京后,听到这个妓女救京城的传说,觉得有损堂堂政府脸面。这不是对自己的讽刺么?所以借着妓女自杀案,将赛金花赶出了北京。

但是,细考这一说法的来源,赛、瓦关系是出自市井小说之中,赛金花制止了八国联军滥杀说则似乎全是出自赛本人的自述,而妓女自杀案与政治有关说更是后人的猜测和讹传。既然赛、瓦没有关系或说两人关系不深,赛金花又怎能说服瓦德西制止德军滥杀呢?赛没有制止德军滥杀,又哪来的西太后恼怒妓女救驾,并借妓女自杀案赶赛出京?所以,连当时编出赛、瓦关系的人,也没再往下细说赛金花在庚子年间的"义举",更未写妓女自杀案和赛金花在庚子年间的作为有何关系。

那么,赛金花的"英雄事迹"又是谁宣传出来的呢?有的学者经过考证认为,有关赛、瓦关系前后不一的东西,其实都是赛金花自己说出来的,她所做的"善行"也全是民间传说或她的自述。

但是,在20世纪30年代,面对国破家亡的威胁,面对一个命运多舛、却于京城百姓有德,而又在贫病交加中去世的一个女人梦呓般的美丽谎言,爱国心、同情心复杂地纠缠在一起,打动了亿万观众的心,使越来越多的人不愿再细问赛金花虐班妓自杀一案的真相,反而将该案和政治搅在了一起,以讹传讹,认为赛金花是一个因救国而被冤枉者。

倒是赛金花本人,对班妓自杀案发生后自己被递解回籍的原因有心知肚明的判断。她对刘半农和曾繁都曾讲道:按刑按法,当然是罚款释放了事。但晚清的官衙是由不得你说理的,刑部中堂孙家鼐有个好朋友叫陆润庠,他和洪状元是姻亲,洪状元大夫人生的少爷娶了陆润庠的闺女做媳妇,他们关系很密切。陆润庠也是书香世家,当然不愿意看洪状元的遗妾飘摇在风尘里,早就想找个苴解散我的班子,把我赶出北京。借机把我递解回籍,在他们似乎是为他的亡友尽了责任了,然而我自出了洪家,为着生活驱使，安得不重坠平康呢？

　　细想赛金花的分析，确实是十分有道理的。当时的刑部中堂虽然并不是孙家鼐，但时任都察院左都御史的陆润庠却是洪钧的亲家，当赛金花离开公使丈夫洪钧家在上海挂牌营业时，就曾因苏州士绅嫌其丢人被赶出上海，难道到北京后他们就不嫌赛金花的行为丢人？所以，该案子的结果，实际上赛金花主要还是吃了她妓女身份的亏。早年的青楼生涯，曾带给她机会，使她由一个最低级的妓女做了公使夫人，但是她的妓女身份，像一条枷锁，使其永远不能自由选择自己的生活，是妓女的命运捉弄了她，使她成了封建家庭的牺牲品，也做了封建社会的牺牲品。

五、留下的遗憾

　　一百多年过去了，当如今热闹的"归园"重新打出赛金花的旗帜时，已有了另一番的味道，有了另一番的演义，虽然打的是历史文化招牌，实是在商业经济大潮推动下产生的畸形产物。据讲解人员讲，赛金花被递解回到家乡，一迈进自己闺房那花瓶式的门，一下子全明白了，原来自己从生下来，冥冥之中就注定是一个被人玩弄的花瓶，如今年老了，也该回家了。然而，这里到底是不是她的归园？没有人能说得清楚，你就权且听之罢了，不过，千万不要把它当成真正的历史。

德龄出宫真相及对清末女学的影响

裕德龄,又作德龄(1886—1944),满洲正白旗人,清末外交使节裕庚之女。光绪二十一年(1895)起,先后随其父出使日本和法国,光绪二十九年春回到北京,不久和妹妹容龄一起被慈禧太后召进宫中,充做"御前女官",光绪三十年出宫。后因其这段特殊的经历及写作了《清宫二年记》《御香缥缈录》《瀛台泣血记》等记述这段宫廷生活的书而闻名。

一直以来,对她书中所写的一些史实真相虽有人提出过疑义,但是,

德龄、容龄照

更多的人是把它当作真实的宫廷史,大力推崇和赞扬。比如,一向自视清高、以清末怪杰称著于世、时任黄浦局总办的辜鸿铭,一见《清宫二年记》,便为之拍手叫好,欣喜若狂。当下撰文《评德龄著〈清宫二年记〉》,投寄给在上海的英文报纸《国际评论》予以发表。在这篇文章中,辜老先生一改主张妇女"三从四德"的人生信条,满腔热情地称德龄为"新式的满族妇女",并推崇道:"这部不讲究文学修饰、朴实无华的著作,在给予世人有关满人的真实情况方面要远胜于其他任何一部名著。"

但是,根据新发现的档案来看,德龄自述之事并非完全可信,最起码在涉及其本人离开清宫的原因上,她未说实话。

一、德龄出宫真相

1. 德龄自述出宫原因

按德龄自述,光绪二十九年(1903)入宫之后,她和妹妹容龄为慈禧太后御前女官,充当法语翻译,很得慈禧太后喜欢,但是通过两年的宫廷生活,她也看清了宫闱中的冷漠、阴森与险恶,"高处不胜寒"的战栗感,使她俩每每心有余悸,故光绪三十年三月,她趁其父亲裕庚病重之机,向慈禧太后请求去了上海,同年十二月,裕庚在上海病逝,她则以"百日孝"① 为由,从此没再回清宫。

2. 天台野叟另有一说

对德龄自述的出宫原因,长时期以来几乎没人提出过异议,并且凡是涉及介绍德龄的文章和书籍,也大多是采用她的自说。唯有民国天台野叟著《大清见闻录》中卷《裕庚出身始末》篇,对德龄出宫原因有另外说法:"会有外国女画师者,慈禧命其绘油像甚肖,将酬以资。画师以其为太后也,不索值。而二女竟中饱八万金。未几为慈禧所闻,逐之出宫。"② 按文中所说,是年因逢慈禧太后要请美国画师卡尔为自己画油画肖像,画成后,对卡尔予以酬谢,卡尔认为是给太后画像,所以未要酬金,但是裕

---

① 德龄著:《清宫二年记》。
② 天台野叟著:《大清见闻录》中卷《裕庚出身始末》篇。

庚的两位女儿却利用翻译的便利，从中"中饱私囊"。这件事很快被慈禧太后知道，于是把她们逐出清宫。

至于此说的依据是什么，是道听途说？还是看到什么记载，尚不得而知。

3. 端方档案中的不同记载

不久前，笔者在"端方档案"中却看到了这样一段与德龄自述完全不同、也与《大清见闻录》说法不一的记载："端制台陶：裕郎西之女，近与内监文泰李有暧昧之事，李监远逃，裕女亦不准进内，并裕女囚之说。"① 这件档案是光绪三十年九月二十九日下午四点，从北京发往南京，给时任两江总督端方的电报。文中端制台之"端"即端方，陶则是端方号"陶斋"之陶，制台是时人对总督的尊称。"裕郎西"即"裕庚"，裕庚字"郎西"。内监李文泰，是光绪皇帝身边的总管太监，早在光绪九年，就有其在长春宫做小太监时传光绪皇帝旨意，要《大学衍义》和《梧冈琴谱》的记载，光绪二十八年升平署旨意档

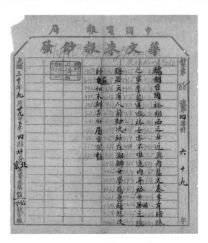

端方档案中记载德龄与李文泰有染的电报

也有李文泰多次传旨，令"总管、首领赶紧排寿轴子、大戏、杂戏等，应补角赶紧补"② 等记载。所以，清末太监中确有其人。

4. 日本档案中新的佐证

可以和端方电报档案相佐证的，还有两件日本驻清朝特别全权公使内田康哉给驻上海总领事小田切万寿之助的密电，落款时间是日本明治三十七年十月二十日（即清光绪三十年九月十一日，公元 1904 年 10 月 19 日）。该档案案卷名称为："元本邦驻扎清国公使裕庚保护内愿一件。"所

---

① 中国第一历史档案馆藏：端方档，第 27-1-2-119-42。
② 中国国家图书馆编：《清宫升平署档案集成》第四五册，中华书局，2011 年，第 23865 页。

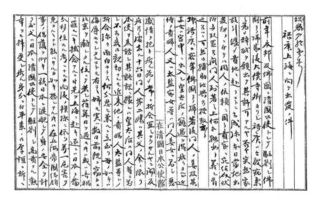

日本驻清朝特别全权公使内田康哉给驻上海总领事小田切万寿之助的密电

谓内愿件，其实就是自愿申请保护书。

密电中一件内容记载："清朝前任出使日本及法国大臣裕庚回国后，因病辞职，受其家族事件影响，今天突然带领全家去往上海，现给你去信，希望他在需要时予以照顾。"①

另一件密电则说明其家族事件之原委，因"其二女儿16日来拜会说，最近在宫中与近侍贵夫人和太监极难相处，他们态度恶劣，甚至加以侮辱，其姐前日已秘密离开北京，因怕遭人陷害，想移居上海，或到日本居住一段时间"。②至于为何会遭近侍和太监侮辱，该档案记载："按该女叙述，近侍皇太后时常被询问外国事宜，又不得不如实回答，皇太后又追加一些新奇的问题让她调查，但又会显示不太喜欢新东西，其他贵夫人和太监自然忌讳。"③ 也就是说，因慈禧常常询问德龄、容龄一些难以回答的有关外国的问题，对她们的如实回答，慈禧又表现得不感兴趣，以至其他贵夫人和太监也都很忌讳，所以她们怕失宠以后遭陷害而离开皇宫。

这种解释，让人感到未免牵强附会。若说因慈禧难伺候，或因受嫉妒而离开皇宫，还可以理解，但为何还要"一家如此狼狈地离开"，避居上海，特别是为何还要请求日本领事保护？显然这其中还另有隐情，或者说一定有着不可告人的、更重要的原因在内，只是容龄没向日本领事完全说实话。

---

①② 日本外务省外交史料馆档案1-1-2-34-001。
③ 朱家溍、丁汝芹著：《清代内廷演剧始末考》，故宫出版社，第437页。

至于日本方面，对其真实原因并不想过细追问，他们更多的是考量裕庚及其全家的政治利用价值。如在该密电中所说，"想来将来他或也可利用"，所以，内田康哉叮嘱小田切万寿之助说："若他在上海难以保证安全，不得不到日本去，也请在上海租界及日本帝国总领事的权限内，尽量予以照顾。"①

所以，从档案中我们可以证实，德龄出宫原因，绝不是如其自述，仅仅是因其父亲生病。

5. 事实真相究竟是什么

德龄出宫到底是什么原因，除其自述之外，现在等于有三种说法，一种是日本领事电报转述容龄的说法，因受到周围人员忌讳和侮辱，怕以后遭陷害；一种是《大清见闻录》中的说法，是因中饱了慈禧给凯瑟琳·卡尔的赏银，被逐出宫；第三种则是端方档案中说法，是因和太监有染被逐出宫。分析三种说法，应该还是端方档案电报更加可信。即，德龄因为和太监李文泰的暧昧关系。在李文泰逃离后，慈禧不许其再入宫，并且欲将其圈禁。

既然不许入宫，被圈禁的地点就不会在宫中，在哪里？很有可能就是交给其父母在家看管。所以德龄才能偷偷离开北京，也所以裕庚怕慈禧太后追查才举家转去上海，并准备若上海不安全就到日本避难，请求日本保护。

至于裕庚生病，确是实情，光绪三十年三月十九日（1904年5月4日）的《申报》上曾登载了裕庚因病奏请开缺赴上海就医的奏折，称因"奉使法国在巴黎时，感受寒湿，以致两腿麻木，跪拜吃力"，"去岁过沪时，有素职良医陈濂，曾为诊治，颇见功效，因该医年迈，不肯远出，即使前往就医"。清廷对此奏折的批示是，准赏其请假六个月，但毋庸开缺。当年的九月初三（10月11日），《申报》再次登载了有关裕庚请假的上谕："九月初二日内阁奉上谕：裕庚奏假期届满病仍未痊请开缺一折，太仆寺卿裕庚，著准其开缺。钦此。"②

综上各种文献档案，可以列出清晰的时间表：光绪三十年三月十九日（1904年5月4日）裕庚第一次请假，去上海治病，为期半年；同年九月初二（10月10日）因病未痊愈，奏请开缺；九月初三（10月11日），

---

① 日本外务省外交史料馆档案1-1-2-34-001。
② 中国第一历史档案馆藏：上谕档光绪三十年九月初二。

申报登载了批准裕庚开缺的上谕；九月初五（10月13日），德龄悄悄离京去了上海；九月初八（10月16日），容龄到日本领事馆递上了裕庚的"内愿书"，请求在不得已时，到日本领事馆甚或到日本避难；九月十一日（10月19日），日本总领事给上海领事发去电报，同意其请求；九月二十九日（11月6日）端方得到了裕庚女德龄被逐出宫的消息。整个事情的发生就在九月初至九月底之间。

所以如此认为，除上述推论外，还因为此事引起了全国停办女学风波。

二、德龄事件对清末女学的影响

正常情况下，一个偶然的宫廷女官不雅事件，应该不会关联到全国的大事，但德龄事件的后果，却对清末全国女学产生了一定的影响和冲击。因为在端方的这件档案中还有下半部分内容："晦若云，有人前劾次帅在湘办女学，慈意颇怒，次帅苏如未办甚好，属电闻。艳。"①

从戊戌变法开始，一些开明人士就在提倡兴办女学，到光绪二十九年（1903）前，全国已有苏州兰陵女学、天津严氏女塾、上海务本女塾及爱国女学等私立女学出现。光绪二十九年《奏定学堂章程》颁布，此时赵尔巽正在湖南巡抚任上，他积极支持创办了"湖南第一女学堂"，并且在该学开办仪式上，发表了热情洋溢的演讲。

德龄姐妹在宫中，也"使太后对西方风俗和文明发生兴趣"。光绪三十年，慈禧甚至还曾允德龄奏请，令在南海设毓坤总学会，每日为宫廷贵夫人讲习浅近文法及各国语言文字。但是，对西方文明感兴趣只是一方面，对有损封建妇女形象的过分开放，慈禧太后是不能容忍的。所以德龄事件出现后，她在惩治德龄的同时，把原因记在了培养开化的西方风俗和女学上。恰在此时，有人弹劾赵尔巽在湖南办了女学，所以慈禧太后又把

---

① 中国第一历史档案馆藏：端方档，第27-1-2-119-42。"晦若"，清末官员于式枚（1853—1916）的字。于式枚，广西省（今广西壮族自治区）贺县（今贺州）人，光绪六年（1880）进士，授兵部主事。充李鸿章幕僚多年，官至正二品、从一品，1907充出使考察宪政大臣，先后升邮传部侍郎、礼部侍郎、学部侍郎、修订法律大臣、国史馆副总裁。于式枚和端方交好，两人常有书信电报往来，互通官场消息。次帅即赵尔巽，号次珊，时人一般尊称其"次帅"。

不满转向赵尔巽,将怒火撒向湖南女学。

而这个时候,赵尔巽已经调离湖南,接任湖南巡抚的是陆元鼎。当时的上谕档佐证了这件事。光绪三十年(1904)九月初二上谕中写道:"有人奏湖南开办女学堂流弊日滋请饬停办等语。上年学务大臣奏定章程,并无女学堂名目,着陆元鼎查明,如果该省设有女学堂,即行停办。原片著抄给阅看,将此谕令知之。"① 到十二月,陆元鼎就将查办落实此上谕情况上了一个奏折:"所有省城内外各属女学堂遵旨停办。"② 因此,1903年开办最早的湖南第一女学堂,只存在了一年时间,1904年即被解散了。

除对湖南第一女学堂的直接影响外,该事件对其他省份和后来全国女学也都产生了不小的影响。首先如该件档案中提示端方所说:"次帅苏如未办甚好,属电闻。"③ 赵尔巽在江苏也曾任过巡抚,发电人担心赵尔巽在江苏时也办了女学,这样就会给正在江苏巡抚任上的端方带来麻烦,所以电文说"苏如未办甚好"。端方是一个很能接受新事物的人,有人甚至称他是清末满族大臣中思想解放第一人,他对清末新政,特别是兴办学堂鼎力支持和倡导。光绪二十七年,任湖北巡抚时,即办起了六十余所新式学堂,并派出大批的留学生。代理两江总督时又创建了暨南大学。但因德龄事件带给赵尔巽办女学的教训,端方在江南是不会再轻易开办女学的,其他各省办女学一时也全停顿下来。直到光绪三十二年慈禧太后允准学部拟定女学堂章程兴办女学,各地大臣才敢纷纷行动,重又兴起办女学热潮。

但是,虽然办女学潮流不可阻挡,德龄事件的阴影并没随全国兴办女学风潮完全消除。光绪三十二年工部主事刘栩上"严防女学堂流弊"折,光绪三十三年许珏上"厘定学务"折等,都首先把"女学宜恪守中国礼教,不可参用西俗"④ 作为重要建议。后来所定女学堂章程,也都把此作为重要一条,严格要求。所以,由德龄事件触怒慈禧太后,慈禧太后又将怒火转迁女学,造成的影响是深远的。

---

① 中国第一历史档案馆藏:上谕档光绪三十年九月初二。
② 中国第一历史档案馆藏:军机处录副奏折03-7213-125。
③ 中国第一历史档案馆藏:端方档,第27-1-2-119-42。
④ 中国第一历史档案馆藏:军机处录副奏折03-7217-65。

三、对端方电报档案真实性辨析

托忒克·端方（1861—1911），字午桥，号陶斋，满洲正白旗人，清末重要的地方官员，历任直隶霸昌道、农工商总局事务督办、陕西按察使、布政使、护理陕西巡抚、湖北巡抚、署理湖广总督、湖南巡抚、考察政治大臣、两江总督兼南洋大臣、直隶总督兼北洋大臣、督办粤汉、川汉铁路大臣，并署四川总督。宣统三年（1911）率湖北新军赴四川镇压保路运动，行至资州（今资中市）被起义新军处死。

在其任内，形成大量档案文件，现存档案，起自光绪二十六年（1900）止于宣统三年（1911），有8万多件。有来电、去电、专案电、函件等，内容涉及政治、经济、军事、文体、外交等各方面问题，大凡清末重要史事都有涉及。现存端方档案，是故宫博物院文献馆于民国二十四、二十五、二十六年先后3次在北京向端方家属购买的。特别是一些私人电函，有的官方档案中都没有记载。

本文所用端方电报档，为什么会说到裕庚家的事情？一是因为德龄事件使慈禧迁怒于女学，下了停办女学上谕，而端方是热衷于办学之人，他的家人怕他在江苏办女学，给自己招来麻烦；二是端方对裕庚几个孩子一直都不感兴趣，"究其原因，当时的社会名流都知道裕庚'子女'的底细，这底细就是，裕庚原配早逝，娶了上海洋妓，生德龄兄妹5人，裕庚曾为两个儿子捐了官，找端方帮助安排差事，先后都被端方拒绝"。裕庚家出了这种丢丑之事，肯定有人会首先转告端方知道。所以端方档中才会有这个内容。也正是基于此，可以认定该档案内容是可信的。

雍正皇帝与浙江海宁海神庙

海神是自古以来人们敬奉的神灵，人们用香火祭拜，祈求江海潮汐平和，免受水患之灾。因此在沿江沿海要冲，往往会建庙专祭。清朝时期将海神祭祀列为祭祀礼仪的中祀等级，皇帝出巡时有"时巡祭"，遇到水涝灾害有"因事遣祭"，重大节日有"常祭"。但是这种祭祀一般来说都属于常规性的礼仪祭祀活动，并没有特别值得考察研究的重要价值和意义，唯有建造于雍正年间的浙江海宁海神庙，因其和雍正皇帝的关系及其超标准的规格布局、所祭神灵造型的独特等，引起了许多人的关注和猜测。当地人甚至称其为"庙宫"，将其比喻为"江南紫禁城"。

那么雍正为何要在千里之外建这座"庙宫"？这和雍正朝宫廷斗争有没有关系？和海宁的陈阁老家有没有关系？笔者在查阅档案中，发现了与该神庙建造有关的一些内容：有雍正皇帝敕建该神庙、致祭该神庙的上谕，有浙江督抚、有关大臣奏报神庙建造情况以及海塘海潮情况的奏折，还有乾隆朝核减建海神庙购置地基银两并于前任杭嘉湖道王敛福名下追赔事的题本等。本文即以此为据，对这些疑问加以解析。

一、海宁海神庙留下的话题和疑点

海宁海神庙，位于浙江省海宁市盐官镇的春熙路，距离该市新建的观潮公园不足 300 米，系清雍正八年（1730）浙江总督李卫奉敕督造。

该庙初建之时，占地不足 40 亩，虽然规模不大，但气势恢宏，布局严谨，建筑规式不似一般寺庙：神庙前没有一般寺庙所具有的莲池，取而代之的是一条护城河，跨河而过是七级石桥，过桥是两座遥遥相对的汉白

雍正皇帝与浙江海宁海神庙

海神庙大门

玉石坊和汉白玉石狮，石坊为仿木结构的四柱五楼式建筑，正脊镂空，飞檐戗角。主要建筑分布在三条轴线上，主轴线上依次为仪门、大门、正殿、御碑亭、寝殿；左右轴线上则有天后宫、风神殿、水仙阁、戏台等。正殿为五开间歇山顶建筑，陛出七级，台阶、廊栏均用汉白玉雕琢而成；拱状殿顶，布满彩绘的99个团龙团凤。殿内供奉之神皇冠珠帘，身着绘龙黄袍，双手紧握上朝令牌，俨然一副皇帝打扮。神像旁呈一字悬挂着雍正、乾隆、道光、咸丰四位皇帝亲题的5块匾额。殿后的御碑亭则是雍正、乾隆父子双题的石碑。凡此种种，无不透示着皇家气派。

正是这规格恢宏似庙非庙、似宫非宫的独特建筑风格和殿内供奉的似神似皇、非神非皇的塑像，引起了人们的种种猜测，各种猜测又衍生了各种传说。

一种传说是，海神庙是雍正向他众兄弟赎罪的地方。说是雍正登基以后，诛杀了反对他的许多兄弟，他当皇帝时间越久，越感到内疚和自责，为了安抚那些屈死的冤魂，便远在京城的地方，建了这座神庙，借钱塘江每天早晚两潮的谐音，让那些死去的兄弟能每天两次上朝。至于众兄弟指的是哪几位，说法又有不同，有的说是皇太子胤礽，有的说是皇八子胤禩，还有的说是皇十四子胤禵。有的影视小说在这一传说的基础上添枝加叶，特别又将雍正七年雍正的大病与此说相连，说雍正在病中常常遇到众兄弟索命、索位，因此便在海宁建了这座神庙，谎骗他们在京中只能一天受一朝，到海宁可一天受两朝。

另一传说则张冠李戴，将此误说成乾隆朝的事，认为是"狸猫换太子"轶闻的延续。说是乾隆皇帝原为海宁陈阁老之子，被雍正调包，陈老夫人想进京看望儿子而不能，在海宁仿故宫建的这座海神庙，就是为了供陈老夫人享用。甚至有人说是乾隆知道自己的身世后建造此庙，是为了供奉有生之年不能相认的双亲。①

然而，传说归传说，据档案记载，历史上雍正皇帝要建造这座海神庙的真正原因，则是为了"崇报海神""警觉众庶""事神治人"②，以求得海塘海潮平稳，"为亿万生灵，谋久远乂安之计"③。

二、雍正敕建海宁海神庙的背景和原因

从档案和有关史料记载来看，雍正敕建海宁海神庙，既有客观上的原因，也有主观上的原因，总括起来主要有三点。

1. 康熙后期开始，浙省海塘吃紧，临潮建庙成其精神寄托

浙江常有海塘之灾，海潮一至，汹涌澎湃，形成强大潮汐流，小则数尺，大则数丈，历史上该省沿海地区都有不同程度的潮浸之灾。因此海塘修建和海潮预防，便成为历代政府所关心的一项重要水利建设，其中修筑规模最大、延续时间最长的是清朝。同时，潮灾的频繁来临，使人们对大自然的恐惧又变成对神灵的敬畏和依赖，所以海神敬仰从清康熙朝起也更加普及和强烈。

由于自然变化，从明朝起，浙省海潮逐渐北趋，到清朝康熙时期，海潮已迫近塘根。康熙五十三年（1714）、五十四年、五十五年、五十七年、五十九年、六十一年连续发生多次海潮。康熙五十七年，浙江巡抚朱轼用两年时间，筑海宁石塘950多丈，土塘5100多丈，坦水3000多丈，使潮灾有所缓解。至"康熙六十一年，浙省修筑石塘工成，于江海汇流尖山之麓，建庙奉祀江海之神，圣祖仁皇帝御书匾额，颁发悬挂"④。

---

① 《人民日报·华东新闻》，2001年8月31日，第三版。
② 《大清世宗宪皇帝实录》卷八五，第二十三页，雍正七年八月，中华书局，1986年。
③ 《大清世宗宪皇帝实录》卷一八五，第十七页，雍正十三年七月，中华书局，1986年。
④ 《大清会典》卷九五，礼部三十九，第5页。

但是，康熙一朝，主要的精力是治河、治漕，不仅对海塘的修筑仅是后期之事，而且参与海塘工程的官员，除朱轼外，也大多是虚应故事。雍正上台后，大力推进海塘的修筑和治理，并针对康熙后期地方官员不重视浙江海塘工程的情况，曾下旨严责："乃当时督抚诸臣，不能实心仰体，惟以虚文奉行，糜费帑金二十余万，大都饱于官吏之侵渔而无实效，深可痛恨。"①

所以史家一般认为，清朝对海塘的修建始于康熙后期，但"江南海塘的通塘体系的形成并建立周密的善后制度，要到雍正年间"②。同样，作为对海塘重视的另一种表现形式——海神崇拜，清朝也是始于康熙时期，在雍正时期达到高峰。

雍正一朝，海潮较康熙时期更加汹涌，潮难频繁发生，雍正在位13年，年年有海潮之灾，所以年年修筑海塘。其中尤以二年、五年、七年为甚。据统计，雍正在位13年间，用经费50余万两，修海塘18次，塘堤54000多丈。为海塘工程之事，雍正皇帝下达各种谕旨上百次。诚如他自己反复所说："朕为浙省海塘，宵旰焦劳，无时或释，且不惜多费帑金，冀登斯民于衽席，年来所降谕旨，不下数十百次"，"浙江海塘，关系民生，最为紧要，朕宵旰焦劳，不惜多费帑金，为亿万生灵，谋久远乂安之计"③。

但是，尽管雍正皇帝宵旰焦劳，却并未能阻止海潮的年年来临。大自然的威力，使他认为这是神灵给人的警觉，所以每当海潮之期，若是形成灾难，他便谕责官员不敬神明，以至招灾；若是顺利渡过灾期，他又会感念海神，相信是神灵的保佑。所以建庙祀神，成其精神上的寄托和安慰。

雍正二年（1724）的潮灾，当地人称之为大"海啸"。当年7月18日和19日，飓风大作，海潮汹涌，海塘冲决，民庐倒塌，海水进内四五里至八九里不等，溺死者众。面对灾情，雍正一面谕令官员查清灾情、着手赈济灾民，一面谕令派人加紧修筑堤岸，速堵海塘冲决要口。同时他谕责江浙督抚："朕思天地之间，惟此五行之理，人得之以全生，物得之以

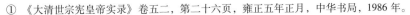

① 《大清世宗宪皇帝实录》卷五二，第二十六页，雍正五年正月，中华书局，1986年。
② 王大学：《皇权、景观与雍正朝的江南海塘工程》，《史林》2007年4月，第116—136页。
③ 《大清世宗宪皇帝实录》卷一八五，第十四、十七页，雍正十三年七月，中华书局，1986年。

长养,而主宰五行者,不外乎阴阳。阴阳者,即鬼神之谓也。盖以鬼神之事,即天地之理,不可以偶忽也。凡小而丘陵,大而川岳,莫不有神主之,故皆当敬信而尊事,况海为四渎之归宿乎?近者江南奏报上海、崇明诸处,海水泛滥,浙江又奏报海宁、海盐、平湖、会稽等处海水冲决堤岸防,致伤禾田。朕痛切民隐,忧心孔殷,水患虽关乎天数,或亦由近海居民平日享安澜之福,绝不念神明庇护之力,傲慢亵渎者有之……朕固当朝乾夕惕,不遑宁处以敬承天意,亦愿百姓共凛此言,内尽其心,外尽其礼,敬神如在以致诚昭事而不徒尚乎虚文。人意即神意,一念之感格,自足以致休祥,岂独一乡一家之被其泽哉?"① 此番话的意思,除表述了其"天人感应""人意即神意",让官民服从中央政府,尤其是皇帝的命令的思想外,主要是把潮灾归因于地方官和民众对海神不够尊重而导致天谴,告诫人民要尊重鬼神。故在雍正三年(1725)钦定,加封所有相传护佑过海潮的诸神,并在海宁尖山神庙中附祀。这也是雍正皇帝日后建造海宁大海神庙,落实其"事神而治人"思想的前奏和基础。

2. 雍正七年,海宁海潮奇迹般转危为安,是敕建海神庙的直接动因

海宁海神庙成建在雍正八年(1730),这与雍正七年海宁发生的海潮变化有直接关系。海潮一般发生在八九月间,雍正七年是闰七月,等于比往年多了一个八月,因此海潮时间要比往年多一个月,且预测该年潮势比往年凶猛。故从当年六月起,署理浙江总督性桂、署浙江巡抚蔡仕舢、浙江学政王兰生、在任守制总督李卫等官员就开始纷纷报告潮情,请求酌拨海塘银两、预备料物、以保塘工。这些报告,将雍正皇帝搅得心绪不宁。

蔡仕舢在三陈海塘情形奏折中写道:"看得海宁塘工剧险,秋汛潮势尤冲,臣将勘过情形及两次发银备御情由,先后会同署督臣性桂题报奏明在案。今值闰七月,即往年之八月,正潮水大长之候。潮头东来,为涨沙所激,由南回漾,复为一潮,两潮盘激,高至两丈有余,合攻塘身,泼出塘面,自初一至初五日为初汛日期,坍塌叠见……自十三日至十八日为望

---

① 中国第一历史档案馆编:《雍正朝汉文谕旨汇编》第6册,江苏古籍出版社,1988年,第145页。

汛,据各工员佥称,此数日潮势必更高大,冲决实为堪虞。"①

王兰生在奏折中则写道:"海塘素称险工,逢秋潮势更旺。今岁自六月内,海宁潮势已觉浩瀚,又以闰在七月,秋令甚长,每逢大汛之期,潮势泼激冲荡,塘工必有漏坍低矬。"②

雍正皇帝看了这些奏折,深为将要发生在海宁的海潮海塘危险而担忧,他在王兰生的奏折上批道:"览。闻塘工大有可虞,朕为此日夜焦思,近日情形未知若何也。"③

就在雍正为海宁海潮日夜焦虑的时候,其后却接二连三传来了喜讯。先是闰七月二十三日署浙江巡抚蔡仕舢奏报第一次潮汛:闰七月初一至初五初汛坍矬处经及时抢修得以保固;十五至十八望汛日,"十五日早晨系东南风,及潮头将至,转西北风,将东来潮头吹压中江而流不近塘身,惟南来潮头于护桩外扑散,旋即向外而去;十六、十七、十八等日,俱系如是。臣连日遍历东、西两塘,目睹安澜情形,环塘里民莫不以手加额,顶戴圣主洪福"。④

八月初六,性桂、蔡仕舢等再奏第二次潮汛情况:"初二日亲往海宁查看,于潮头未来之先,臣恭设香案,率领在工员弁,竭诚拜祈,至未时初刻,见潮头自南席卷而至,高有丈许,离塘约有半里,忽分为两股,一股投西,一股投东而去。除泼激至塘邦,并不泼激塘面。复有一股小潮,由东而来,至小文前约离塘身四五丈远,与分往东去潮头两相一激,随即会合,仍投东南而去。臣在塘观看,深为欣幸,沿塘居民,莫不感颂圣主福庇。初三日系大汐之期,目睹潮汐安澜,无异平日。"⑤

至九月十三日、十四日,王兰生、性桂等报告第三次潮汛,九月"初一日夜大雨不息,至初二日未时,潮头已过之机,潮水渐长,又夹东南风之势,几与塘平,以致华岳庙、念里亭等处石塘上面之土漏洞甚多……仰赖皇上洪福,初二日申时风势忽转西北,潮水随即渐消,所有漏

---

① ④ 中国第一历史档案馆编:《雍正朝汉文朱批奏折汇编》第16册,江苏古籍出版社,1991年,第162页。
② ③ 中国第一历史档案馆编:《雍正朝汉文朱批奏折汇编》第16册,江苏古籍出版社,1991年,第590页。
⑤ 中国第一历史档案馆编:《雍正朝汉文朱批奏折汇编》第16册,江苏古籍出版社,1991年,第279页。

洞之虞俱已堵筑，可以无虞。"① 他们并且报告说：目下秋汛已将全过，海塘定可保固。只待秋汛过后，勘估修筑被海潮冲刷的地方，以保来年无虞。

人在大自然面前是渺小的，当遇到无法解释的现象或无法战胜的灾难时，往往会用天意释怀，求神灵保佑。雍正七年的浙江海塘潮汛，三次大潮，先是汹涌激荡，让人提心吊胆，后又屡屡逢凶化吉，海塘无恙，这一奇异现象让一贯信奉神灵和道教的雍正皇帝坚信，这是天人感应的结果。所以，先是在接到蔡仕舢第一次潮汛安全度过的奏报后，雍正就批示："海塘一事，实非人力所能，然实不敢明露此意……朕不得已今有此谕者，为念汝等知天道感应之理耳……可谆谆开示百姓，万不可生怨心，如在工人役，皆莫令以污秽不敬亵渎，起工歇工皆令叩海叩神……果能上下如此心悦诚服而行之，但试看朕可保必有望外之嘉应也！"② 10天后的八月初四，他又在江苏布政使高斌的谢恩折中批示，让其"做速密寄字"与蔡仕舢，"令着实敬慎，予为防备，当谦恭祈祷，海神自有感效"。③

雍正的批示，给浙江官员中盛传的海神灵验说以极大鼓舞和支持。在接到雍正的谕旨后，各个大臣更接连奏报如何按照皇帝的旨意祈祷海神，海神如何显灵等情况。如巡抚蔡仕舢八月初六的奏折中写道："窃惟天人感召之理，屡奉特旨颁示，而我皇上敬天爱民，念念处于至诚。故天眷神佐，随处皆有征应。今海宁塘工，臣仰体圣心，敬慎预防，虔恭祈祷，当闰月望汛一年潮头最盛之时，在塘各官，莫不以现系东南风为虑，及臣于十五日早辰自尖山潮神庙祭祷四塘，潮头正起，忽转西北风吹向中流，灵应昭然，众目咸睹。"④ 同一天性桂在奏折中，也极力盛赞设香祈祷海神感应的现象，认为"此皆我皇上敬天勤民，无刻不以仓（苍）生为念，故海神感效如此"⑤。

九月第3次潮汛后，性桂、王兰生、蔡仕舢更在各自的奏折中反复描

---

① 中国第一历史档案馆编：《雍正朝汉文朱批奏折汇编》第16册，江苏古籍出版社，1991年，第582页。

② 中国第一历史档案馆编：《雍正朝汉文朱批奏折汇编》第16册，江苏古籍出版社，1991年，第163页。

③④ 中国第一历史档案馆编：《雍正朝汉文朱批奏折汇编》第16册，江苏古籍出版社，1991年，第283页。

⑤ 中国第一历史档案馆编：《雍正朝汉文朱批奏折汇编》第16册，江苏古籍出版社，1991年，第279页。

述道：九月二日当各大臣"正虑东南风大，潮水骤涨难消，乃一时风转水落，得以保全，此皆我皇上至诚感格海神默佑，故得有此感应"①。"更有奇者，每逢署督臣、署抚臣等钦遵圣谕虔诚祭祷之日，虽当大汛正发之候，往往风信忽转，或潮头忽分，又或潮势渐退，神显成灵，以示保护"②。

由上述过程中可以看出，雍正皇帝本来就相信天人感应，海潮的变化和大臣的奏报，使他更坚定了这种思想。所以他三番五次下旨，要各个大臣和沿塘居民及员工虔诚信神、敬神。他的旨意又进一步在沿塘官员中掀起了敬神、事神的高潮，以致不仅在官员中，而且在工匠夫役中，每天"起工歇工，俱望海叩礼，习以为常"③。这一高潮引起的交互感染和推动，犹如海塘江潮，一波推一波，促使雍正皇帝决定用更虔诚的方式答谢海神，以求长久的护佑和崇祀。

3. 海宁的地理位置，是海神庙选建在此的自然原因

雍正七年八月二十四日（1729年10月16日）雍正皇帝谕曰："朕惟古圣人之制祭祀也。凡山川岳渎之神有功于生民，能为之御灾捍患者，借载在祀典，盖所以荐歆昭格，崇德报功，而并以动人敬畏祗肃之心也。雍正二年，浙江海塘潮水冲决，朕特发帑金命大臣察勘修筑，并念居民平日不知畏敬神明，多有亵慢，切谕以虔诚修省之道，令地方官家喻户晓，警觉众庶，比年以来，塘工完成，灾沴不作，居民安业，盖已默叨神佑矣。今年潮汐盛长，几至泛滥，官民震恐，幸而水势渐退，堤防无恙，此皆神明默垂佑护，惠我烝民者也。兹特发内帑银十万两，于海宁地方，敕建海神之庙，以崇报享。著该督遴委贤员，度地鸠工敬谨修建，务期制度恢宏，规模壮丽，崇奉祀事，用答神明庇民御患之休烈，且令远近人民，奔走瞻仰，兴起感动，相与服教畏神，迁善改过，涌荷庥祥，与国家事神治人之道均有赖焉。"④

---

① 中国第一历史档案馆编：《雍正朝汉文朱批奏折汇编》第16册，江苏古籍出版社，1991年，第582页。
② 中国第一历史档案馆编：《雍正朝汉文朱批奏折汇编》第16册，江苏古籍出版社，1991年，第590页。
③ 中国第一历史档案馆编：《雍正朝汉文朱批奏折汇编》第16册，江苏古籍出版社，1991年，第746页。
④ 《大清世宗宪皇帝实录》卷八五，第二十三页，雍正七年八月，中华书局，1986年。

雍正七年八月二十一日敕建海宁海神庙上谕

在这里，雍正皇帝表达了几层意思：其一，海神祭祀载在古制，是必须遵循的祀典；其二，雍正二年以来因海神护佑，多次海潮都得无恙，尤其是七年的海潮，全靠神明护佑，所以要建神庙专祀；其三，建神庙的目的即是为了答谢海神，更是为了让人们常怀敬畏之心，以进一步教化人民，更好地治理国家；其四，海神庙建在海宁。

从上面的叙述中我们知道，雍正所以把海神庙选建在海宁，主要是连续发生在海宁的海潮引起的，这是直接的原因。而从长远看，则是为整个浙江海塘的治理着想，而这是由于海宁的自然位置决定的。

海宁是浙江沿海重要县城之一，位于杭州东南向，居钱塘江河口北岸，境内岸线长近60公里，占北岸海塘总长的三分之一以上，其所属的黄湾镇大尖山附近江面，则是涌现海宁潮的起点。钱塘江到杭州湾外宽内窄，外深内浅，是一个典型的喇叭口状海湾，出海口东面宽100公里，到海宁盐官镇一带时，江面只有3公里。起潮时，宽深的湾口，一下子吞进大量海水，由于江面迅速收缩变浅，涌来的潮水来不及均匀上升，便后浪推前浪，迅猛冲向堤岸，如果塘堤不牢，就会形成潮灾，特别到了雨季，风雨加海潮，更易造成灾难。

历史上，浙省海潮入江处，其门户有三，分别为南大门、北大门、中小门。"三路水势，迁流无定，考其形势，溜趋北塘，则海宁一带塘工坐当其冲，溜趋南门，则绍兴一带塘工亦受其险，惟溜趋中门，庶南北两岸俱获平稳"。① 但是，从明朝以来，海潮就逐渐北趋，故而出现南岸绍兴

---

① 《大清高宗纯皇帝实录》卷六七，第三十四页，乾隆三年四月，中华书局，1986年。

一带逐渐解危,北岸海宁一带危险逐渐加剧的形势。"前因溜走北门,遂致海宁塘工连年告险"①。

事实上,海宁海潮带来的危险和影响还远远不止于海宁一处,它危及的是杭、嘉、湖、苏、松、常各州县。"查海宁一塘,为杭、嘉、湖、苏、松、常等郡之保障。"② 而历史上苏、松、常一带,是中国的粮仓,向有"苏常熟,天下足"的说法。所以保护好海宁海塘,从一定意义上讲是保护清朝的经济命脉和稳定,故被雍正皇帝视为用于祈福佑民保护海塘的海神庙,选建在海宁也就在情理之中了。

三、海神庙的建造

雍正皇帝决定要建海神庙的想法,在雍正七年八月第一次海潮过后就产生了,并且他已决定让李卫办理。八月十一日雍正帝在李卫奏报海宁海潮情形折上写道:"海塘之事,朕之忧念,乃卿所悉知。可尽人力,干系甚大。近日有谕大学士之旨,朕欲动内帑十万金,修理一座大海神庙,以祈神佑万民。尚未复奏,议定自然交卿办理。"③

该工程正式交给李卫后,现在档案中能够查到李卫曾经上了两道奏折,奏折内容涉及神庙选址、图样绘制、用料标准和采办、工匠人役挑选和派遣以及所祀神等问题。

1. 选址

清朝时期海宁县(今海宁市)下辖6乡4镇,治所在盐官镇。海神庙建在什么位置,经勘察李卫奏道:"查海宁县城之东约六十里地有尖山峙立海面,潮头俱由此入口,似属扼要之区,可以建立神庙,已于康熙五十九年经前任督抚诸臣题请创庙兴造,完工于六十一年十月内……此地山石崎岖,别无宏厂之基再可恢拓。至于塘工处所,臣先已叠次往来,今又亲加复勘,南门之外东西一带,前临大海,后即备塘河道,地势浅促,并

① 《大清高宗纯皇帝实录》卷六七,第三十四页,乾隆三年四月,中华书局,1986年。
② 中国第一历史档案馆编:《雍正朝汉文朱批奏折汇编》第16册,江苏古籍出版社,1991年,第591页。
③ 中国第一历史档案馆编:《雍正朝汉文朱批奏折汇编》第16册,江苏古籍出版社,1991年,第343页。

无数十余亩宽广之所,虽民地尚可购买扩充,人情无不欢欣踊跃,而内需添平池塘,且迁移陇墓,恐致亵渎神祇,更可虑者,近海之地皆系浮土聚沙,潮汐昼夜,雨来俱从塘底汕刷,倘将根脚搜空,即有锉裂,长须往内退进,非如河工地面可以多加椿寻向外帮阔者……是以再四筹划,择于城内营造。"①

此前,雍正皇帝也曾提出将海神庙建在"县城之内",但又不能完全确认是否可行,故令赴浙公干官员传口谕,让李卫将选址意见"分析奏明"。在接李卫奏报后,雍正批道:"如此则是亦,朕思在城内必有因也。"② 等于批准了李卫的意见,确定将海神庙址选建在海宁县城所在地盐官镇。于是,李卫在盐官镇"价买了零碎民房",又从城外运取土方,加高填平了部分坡塘,开始绘图建庙。

2. 图样及用料

海神庙之图样,按李卫奏报,系根据所选地形绘制的。"于三月初一吉期祀土,将庙基地面根脚清出,丈量四址,按照地方宽长之处,宅中定位,所有前后殿宇、寝宫、祠坛、楼阁、廊庑、房屋等项,就势酌拟大概规模,绘就图式。"③ 主要建筑包括:中线为大门、正殿、御碑亭,东侧为天妃阁,西侧为风云雷雨坛,最后部分为水仙楼。该奏折除没有提及大门前的石坊、石狮等建筑外,其他主体建筑基本和奏折描绘图式完全相同。

在该奏折谈及海神庙的式样及建筑用料中,有一点特别引起了雍正皇帝的关注,即庙顶瓦的颜色问题。按李卫原来设想,御碑亭用黄琉璃瓦,正殿、天二门、寝宫及天妃阁用绿琉璃瓦,其他用江浙本色瓦。但是,经"差人于邻省遍访众窑户,俱不谙烧,即偶有制造盖庙者,颜色不明艳,质亦脆,一经冰霜冻结,外皮卷起难观"。为此,李卫提出了三种解决办法:一是由皇帝下令,"于京厂制就,交与浙省回空粮船运官带来浙,所需价值并运通脚费,臣当照数备齐解交工部兑收"。二是只御碑亭、正殿两处用琉璃瓦,"其余悉用江浙本色筒瓦"。三是按照南方做法,所有建

---

①② 中国第一历史档案馆编:《雍正朝汉文朱批奏折汇编》第17册,江苏古籍出版社,1991年,第895、896页。

③ 中国第一历史档案馆编:《雍正朝汉文朱批奏折汇编》第18册,江苏古籍出版社,1991年,第348页。

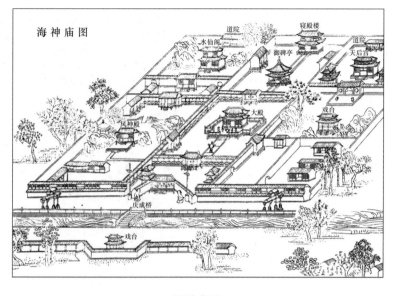

海神庙图

筑均不用琉璃瓦。① 雍正对此批示："所绘进呈图式甚属妥协,但外省庙宇用黄色琉璃瓦者甚少,照廷臣议行可也。"② 等于除对用黄琉璃瓦提出异议外,其他都由李卫自己酌情办理。但是,最后李卫用的什么瓦,因原始建筑早已焚于战火,笔者一时尚未找到确切资料,只能按我们现在看到的建筑颜色推测,当初只有御碑亭用的是黄琉璃瓦,其他均用的江浙本色筒瓦。

3. 所祀之神

建庙为祀神,但该海神庙要祭祀什么神?这一点李卫当时下了一番工夫,而雍正皇帝也是充分相信李卫,完全是按照李卫奏折所列神名及所排位置确定的。这里仅引李卫原奏述之:"至于奉祀神祇最关巨典,查海宁县之尖山,康熙五十九年建立海神庙宇,至六十一年秋奉敕封运德海潮之神,雍正三年又蒙皇上钦定江潮诸神,加封吴伍员为英卫公、唐钱镠为诚

---

① 中国第一历史档案馆编:《雍正朝汉文朱批奏折汇编》第18册,江苏古籍出版社,1991年,第349页。
② 中国第一历史档案馆编:《雍正朝汉文朱批奏折汇编》第18册,江苏古籍出版社,1991年,第351页。

应武肃王、宋张夏为静安公、明汤绍恩为宁江伯，地方官以并祀。其中又向日有越之上大夫文种、唐升平将军胡（道?）、宋护国弘佑公朱彝、元护国佑民王地、明王彭文骥、乌守忠等神，相传皆有护佑之功，历来已久，亦皆附祀于庙。今蒙皇上敕建海神庙宇，轸恤民生，保护塘工，似应于正殿专供运德海潮之神，再恳恩纶，加赐封号，以展诚敬。其英卫公等四神，于正殿之左右列坐并祀，其越之文种等五神仍于两庑配享，以安妥侑。再南省所称海洋灵神，惟天妃为最，历朝俱有褒荣，康熙十九年曾加封号，闽浙土人称为妈祖，在洋遇险祈求随声而应，故海船出入之口岸，莫不建庙奉祀……拟于正殿之东，另建天妃阁，西筑风云雷雨坛，之后再用水仙楼以配之。"①

海神庙神像

所以，海宁海神庙所祀之神，包括了历史上吴越大地所有治水治塘的神灵，以及闽广等地普遍崇祀的妈祖，是一个多神位神庙。对正殿所专供之运德海潮之神，经李卫奏请，雍正则特加封号："敕封浙江海宁县海神为宁民显佑浙海之神。"②

四、结论：海神庙的建造与宫廷斗争无关

从前面的论述中我们可以看到，海宁海神庙的建造，完全是由海宁海潮引起的，雍正皇帝敕建该庙的目的则是为了祈福佑民、事神治人，所以无论是从当时的社会客观原因还是雍正皇帝的主观愿望，乃至神庙中所祀之神来看，均和宫廷斗争没有关系。

---

① 中国第一历史档案馆编：《雍正朝汉文朱批奏折汇编》第18册，江苏古籍出版社，1991年，第349、350页。
② 《大清世宗宪皇帝实录》卷一一六，第四页，雍正十年三月，中华书局，1986年。

至于该海神庙为何比一般神庙建得豪华和多有超规格之处，李卫的奏折中说得也十分明白，他在"敬呈庙工图式"折中谈到海神庙的规格时道："闽广苏州等处，庙观辉煌，且内有楼阁台池，山石花木极其华藻。今奉特旨启建大工，钱粮又多，自必更加壮丽，以肃观瞻。"① 也就是说，在李卫看来，江南一般民间庙宇建得都比较华丽，而作为皇帝特旨敕建的神庙，一定要比普通寺庙更壮观、更华丽。而这正是海宁海神庙建筑格外豪华气派的由来。

对于传说中建庙是为祭祀雍正几个屈死的兄弟之说，也是人们的猜测和臆造，与历史事实不合。首先，在雍正皇帝下令建造海宁海神庙之前，雍正成年弟兄去世的有3人，即废太子胤礽、皇八子胤禩、皇九子胤禟。其他兄弟虽然有6人死在雍正年间，但都是在建海宁海神庙之后，甚至传说中在海宁海神庙祭祀的皇十四子胤禵，直到乾隆二十年才去世，所以，所谓要祭祀屈死的众兄弟，也仅是胤礽、胤禩、胤禟3人。

先说太子胤礽，系康熙十四年十二月被立为太子，四十七年一废黜，四十八年复立，五十一年再废后即被康熙皇帝下令监禁，此后直到康熙皇帝去世，没再复立，雍正二年卒于禁所。由此我们知道，雍正的帝位并不是从太子胤礽手中抢夺的，也不是被雍正皇帝下令囚禁的，所以不存在雍正皇帝向他赔礼安抚的问题。

至于皇八子胤禩、皇九子胤禟，确实一直与雍正皇帝不和，并且是其皇位竞争的死敌，雍正当皇帝的第三、第四年，即先后将二人囚禁，并去其宗族，将二人分别称以"阿其那""塞思黑"。雍正四年八月、九月，胤禟、胤禩先后卒于禁所。但是，这二人在康熙时期并没有被立为太子的征兆，即便康熙去世后他们有竞争当皇帝的资格，但和雍正皇帝也只是平等的竞争关系，不存在从他们任何人手中抢位的问题。而传说中雍正皇帝建海神庙祭祀他们，则主要是因为海宁每天有两潮，是让他们的灵魂每天能两次上朝，显然这是没有任何事实依据的。

诚然，无风不起浪。历史上建庙者比比皆是，都没有这么多议论，唯雍正朝在远离宫廷千里之外建的一处神庙能引起诸多传说，肯定是有其特殊原因的。除神庙建筑的超规格及所塑神像的奇特容易让人产生猜疑之

---

① 中国第一历史档案馆编：《雍正朝汉文朱批奏折汇编》第18册，江苏古籍出版社，1991年，第350页。

雍正皇帝像

外，雍正皇帝上台后的政治环境应是导致传言产生的根本原因。

我们知道，从雍正当皇帝起，各种篡位说就伴随而生，皇八子胤禩、皇九子胤禟卒于禁所后，各种流言蜚语更加广播，加之雍正皇帝原本就崇佛信道，七年大病时他又秘密下旨，请道士进宫为其驱魔治病，再后来乾隆六下江南四次住在海宁陈家，这种种的事件，加上人们对恰在雍正八年建成的海神庙的猜疑，组合汇聚，形成各种传说也就不足为怪了。但传说终不能当成历史，作为档案和历史工作者，我们有责任去澄清事实，告诉大家真实的历史。

一次承前启后的册封
——赵文楷、李鼎元赴琉球册封活动

册封是明清两朝中国和琉球关系史上的重要活动。清朝从顺治十一年（1654）到同治五年（1866），派赴琉球的册封使共8次16人。嘉庆五年（1800），钦命前往册封中山王世孙尚温为琉球国中山王的赵文楷和李鼎元为第五次，此后还有三次，可以说这是清朝对琉球册封史上承前启后的一次。这次册封，在中琉关系史上写下了友好的一页，从而对清后期中琉关系的发展起了积极的作用。

一、按惯例的请封和册封活动

1. 琉球题请派遣册封使

乾隆五十九年（1794）四月初八日，琉球国王尚穆身故，按照世袭罔替制度，其子尚哲应继承王位，不幸的是，尚哲先于乾隆五十三年八月弃世，因此，其世孙尚温接替了统治国家之重任。但按照惯例，没经过清朝皇帝册封，尚不能称王，只能权理朝政。越三年，尚温遣耳目官向国桓等赍捧表文，恳请袭封。表文称：

"琉球国中山王世孙臣尚温，诚惶诚恐，稽首顿首，谨奉表上言：伏以玉版恢图，焕规模于旧制。宝纶沛泽，隆体统于藩臣，率土莫不尊亲。众星拱北，普天咸称神圣，诸水朝宗。欢洽臣民，庆腾宇宙。恭惟皇帝陛下，光华匝地，覆育同天。侯甸要荒，尽入职方之府。躬桓蒲毂，悉归王会之图。八埏偏沐仁风，四海皆瞻化日。臣温世叨圣泽，代守海藩。胙土分茅，自古帝王之大典。请封袭爵，于今臣子之微忱。谨遣陪臣向国桓、

93

曾谟等，仰请纶音，望龙墀而悚栗。叩希天眷，瞻凤诏以遥颁。伏愿至德弥崇，覃恩愈广。建官分职，由内臣而及外臣，合轨同文，因旧典以开新典。将见江河献瑞，万方沾熙嗥之隆，川岳效灵，九有觐昭光之盛矣。臣温无任瞻天仰圣激切屏营之至。谨奉表恭进以闻。嘉庆三年八月十九日奏。"①

耳目官一行于嘉庆四年（1799）二月到闽，十二月十九日到京。据礼部尚书纪昀等奏："嘉庆三年，系该国应行入贡之期。兹据福建巡抚汪志伊疏称，该国王世孙尚温遣耳目官向国栋等，赍捧表文、例贡方物，并恭进高宗纯皇帝前请安礼物一份，兼请册封，于嘉庆四年二月间到闽。应准其一同恭进，令来使赍捧表文方物进京。"② 又："琉球国世孙尚温，以嫡孙承祧，循例请封前来。查该国恭顺天朝百有余年，修职纳贡，恪遵成典。今世孙尚温嗣守藩服，俟命于朝，应照乾隆二十一年之例，给予诰命，遣使封世孙尚温为琉球国中山王……一应事宜，谨题请旨。"③

2. 册封使的选拔

在礼部题奏待旨的同时，还进行册封使臣的选拔工作。按照清朝制度规定：首先由各衙门保送候选人员，经礼部初试之后，再带领引见皇帝，由皇帝下旨确定正副使人员名单。选择的标准为：当选者必须是文官，多数为翰林出身，且要"学问优长，修容美好"。此外，年龄一般不能很大，身体需比较健康。因为到琉球需航海梯山，备极劳苦，又有不服水土或遭逢乱事等情况。如年龄过大或身有疾病，是很难胜任的。此次经礼部堂官初选，选得内阁中书四员、翰林院给事中四员、礼部主事三员，于八月十九日黎明在乾清宫引见。嘉庆皇帝降旨："已故琉球尚穆孙温袭爵，命翰林院赵文楷为正使，内阁中书李鼎元为副使往封。"④ 遵照谕旨，赵文楷、李鼎元成为清顺治以来第五次赴琉球的正副册封使，于嘉庆五年（1800）东渡琉球，册封琉球国世孙尚温为琉球国中山王。

赵文楷，字介山，安徽人。嘉庆元年（1796）恩科一甲一名进士。后由进士授职翰林院修撰，嘉庆四年四月充实录馆纂修。嘉庆四年被诏举

---

① 中国第一历史档案馆藏：内阁礼科吏书，卷1165。
②③ 中国第一历史档案馆藏：内阁礼科吏书，卷1149。
④ 中国第一历史档案馆藏：军机处，录副奏折，卷7752。

为册封正使，与内阁中书舍人李鼎元（副使）同赴琉球。嘉庆皇帝钦赐其正一品麟蟒服。赵文楷在册封中因其约束严明，举动得体，成礼而回，嘉庆皇帝甚为高兴。嘉庆九年正月充文渊阁校理、教习庶吉士，京察保列一等记名。嘉庆九年六月任命为山西雁平道，在任四年卒。

对于赵文楷的一生，其门生金钊曾这样评价："吾师介山，禀刚直之性，负开达之才；少习幕务，谙练政事。"

赵文楷还被称为"勇士"。在册封使团返国途中，曾遭遇数十艘海盗船的袭击，对此，赵文楷沉着镇静，指挥炮手击沉海盗船三艘，确保了使团成员的安全，致使"人诧为神助"。

李鼎元，字和叔，号墨庄。四川绵竹罗江人。乾隆四十三年（1778）戊戌科第三甲第一名。曾授检讨、中书、宗人府兵部主事、马馆监督、内阁中书等职。嘉庆四年被任为册封琉球国王副使。回国同正使一起被赐予正一品麟蟒服。关于李鼎元的文学、品德很多文献都有记载，据《国史列传》称："李鼎元，生而颖异，好读书。与从兄调元、弟骥元被称为'罗江三李'，而其中以鼎元为最。《罗江县志》称其：生而颖异，好读书。淹贯经史，旁通诸子百家。尤工诗、古文。《绵阳县志》称其：天姿英敏，博览群书，诗进苏、黄，书法挺劲。襟怀洒落，素尚风节。"

3. 赴琉准备工作

赵文楷、李鼎元领旨后，首先做了认真的赴琉球准备。他们查阅了以往册封礼仪及前使周煌的有关著述，从中了解琉球的历史沿革及风土人情；向博通掌故、时任内阁大学士的纪晓岚等人士请教，了解赴琉球应注意的事项，"意得有所遵循"；具折恭请圣训，嘉庆皇帝召见于乾清宫西暖阁，谕令他们要"体恤小邦"之人民。与此同时，礼部也按照朝制进行了一系列的准备工作。其中包括：

①准备敕封琉球国王时颁发的诏书、敕谕（含赏赐物品清单）各一道。由内阁撰拟，先封送给礼部，由礼部交正副使敬谨赉往。

②从内务府移取敕封琉球国王时的赏赐物品。

③工部移送正副使出使持用节及节衣。

④从工部咨取诏敕前用黄盖一柄、龙旗一对、御杖一对、钦差牌一对、肃静牌一对、避牌一对。另取行牌一面，交兵部飞递至福建，转递琉球国，俾知预备。

⑤工部办理赏赐册封正副使用一品蟒缎披领袍各一件、麒麟补褂各一件（正副使可自备正一品顶戴）。

⑥备祭祀海神祈、报文各一道，由内阁撰拟。致祭所用香、祭品令由地方官备办。

此外，为体现朝廷对册封使的关心，按例允准他们自带私人医生2名。正使可带家人跟役20名，副使可带15名，并支给其口粮。正副使还可俱照本任品级，支给两年俸银。

待一切准备就绪，赵文楷、李鼎元一行出都门，软舆仪仗，百官饯送。于闰四月初八日至福建，验看封舟，检派兵役，检查员丁及船户所带货物。嘉庆五年五月一日登舟，五月七日于福建竿塘放洋，十三日抵达琉球之那霸港。

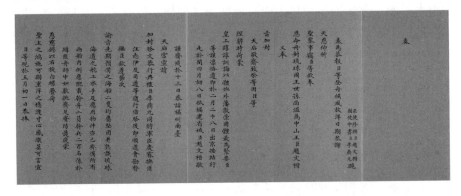

嘉庆五年五月一日，赵文楷、李鼎元奏登舟候风放洋赴琉球折

4. 册封大礼经过

按照惯例，册封使在琉球期间，必须参加谕祭礼、册封礼、迎诏仪、谢恩仪及各种筵宴等礼仪活动，但最主要的是行谕祭故国王、册封新国王之礼。

此次谕祭礼定于嘉庆五年六月八日举行。此前，琉球法司官等已先期送来谕祭仪注，请赵文楷、李鼎元过目。谕祭日，"谕祭文及祭银、焚帛安放龙彩亭内，出天使馆，东行过久米村、泊村，至安里桥即真玉桥。世孙跪接如仪，即引导入庙。按仪注行……"① 由宣读官读祭文，至焚黄所焚黄，礼毕。世孙致谢行札，引观先庙毕，即归。

---

① 《小方壶斋舆地丛钞》第十秩《使琉球记》，杭州古籍书店，1985年，第185页。

册封使在福州登舟出航的场景

一次承前启后的册封——赵文楷、李鼎元赴琉球册封活动

谕祭礼后,开始准备册封礼。这是全部册封活动中最重要、最具实际意义的典礼,中琉双方都格外重视。一周前琉球法司官等即送来了册封仪注,征求赵文楷、李鼎元的意见。据李鼎元《使琉球记》载:"七月十九日己亥,晴。法司等官送册封仪注来,随与介山酌定。"① 二十五日,行册封礼。"是日,方启门,法司等官入,一切如前仪。"② 仪礼过程主要为:琉球方于前一日备好行礼所用之龙亭、彩亭、香案、御案及金鼓仪卫;设置好宣读台、拜台;安排好行礼的次序及各官应在方位等。至期,法司等官迎诏敕于天使馆,世孙率众官伏迎于守礼坊外,前导入国门殿下,礼官唱礼,宣读官宣读册封世孙尚温为中山王诏敕。册封使代表清朝皇帝赐国王、王妃缎、币,授国王御书匾额。此次嘉庆的御书是"海表恭藩"四字。每项授礼毕,国王率众官行三跪九叩首礼。然后国王请留诏敕为传国之宝,法司官捧前代诏敕一一呈验册封使,册封使验明后,允所请,捧诏敕亲授国王。礼成后,天使告辞,出欢会门。八月初二日,国王率众官于王府内行北面谢恩礼,初四日,再遣官诣天使馆拜谢册封使。

至此,册封礼竣,册封使的主要任务也即完成。李鼎元在当天的日记中写道:"大礼既成,幸无陨越,通国臣民无不欢喜,余与介山亦如释负重,因与欢饮,三更乃就寝。"③

---

① 《小方壶斋舆地丛钞》第十秩《使琉球记》,杭州古籍书店,1985年,第190页。
② 《小方壶斋舆地丛钞》第十秩《使琉球记》,杭州古籍书店,1985年,第192页。
③ 《小方壶斋舆地丛钞》第十秩《使琉球记》,杭州古籍书店,1985年,第182页。

册封礼后，赵文楷、李鼎元一行等待风信，至十月十五日奉节登舟，二十五日解缆起航，出那霸港，十一月初二日到闽。拟写奏章，恭报册封事竣情形。

二、此次册封的意义和影响

册封制度自周代建立以来，被历朝皇帝所效仿。它既是"普天之下莫非王土，率土之滨莫非王臣"这种以"天朝大国"自居的象征，同时也是历代皇帝加强政治统治、稳定维护周边国家安定的重要手段，更是和周边国家进行友好交往的有效途径之一。中国对琉球国王的册封制度，跨明清两朝，历时460余年，册封20余次，不仅体现了明清两朝睦邻友好的外交政策，也有一定的战略防御的意义，同时对促进中琉间政治、经济、文化的交往起到了积极的作用，并产生了深远的影响。此次册封活动，在这些方面表现得更具体、更实际。

1. 改除陋习，促进友好

赵文楷、李鼎元的这次册封活动，虽然各项仪注，凡有关"国家大体"之规定，都是"率遵旧典"，按向例进行。但是，在遵循旧例的基础上，对不利于中琉人民友好的某些陋习及规定，也做了一些有益的改革，更具有积极的意义。

（1）减少廪给。

册封使在琉球期间，一切食宿费用皆由琉球国提供，按向来规定标准，正副册封使每日米一斗，面粉四斤，猪肉五斤，羊肉三斤，鸡二只，干、鲜鱼各四斤，蛋十枚，鲟二枚，蔬菜十一斤，西瓜二个，米酱、酱油、醋、盐各四盏，豆腐三斤，酱菜半斤，烛四支，烧酒二瓶，炭十斤，柴四束，瑞泉淡水二石，并且琉球国国王还五日一遣官赍牛酒问安。显然，这么一大批的廪给，仅册封使本人是用不完的，有一部分只能当琉球官吏来拜见时设宴用，或分给属下，所以造成不少的浪费。对此项规定，以往的册封使也都曾主动要求做过一些临时性的减免，而赵文楷、李鼎元这次做得最为彻底，"于供应裁十之四，廪给裁十之二"[1]。随弁供应也相应裁减。并

---

[1] 《小方壶斋舆地丛钞》第十秩《使琉球记》，杭州古籍书店，1985年，第186页。

且从此次起，不再允许以牛作为供应品。牛是当时的琉球人民耕作中的重要牲畜之一，这样做实际上是从琉球的利益出发，对耕牛予以保护。李鼎元曾问琉球长史："牛能耕，何以杀？"长史云："有大祀则杀牛，无故不杀也。"李鼎元乃"令去牛用羊"，当法司等官来时，即以羊酒与之。

（2）谢绝七宴。

按照惯例，琉球国王要设7次筵宴款待册封使。张学礼在《中山纪略》中记载，七宴分别为：迎风宴、事竣宴、中秋宴、重阳宴、冬至宴、饯别宴、登舟宴。李鼎元解释的七宴为：谕祭礼后为首宴，册封礼后为二宴，依次再为中秋宴、重阳宴等。赵文楷、李鼎元这次赴琉球，正值乾隆皇帝丧期，所以他们坚持"此行不宴会"，概免七宴。每次活动后，只以茶代酒，茶罢即归。第一次谕祭礼后，因他们坚辞不宴，第二天尚温遣耳目官、长史以简来谢，并致宴金十二两。赵文楷、李鼎元坚决谢绝，并对长史语之曰："既不宴会，安得宴金，归谢世孙，以后无庸致送，徒劳君等往返。"① 由于免除七宴，相应减轻了琉球方面的经济负担。回国时，他们再次谢绝琉球国王相赠的致谢金5000两，因而在琉球传为佳话。琉球"举国感欢，谓前此所无，遂于那霸建清惠祠，岁时展祀"。

（3）严禁随员役人多带货物。

从受命伊始，赵文楷、李鼎元就认真总结以往册封中的经验教训，以防发生不利于中琉友好、增加琉球人民负担的事情。首要的措施是严禁随员役人多带货物上船。他们认为，"封舟例不载货，历来册封使至琉球不能按十月风信回者，俱由货多且贵。琉球穷国，尽买则财不足，不买又恐得罪，百计设措，耽延时日。今货虽准带，贵货宜禁。须令船户造册具结呈验，庶前弊可杜"②；登船之前，再次验看，"视单内有肉桂、黄连、麝香等药皆贵，尽裁去"。他们不仅对一般员役船户如此严格要求，而且对钦使的家人也一视同仁。当赵文楷发现自己的"家人有私带货物者，介山逐之"。李鼎元曾盛赞赵文楷的这一行为，"此役能行余志者，端赖良友同心共济耳"③。最后，"以两船货价并船户甘结移至细阅，不及四万，较前度少三分之二"。由于采取了措施，所以此次册封，未因册封舟人役

---

① 《小方壶斋舆地丛钞》第十秩《使琉球记》，杭州古籍书店，1985年，第177页。
② 《小方壶斋舆地丛钞》第十秩《使琉球记》，杭州古籍书店，1985年，第180页。
③ 《小方壶斋舆地丛钞》第十秩《使琉球记》，杭州古籍书店，1985年，第203页。

所带货物及买卖问题引发任何不良后果。如李鼎元自己总结的那样:"历来使录皆云十月二十后东风顺送为吉,而从无十月归舟者,半缘货多价未全结,亦由归志不决,遂为从人所误,此行命船户出结,货既少,以货易货外,补价无多,早令办结。"①

(4) 申明纪律约束兵丁。

赵文楷、李鼎元此行,接受乾隆二十一年(1756)封舟兵役滋事的教训,对随船兵丁申明纪律,严加约束。并选派了得力的将弁带队赴琉球。出使前,他们即与福建抚军商定:去千总而添都司,又特派能臣之巡检颜家选带队,庶兵役有专管。封舟放洋前,再请领兵总兵许廷敬对兵役人等"严申纪律"。这样做,按他们的话讲是"虽稍变旧例,而益周详"。故在琉球期间,兵丁纪律严明。至归期,兵役听令早早登舟,从人亦无敢观望者,保证了封舟按计划如期返航。

总之,在这次册封活动中,赵文楷、李鼎元在遵循向例的基础上,主动减少廪给,谢绝七宴,令员役人等少带货物,对兵丁严加管束等措施和做法,虽然仅仅是"稍改旧制",但毕竟摒弃了一些陋习,得到中琉双方的赞赏,同时也为后三次册封使树立了良好的榜样。如随员役人多带货物和船户携带贵重货物一项,以往册封中,曾多次有大臣提议禁止,但实际上是屡禁不止,有了这次的先例,终于在道光十八年(1838)第七次派遣册封使赴琉球时,经官员奏请,得以明令禁止。其中掌京畿监察御史帅方蔚在道光十八年二月"饬禁册封琉球使臣家丁等私带货物折"中道:册封琉球使臣之随从家丁及护送弁兵向有带货勒售陋习,请旨严行饬禁,以恤藩封而崇体制事。窃惟国家嘉惠外藩,宽其贡期,略其方物,锡封罔替,颁赐加隆,所以厚往薄来,大一统而绥万国也。琉球世守藩服,远隔重洋,朝贡以时,号称恭顺。册封大典,使者惟当肃将朝命,恪恭成礼而还。乃臣闻,向来出使琉球诸臣,其随从家丁及闽省派往护送弁兵,莫不携带内地货物,或包揽商货,前赴该国昂价勒售。该国尊奉天朝,不敢不唯唯听命,情节不无苦累。在严明使者,于家丁约束惟谨,尚可不致滋扰,至弁兵则素非所属,弹压綦难,倚势要求,常恐生事。此等相沿陋习,袤中国驭藩之体,孤外夷向化之诚,不可不严立禁防。现届册封琉球之期,应请敕下正、副使臣,严饬家丁,无许私带货物,并请敕下闽浙总

---

① 《小方壶斋舆地丛钞》第十秩《使琉球记》,杭州古籍书店,1985年,第205页。

督,于派往弁兵一体严禁饬遵,并于开船时遴派大员前往严查。如有违例货物及包揽商货,即行分别惩办。仍责成使者留心稽察,倘有需索扰累情事,随时惩处。庶几革除陋习,以仰称圣主怀柔远人之至意。"又闽浙总督钟祥、福建巡抚魏元良奏:"查乾隆年间,册封琉球随往兵役有私带货物抬价勒售之事,曾经严办,现恐复蹈前辙,听信牙行包揽带销,并恐素与该国交易之人,托名船梢匠役希图前往,追索旧欠,均经预为严禁,并饬府厅县密访查察。臣钟祥现又钦奉谕旨,饬令稽查,使臣家丁及所派弁兵,携带货物分别办理,谨仰恭录谕旨移行,并剀切示禁,仍俟开船时遵旨,遴派大员认真查察,不敢徇饰,以杜扰累而崇体制。"①

赵文楷、李鼎元所采取的这些措施和行动,均是从有利于减轻琉球人民扰累、有利于中琉友好的大局为出发点,所以事情虽小,影响颇大。我们仅引述李鼎元日记中琉球国王尚温拟请给嘉庆皇帝的代言柬所云:"蒙天使远来,祷逆风而顺之,险涉重洋,惟温之故……承初入馆,即裁减旧例诸费。及船户呈上货单,又蒙厚爱,于福州登舟时即将贵货裁减,并令出结定价,惟恐累及贫国,并承捐除七宴……小邦别无可敬,端赖七宴,稍尽微情,今既捐除,更无尽情之处,屡具宴金,又皆却还……又再四却金不受……不知已为小邦省费无算。凡此皆天使仰体皇上之心为心,事事先为体恤,不特温感人肺腑,即通国臣民亦谓天使体恤下情,从未有如两位大人者。"② 尽管这些赞语难免有过誉之处,但可以确信,他们的做法是深受琉球人民欢迎的。当然,这些举措,过去的册封使也曾部分实行过,谢绝赏金系从明朝嘉靖十三年(1534)赴琉球册封使陈侃开始,琉球人民曾专建却金亭以表之。以后使者多踵其行,而赵文楷、李鼎元之举,做得比以往更为彻底,无疑这对加强中琉两国的友好关系是有积极影响和作用的。

由于赵文楷、李鼎元在这次册封中举动得体,约束严明,较好地完成了出使使命。嘉庆皇帝甚为高兴,于嘉庆五年十一月二十一日发出上谕:"玉德奏册封琉球正副使船平安回闽,并递到该正副使赵文楷、李鼎元恭报事竣回闽各折,览奏欣慰。"③

---

① 中国第一历史档案馆藏:军机处,录副奏折,卷7760。
② 《小方壶斋舆地丛钞》第十秩《使琉球记》,杭州古籍书店,1985年,第201页。
③ 中国第一历史档案馆藏:上谕档,第7760卷。

2. 传播文化著书立说

册封使不仅是友谊的使者,也是文化的传播者。特别是赴琉球的册封使,夏往冬回,一般在琉球滞留半年之久,此间他们除了参加几次规定性的典礼宴筵活动外,主要是到各地参观游览。每到一处,他们都纷纷题字作赋,其中包括匾额、书联、碑刻等,许多至今依然保存良好。据记载,此次赵文楷、李鼎元在琉球的很多地方都留下了文字。其中,赵文楷还将"红豆生南国,春来发几枝。劝君多采撷,此物最相思"这一中国唐朝著名诗人王维的美丽诗句书献与琉球国王,以表达中琉之间深厚的感情。而李鼎元为人题字更多,以致自己书写不完,不得不请两位从客也来帮忙。如他自己在离开琉球前夕总结中所说:"跟役如例而止,多则无用,惟从客善书者不可少,球人重书,谓者甚众,两手不能给也。"① 这些书字、对联、诗篇,对传播中国的语言、书法等都起了重要作用。

封舟图

在把中国文化传播给琉球的同时,他们也了解了琉球的历史文化、风土人情,回国后撰书立说,为后人留下了珍贵的史料。在这里,重点介绍一下赵文楷、李鼎元回国后关于琉球的著述。

赵文楷回国后,曾著有《槎上存稿》一册。其中以五言和七言诗的形式,记述了此次琉球之行的所见所闻。赵文楷的诗包括:海上见闻、册封礼成、球俗、参观游感等。将其往来琉球的经历及其情感全部融著于诗书之中。如他在临行之时,与都中诸友道别时的一首诗,将其感情及心态表现得最为淋漓尽致。因册封琉球是非常艰巨的使命,通常册封使要饱受使途艰辛,还要随时做好海上遇难的思想准备,陈侃就曾在其《使琉球

---

① 《小方壶斋舆地丛钞》第十秩《使琉球记》,杭州古籍书店,1985年,第192页。

赵文楷和李鼎元书法

录》中曰："使琉球与他国不同。安南、朝鲜之使，开读诏敕之后，使事毕矣。陆路可行，已事遄返，不过信宿。琉球在海外，候北风而可归，非可以人力胜者。"因此，赵文楷在诗中写道：

"沧溟东去是琉球，飞楫来迎使者舟。万里鲸波劳远梦，五回龙节下炎洲（本朝册封中山，至此五次）。直教薄海沾皇泽，敢谓乘风惬壮游。辨岳山头回首望（辨岳，琉球山名），紫云天半护神州。""交到忘形信有缘，可堪此夕怅离筵。炎风朔雪怀人日，狖鸟蛮花异国天。利涉尽堪援往事，生还难必是何年（前使各有险阻，皆得无恙，然逾年始返）。从今独醉中山酒，一度相思一惘然。"

李鼎元回国后，著有《使琉球记》一书。其中以日记的形式，详细记载了此次出使琉球的情况，这是清朝琉球册封使臣第一次以日记体裁所做的记述，该书情节详细，史料真实。"凡岁时、山川、习俗之详，莫不有所根据，事从目系，言以人稽。"看过者谓之其采撷宏富，可媲徐葆光《中山传信录》，"不负其职与志也"。其诗文"挺拔有奇气"。被称之：意沉挚，辞警拔。

赵文楷、李鼎元的著述各有特点，起到了相互弥补的作用，若将二者融合在一起，更可使后人清晰地了解此次册封琉球的全貌。

如五月十一日午刻见到姑米山时，李鼎元在日记中记载：姑米山共八岭，各岭有一二峰，或断或续，此时舟中人欢声沸海。

赵文楷也对当日情形作五言诗一首："三日天风便，遥看姑米山。五峰排水面，一线出云间。远目真空阔，狂涛若等闲。舟人齐举首，惊喜破愁颜。"

又，册封使到琉球后，住进使馆楼中，李鼎元在日记中记载了使馆楼的建筑历史与沿革。而赵文楷则用七言诗描述了其景色："海云漠漠树苍苍，楼对平山一桁长。雾隐帘前无鸟雀（中山少鸟雀），潮来窗外有帆樯（樯外即那霸港，潮来时诸岛贡舶皆至）。钟声隔院叮咚响（隔院即下天后宫），花气巡檐自在香。高卧绳床消永昼，此身忘却在殊方。"

上述的描述使我们使我们不仅对使馆楼的格局有所了解，而且能感受到使馆那云雾缭绕、如仙如幻的美景与幽静。

七月初三日，随封游击将军陈瑞芳因病疾身亡，赵、李二人异常悲痛，双双前往祭悼。李鼎元在日记中写道："于介山往哭，备衣衾，棺木敛之。"挽词为"其生也荣，死且不朽"。赵文楷则作诗二首，表达了其悲痛和怀念之情："顿失同舟侣，偏怜上将才。旌旐三岛远，涕泪一军哀。炎海迷归路，悲风撼夜台。故乡千万里，犹自望君回。""二竖成夷鬼（陈殁前二日，二鬼守床前状，如琉球红帽官，兵役皆见之），孤魂泣海天。岛桅充马革（球无杉木，又不善制棺，寻以太平岛船桅，命随行匠人为之），蛮槥奠蛟涎。生死诚如寄，功名已足传。纵令终牖下，徒得妇人怜。"

七月二十五日，为册封礼仪之日。李鼎元在日记中详细地记述了在使馆楼中举行册封仪式的过程。而赵文楷则描写了举行册封礼时的宏伟场面："曈昽晓日馆门开，谒者传呼彩仗来。一道祥光东去疾，天书已过望仙台。""海东十丈红云起，照见波涛万顷丹。行到七星山顶上，万人回首一时看……守礼坊前欢会门，拜迎犹自号王孙。山龙赐服君恩重，始信藩王气象尊……羽士抃呼拥节旄，归途落日下平皋。王人序在诸侯上，梯述宁辞拜送劳（球语，主人曰梯述）。"

赵文楷、李鼎元二人使琉球的纪实，可以说是相互依托、珠联璧合，其形式、内容及情感的抒发，在各种使琉资料中都是少见的。

中国赴琉册封使每遇回国，往往会将琉球的方言文字与中国文字进行对照，并著成《夷语附》或《华夷译语》等书，使国人对琉球的语言有所了解，李鼎元就是突出的一位。他在琉球期间，在杨文凤及首里四公子的帮助下，收集琉球寄语近3000条。其中，七月十二日，杨、四公子送寄语约500条；七月二十七日杨送寄语200条；八月初六四公子送400条；八月十九日向世德送寄语200条；九月初七杨、四公子各送寄语300条；九月十五日，杨、四公子各送寄语100条；十月初四，杨、四公子各送寄语300条。他在琉球时"国之略晓文字者，皆得就教尊前，执经文事"。在许多文章中都提到李鼎元从琉球回来后曾著有《球雅》一书，《国史列传》中称之为《琉雅》。李鼎元《使琉球记》中有这样的记载："二十七日……杨文凤送寄语二百余条并书本国字母以来。余以传信录较之，无异。问以徐录谓一字可作二、三字读者，略仿中国对音，何以说？对曰：此乃字义，非音也。小邦但知对音，不知切音，如平上去入四声，夷官初学为诗乃知之，其实读书仍用本国语义，故必须钩挑，令实字居上、虚字居下读之。凡民则但知寄语，亦并不知对音。即如徐录所云：'泊读作土马依，为一字三音。'小邦以船靠岸为'土马依'，'泊'亦靠船之义，故曰'土马依'，非三音之谓也。乃知历来册封使俱就通事口授，以意解释，未令通人笔之于纸，故音义不分。余作《球雅》，皆令文凤等逐字注其音，复注其义，并将通俗等语汇成册，令注本国语于各句下，就所注而辑之。字异而语同者合并之，无令重出，务在得实，以备一邦翻译。"①

　　《球雅》一书笔者目前还没有看到。不过，我们在查阅史料之中发现一本名为《琉球译》的书，它与李鼎元所著的《球雅》一书很相似。此书为后人大兴翁树耆抄，未记著者姓名。从其内容看确是一本辞典，统计其条目，亦与李鼎元记载较为接近。《琉球译》一书从它的体例和名称上看都区别于陈侃、萧崇业、夏子阳、徐葆光等著的《夷语附》《华夷译语》或《琉球土语》等。它

琉球国王印

们都是分门别类，如其中的"天文门""地理门""宫室门"等，只记载字、词发音。《琉球译》为上、下两卷。在与上列书相应的类别叫法上称"译天""译地""译宫"等。其中除有字、词的发音外，还包括词意的解释。《球雅》一书可谓是第一部中琉语言大辞典，该书的问世，对于中琉之

---

① 《小方壶斋舆地丛钞》第十秩《使琉球记》，杭州古籍书店，1985年，第192页。

间语言、文字的传播与交流起到了促进作用。

我们认为以上两点是此次册封影响和意义最大的。除此之外，和历次册封一样，此次册封也有着一定的政治、经济的意义和作用。

嘉庆五年为公元1800年，正值世纪之交。在西方，以18世纪60年代英国资产阶级工业革命为起点，带动了其他国家资本主义工业革命的迅速发展，至19世纪40年代即完成了工业革命。在东方亚洲，西方的进步与文明也曾被一些传教士传入，然而大多数国家仍处在自给自足的小农经济占主导地位的封建时代。作为东方大国，清朝虽然已从鼎盛的康乾盛世开始走向衰落，但以中国为主体的宗藩制度依然承上启下地发展着。这在一定程度上保证了中国的政治制度的稳定及周边地域的安定，但这种稳定作用在不同时期其特征表现有所不同。随着社会的发展及统治者地位的巩固，其作用从直接变为间接。

清顺治时期，满洲入关不久，稳固新兴的政权、确保自己的统治地位是当务之急。对周边国家的笼络、安抚也是其必不可少的重要手段之一。以册封实现稳定，其特征表现得非常具体和突出。康熙、雍正时期，以平定内乱、扩土封疆、巩固政权为主要任务。此时清政府与西方交往日趋频繁，在力求稳定的同时，更趋于向文化、科学技术等方面延伸。乾隆时期，已到了清朝发展的鼎盛时期。此时国泰民安，乾隆皇帝以天朝大国自居，与周边国家乃至西方国家的交往在一定程度上已是友好往来，那种求稳定的含义此时已显得不那么突出了。尽管如此，我们认为，这种交往实际上仍间接地起到了维护和稳定周边地区、发展各国人民友好关系的作用。

而正是历届册封琉球的册封使们，用自己的行动为巩固这种关系做出了努力，使得中琉两国关系越来越密不可分。如此次赵文楷在出使琉球期间，就同中山王尚温建立了深厚的友谊。中山王尚温也对其非常有好感，并书写对联"四海乐无为之化，万方瞻有道之光"相赠。据赵文楷的后人记载，当琉球王得知赵文楷的母亲年近古稀，便以朱缎12帧亲书祝文，王妃向氏工绘事，亦赠画册12幅。赵文楷、李鼎元甚至在已登舟即将返国时，得悉17岁的国王和王妃生子，又分别挥笔写诗相赠以示致贺。赵文楷的诗曰："一朵红云匝地开，欢声环岛响如雷。翻思昨夜西风紧，知是瑶池送得来。"①

---

① 赵文楷著：《石柏山房诗存》卷五。

另外,随每次册封带往琉球的工艺品、丝织品等大量中国物品,无论是用于赏赐还是贸易,其中许多物品都具有很高的观赏价值和收藏价值。如中国的丝织品,不仅质地上乘,同时上面还绘有文字、图案,在世界上也享有盛名。册封使带去了大量的精美物品,同时也把中国的文化带入琉球。琉球各种形状和质地的团扇、雅扇、满面泥金扇,各种彩面雕漆围屏风等,文明雅致,深受清朝宫廷的喜爱。清帝经常将其赏赐给后妃、皇子们收藏、观赏。此次赵文楷、李鼎元除带去用于赏赐国王、王妃所用丝、缎、锦、纱等外,他们各人也分别带去了备赏送的笔墨、扇对、香帕等物品。琉球国王等则送给赵文楷、李鼎元等人刀、布、土仪等物品,这些对中琉物质文化的交流都有着深远的意义。

每一次册封活动,双方都要进行请封、接封、册封、谢恩等仪式程序。其中的每一项活动,除了贡品和赏赐品外,双方都还带有大量供贸易用的物品。清政府运往琉球的主要为丝绸、瓷器、药材、纸张、茶叶、食品及工艺品。琉球运往清政府的除硫黄、锡、铜等进贡品外,还有各种扇、围屏纸、鱼翅、海带菜等。这些物品多数是对方所没有的,所以通过册封也加强了中琉间的贸易往来。而这种贸易也是维系中琉关系的一条纽带,使得中琉贸易往来不断。但是我们认为,在中琉关系中,如果说作为进贡的一方有着一定的贸易因素的话,而作为册封的一方,则主要是一种政治活动。故对册封中贸易的意义和影响不能评价太高。

一次承前启后的册封——赵文楷、李鼎元赴琉球册封活动

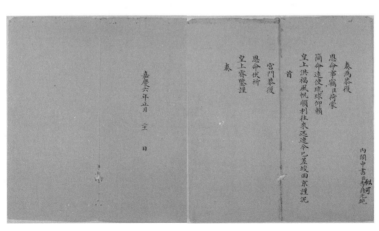

嘉庆六年李鼎元赴琉回国复命折

107

结 束 语

自明洪武五年（1372）至清光绪五年（1879），中琉宗藩关系维持了五百余年，在双方历代君主和人民的共同努力下，中琉之间建立起一种真诚友好、相互尊重、相互信任的关系。此间起到最直接纽带和联系作用的人就是一次次远渡重洋的使臣们。他们是政治的使者，也是友谊的使者、文化的使者。此次赵文楷、李鼎元在世纪之交，出色地完成了出使使命，这次册封，是中琉关系史上友好的一页，他们将作为中琉关系的友好使者而载入史册。

周自齐外交经历及对清末外交之贡献

周自齐是跨清末和民国两个朝代的政治人物，光绪二十二年（1896）他经张荫桓推荐到驻美公使伍廷芳麾下开始参与清末外交工作起，至宣统二年（1910）以外务部左丞身份随多罗郡王载洵赴欧美考察海军，其前半生的政宦生涯中，所从事的主要是外交工作。曾历任清朝驻美国公使馆书记官、参赞、公使馆代办，以及驻纽约和旧金山领事。1908年回国后，先后任清朝外务部右参赞、左参赞、右丞、左丞。期间曾受命为宣统皇帝撰写外交内容的讲义。1910年，他再度赴美国，任清朝学部驻美国代表兼留美学生监督。民国时期历任山东都督兼民政长、中国银行总裁、交通总长、陆军总长、财政总长、农商总长。1922年3月，署理国务总理。1922年6月2日，摄行大总统职务。是月11日，黎元洪复职大总统，周退出政界。1923年10月21日，病故于上海。

在保存的清朝官方档案中涉及周自齐的记载，主要是他从事外交工作的内容。从这些档案中，既可以了解周自齐作为一个清末外交官的任职经

游美学务处为选考游美留学生事致外务部呈

历和生活，也能从中看出他为清末外交工作所做出的贡献。

一、档案中有关周自齐的直接记载和旁证

海峡两岸现存清朝中央级档案共有1000多万件，主要保存在中国第一历史档案馆和台北故宫，以及台北中央研究院近代史所、史语所。其中第一历史档案馆所存清宫档案有关周自齐的记载，分别收存在清朝外务部档、宫中朱批奏折档、军机处录副奏折档、军机处电报档、军机处上谕档、内阁起居注档、度支部档、学部档、端方档等几部分档案中，共有100多件。另外，在上述几类档案中，还有大量驻美国公使梁诚、伍廷芳等人的奏折和电函，许多内容也和周自齐有关联，可以作为研究周自齐生平事迹的旁证史料。

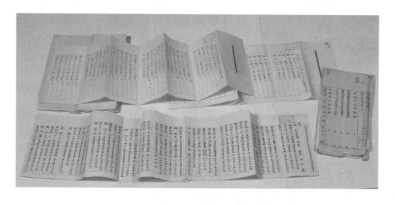

宣统三年游美学务处呈外务部游美学生名单

外务部是清末专门负责办理对外交涉事务的中央机构，光绪二十七年（1901）以前称为"总理各国事务衙门"，成立于咸丰十一年（1861），光绪二十七年改称外务部。周自齐作为驻美国使馆官员，直接由外务部管理，所以，外务部档案中涉及周自齐的内容最多，共有47件，主要文件是周自齐发给外务部的电报、信函、咨呈、申文等。

档案内容大致包括三类：一是周自齐报告接任使馆代办、就任旧金山领事的日期、办理交接的有关事项，以及驻美使馆其他人员请假、到任、奖励等人事方面的档案；二是驻美使馆为申请和催拨使馆各项经费，以及使馆收到经费数额、经费开销情况等致外务部的信函、申文；三是周自齐等中国官员和外国领事交谈问答记录、周自齐探访境外对清朝舆情的报

告，以及他们参加有关外交活动情况的奏报等。

朱批奏折和录副奏折都是清朝大臣奏报给皇帝各项公私事务的折件，朱批奏折是正本，录副奏折是副本。皇帝在奏折上直接用朱笔签批旨令后，发交奏报人执行，同时抄录一份存放军机处备查。有朱笔批示发交执行本称朱批奏折，备查本称录副奏折。在这两部分档案中，有关周自齐的内容并不多，共5件，主要原因是，在光绪三十二年（1906）之前，周自齐的官职还只是驻美使馆参赞，没有直接向皇帝奏事的权利，直到光绪三十三年之后，档案中才有了周自齐的奏折和记载。分别是：光绪三十三年（1907）外务部核复周自齐造报驻美使馆经费收支情况奏折，出使美国大臣梁诚为周自齐在洋期满送部引见事奏折，宣统元年筹办海军大臣载洵奏请选派周自齐随同出国事奏折和拟选随员名单等。

上谕档是清朝皇帝下发的各种谕旨的汇集，由军机大臣每年按照春、夏、秋、冬四季汇抄成册，上谕档中涉及周自齐的共有13条，都是记载他受奖、升职、被皇帝引见等方面的内容。

电报档是清朝光绪五年（1879）电报开通后才有的档案，内容十分广泛，但较多的是清朝政府和驻各国使臣的往来文件。电报档中涉及周自齐的有31件，主要是从光绪三十二年驻美大使梁诚回国丁忧后，周自齐从美国发给清廷的电报。包括请拨使馆经费事、使馆人员任免变动事、保护华侨并代表清政府回驳巴拿马禁华人条例事、报告美国议改变庚子赔款办法事等。

另外，在内阁起居注档、度支部档、学部档、端方档、清实录等档案中，也有数量不等的关于周自齐的记载，内容和外务部档、电报档、上谕档中的记载基本相同，只有和清末大臣端方的来往电报信函中，多数是关于端方儿子继先在美国留学情形的内容。

除上述各项档案外，还有一些档案，虽然没有出现周自齐的名字，但实际上和周自齐有很大关联。如，梁诚奏报办理旧金山地震赈济华侨事宜、商议赎回粤汉铁路修筑权事宜等，周自齐都是直接的参与者和承办者。

二、从档案中看周自齐的外交经历

清宫档案是清朝官方文献，涉及官员个人生活的内容很少，但是却是官员政治履历的直接记录，从中能够了解一个人的真实任职经历。清朝上谕档、外务部档、电报档、清实录等几部分档案，就清晰地勾勒出了周自齐的任职经历和外交生活。

档案中最早出现周自齐的记载，是在光绪二十二年（1896）五月，"总理各国事务衙门奏，考试同文馆学生，请将候选盐大使周自齐等二十五员分别给奖"。① 第二条是光绪二十七年（1901）六月，"以随使美、日、秘国三年期满，予广东试用同知周自齐等三十八员奖叙"。② 第三条是光绪二十九年闰五月，"以出洋期满，予驻美参赞广东知府周自齐等十七员奖叙"。③ 第四条是光绪三十一年七月初五，"出使美、秘、古、墨国大臣梁诚奏保广东补用道周自齐堪备任使一折，奉旨著交军机处、外务部存记。钦此"。④ 第五条是光绪三十二年四月十一日，出使美国大臣梁诚奏为驻美二等参赞官、广东补用道周自齐在洋期满，请准送部引见事折，奏折中写道："驻美二等参赞官、花翎布政使衔、广东补用道周自齐，经前使臣奏调出洋，历充驻美三等参赞官、纽约领事官、古巴二等参赞兼领事官，臣接任奏留金山总领事官，补驻美二等参赞官兼游美学生监督。自光绪二十九年正月二十九日上届期满，连闰扣至光绪三十一年十二月二十九日止，第三次在洋三年期满……上年经臣奏保使才，荷蒙恩旨，交军机处外务部存记。是其才堪任用，已在圣明洞见之中。今届三次期满……未便没其劳勋……可否吁恳天恩，准其送部引见，恭候录用，抑或以道员交军机处存记……光绪三十一年（注：此处有误，应为三十二年）。"四月十一日奉光绪皇帝朱批："周自齐著交军机处存记。"⑤ 第六条是光绪三十二年八月二十八日，外务部收驻美使馆参赞周自齐电报，"为梁大臣丁母忧事"。⑥ 第七条是光绪三十三年五月二十六日，周自齐电报，"为本日接办代理使事"。⑦ 第八条是光绪三十四年二月初八日，周自齐电报，"为本日交卸任使事"。⑧ 第九条是光绪三十四年六月二十四日，"内阁奉上谕：外

---

① 《大清德宗景皇帝实录》第391卷，第9页。
② 《大清德宗景皇帝实录》第484卷，第1页。
③ 《大清德宗景皇帝实录》第517卷，第25页。
④ 中国第一历史档案馆藏：军机处上谕档1493盒，第1册，第25页。
⑤ 中国第一历史档案馆藏：录副奏片，第7228卷，第10件；
⑥ 中国第一历史档案馆藏：军机处电报档2-04-12-032-1224。
⑦ 中国第一历史档案馆藏：军机处电报档2-04-12-033-0575。
⑧ 中国第一历史档案馆藏：军机处电报档2-04-12-034-0122。

务部右参议著周自齐署理。钦此。"① 第十条是光绪三十四年十二月十七日，"内阁奉上谕：外务部左参议著周自齐署理。"② 第十一条是宣统元年（1909）正月初三日，"内阁奉上谕：外务部左丞著张荫棠补授，所遗外务部右参议驻周自齐补授，仍署左参议。钦此。"③ 第十二条是宣统元年二月十七日，"军机大臣钦奉谕旨，呈进经史、各朝掌故、各国历史讲义，著仍派荣庆、陆润庠……周自齐轮班撰拟。"④ 第十三条是宣统元年三月二十七日，"内阁奉上谕：外务部左参议著周自齐转补。钦此。"⑤ 第十四条是军机大臣钦奉谕旨，外务部左参议周自齐，"著赏给二等第二宝星。"⑥ 第十五条是宣统元年六月二十八日，"内阁奉上谕：外务部周自齐著署理右丞，曹汝霖著署理左丞。"⑦ 第十六条是宣统元年七月二十四日，"内阁奉上谕：外务部左丞著周自齐署理，右丞著曹汝霖署理。"⑧ 第十七条是宣统三年十月十七日，"奉旨：内阁请简用度支部副大臣一缺，度支部副大臣著周自齐补授。钦此。"⑨

上述档案，为我们全面了解和深入研究周自齐在清末的为官历程和大体工作情形，提供了直接、真实的根据，也弥补了当前对周自齐研究中的缺漏，纠正了一些失误。如《周自齐传》一书在写周自齐"步入政界"一节中，就缺少周自齐出使美国前曾为"候选盐大使"身份的记述，所得出的结论仅是依据各种资料的综合推断。从档案中则可以知道，出使美国前，周自齐曾以候选盐大使的身份，先参与了同文馆学生的考试，而且获清朝皇帝嘉奖。再根据梁诚奏折，光绪三十一年十二月，三年考满已经三次的记载，可知周自齐从清光绪二十三年开始，已成为清朝正式外交官员，并开始被纳入三年一次考核人员范围。

用上述档案佐以《周自齐传》《中华民国史》《民国人物传》《中国近代学制史料》等，我们可以得出周自齐从初入政坛到清末比较确切和完整

① 中国第一历史档案馆藏：军机处上谕档1511盒，第2册，第147页。
② 中国第一历史档案馆藏：军机处上谕档1512盒，第3册，第223页。
③ 中国第一历史档案馆藏：军机处上谕档1517盒，第1册，第15页。
④ 中国第一历史档案馆藏：军机处上谕档1517盒，第2册，第145页。
⑤ 中国第一历史档案馆藏：军机处上谕档1517盒，第4册，第261页。
⑥ 中国第一历史档案馆藏：军机处上谕档1518盒，第1册，第5页。
⑦ 中国第一历史档案馆藏：军机处上谕档1518盒，第3册，第60页。
⑧ 中国第一历史档案馆藏：军机处上谕档1518盒，第4册，第43页。
⑨ 中国第一历史档案馆藏：军机处上谕档1533盒，第2册，第107页。

的为官经历：

光绪十六年（1890）被广东同文馆保送到京师同文馆学习。

光绪二十年参加甲午科考，被录用为顺天乡试副贡。

光绪二十二年以"候选盐大使"身份，参加同文馆学生考试，获朝廷奖励。同年，被清廷批准作为随员，跟从出使美国大臣伍廷芳出国。

光绪二十三年三月二十八日到任，以在职人员身份，就近到哥伦比亚大学留学。肄业后，至光绪二十六年，先以广东试用同知候补知县，后以花翎布政使广东补用道身份，历充驻美公使馆书记官、三等参赞官、驻纽约领事馆领事官、驻古巴二等参赞兼总领事官。

光绪二十七年六月，因三年考核（光绪二十三年初至二十六年初）期满获奖叙。

光绪二十九年正月，第二次三年考核（光绪二十六年初至二十九年初）期满，五月再获奖叙。同年三月，梁诚接任驻美公使，奏留其调任驻金山总领事官、补驻美公使馆二等参赞官兼游美学生监督。

光绪三十一年十二月第三次三年考核（光绪二十九年初至三十一年底）期满，经梁诚保奏，获道员资格，由军机处存记。

光绪三十三年五月接任驻美公使馆代办。

光绪三十四年二月卸任驻美公使工作回国。同年六月署理外务部右参议，十二月署理外务部左参议。

宣统元年（1909）二月，以外务部左参议兼署右参议，参加向皇帝轮班撰拟经史讲义，获赏二等第二宝星。同年五月外务部、学部奏议成立"游美学务处"，任学务处总办，并以外务部官员身份兼学部丞参上行走。六月升署外务部右丞。七月改署外务部左丞。

宣统二年随同筹办海军大臣载洵到美国、日本考察。

宣统三年调任度支部副大臣。

三、从档案看周自齐对清末外交的贡献

清朝向外派驻使节，是在西方列强殖民侵略造成民族危机日益严重情况下，迫不得已做出的痛苦选择。初时制度尚不健全，使节工作有诸多阻力和困难，仅出使经费一项，就常常不能保障，在周自齐致清政府的电函中，有很大一部分是催拨经费的内容。但是尽管如此，仍可看到，当时的

清朝驻外使馆官员还是积极努力,为促进和所在国的政治关系、维护本国公民在外的合法权益等,做出了重大贡献。就周自齐对清末外交的贡献来说,档案中记载较多的有以下几个方面。

1. 为保护华侨,维护华侨利益努力

比较集中的主要有四件事:

一是力驳巴拿马禁止中国华侨令。中美洲巴拿马国距离中国遥远,因巴拿马运河而闻名于世。巴拿马华人社区始建于19世纪后半期,据史料记载,巴拿马的第一批华人于1854年到达这里,他们是为了修建巴拿马地峡铁路由加拿大而来的劳工。到20世纪初,当地华人已经在巴拿马占据重要地位,他们拥有超过600家的零售店,基本上垄断了当地零售业。但是,由此华人社区也受到了许多挑战。1903年,当地法律宣布,华人为不受欢迎居民,并制定了华人居住巴拿马的苛刻条例。光绪三十三年(1907)九月二十二日,巴拿马众华商呈外务部的电报道:"巴拿马增苛例,特册扰民,请托美政府代驳,众华商叩。"① 由于当时巴拿马实际受美国控制,而清朝政府和巴拿马尚未建交,所以,清朝外务部收到电报后,责成驻美代理公使周自齐办理该交涉事宜。周自齐通过驻巴拿马美国领事和巴拿马进行了积极交涉,光绪三十三年十月二十九日外务部收到周自齐呈电:"巴拿马禁华人例日酷,经托驻巴美领代驳。"② 同时,周自齐建议,为长久保障在巴拿马华侨利益,需和巴拿马签订条约,在巴拿马设立领事,"非设领事不足保卫,非早与订约不能弛禁。"③

二是积极处理加拿大工党仇视华侨事件,保护温哥华华侨。温哥华是加拿大不列颠哥伦比亚省一沿岸城市,华人进入加拿大,始于19世纪中期到不列颠哥伦比亚地区淘金。加拿大自治领成立后,开发西部与修建通往太平洋的铁路,需要大批劳动力。由早期加拿大华人介绍,19世纪末,广东、福建两省的华人大批进入加拿大。1885年,由于太平洋铁路已经建成,加拿大政府开始对入境华人征收人头税,限制华人入境。光绪三十三年八月初,在华人最集中的温哥华,以工党为首仇视华人,制造了对华

---

① 中国第一历史档案馆藏:军机处电报档2-05-12-033-0929。
② 中国第一历史档案馆藏:军机处电报档2-04-12-033-1190。
③ 中国第一历史档案馆藏:军机处电报档2-04-12-033-1190。

商打砸抢事件，使华商财产受到严重损失，生命安全受到威胁。温哥华华侨呼吁："工党仇视，生命可危。"① 当时温哥华虽是英国属地，但是为了交涉方便，清朝政府还是决定由驻美国领事出面，就近交涉解决。时任美国代理公使周自齐，一面积极和温哥华政府联系，协商保护华侨；一面派旧金山副领事欧阳庚，赴温哥华查看华商受损失情况，收集证据。在周自齐的协商下，温哥华政府派出了警察，对华侨予以保护。八月初八，周自齐在给外务部的电报中写道："温哥华警察保卫华商颇能出力，工党未散，尚觉可虑，驻金副领欧阳庚，现督商民取据损失凭证，容续陈。齐。鱼。"② 最终在多方共同努力下，平定了这次暴乱，加拿大政府对华商损失予以了赔偿。光绪三十四年（1908）五月十六日，驻英公使李经方电告清外务部："温哥华案，坎（加拿大）员拟请政府照赔洋二万六千余元。"③

三是积极调查柏楼公司开矿招募华人问题，以防华工受害受骗。柏楼公司是法国在墨西哥开办的开采金矿公司。光绪三十三年（1907）正月，外务部收到山东巡抚杨士骧电报，称法国承办柏楼铜矿公司代理人卞理文，持法国驻华公使巴思德信函来到山东招工，欲共招收6000人，先在山东招500人，所招华工送墨西哥开采金矿，请外务部核查批示。其后，法国大使也多次催促外务部，请予尽快批准并回复。当时清朝外务部对柏楼公司状况一无所知，也不知道要开的金矿在墨西哥的什么地方，为慎重起见，外务部将调查柏楼公司开矿事宜交给了驻美公使。此时恰逢驻美公使梁诚丁忧回国，周自齐便承担了该项任务。为保护华工的利益和生命，他从拟开金矿地区的水土情况，到该柏楼公司对待工人情况，都做了详细调查。光绪三十三年六月七日他致电外务部："柏楼矿地水土温和，惟包工极苦，工头苛刻，尤须严防。"④ 六月十日他再致信给外务部，缕陈墨西哥南金山柏楼公司招工开矿诸弊："访之地质学会及美洲共和股诸员……明查暗访，据复各节，细为印证……则水土并非恶劣，尚在可信。惟矿工险绝幽最为艰苦。饮食衣服无物不昂。加以工头人等，凌辱克扣，种种苛虐恒无人理。又有诱赌勒诈诸弊，即有安分善良，所得工资纵多，

---

① 中国第一历史档案馆藏：军机处电报档2-04-12-033-0823。
② 中国第一历史档案馆藏：军机处电报档2-04-12-033-0853。
③ 中国第一历史档案馆藏：军机处电报档2-05-12-034-0281。
④ 中国第一历史档案馆藏：军机处电报档2-05-12-033-0452。

亦恐付之乌有。华工既为合同所限，举动不得自如，其弱者，虽甚难堪，以须隐忍；其强者，稍申论辩，即犯官刑。昔之古巴，今之南非，皆足为戒。"① 清政府根据周自齐的报告，此后和法国柏楼公司进行了反复交涉，就此招工事宜制定了详细的条款，修改了一些不合理的地方，使华工利益得到了一定的保护。

另外，周自齐还积极协助梁诚办理旧金山地震中受灾华侨赈济事宜，与秘鲁交涉收取华人入境洁净费事宜，与古巴交涉拟定中古税则事宜等，在档案中也有反映，由于其他书籍多有记述，在此不赘。

2. 为维护中国主权和利益努力

一是协助梁诚促成美国减收庚子赔款。1900年德、英、法、美、俄、日、意、奥等国组成"八国联军"，对中国发动侵略战争。1901年9月7日，清政府被迫与11国代表签订了《辛丑条约》，该条约议定，清政府赔偿各国军费共白银4.5亿两，赔款的期限为1902年至1940年，年息4厘，本息合计为9.8亿两，是为"庚子赔款"。其中，美国作为"八国联军"参战国之一，分得3200多万两（合2400多万美元）。1904年12月，中国驻美公使梁诚、驻美参赞周自齐，就中国的赔款是用黄金还是用白银一事，与美国国务卿海约翰据理力争。谈话间海约翰透露出一句："庚子赔案实属过多。"这一信息立刻被梁诚捕捉，他们机敏地放弃了原来的谈判策略，不再去和海约翰纠缠赔款用金还是用银，而是"乘其一隙之明，籍归已失之利"。于是，他和周自齐不放过任何机会，在美国国会及议员中四处游说退还不实赔款。交涉过程步履维艰，光绪三十二年（1906），正当他深入促商美国落实时，却因丁母忧回国，随后又接到卸任公使的旨令，因此，后续和美国交涉退款事宜，主要是由代理驻美公使周自齐承担和完成的。经过几年的艰苦努力，终于促使美国议会在1908年5月25日通过退款议案。议案主张退还中国"庚子赔款"中超出美方实际损失的部分，用这笔钱帮助中国办学，并资助中国学生赴美留学。双方协议创办清华学堂，并自1909年起，中国每年向美国派遣留学生。光绪三十三年十月二十九日周自齐致电外务部："本日，美国总统谕国会，与我议改大赔款办法，以践减

---

① 中国第一历史档案馆藏：外务部档，第3648卷，第14件。

收之诺。又谕优待游学华人，并饬各校设法招致。"① 同年十二月十三日周自齐再报："减收赔款事，本日上议院议准，移送下院复核，特闻。"②

所以，当宣统元年（1909）中国和美国议定赔款使用办法，成立了游美学务处，拟用美国退还之赔款派遣学生赴美留学时，周自齐成为游美学务处总办首要人选。这是因为他不仅曾长期任职美国，担任过游美学生监督，熟悉美国情况，更重要的是，他知道这笔退款来之不易，清政府相信他能管好、用好这笔经费，管理好选派的学生。

二是联络沟通，促清政府和德国、美国修好，防止日本侵占东三省。清末，西方各国都完成了工业革命，生产力提高，急需拓展海外市场，而中国仍然是内忧外患，日俄战争（1904年2月8日—1905年9月5日）之后，日本相继和法国、俄国、英国签订了划分中国势力范围的协定，使得清政府更加感觉在东亚十分孤立，因此倾向于联合德国和美国。早在1908年7月，清政府即派唐绍仪为特使访问美国和德国，希望促成中、美、德三国同盟，但因为罗斯福总统不愿得罪日本和清朝自身实力的弱小而未能实现。

作为清政府驻美国公使的周自齐，就其所担负的工作来说，积极促进中国和美国关系，做好两国之间的联络，是其职责所在；就其个人经历来讲，他属于亲美反日派。所以，从现存档案中能看到，不论是在任驻美国公使时期还是卸任回国后，周自齐在促使清政府和德国、美国修好，防止日本侵占东三省方面都做出了积极的努力。光绪三十三年（1907）六月，当美国陆军部部长塔夫脱赴菲律宾由西伯利亚回美国时，周自齐致电外务部称："他扶（塔夫脱）声望甚隆，将举总统。……应否邀其便道晋京或由奉省接待。"③ 1909年，新上台的美国总统塔夫脱推行金元外交政策，1910年7月，第二次日俄协约签订，加剧了美国与日本的矛盾，也使得清政府的危机感进一步增强，这从两方面刺激清政府再次产生联合美国和德国抗衡日俄的念头。这时，已任外务部左丞的周自齐，更加积极奔走活动在中美、中德之间，推动中、德、美建立联合关系，为防止日本侵占东

---

① 中国第一历史档案馆藏：外务部档，第3476卷，第14件。
② 中国第一历史档案馆藏：军机处电报档2－05－12－033－1417。
③ 中国第一历史档案馆藏：外务部档，第3193卷，第1件。

三省努力。宣统三年（1911）三月二十七日下午，周自齐前往美国驻华使馆会见美国驻华大使嘉乐恒，就如何防止日本侵占东三省之事进行深入交谈。嘉乐恒认为，"日本图占南满，蓄谋已久，近日布置更为紧急，中国宜格外注意，万不可授以衅端，中其诡计。"① 周自齐将嘉乐恒的建议及时写成奏折，报告给了清政府。

3. 收集情报，了解舆情，传达国外信息

外交官的职责之一，就是了解国外情报和舆情，及时向本国政府传送信息。周自齐在这方面也做了许多工作。

首先，在驻美期间，周自齐常有电函，报告美、秘、古等国发生的事情和情况。比如，向外务部报告巴拿马派人到香港的目的是经商还是招工事；报告墨西哥政府调查中国购银、售银及出入数目事；报告罗斯福拟视察巴拿马运河工程日期事；报告美国外交部添设远东司拟选任人员事；报告英、美拟用英度量衡事；呈送远东报主笔信函、报告国外舆情等。

其次，编著呈进清朝皇帝的教科书——《外交讲义》，剖析清朝与各国条约签订始末，对清朝自鸦片战争以来的外交历史进行了检讨和总结。向皇帝进呈讲义，是清朝皇帝重要的学习形式之一，清朝康熙二十五年之前，由日讲官每天逐段给皇帝当面讲解经史，之后改为进呈讲稿，由皇帝自学，大臣进呈的讲稿就称为"讲义"。周自齐在宣统元年被选为向皇帝进讲《外交讲义》的人员，任务是负责撰拟《各国立约始末记》《今世外交史》《国际公法》。从宣统元年二月至八月丁忧去职，周自齐在半年的时间里，共撰拟进呈了与英国、法国、美国、日本、葡萄牙所订条约讲义20件、各国立约始末1件。虽然周自齐并没有完成撰写任务，有的地方事实不完全准确，分析也不完全正确，但是他在所写的这21件讲义中，以一个多年从事外交工作者的眼光，分析了世界各国大势，解剖了清朝和这几个国家所签每个条约的得失和原因，直言"当政者的种种无知世界大势而铸成的大错"②。同时介绍了各条约国的基本情况和政策，提出了各种挽回清朝外交损失的建议，不仅对清末统

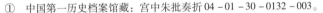

① 中国第一历史档案馆藏：宫中朱批奏折04-01-30-0132-003。
② 察应坤、邵瑞著：《周自齐传》，山东画报出版社，2011年，第29页。

治者具有积极的启迪和意义，对后人研究清朝外交史也有重要的价值和参考意义。

　　总括周自齐任职清末时期的外交工作和其对外交的贡献，我认为他驻美时期的直接领导人梁诚的评价是比较客观和中肯的："该员才识闳通，志性坚定，历供要差，职称事举"，"而赞襄使职，办理学务，洵属异常出力"。①

---

① 中国第一历史档案馆藏：录副奏片，第7228卷，第10件。

端方与端方档案

一、端方其人

端方,字午桥,号匋斋,姓托忒克氏,满洲正白旗人。生于咸丰十一年(1861),卒于宣统三年(1911),终年50岁。

端方是清末重要的地方官员,历任多项要职。从光绪十五年(1879)起,历任员外郎、会典馆协修官、纂修官。光绪二十四年戊戌变法时期,督办农工商总局局务,后历任陕西按察使、布政使,护理陕西巡抚。光绪二十六年八国联军攻陷北京,他因接待逃到西安的慈禧太后与光绪皇帝十分的周备,深得宠信。光绪二十七年后历任湖北巡抚、署理湖广总督、江苏巡抚摄两江总督、湖南巡抚、出国考察政治大臣、两江总督兼南洋大臣、直隶总督兼北洋大臣。

宣统元年(1909)因其在东陵拍摄慈禧太后葬仪,被弹劾免职。

宣统三年,清政府宣布铁路"国有"政策,起用端方为候补侍郎督办粤汉、川汉铁路大臣,并署四川总督。后受命率湖北新军赴四川镇压保路运动,十一月十九日(公历1月7日)行至四川资州(今资中),被起义新军处死。

从任职简历上看,因其担任过两江总督兼南洋大臣、直隶总督兼北洋大臣,因而地位和重要性高于一般地方督抚大员。除客观位置上重要这点外,端方行为上还有几点突出和特殊的地方。

其一,端方和同期地方大臣相比,思想开明、作风务实、政绩突出。

在湖南、湖北和两江总督任内，他积极推行各项社会改革，如办实业、开女校、禁鸦片、整饬财政、办警察、造兵舰、编练陆军、修造路矿、筹建南洋大学、公费外派女留学生等。"宋氏三姐妹"中的宋庆龄和宋美龄正是端方实施新政时首批派往美国留学的女学生。特别在光绪三十二年（1906）出国考察宪政归国后，他曾上著名的"欧美政治要义"和"请改定官制以为预备立宪折"，建议立宪，他是清末立宪的积极倡导者和推动者，也是清末新政的积极践行者。

端方伯母端锦养母祭文（节选）　　端方为派戴巡捕打探光绪病情事致端绪电报

端方是中国新式教育的创始人之一，是中国第一个幼儿园的创办人，是北京动物园的创办人，是中国首次举办商品博览会的发起人，是中国省立图书馆的创办人。我国最早的几个官办公共图书馆如江南图书馆、湖北图书馆、湖南图书馆、京师图书馆等的创办，端方都多有贡献。

其二，端方是清末满族官员中的佼佼者。他曾被时人誉为"旗下三才子"。首先，端方是科举出身，中过举人，很有文才，在政务之外，爱好文物收藏，他所收藏的毛公鼎、《洛神赋图卷》、宋刊本《资治通鉴》等都是国之重宝，他还是第一个从国外（埃及）收集文物之人，所以又被称为晚清第一收藏家。其次，端方为清末满人"五虎将"之一（另四人分别是：载泽、铁良、良弼、恩铭），他重视军队建设，编练新军，和许多总兵关系密切，多次指挥镇压地方暴动。当年徐锡麟刺杀恩铭后就曾供称，拟刺杀的第二个满族高官目标就是端方。

时人曾这样夸赞端方:"政绩覃敷三楚,名誉布满海邦。"同时,时人也曾将端方和同期的几个著名人物比较评价,得出的结论是:"不学无术岑春煊,不学有术袁世凯,有学无术张之洞,有学有术是端方。"所以在清末满族高级官员中,端方是一个难得的有学有术、有新思想、有政绩、能够开创新局面的能人。

其三,端方是在推翻清朝的革命运动中最早被杀的、死得最惨的满族高级官员。他的一生,虽然仕途顺利,但也有磕绊,其一绊、一倒、一亡,都吃亏在"新"字上。

一绊,绊在追新思想上。戊戌变法中,朝廷下诏筹办农工商总局,端方被任命为督办。对端方来说,这是一个重大机遇,他曾一天连上三折。说明他推崇维新,很有新思想。但是戊戌变法很快失败,端方因为拥护维新派而差点受到牵连。只是因为他写了一首《劝善歌》献给慈禧,再加上荣禄等人的帮助,才躲过此劫。但这也是后人骂端方的原因之一,说他是两面派。所以这第一次受"绊",是绊而未倒,对其仕途并未产生什么影响。

二倒,倒在追"新事物"、追时髦上。端方出洋考察回国后,眼界大开,也得到清廷的重视,在两江总督任上干了三年后,不久即接任直隶总督,达到个人仕途的巅峰。就在这时,他的"新潮"时髦害了自己。当年端方在实地考察了西方世界之后,从海外带回来了不少新潮的东西。其中有三样比较显眼:一是购买了不少小动物,二是电影放映机,三是照相机。但这三项中,除了动物一项之外,剩下的两样都给他招来了大麻烦,特别是照相机,让他在政治上栽了大跟头。宣统元年(1909)端方刚刚转任直隶总督兼北洋大臣,就赶上慈禧太后和光绪皇帝的奉安大典。在这个隆重场合上,端方欲用照相机留下一些真实的照片作为纪念,结果他的行为被认为是"大不敬"。于是,一向对其种种新潮做派不满的人迅速联合起来,由李鸿章的孙子李国杰出面弹劾,端方于是年被摄政王载沣罢官。此时他在直隶总督的位置上刚刚半年。

三亡,亡在新军之手。宣统三年(1911),清政府强行将四川当地民办铁路收归国有,激起川湘鄂保路运动。清政府先是派岑春煊去协助赵尔丰处理此事,但岑春煊迟迟未去,同年九月七日,发生成都血案,四川局势濒于失控。九月十日,清廷将四川总督赵尔丰免职,启用端方,命其署理四川总督,镇压保路运动。他率湖北新军经宜昌入川,这时武昌起义已经爆发,十一月二十七日端方率军行至资州时,新军哗变,端方和其弟端锦糊里糊涂就被新军军官刘怡凤砍掉了脑袋。端方被杀后,其头颅被放在装洋油的铁盒里,运抵武昌,游街示众。

端方是清末积极提倡和创办新军的人物之一,最后却死在新军之手,也是一大遗憾。所以对端方的死,左全孝在祭文中称:"……瑞澄以压制亡国,赵尔丰以嗜杀毒川,公(指端方)力反二竖之所为,而福寿大不及瑞澄,受祸且烈于(赵)尔丰……依古今之常理,终有信于碧空。公暂屈于一隅,终必伸于大同……"

张謇在挽联中写道:物聚于好,力又能强,世所称者,燕邸收藏,三吴已编《陶斋录》;守或匪亲,化而为患,魂其归半,夔云惨淡,万古同悲《蜀道难》!

所以说,端方是清末一个十分重要的政治人物,研究清末的历史不能不研究端方。这也是清史研究专家、国家清史编纂委员会主任戴逸先生看重端方档案,极力争取将此列为清史工程立项整理档案项目的重要原因之一。

二、端方档案主要内容

1. 端方档案主要内容

端方档案,时间从光绪二十六年(1900)到宣统三年(1911),主要是其在任职地区政治、经济、军事、文化教育、外交等方面的内容,丰富而庞杂,简要说有9个方面:

(1)有关镇压革命方面。主要有镇压革命党人、镇压各种起义及会党活动。

(2)有关外交方面。主要有帝国主义侵略、赔款、租界、教案、商务交涉及其他外交事务等内容。

(3)有关财政经济。主要有整顿厘金,查禁奸商私运米麦杂粮出口,额征钱粮,银币改革,与外国商办银行,收取粮、米、盐等货的出口税,以及查禁东洋仿铸铜圆进口事等。

(4)有关文化教育方面。主要有筹捐教育经费,聘请学堂教员,开办各种学堂、整顿学务事、选派游学生等。

（5）有关民政方面。主要有反映各地旱、涝、蝗虫灾害，筹解赈款事；黄河、运河、永定河等工程事等。

（6）有关实业方面。主要有开矿、办铁路、办自来水厂等。

（7）有关军政方面。主要有购买枪支弹药等武器军火，严密稽查偷运军火，裁撤、遣散军队，布置炮台驻防，整顿军务，兴办团练，筹措军饷，操练新军，镇压兵变，举行秋操及阅操式，设枪炮厂等。

（8）有关立宪方面。主要有端方出国考察政治期间对欧美各国政体、国情、民俗文化等情况的介绍，以及其回国后编印《欧美政治要义》《各国政要》《考察各国政治条例》分寄给各省大员的情况。各省设谘议局选举议员及规定职守权限等内容。

（9）其他方面的内容还有端方任内属官的奖惩、升迁、调补；端方与部分官员及外国使节之间的礼仪应酬来往电报；光绪皇帝、慈禧太后死后各地致电，以及对端方任新职恭贺电；上谕阁抄、圣训抄本、学生功课、节录试卷、各国报刊译文等。

对这9个方面的内容，今天不作详细介绍，下面主要讲几个具体事例，谈谈这些档案的价值。

三、端方档案的史料价值

档案价值一般包括史料价值、文化价值、经济价值、文物收藏价值。史料价值又可分为证史价值、补史价值、纠史价值。下面我们只主要说说其史料价值。

（1）是全面深入地研究端方的必不可少的史料。端方本人虽然在清末历史上举足轻重，但是，一是由于端方档案多数是电报、信函等文稿，且在2017年国家清史编纂委员会没有立项整理著录前，没有文件级目录，所以过去很少有人查阅利用过，甚至鲜有人知道有专门的端方档案全宗存世。过去出版过的有关端方的档案只有《端忠敏公奏稿》四卷及徐锡麟专案和《苏报》案专案，其他资料不多，给研究带来困难。

二是由于端方是死于新军之手，可能有人忌讳，所以过去对端方的研究并不多。2009年，在《满学研究》上有学者发表论文，当时统计对端方研究的论文共有20余篇，论述端方的专著则只有2006年张海林的博士毕业论文《端方与清末新政》。并且这些论文和专著主要内容是写新政中的端方，其他如家庭关系、社会关系、性格爱好、思想发展等几乎都未涉及，包括现在新修清史中的端方传，可能由于字数限制，也基本只是端方年谱。端方档案中有许多有关他本人的新鲜、生动、翔实的第一手史料，基本没有利用、没人研究过。下面仅举几例。

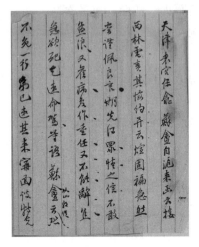

端锦为遵嘱去函谢鹤帅（松寿）托安帅（张人骏）谋求三河尖要差事致端方函

为郑孝胥来函内容事端方致袁世凯电报（节选）

例一，关于其家庭成员关系。过去在其兄弟这一栏，多数只提到过其六弟端锦，因为端锦是与端方一起被其部下所杀的。其实，从档案中看，他的五弟端绪在端方的生活中曾起着重要作用，过去没人提到过。端绪是端方在北京的管家、联络人和坐探，档案中有许多安排端绪接待某人、打探某事进展以及筹办陶氏学校、调集安排家务经济房产等事情的内容。除此外，档案中还有：其儿子继先，其侄子立格、润格、先格，其侄孙吉昌，其连襟衡永，其亲家锡太守①，其姐妹、姑母等内容。这些家庭关系的内容，其实较能反映一个人的真实面目、真实思想。

例二，关于端方的身世。以往的文章和书中都记载，端方自幼过继给了其叔父——内务府大臣桂清，但是档案载，"先慈为外大父荣禄德【令】圃公季女，生于道光三十年二月二十五日，年二十有归先君侍郎公，越五年，光绪己卯，先君见背，时弟端浚遗腹未生，先本生考光禄公

---

① 中国第一历史档案馆藏：端方档，函 104－19。

命不孝端锦为之后……"① 即过继给桂清的是其六弟端锦，并不是端方。但端方对抚养端锦成长的婶子非常好，并且常把她接到衙署赡养。可能正因为此，后人误以为是端方过继给了桂清。

例三，能反映端方的性格、爱好、为人、思想、特点等档案内容更加丰富、多彩、生动，例子也比比皆是。细读档案，能看出端方是一个孝子、忠臣，又是一个爱追新潮、看问题敏锐、善于处理各种复杂矛盾的人。

例四，他对满汉关系的认识。在其给六弟端锦的信中写道："我意要与汉人作亲，其虑甚远，江宁驻防四万人，都为长毛杀尽，存者仅数十人，今排满之说，日以剧烈，欲求保种，首在通渊，嗣后儿女择婚，仍以择汉人为主，弟等勿以吾言作疯话看也。"② 他在致袁世凯的信中说："化除满汉猜疑，为救亡第一要著，当即痛切上陈。至实行立宪，更以化除满汉为急务，若徒饰观听，何以取信天下？去年既已失机，此时犹不可再误。"③ 所以后来端方带头上"化除满汉畛域"折，并力主其六弟端锦续弦娶汉人邓太守的女儿。再后来他二度出山奉命督川的路上，特意去拜见袁世凯，二人商定，端方将女儿陶雍嫁给袁世凯儿子袁克权，袁世凯将女儿嫁给端方侄子。这种政治联姻，既有加强端、袁二人政治关系的因素，也有带头破除满汉畛域大局的因素。

有时历史并不公正，端方在满人中极力提倡和促进满汉关系，最怕和汉人搞不好关系受害，但他最后反而是死于汉人之手。所以左全孝曾感叹端方："新旧满汉之心不同，君民上下之情不通，危亡之势，岌岌内讧，公盛意调和，苦心化融……而旧家疑其仁，新进疑其忠……呜呼哀哉！"

端方

---

① 中国第一历史档案馆藏：端方档，来 2 - 177 - 12。
② 中国第一历史档案馆藏：端方档，去 1 - 147 - 23。
③ 中国第一历史档案馆藏：端方档，去 1 - 154 - 8。

例五，对留学办校的认识。端方最主要的政绩之一是办学堂、派留学生、兴新式教育。他的兴学指导思想是什么？档案中有许多表述："我国转弱为强，当在游学生……我国地大物博最是有为，近数十年，资格太拒，情面太重，用人未必尽当，贫弱遂至于此。诚能一律破除，相与更始，则学生之杰出者，可兴策富强而企治安。弟与学生爱之望之，往往贻书以激励之，裁压抑之，职是故也。曾文正与胡文忠书曰：吾辈今日惟当多布楔子，以为异日发生之地。弟不自量，辄期实行文正之言，于是广设学堂多派游学游历。"① 所以他每到一地，工作的指导思想就是"从兴学经武入手，渐及农、工、商、矿"②，"修学校而教国，广商政而富民"。③ 他认为，"今日而言，兴学千条万纬，固不限以一端，而育德必以蒙养为基础，成材必以游学为贵。"④ 即兴学的目的是育德教国，方法是从蒙养抓起，以游学为贵。

例六，对苏杭绅商积极捐款以保路的认识。端方认为，开始绅商对修筑铁路并不踊跃，两省财力又不足，所以政府才同意向国外借款修路，政府的做法，促使了国人的觉醒，这是政府使用的激将手段，"特非细心人末由遽悉"⑤，所以后来绅商反对政府借外债，是不理解政府的苦心。

例七，对清末政治积弊、政治改革、立宪与专政、立宪与民权关系的认识等。他认为："中国积弊顽固者患不振奋，其实名为开通，徒饰表面，乃至豪杰无实际且至于腐败不可收拾者耳。"⑥"我国人之心思才力原不亚于欧美，底以彼求诸实，我索诸虚，故彼强而我弱。今者变通政治，风气渐开，数十年后，彼所长者我尽取之，彼所短者我尽补之，虽以复三代之盛不难。此我国人所当勉，不可虚骄，而宜不容退让者也。"⑦

例八，关于端方的爱好及文物收藏方面。档案中更有许多源头性的新史料。端方在世时曾就自己的收藏出版过几本书，《陶斋藏器目》成于光绪二十九年，《陶斋吉金录》成于光绪三十四年，《陶斋藏石记》成于宣统元年等。但是多只有文物图片介绍，至于这些文物怎样到端方手上，即

---

① 中国第一历史档案馆藏：端方档，来2-67-2。
② 中国第一历史档案馆藏：端方档，来2-59-12。
③ 中国第一历史档案馆藏：端方档，来2-59-15。
④ 中国第一历史档案馆藏：端方档，来2-87-11。
⑤ 中国第一历史档案馆藏：端方档，来2-177-7。
⑥ 中国第一历史档案馆藏：端方档，来2-67-18。
⑦ 中国第一历史档案馆藏：端方档，来2-67-2。

文物的来龙去脉鲜有介绍。在端方档案中则有许多的记载。比如，经福开森中介，在民国十三年（1924）卖给大都会艺术博物馆的一套最著名的收藏——商朝青铜器的收购过程中，端方就有多次信函；还有端方购买海瑞字、毛诗，以及从埃及购买文物甚至古物仿制品等都有记载。

以上这些档案，都是完整、深入研究真实端方个人的重要史料。

（2）是研究清末重要历史事件、社会形态、官场形态、人物关系的重要史料。端方档案涉及许多清末重大历史事件，也涉及许多历史人物。就重大事件来说，仅已经形成的专案电报就有50多个，其他在来电和去电中还有很多。比如在镇压革命运动方面：最著名的徐锡麟刺杀恩铭案，端方档案中从恩铭被刺后临死前的第一封求救电报，到缉捕审讯徐锡麟、缉捕秋瑾的全过程，到每一天各地的来往询问、清政府的多次谕旨等均十分详尽。这里面有一些是在徐锡麟专案档案中没有的。还有苏报案的档案，涉及邹容、章炳麟以及中国第一个因言论被杀的新闻记者沈荩。端方反复交涉想将邹容等从上海租界引渡到南京，国外则以沈荩被害的例子予以拒绝，交涉过程记录也是十分详尽。

又比如内政方面，光绪三十二年江北大水灾的档案，端方档案的记录是最全的，因端方当时是两江总督。早在2008年国家清史编纂委员会编辑《灾赈档汇编》时，清史专家李文海先生和程啸先生就特别提出，一定要将端方档案中江北大水的档案收集进来，但当时由于没有文件目录，主要收集了专案中的档案，在这次著录中发现，散落的来往电报、信函还有不少没能收集进去。

外交方面，端方档案几乎涉及清末南方所有外交事件及全国重大外交事件。以"日俄战争"为例，端方档案中就有300多件。有许多是其他档案中没有的。有"日俄战争"爆发前杨枢和端方的来往信函——谈论日俄战争的原因；有战中——每天战争态势、进展、各国态度、留学生的抗议等；有战后——各国介入情况等。另外还有东沙、西沙（日本人称为西泽岛）的交涉归还，英镑案、贝纳赐案、日本趸船案等。这些外交案件，许多还没有深入研究，端方档案则十分详细。比如英镑案，各省大员为筹措英镑涨价款来回交涉，给当时经济带来很大压力，甚至可以说是压垮清朝经济的最后一根稻草。

另外官场形态——请托风、拿干薪风、钱行送礼风、推责任争功劳风、安插坐探风等，在端方档案中也有大量的记载。请托中有为自己求

端方与端方档案

的,也有为子孙求、为朋友之朋友求、为门生求的。请托还多为指定岗位,如盐差、粮差等要差。当时官场中流行的说法是"要缺不如要差"。还有安插坐探风,从档案中能看出端方在每个地方基本都有耳目坐探,上海有坚——赵凤昌、鎏——蔡乃煌;天津有寿——张寿,"日俄战争"期间端方的情报基本都是张寿提供的;北京有椿——端绪等。

至于清末重要官员人物关系,可以说端方档案就是一部以端方为中心延伸出的关系图谱。内容盘根错节,许多都是其他史料中没有的。比如端方和袁世凯、张之洞、岑春煊、蔡乃煌的关系,档案中有一件端方致袁世凯的信,说道:岑春煊以养病为名请假住在上海,但心在长江湖广职位,他已运动张之洞去说情,张未答应。但是岑不会放手,所以要袁世凯早做防备。①

还有多件档案是端方派人秘密监视岑春煊在上海的住处,报告岑春煊的行踪以及报告岑春煊和康有为、梁启超的联系情况,甚至是密谋除掉岑春煊的。其中有一件端方致蔡乃煌的电报,写道:"近日西林到沪,主使中外日报大肆诋毁并煽令《神州时报》等群起攻击,此人居心叵测,日与其党图谋推翻政府,不遗余力,若不早除,危害将不可测。"② 另外还有端方和袁世凯合谋拉拢郑孝胥的内容等。

端方档案还涉及许多清末重要人物,仅在 1.4 万多件去电中就可以检索到张之洞 605 件,袁世凯 263 件,盛宣怀 140 件,蔡乃煌 294 件。这些都是研究这些人物的重要史料。

---

① 中国第一历史档案馆藏:端方档,去 1 - 157 - 62。
② 中国第一历史档案馆藏:端方档,去 1 - 153 - 18。

制度与事件

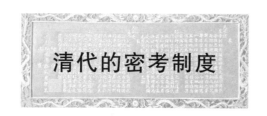

清代的密考制度

加强对地方官员的监督和考核,一直是历代王朝完善官员管理制度的重要内容。清代作为我国最后一个封建王朝,在许多方面将封建的中央集权制度推向了高峰。在官员管理方面,除了实行"引见""大计""京察"等公开的考察、考核制度之外,还创立了借助密折的形式,对地方官员进行秘密考核,成为清代在"文治"方面的一项创举。与"大计""京察"制度载于清代官员管理的各种则例之中不同,密考制度并未列入国家典章,所以学术界对于清代的密考制度一直研究甚少。本文主要通过对清代朱批奏折等原始文献的重新研究,厘清密考制度的形成及演变。

一、密考的萌芽:清代早期对地方官员的秘密考察

1. 康熙朝对地方官员的秘密考察

谈到清代对地方官员的秘密考察,就不得不提密折。关于密折的起源,学术界有观点认为源自顺治年间,但现在尚未发现顺治年间的密折,现存最早的密折是康熙朝的。从早期的密折内容来看,它的创立是康熙皇帝为及时了解地方民情、掌握地方大员的动态,而暗中指定少数亲信,不时地把他们在地方上的所见所闻秘密进行汇报的一种尝试。如康熙三十二

年（1693），康熙皇帝在苏州织造李煦奏报苏州得雨、粮价和民情的折子上批复道："五月间闻得淮、徐以南时旸舛候，夏泽愆期，民心慌慌，两浙尤甚。朕夙夜焦思，寝食不安，但有南来者，必问详细。闻尔所奏，少解宵旰之劳，秋收之后，还写奏帖奏来。"① 拥有秘密奏事权的人，局限于李煦、曹寅、王鸿绪等康熙皇帝的亲信官员。地方官员的政绩、政声，都属于密折反映地方情形的内容之一。

康熙三十二年朱批苏州织造李煦"尔有奏帖万不可与人知道"

密折是康熙皇帝与其亲信之间的一种秘密而直接的联系方式，康熙皇帝也会在其中特别嘱咐他们留意地方官员的情况。如康熙四十八年（1709），康熙皇帝在李煦的密折中批示："近日闻得南方有许多闲言，无中作有，议论大小事，朕无可以托人打听。尔等受恩深重，但有所闻，可以亲手书折奏闻才好。"② 李煦遂于当年十二月初二和次年正月十九日连续上了《奏为遵旨奏闻原任户部尚书王鸿绪解职后每月差家人进京探听宫禁之事等各情形事》和《奏为遵旨打听王鸿绪每云京中常有密信来等各情事》两道密折，奏报了其所了解的情形，涉及原户部尚书王鸿绪（当时解职在家）、江苏巡抚张伯行等官员多人。③

总体而言，康熙朝对地方官员的秘密考察的特点有四：第一，秘密奏报者的职位不高，但均是皇帝心腹。第二，被考察官员的范围不明确，有大员也有小吏，以大员为重点。也正因为此，康熙皇帝曾再三叮嘱奏报者："凡有奏帖，万不可与人知道。""此话断不可叫人知道，若有人知，

---

① 中国第一历史档案馆藏：朱批奏折，卷368，第29。
② 中国第一历史档案馆藏：朱批奏折，卷6，第9。
③ 中国第一历史档案馆藏：朱批奏折，卷6，第25。

道光十七年（1837）林则徐奏湖北湖南道府各官密考单

尔即招祸矣。"① "凡奏折不可令人写，但有风声，关系匪浅。小心，小心，小心，小心。"② 第三，对地方官员的秘密考察并不是专门的，只是反映地方情形的密折的一部分内容而已，算是康熙皇帝对地方官员的一种秘密的了解和考察，不具考核的意义。第四，奏报的时间没有明确的要求，随奏报人与康熙皇帝的密切程度而有所不同。

2. 雍正朝对地方官员的秘密考察

雍正皇帝继位后，面临的是一个吏治败坏、国库空虚的严峻的政治局面。为整顿吏治、革除弊政，雍正皇帝将密折视为推行其新政的重要工具，对密折进行了一系列完善，建立了密折制度。

雍正皇帝通过建立一整套奏折自缮写装匣、传递，到批阅、发回本人，再缴回宫中的规章制度，使密折的保密制度更加规范、严密。雍正皇帝曾说："各省文武官员之奏折……皆朕亲自览阅批发，从无留滞，无一人赞襄于左右，不但宫中无档案可查，亦并无专司其事之人。"③ 密折按指定程序送达御前，经雍正皇帝亲自批阅后又密封传递回具奏人，执行后按期回缴，从而最大限度地保守了秘密。

作为其施政的重要工具，雍正皇帝扩大了密折具奏人的范围。雍正元年（1723）二月十六日，雍正皇帝曾降谕："朕仰承大统，一切遵守成

---

① 中国第一历史档案馆藏：朱批奏折，卷6，第9。
② 《关于江宁织造曹家档案史料》，中华书局，1975年，第23页。
③ 《大清世宗宪皇帝实录》卷九十六，第六页，雍正八年七月，中华书局，1986年。

宪，尤以求言为急。在京满汉大臣，外省督、抚、提、镇，仍令折奏外，尔等科道诸臣原为朝廷耳目之官，凡有所见，自应竭诚入告，绝去避嫌顾忌之私，乃为忠荩。"① 由此，密折的具奏人由康熙年间始终局限于皇帝亲信等少数人，扩大至几乎所有中上层官员。与此同时，密折的内容所涉及的领域也扩大了。康熙朝的密折多以官员请安折的形式出现，内容主要集中在地方官民动态。雍正朝的密折则上自军国重务，下至民间琐事，均有涉及。为整顿吏治，利用密折考核地方官员成为雍正皇帝驾驭群臣的一个重要手段，相关内容更是屡见不鲜。

同治元年（1862）曾国藩奏江苏、江西、安徽三省提镇密考单

雍正朝对地方官员的秘密考察，可以分为三种形式：第一种是京官到地方出差时，奏报沿途官员的情况。如雍正元年（1723），孙嘉淦以国子监司业被点为江西副考，赴江西途中就上了《奏为途次良乡等各地方民情及地方官考语事》一折。雍正二年（1724），礼部左侍郎王景曾赴山东祭孔，遂将沿途所见官员情况进行了汇报。第二种是地方官员尤其是地方督抚履新时，将赴任途中所见官员或原任地官员情况进行汇报。如雍正七年（1729），安徽巡抚程元章调任浙江总督时，就将在安徽任职时的下属贤员奏报雍正皇帝，以备铨选。第三种是雍正皇帝

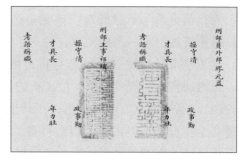

京察考语

专门要求地方官员对其周边的同僚的情况进行汇报。如李卫任云南盐驿道时，雍正皇帝就曾暗中嘱咐云南永北镇总兵马会伯："朕闻李卫狂纵，操

---

① 《大清世宗宪皇帝实录》卷四，第十八页，雍正元年二月，中华书局，1986年。

守亦不如前，果否？一点不可徇私情恩怨，据实奏闻。"① 湖南布政使朱纲深受雍正皇帝信任，但雍正皇帝也曾在湖南巡抚王朝恩的奏折上批示："朱纲舆论不一，朕看他似有欲速成者，据实奏来。密之！"② 这些都属于雍正皇帝为更有效地驾驭群臣而采取的非常手段，属于部分官员之间相互密访、密奏的非正常考核。由于密折的制度化，雍正朝对地方官员的这些举措已经由康熙朝时的下级官员对于上级官员的秘密监督，逐渐演变为上级官员对下级官员的秘密考核，并且由于雍正皇帝的重视，这样的考核越来越独立出来，考核所涉及的官员也越来越多，"密考"已经呼之欲出了。

二、密考制度的形成

1. 密考的出现

乾隆皇帝继位伊始，也遇到了如何快速驾驭群臣、稳定政权的问题。雍正十三年（1735）十月初八日（距雍正皇帝驾崩仅月余），乾隆皇帝在管理两淮盐政布政使高斌的《奏为钦荷圣训惟有敬凛钦遵竭力图报事》密折中明确批示道："南省督抚各大员优劣品行，朕实不知，可密奏来。再者，朕即位以来舆论如何，人情如何，访闻速奏。"③ 当年十一月初六，高斌就上了《奏为密奏南省督抚并各大员考语事》的密折，对南省督抚及各知府的情况进行了汇报。这是密考的出现，是乾隆皇帝为了快速了解官员情况而采取的特别措施。与密折出现时非常相似，此时的密考尚是乾隆皇帝少数亲信的特权。密考的对象则是重要省份的知府以上的大员。密考从非正常考核向常规考核的演变也由此开始。

2. 密考的扩大化

乾隆元年（1736）三月，乾隆皇帝首次明确训谕各省督抚：朕即位

---

① 中国第一历史档案馆编：《雍正朝汉文朱批奏折汇编》第3册，江苏古籍出版社，1988年，第304页。

② 中国第一历史档案馆编：《雍正朝汉文朱批奏折汇编》第3册，江苏古籍出版社，1988年，第931页。

③ 中国第一历史档案馆藏：朱批奏折，卷97，第27。

之初,各省道府诸员,皆不深知其人。汝等可将各属员贤否事迹各折奏前来。务须秉公甄别,以备朕录用。"至此,为了更加全面地掌握中层官员的状况,乾隆皇帝推动密考扩大化。各省督抚均需对所属道府以上官员进行考核,并及时奏报皇帝。这同时成为乾隆皇帝加强对官员控制的重要方法。但此时,密考尚未成为一项固定制度。

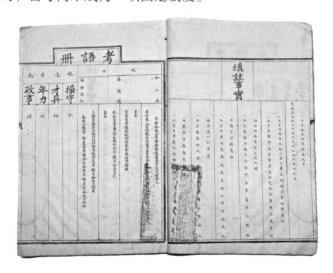

清代官员考语册

乾隆三年(1738)六月初三日,针对署理广东巡抚王謩在"各保府道贤员自行封奏"一事上的推托之词,乾隆皇帝特发上谕:"朕御极之初曾有旨,著各省督抚将属员贤否具折奏闻。彼时各省督抚皆陈奏一次,乃今并无一人陈奏者,不知督抚等始初有所举劾,及已更换他任,则又有应举劾之属员矣。岂必待朕谕旨屡颁而始为遵旨敷陈了事已耶?即督抚之身不必更换他省仍居原任,而前后数年之间,属员新旧不一。即就属员而论,彼一人之身亦岂无改行易辙者?似此均当随时奏闻。惟以秉公据实为主,不可存苟且塞责之念,尤不可有瞻徇回护之私。如此,则激浊扬清不至差忒,而于察吏安民之道庶有裨补矣。"① 此时,乾隆皇帝已经明确表明督抚对所属司道府员的密考应该成为一项制度,并于乾隆四年(1739)八月初三又谕:"各省督抚到任数月或一年之后,俱将属员才能分别缮折

---

① 中国第一历史档案馆编:《乾隆朝上谕档》,第一册,档案出版社,1997年,第279页。

具奏。"① 以催促各省督抚及时密考。

但是,由于上述两条上谕均没有明确督抚该何时奏报密考情况,各省督抚对密考一事的实际执行情况很不一致。有的上任半年奏报,有的上任一年奏报。如浙江巡抚三宝在"到任已经半载"的时候就上了密考清单。贵州总督张广泗则因"到任已久"却迟迟没有奏报密考情况,引得乾隆皇帝特别嘱咐军机大臣:"俟伊奏事人来,尔等可传旨询问之。"② 四川巡抚纪山,更因到任"一年之久,始奏藩臬二人,而府道全未奏及",而遭到乾隆皇帝申斥:"非不留心,则是无知人之明!"③ 鉴于这种情况,乾隆皇帝也多次申明密考的重要性,要求督抚及时密考,随时奏报。如乾隆八年(1743)曾降旨:"近来各省督抚奏事较前甚少,而此三日内竟无一奏折,实数年以来之所未有。……即如督抚折奏属员贤否一事,原欲其常为留心,随时访察,陈奏朕前,以备简用。乃督抚等多于奉旨之后陈奏一次,虚应故事,后遂置之不办者。夫一省之中,二三年之久,属员更换者不少,岂不当秉公甄别,将才守可称者举以奏闻耶?"④ 可见,密考考语已经成为乾隆皇帝考核、任用官员的重要参考。密考则成为地方官员选任制度的重要组成部分。

3. 密考制度化

乾隆四十九年(1784)六月初七因各省提督总兵选任的问题,乾隆皇帝对各督抚明确上谕:"嗣后,著各省总督于每年将该省提督是否胜任,及总兵能否整顿营伍防范地方之处,留心体察,据实密奏一次。若河南、山东、山西巡抚兼管提督省份,即著该抚将该省总兵贤否之处据实密奏。其两司道府贤否,亦著各该督抚每年陈奏一次。"⑤ 从此,密考正式走向制度化、规范化,各省督抚于每年年底奏报密考清单渐成惯例。

至嘉庆二年(1797),嘉庆皇帝上谕:"直省督抚每年将所属两司道府贤否于年底汇奏一次。"⑥ 正式从制度上明确了年终奏报密考考语清单。从此,一直到清朝灭亡,密考这项对地方道府以上官员的考核制度从未间

---

① ② 中国第一历史档案馆藏:朱批奏折,卷16,第64。
③ 中国第一历史档案馆藏:朱批奏折,卷45,第84。
④ 中国第一历史档案馆编:《乾隆朝上谕档》,第一册,档案出版社,1997年,第841页。
⑤ 中国第一历史档案馆编:《乾隆朝上谕档》,第十二册,档案出版社,1997年,第176页。
⑥ 中国第一历史档案馆藏:朱批奏折,卷255,第55。

断。由于密考考语清单是在每年年终奏报，密考也被称作"年终密考"。

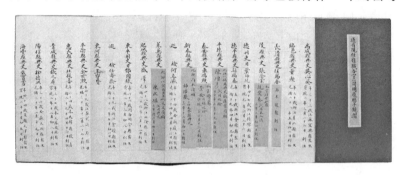

山东地方官员手镜折

通过对密考制度形成和演变历程的梳理，我们发现，密考是建立在密折基础之上，对地方中高级官员进行的秘密考核制度。密折作为皇帝搜集和掌握地方信息和官员动向的一种特别手段而创立，其内容涉及比较广泛，包含具奏人对皇帝的问候、地方的风土民情、物价雨水、官员的能力操守等。其中涉及官员考察的内容，往往属于下级官员对上级官员的监督、考察，或平级官员之间的相互考察。而密考制度则可以说是密折在官员监督、考核方面专门化的结果。与密折不同的是，密考是各省督抚对所属司道府官员的考核，是一种上级对下级的正式考核。

三、密考制度与大计制度的比较

在密考制度出现之前，清代对地方官员的考核是沿袭了明代的大计制度。大计制度由吏部主持，每三年举行一次，该制度已经非常完善，对地方官员的表现均有固定的考核评语，因此比较僵化。密考制度出现后，与大计制度同时成为清政府对地方官员的考核制度，但二者的差别也十分明显。

一是考核的对象不同。年终密考的对象是地方道府以上官员，包括布政使、按察使、道员、知府以及提督、总兵等；而大计考核对象是全体地方官员，上至布政使、按察使，下至州县官员。

二是考核形式不同。年终密考是督抚以密折的形式将地方官员贤否状况直接汇报给皇帝，严密性高，且频率高，每年一次。而大计是公开的

"巨典"，每逢大计之年，按照《吏部则例》的相关规定，吏部通知各省督抚，督抚再行文布政使、按察使二司进行考核。考核完毕后，督抚以题本形式将结果上报给皇帝。

三是年终密考的考语与大计考语的侧重点不同。年终密考的考语主要侧重于官员的能力和操守两个方面，考语的内容相对比较丰富、生动。而大计考语则侧重于官员的政绩，考语固定分为"卓异""平等""入于八法"（后改六法）三等，分别意味着优、中、差。

四是对道府以上的官员而言，年终密考与大计对仕途的影响不同。年终密考的影响实际更大。这是因为：首先，大计为三年一次，而密考为每年年终即需汇报，密考的频率更高，意味着官员获得皇帝了解和提拔的机会也更多；其次，大计制度已经很成熟，其考语存吏部备案，由吏部按等级给予处理。"卓异"且经皇帝面察合格者，以应升之缺回任候升，同时获加一级奖励；"平等"者照常供职；"入于八法"者要受到革职、降调以及勒令休致的处分。能够影响官员仕途的是"卓异"的奖励和"入于八法"的处分。而密考的考语则直接呈报皇帝，由皇帝亲自过目，在崇尚乾纲独断的清代，这对官员的任用和提拔影响很大。如道光二十五年（1845）正月，张集馨奉旨补授陕西督粮道请训时，道光皇帝曾言："汝操守闻甚好，前此申启贤（山西巡抚）年终密考，称汝操守。汝今此去更要坚持，老而弥笃，人臣所以励晚节也！"① 陕西督粮道是向来著名的肥缺，由此可见，年终密考对官员仕途影响之大。

四、密考制度的意义

清代以前，中央对于地方官员的监督和考核，除大计制度外就是通过向地方派驻专门人员的方式来实现，如明朝的厂卫制度，但这种方式的结果往往是，监督考核者与被考核者逐渐合流，不但没有实现监督和考核，反而造成了地方官僚机构的膨胀和民众负担的增加。清代由密折制度演变出密考制度，通过督、抚两人对所属官员的密考，帮助皇帝完成对地方官员的监督和考核，是清代在官员管理制度方面的重要创新。

首先，如前所述，密考较之大计，考语更加详细，也就更能反映官员

---

① 张集馨著：《道咸宦海见闻录》，中华书局，1981年，第77页。

的真实情况,所以密考制度是大计制度的佐证和补充。

其次,由于密考考语是督、抚两人对治下同一批官员分别做出的,如果督、抚两人对同一官员的考语不谋而合,则该官员的能力和操守是比较有保证的;而如果督、抚两人对同一官员的考语不一致,则自然会引起皇帝的疑心,从而启动对相关官员的调查核实,并做出进一步的裁决和处理。这一方面可以考核两司道府官员的能力和操守;另一方面也可以对督抚两人进行监督,从而走出了层层监督、层层加码的历史旋涡。清代,在没有增加特别机构的情况下,密考成为皇帝笼络亲信、了解官员动态、牢牢掌控地方官员的有效方法,保证了中央对地方官员的管理效力和效率。

但密考制度化以后,也越来越趋于形式化。特别是到了清后期,各省督抚往往"以常语泛填",导致密考考语越来越僵化,和大计考语无大差别,基本失去了密考原来的意义和功用。

清代官员回避制度

中国历史上实行的官员任职回避制度,是朝廷为防止官场中的请托说情、徇私舞弊等不正之风,在任命官员时采取的一种限制性规定。所谓回避,即避嫌之意,亦即互相避开或调离,不在同一衙门或同一地区任职。回避制度的一个重要原则就是在制度上设置一道屏障,防止官员相互交通。该制度始行于西汉,后经历朝不断总结完善,至清朝时期,已形成了一套系统的回避制度,这种制度,对今天的人事干部管理也不无借鉴。

一、回避制度种种

清朝官员任职回避制度,涉及人事关系的各个方面,归纳起来,主要有以下几种。

1. 地区回避:做官距家500里

中国人重乡情,但盘根错节的乡里关系,也往往会对官员施政带来干扰。为割断官员与原籍乡土的诸种联系,唐宋两朝就明确规定,官吏不得在本籍及其邻近州县任职;元朝把这项规定叫作避开"脚根地面";至明朝,太祖朱元璋鉴于以丞相胡惟庸为首的淮右勋贵集团结党教训,将全国分成三大任职区,实行的是"南北更调"制;到了清朝时期,则进一步明确规定,上到总督、巡抚,下到州县佐杂,乃至不管地方事务的河道、盐务等诸官吏,任职必须回避本籍,具体规定是任职地须避开籍地五百里。

这里的"籍",又包括三层含义:一是原籍,就是祖籍、本籍,为官员本人世代居住的地方;二是寄籍,即官员本人或父辈离开原籍,长期寄居生活的所在地;三是商籍,即商人从事经商活动的地方,有些官员的父辈在非原籍地经商,如果其子辈有科举考取功名授官职时,就必须回避其父辈经商所在地的职位。

清廷虽然对籍贯回避做了详细的规定,但有些官员的籍贯与所任官职的地方相距非常近,所以又增加了接壤回避的规定,也就是任官所在地与籍贯所在地必须有一定的距离。"康熙四十二年谕:嗣后补授外官时,掣得地方,去伊原籍五百里以内者,省虽有别,仍令回避。"①

对于里程的计算,是按官塘大道,还是捷径小路?这里还有一个小故事。乾隆朝以前,规定尚不明确。乾隆九年(1744),新任苏州巡抚陈大受到任后,在详查本省官员官册后发现,关于回避500里的路程计算,有的是按官塘大道,有的是按捷径小路,比如署金坛县(现为金坛区)知县汪凤英,原籍浙江省湖州归安县,由归安县官塘大路至金坛县路程在

乾隆九年(1744)江苏巡抚陈大受为划一官员回避500里规定事奏折

500里之外,但由乡间小路则在500里之内。所以他就上了一道奏折,请求规定划一。乾隆皇帝为此批示吏部"核议具奏"。② 同年,经吏部议准,将官员任职回避本籍500里定为:不论官塘大道,还是捷径小路,只要有一项在500里之内,就要回避。"既在五百里以内,自总在应行回避之例。应通行各省现任各员,有任所与原籍乡僻小路在五百里以内者,均令呈明该督抚,酌量改调回避。"③ 并规定,对那些未按此规定回避者,"于

---

① 《清会典》雍正朝,大清会典二,卷之十四,第1页,总页号:4327。
② 中国第一历史档案馆藏:朱批奏折04-01-12-0042-037-0002。
③ 乾隆朝《钦定大清会典则例》(一)卷五,第43页。

到任三月以内详请回避者免议,如三月以外详请者,照例议处"。①

清初,对于本籍接壤回避并不包括满洲八旗官员,究其原因,清初八旗官员很少有担任地方基层职务的,所以问题并不突出。随着满洲八旗进入官场的人数不断增多,到乾隆时期,把对汉臣的规定也扩大到了满洲旗人身上,对于满洲补授直隶州县官员,凡在500里以内者,悉行回避。

2. 亲属回避:小官避大官

俗语说,是亲三分向。正因为此,西汉最早实行的官员回避是"避亲",唐、宋两朝称之为"避亲法"。避亲分两种:一种是血亲回避,一种是姻亲回避。血亲包括祖父子孙、叔伯兄弟、亲母之父舅等;姻亲包括妻之父及兄弟姊妹夫、己之女婿、儿女亲家等。凡有这些亲属关系的,不能在同一衙门任职,也不能在有直接上下级关系的衙门或互为监察的机构任职。回避的方法是,不论辈分长幼,只要官阶不同,均以小官避大官。

在清朝,官员回避之制规定之详前所未有。清代顺治时,就已做出亲族回避的规定:现任三品以上的京官,其子弟不得考选科道官;父子、伯叔、兄弟不得共事,官位低者回避,即调离另任。康熙五十五年(1716)又补充规定,凡大学士之子弟,不得任内阁学士。这些规定,主要限定在有血缘关系的亲属范围。乾隆时,进一步扩大应回避的人员,将外姻亲属也列入必须回避人员之内:要求在京的各部院满汉堂司各官员,有外姻亲戚关系者,如母之父与兄弟、妻之父及兄弟、本人之女婿、嫡甥等,若在同一个衙门任职,官职低者回避。如,雍正朝孔子的后裔孔毓珣调任两广总督,其族叔孔璡兴时任广东盐运使,为了避嫌,孔璡兴调离;光绪八年(1882),左宗棠调任两江总督,其女婿黎福昌其时正任江西试用道,为避嫌,由江西巡抚李文敏出面奏报皇帝,让黎福昌回避,改任浙江。光绪皇帝为此批示:"黎福昌系与左宗棠翁婿至亲,著准其改指浙江以道员候补。黎福昌著交部带领引见,朕察其人才如何,再行发往。"②

对于特殊的部门,清朝规定了职务回避,一些官员不能担任某些特定职务。如父兄在京现任三品堂官以及在外任督抚之职,其子弟不得被考选为御史。如果子弟有任科道官的,要向都察院据实禀奏回避。又如军机

---

① 乾隆朝《钦定大清会典则例》(一)卷五,第45页。
② 中国第一历史档案馆藏:奏折朱批04-01-12-0529-020。

光绪八年（1882）左宗棠女婿黎福昌回避折

处，清朝规定，不许文武高官的子弟充任军机章京，防止他们内外交接，泄露朝廷核心军政机密。对部分特殊身份的人，如盐商人员等亦有回避之规定：不准他们入选户部司员；如祖孙、父子、嫡亲伯叔、兄弟中有盐商者，其相关的亲属不得在户部为官；如堂兄弟以下远近宗族，即使无运本股份投入，但与盐商系同宗同族，也应引为嫌疑而回避。对于孔姓族人也专条规定，凡遇大比之年，有孔姓为主考官或同考官时，所有族人不论籍贯在哪，均得进行回避，究其原因为"圣裔散处各省者皆依衍圣公辈行，不紊昭穆"。

在官员回避中，只有在官位相等时，才能按辈分长幼和任职先后回避。

3. 师生回避：重在座师与门生

中国历史上的座师与门生，包括授业师生和乡试、会试中的考官与考生等。中国古代以科考取官为主，该科主考官与考中的生员等，即为师生关系。因为乡试考中者成为举人，会试考中者成为进士，都可以从此直接进入官场做官，故当时很讲究座师与门生以及同年之间的关系。所以，官员的任职回避制度着重注意考官与门生。清朝规定，门生与座师为上下级关系的，门生官大时，座师要回避；门生官小时，座师要及时报部，以咨备案。牵涉刑名钱粮等重要职位和案件，师生有直接上下级关系时，均以官小者回避。关于师生回避的范围，清廷曾于雍正七年（1729）做出明确的规定：凡乡、会试，"若取中之人为督抚司道，而考官适在下属，应令官小者回避；如考官外任督抚，其属官内有系伊取中者，咨部存案，遇举劾时，于本内声明；考官外任司道，其属官内有系伊取中者，申报督抚存案，如有举劾，于督抚本内亦将该员与司道谊系师生之处，一并声明，以凭查核。"至于府州以下官有"谊关师生"而为上司下属的，或者是督抚司道的下属佐贰官中有师生名分的，因关系直接，或牵涉刑名钱粮之案，故依定例，一律令官小者回避。此外，像学政与各府州县的教职官也谊属师生，嘉庆元年规定，"凡教职俸满甄别保题及大计卓异保荐等项"，学政不得在会衔题报中列名。

4. 科场回避：亲属考官不同场

主考官及同考官的子弟不得同入试场，后来回避对象扩大到五服之内及亲姑、姐妹之夫与子，母、妻之亲兄弟子侄等。科场回避制度发端于宋代，到了清代，朝廷规定，凡乡试、会试主考、总裁和其他考官的子弟均不得入场。雍正继位后，下诏令要求考官子弟应回避者别试于内阁，或仍在考场而另编座号，再派大臣出题阅卷，相当于宋代的"别头"。乾隆以后，科考选人回避制度更为严厉，回避亲属范围更加扩大。

5. 产业回避：职权区域不得有私产

中国封建社会的产业主要是田庄、墓地。宋朝曾规定，不许官员"指授有产业去处"，并禁止官员在自己管辖区内买田置业。宋真宗时，曾有浙江华州知州崔端在部下创置产业，事发被劾，追究罢职，产业没收。宋孝宗时，朱熹受命担任江东提刑，他再三辞免，理由是"祖乡徽州婺源县，正隶江东，建有坟墓、宗族及些小田产，合该回避"。清朝乾隆间亦规定：盛京州县等官，"如有田庄在境，亦令呈明回避"。

6. 选官回避：选官不能选至亲

中国历史上虽然有"举贤不避亲"之说，但多数拥有"举贤"权的人，并不能做到大公无私，往往是重亲超过重贤。当清朝皇帝发现有的大臣在拣选官员时，竟将"本人至亲挑入"的事情后，皇帝觉得需要制定法规，以示"限制"。嘉庆年间，经吏部等官员集议奏准，规定：与选人员若与钦派选官大臣有宗亲或姻亲关系者，一般照京员回避之例，令官小者回避。

7. 听讼回避：判官不能审办关系案

听讼回避属于司法的一项制度，指受理案件的官员如与当事人有服亲、姻亲、受业之师、老上级、本籍的官长有司以及素有仇隙之人，应该回避对本案的审理。目的是为了防止利用职权徇私舞弊，影响审判的正常进行。

除以上几种主要的回避制度外，还有交往回避、部门回避等。

二、回避制度的执行

为保证回避制度的切实执行，历朝政府还规定了一系列措施。

（1）吏部选官时严格审查。如候选官要向吏部呈缴履历亲供和同乡京官印结，内开本人原籍、祖籍、寄籍、祖孙三代身份等内容，作为任官时的参考。需要回避姻亲的，则要在注册里详细说明。吏部对每个官员的履历要认真审查，和回避规定无抵，再予以补任分发。

（2）当事者个人及时请调。按照回避制度的规定，遇到该回避处，每个官员都要及时主动奏请回避，否则会受到处罚。宋仁宗时，宰相文彦博与参知政事成甗为儿女亲家，"俱曾陈乞回避"；清朝岳钟琪调任川陕总督时，其子岳浚正任西安同知，岳钟琪马上奏报，将岳浚改调直隶口北道。还有些未经上任，先请回避。但也有少数官员，贪恋官位，该回避时，不愿及时回避，因而受到处罚，这种事例，也是每朝都有，比比皆是的。宋高宗时，户部尚书王俣"差妻党宋敷监酒库，不避嫌"，被人揭发罢职。宁宗时省试，同知贡举施康年，知其之子施清臣应举而不避嫌，施康年被罚。清雍正年间，广东巡抚杨永斌与粮道陶正中结儿女姻亲，杨的儿子与按察使黄炜结姻亲，黄炜又与肇庆知府刘广、惠潮道胡恂是儿女姻亲。他们彼此姻亲及亲，却不请调回避，官官相护，称霸地方，后被海关监督上奏揭发，都被议处调任。清朝政府为了保证回避制度的执行，规定候选官员向吏部投供验到时，都得随缴履历亲供和同乡京官印结，如实填写原籍、祖籍、寄籍等情况，以及祖孙三代身份等。如有需要回避姻亲者，应在有关注册文结内一并声明，有的则在掣签分发到省后，向督抚提出补调。官员领凭赴任后，所在督抚还得进行审核，"确查所指之省有无先行流寓、寄籍、置买田产，与本身父子胞兄弟、胞伯叔侄开设典铺及各项经商贸易，及在各衙门协办刑钱等事，取具同乡官印结，声明是否顶替",然后咨报吏部,"以凭核办"。违反回避规例,比如应该具呈声明而没有如实说明,或"故意捏饰,希图规避"等,要受到革职、降一级到三级调用以及罚俸等处分。主管官员若有"徇私瞻顾",或"讳饰隐匿""扶同捏报"者,也要受到革职、降调和降级留任等处分。

三、回避制度的特例

封建专制主义时代,皇帝拥有至高无上的权力,所以只要皇帝有特旨,按规定必须回避的也可以不回避。宋神宗时,吕公弼为枢密使,又任命其弟吕公著为御史中丞,吕公著一再辞职,神宗不允。哲宗时,谏官范祖禹请求依例与执政韩忠彦避亲,哲宗不许,说"卿等公心,必不为亲戚不言,且为官家"。清朝时期,更有桂林陈宏谋两任两广总督、溧阳史贻直两署两江总督、祁阳陈大受出任两湖总督,以及浙江朱珪曾任浙江学政,大兴翁方纲、通州白容主考顺天乡试等,"都是以本省人做本省官,不符合回避规制"。之所以如此,是因为他们都领有皇帝的特旨。如陈宏谋出任两广总督时,乾隆皇帝专下谕曰"陈宏谋籍隶广西,但久任封疆,朕所深信,可不必回避"。史贻直调属两江总督时,本人亦"以本籍疏辞",而"诏弗允"。能得到皇帝特旨者,首先是得到了皇帝的充分信任,同时也是工作的特殊需要,所以仅是少数特例。

四、回避制度的利弊

官员任职回避制度,是中国一千多年来吏治经验的总结,这种制度具有防微杜渐的作用,对减少官员行使职权和处理公务时各种关系的干扰,防止官场上以亲戚、朋友、同乡、同学等关系为纽带结党纳派、营私舞弊、澄清吏治,以及避免官员形成乡土意识和地方保护主义倾向,都起过一定的积极作用。即便对我们今天人事干部管理、加强党风廉政建设和反腐败工作,仍具有重要的启示作用和意义。但有些也有一定的副作用,特别是地方州县官,均要异地任职500里外,因为不熟悉当地民情风俗,甚至存在语言隔阂,无法正常任事,往往不得不委权于幕客吏役,因而造成胥吏弄权的结果。还易使官员滋生"短期行为",甚至有的为了哗上取宠、显示政绩以求早日升迁,会匿灾不报、苛征钱粮、虐民媚上。

清朝对台湾移民政策

在中国台湾现有人口中,有土生土长的台湾人,但更多的是祖辈上从大陆去的汉族移民。从元朝至元年间,元朝政府在澎湖设立巡检司后,福建泉州一带人民,就开始陆续移居至仅一水之隔的台湾岛,这些早期来台的汉人保留着自己的语言习俗,成为台湾先住民的一部分。明朝时期,随漳、泉一带海上私人武装集团进入台湾,漳州、泉州之人前往投奔者日多。至17世纪郑成功赶走荷兰殖民者收复台湾后,不少忠于南明的遗臣和众多不愿归顺清朝的文人士子也跟随郑氏集团一起来到台湾。明郑时期的台湾,汉人移民已有近20万人。

清朝时期,是大陆向台湾移民的一个高潮时期。但是,清政府在对台移民政策上,长期顾虑重重,政策时紧时松。特别在清朝前中期,曾多次下达渡台禁令,直到清末才完全开禁。因此,对台移民政策的制定和实施,成为清朝200多年间开发治理台湾及加强对台管理的一个重要问题。围绕这个问题,清政府的对台移民政策经历了由严禁到弛禁,再到完全开禁三个阶段。

第一阶段:先开后禁,愈来愈严

一般情况下,民间的自发移民,多是因为躲避战乱或遇到灾荒之年,百姓不得已背井离乡移民他处,而政府支持下的移民或禁止移民,则多出于政治、经济的需要:或为充实边疆,或为疏解人口,或为减少政治压力,或为增加赋税。

清朝对台移民政策,主要是为了稳定对台统治。这时的清政府,虽然得到了台湾，实行的却是"为防台而治台"的方针。究其原因，一是因为这里曾经是明郑的根据地，许多移民是郑成功的部下，反清复明意识最为强烈。二是清政府认为：台湾孤悬海外，交通便利，容易成为隐匿奸匪之地，"远隔重洋，形势险要，人民聚多，则良奸不一，恐为地方之害"①，"不宜广辟土地以聚民"。所以，为防止台湾人口日增，重蹈郑成功在台抗清的覆辙，从康熙朝起，直到雍正十年（1732）之前，清政府从各方面对台湾人口实行了严格的控制和防范，禁止大陆人民迁移至台湾。

但是，这时政策的制定和实施，也有着一个从疏松到严禁的过程，特别是康熙二十二年（1683）统一台湾之初，清政府一度同意大陆人民移台。

清朝统一台湾后，康熙皇帝采纳施琅等人建议，在台湾设立府县，派官治理。次康熙二十三年十月，下令解除从顺治十八年实行的《迁海令》，复展沿海边界，同时开放福建、广东、浙江、江南四省海禁。一时沿海内外，许多船只，或贸易或采捕，纷纷漂洋过海，往来台湾。同时，由于施琅平台之后，将明朝宗室、郑氏官员、兵卒等迁回大陆内地安置，加之各地难民相继返回原籍，台地出现了人散地荒、汉民寥寥的情形。面对这一情景，不少台湾地方官员都主张招徕大陆移民到台开垦。首任诸罗县令季麒光提议，照昔年奉天四州招民之例，酌议名口，就现任候选官员，或纪录，或加级，广劝招募。② 台厦道陈瑸也认为台湾为宜谷之地，其间旷土尚多，弃之可惜，漳、泉等郡居民仅一水之隔，应广为招徕，以闲旷之地处之，使之乐业于其中，做到民无失业，地无遗利。③ 经招徕抚绥，虽当时民间响应并不热烈，仍不失为清初台湾移民的一个高潮。

但是，在开海禁、同意招徕民人赴台的同时，清政府又下达了一系列禁令，采取了一系列严格限制移民的措施。

一是驱逐在台无妻室产业的居民回大陆。康熙二十二年规定，台湾流寓之民，凡无妻室产业者，应逐回过水，交原籍管束。④

二是严格控制过台人口。规定：只有已经在台居住暂且回大陆而要重

---

① 中国第一历史档案馆编：《雍正朝汉文朱批奏折汇编》第10册，江苏古籍出版社，1988年，第143、144页。
② 季麒光著：《蓉洲诗文稿选辑·东宁政事集》，第178页。
③ 陈瑸著：《台厦条陈利弊四事》，《陈清端公文选》。
④ 孙尔准著：《重修福建通志》卷86。

返台湾的人，方可过台，但必须由地方官给印照，再经厦门同知验照后方可放行。其他未曾定居台湾的人，严禁过台。如有地方官擅自发给印照者，即行严参；如有未领印照过台定居者，即行严拿，从重治罪。①

三是限制大陆渡台航线。清初，官方允准大陆对台的航线只一条，即厦门到安平线。康熙二十四年（1685），施琅上《海疆底定疏》指出，台湾甫经平定，而四省开海，船只出入无禁，需要制定防范办法，以为图治长久之计。② 清廷采纳施琅的建议，规定：厦门为通台贩洋、南北贸易商船正口，与台湾鹿耳门对渡；所有商船，只许在厦门至安平间航行；由厦至台船只所载货物，不得超过60石；往来船只，由厦门海防同知和台湾海防同知分别司理，两地出入船只及人货的挂验盘查内地往台之人，须由原籍县给发照单，经厦防同知及水师提标文武汛口员弁验照放行，航抵鹿耳门后，再经台湾文武汛口员弁盘验，始能登岸。③

四是禁止赴台官员携带眷属。清政府采取此举的目的，一是为了防止台湾人口增殖；二是留其家眷为人质，以防在台官吏发生反侧。不仅民人不许带眷属，官员也不许带眷属。康熙六十年对官员进一步严申："文武大小各官，不许携带家眷。"

五是严惩偷渡。在官方严禁移民政策的迫使下，偷渡成为闽粤地区人民赴台的主要途径。特别在康熙朝后期，经过近20年休养生息，福建沿海一带人口压力又有所增加。自康熙四十年左右，大陆渡海来台移民的数量开始增多，有的商船和营哨船只，不顾清廷禁令，将无照之人偷渡来台，每船多达百余名或200余名。自厦门出港，用小船载至口外僻处登舟，到台湾用小船于鹿耳门外陆续运载，至安平镇登岸，以至台、厦两同知稽查莫及。

为防止民人偷渡，清政府规定："如拿获偷渡船只，将船户等分别治罪，文武官员议处，兵役治罪。""如有充当客头，在沿海地方引诱偷渡之人，为首者充军；从者杖一百、徒三年；偷渡之人杖八十，递回原籍；文武官失察者分别议处。""沿海村镇有引诱客民过台数在三十人以上者，壮者新疆为奴，老者烟瘴充军。"康熙五十年，台湾知府周元文重申内地

---

① 中国第一历史档案馆编：《雍正朝汉文朱批奏折汇编》第3册，江苏古籍出版社，1988年，第467页。
② 施琅著：《海靖纪事》下卷，《海疆底定疏》。
③ 林谦光著：《台湾纪略》，第53页。

人民来台必须在原籍申领照单的规定，倘仍有不请照偷渡者，必非良民，俱照私越关津例逐名惩处，押回原籍。① 康熙五十七年，从福建总督觉罗满保奏议，重申："凡往台湾之船，必令到厦门盘验，一体护送由澎而台。其从台湾回者，亦令盘验护送由澎到厦。凡往来台湾之人，必令地方官给照方许渡载，单身游民无照者，不许偷渡，如有犯者，官兵民人分别严加治罪，船只入官。如有哨船私载者，将该管官一体参奏处分。"②

这些禁令，虽然清政府在康、雍时期多次重申，但因不符合台湾发展和人民需要的大趋势，所以往往"禁者自禁，渡者自渡"，最终也未能完全禁止。雍正七年，闽浙总督郝玉麟曾直言奏报：偷渡之人被拿获的仅占十分之一。因此，从雍正中期开始，清朝对台移民政策，逐渐有所松弛。

第二阶段：逐步弛禁

从雍正十年（1732）前后至同治十三年（1875），是清政府对台移民政策弛禁阶段。弛禁的主要体现是，从准许官民携眷入台到设立官渡。

官员早期的疏请

关于能否准许携眷入台问题，早在雍正初年闽台地方官员就曾多次上达条陈议论，他们认为禁止一切人员携眷过台的规定，有很多弊端。首先是，造成台湾人口男女比例严重失调。"自北路诸罗、彰化以上，淡水、鸡笼山后千有余里，通共妇女不及数百人；南部凤山、新园、琅峤以下四五百里，妇女亦不及数百人"③；台湾府四县之中，"其诸罗、凤山、彰化三县皆新住之民，全无妻子"④；"男多于女，有村庄数百人而无一眷口者"。其次，这种男女比例失调的情况带来的结果，一是在台民人为搬移眷属计，许多人只好冒九死一生偷渡，因而致使这一时期的偷渡之事层出不穷；二是眷属没能偷渡入台者，"既无家室，无久远安居之志，且既无

① 《重修台湾府志》卷一〇周元文，《申禁无照偷渡客民详稿》。
② 《大清圣祖仁皇帝实录》卷二七七，康熙五十七年正月至二月，第2页。
③ 蓝鼎元著：《平台纪略》《经理台湾第二疏》。
④ 中国第一历史档案馆编：《雍正朝汉文朱批奏折汇编》第10册，江苏古籍出版社，1988年，第143页。

父母、妻子系念,所以敢于作为不法之事"①。这些人构成极大的社会不安定因素。其三,对于台属官员来说,不许带眷属既不合亲情又不合常理,有些人"思家之念,几俱疯狂",因而往往不能安心在台工作。

因此,早在雍正二年(1724)就有官员建议:凡是台民有家属在内地者,应允许具呈给照赴内地搬取。雍正五年,闽浙总督高其倬从安定和治理台湾的角度,上疏奏请准许大陆人民搬眷过台,"请嗣后住台人民,其贸易、雇工及无业之人,全无田地一概不准搬眷往台。若实在耕食之人,令呈明地方官,查有垦种之田,并有房庐者,即行给照,令其搬往安插"②。认为这样可使无家无室之民遂其有家有室之愿,盖民生各遂家室,则无轻弃走险之思,"实安静台境之一策"③。对这些疏请,清政府虽未敢遽然允纳,但此后政策上逐步开始松动,直到完全解禁。

官员带眷入台弛禁经过

先是雍正九年(1731)出现了准许个别官员带眷入台的例子。这年,汀州知府王仕任奉旨调台,他向总督申称,随身只有一妾,而妾生之子又在襁褓,大陆无可寄托,希望能携同赴台。总督上奏请旨,清帝特旨恩准道:"随他本人之意可也。但将折奏恩准情由令众知之,以免后人之效法开例。"④但既有破禁之例为先,完全解除禁令也就为时不远。

再到雍正十三年(1735),清政府对官员携带家眷的范围进一步放宽了。是年,经巡台御史柏修奏请谕准:台湾文武各官,"年逾四十无子者,准其携眷过台"⑤。这一政策的颁布,解决了一部分台员生活中的问题。但终因年龄的限制,仍有诸多官员家眷不能过台。

直到乾隆四十一年(1776),这一问题才得到彻底解决。该年,有诸罗知县李炎,年届55岁尚无子嗣,但因限于年龄已过40岁,妻妾无法过

---

① 中国第一历史档案馆编:《雍正朝汉文朱批奏折汇编》第10册,江苏古籍出版社,1988年,第143、144页。

② 中国第一历史档案馆编:《雍正朝汉文朱批奏折汇编》第10册,江苏古籍出版社,1988年,144页;又见《大清世宗宪皇帝实录》雍正五年九月,第32页。

③ 中国第一历史档案馆编:《雍正朝汉文朱批奏折汇编》第10册,江苏古籍出版社,1988年,144页。

④ 中国第一历史档案馆编:《雍正朝汉文朱批奏折汇编》第20册,江苏古籍出版社,1988年,第151页。

⑤ 台北故宫博物院编:《宫中档雍正朝奏折》第24辑,1977年,第393页。

台。闽浙总督钟音为此专折具请，得到乾隆皇帝的恩准："嗣后台湾文武各官，无论年岁若干，有无子嗣，如有愿带眷口者，俱准其携带，其不愿者亦听其便。著为令。"① 至此，不许官员携眷入台禁令，终于全部废除，彻底解决了台员的后顾之忧。

民人携眷入台一波四折

清政府对于官民携眷入台问题的解决，历雍正、乾隆两朝近半个世纪，其间并非一帆风顺。特别关于民人携眷入台问题，历经反复，四禁三弛，才最后确定下来。

雍正十年（1732），广东巡抚鄂弥达奏：台民凡有妻子在内地者，许呈明给照，搬眷入台，编甲为良，人人有室家之系累，谋生念切，自然不暇为非。更令有司善抚教之，则人人感激奋兴，安生乐业。② 雍正皇帝批令该折交大学士鄂尔泰等会议。鄂尔泰认为："有田产生业、平日守分循良之人，情愿携眷来台入籍者，地方官查明本人眷口，填给路引，准其搬眷入台。"③ 此折很快得到朝廷批准，谕令实施。这是清政府第一次同意解除民人携眷入台禁令。

雍正十年首次开禁后，很快出现了新的移民高潮。但由于移民剧增，清政府一时着了慌，于乾隆五年二次下达禁令，"停止给照，不准搬移"。所以，清政府第一次开放民人搬眷来台，实行8年就停止了。

但乾隆五年禁令的结果，并未能禁止台湾移民，只是增加了民间的偷渡人数。乾隆九年，巡台给事中六十七目睹严禁偷渡的各种弊端以及百姓偷渡来台的各种惨状，上疏建议：嗣后内地游旷之民，仍照严禁偷渡，不准给照外，其有祖父母、父母在台而子孙欲来台侍奉；或子孙在台置有产业而祖父母、父母内地别无依靠欲来就养；或本身在台置有产业，而妻子欲来完聚者，应准其呈明内地原籍地方官，查取地邻甘结，给予印照来台。此奏于一年之后获得朝廷批准，于是有了第二次允准民人携眷入台政策的弛禁。④

然而，这次弛禁政策，又因闽浙总督喀尔吉善的奏请，实行期限仅仅

---

① 《大清高宗纯皇帝实录》卷一〇〇七，第六页，乾隆四十一年四月下，中华书局，1986年。
② 《明清史料》戊编，第二册，台北中研院史语所刊印，1987年，第107页。
③ 《台案汇录丙集》第236页。
④ 《大清高宗纯皇帝实录》卷二六五，第十四页，乾隆十一年四月，中华书局，1986年。

一年，期限过后，清政府重又开始严禁，不准给照，停止民人带眷入台。这次禁令实施时间较长。直到乾隆二十五年，福建巡抚吴士功上疏，历述自雍正以来各地方官为闽粤人民请求准予搬眷过台的经过，以及清廷对此一问题处理的情形；痛陈停止搬眷以来人民为家庭团聚而冒险偷渡所遭受的种种苦难及允许搬眷之有利无弊，再次提出开放民人搬眷之禁，并提出开禁办法："准许在台有业良民，果有祖父母、父母、妻妾、子女、子妇、孙男女及同胞兄弟在内地者，先赴台地该管厅县报明原籍眷口姓氏，开造清册，再移明内地原籍查对相符，由该管道府发给路照，各回原籍，搬接过台。"① 吴士功的奏疏经有关部门议复后，得到清廷的批准，清朝第三次开了民人赴台携眷之禁。

这次开禁，较前两次在政策上更加宽松，仅就可搬眷属范围而言，不仅有其妻妾、父母、子女，更上及祖父母，下及孙男女，乃至同胞兄弟，均属可携眷属之例。按此推算，一人可带家眷少在近10人，多则可达几十人。但是，这次开禁政策从乾隆二十五年五月至二十六年五月，也是仅仅实行了一年，所以成效并不显著。

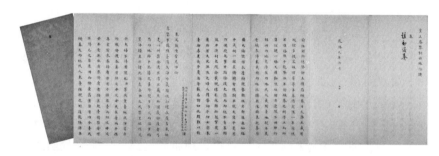

乾隆九年台湾给事中六十七及巡台御史
熊学鹏奏弛禁渡台奏折（封面）

乾隆五十三年，林爽文事件之后，钦差办理将军事务的福康安在清查台湾积弊、酌筹善后事宜时，认为闽粤人民皆渡海耕种谋食，居住日久，置有田产，将其父母妻子从原籍搬取来台，共享天伦之乐，亦属人之常情，若一概严行禁绝，转易启私渡情弊，建议对携眷渡台一事，毋庸禁止。"嗣后安分良民，情愿挈眷来台湾者，由地方官查实给照，准

---

① （清）余文仪著：《续修台湾府志》卷20。

其渡海；一面移咨台湾地方官，将眷口编入民籍。其只身民人，亦由地方官一体查明给照，移咨入籍。"① 这一建议经大学士、九卿议复，由乾隆皇帝谕准施行。因此，困扰台湾移民多年的携眷渡台问题终于得到彻底解决。清政府对于携眷入台问题的宽弛和开放，适应了两岸有骨肉之情的人民团圆的要求，也顺应了台湾发展的需求。这是大陆移民渡台政策的一大改革。

随携眷入台政策的开放，清政府对内地人赴台探亲也做了相应规定。除手续上一般要办理的具呈、领照、保结外，明确规定，探亲人员准在台居住五个月。

增加航线设立官渡

清政府对台移民政策上的弛禁，还表现在增加渡台航线及主动设立官渡上。

由于移民的增加，台湾人口增长，经济迅速发展，两岸贸易交通日益频繁。因此清政府不得不在清初厦门至安平一条对航海线的基础上，于乾隆四十九年增开鹿港与泉州蚶江间对口通航，五十七年再开放八里岔（淡水河口）与泉州蚶江及福州五虎门间的对口通航。

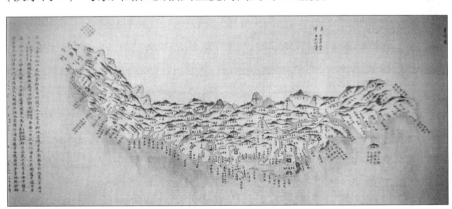

七省沿海图（局部）台湾

另外，在准许台民携眷入台政策实施后，由于手续繁冗，官吏敲诈，偷渡之事仍无法禁止，为争取主动，乾隆五十四年，经闽浙总督福康安奏

---

① 《明清史料》戊编，第四册，台北中研院史语所刊印，1987年，第305—312页。

请，开始设立官渡。官渡公开渡船人应办的手续和船位票价等事项，使乘渡人感到"官渡便于私渡，而私渡并不省于官渡"①，自是乘官渡者日多。大陆对台航线的增加和官渡的设立，为大陆人民入台提供了方便，加速了人口流动，偷渡问题自此开始缓和。

第三阶段：完全开禁

清政府主动废除一切移民禁令，准许大陆人民自由入台的政策，正式颁行于光绪元年（1875）。

沈葆桢的奏请

台湾作为我国东南沿海门户，一直是各殖民主义国家觊觎的地方。17世纪以来，荷兰占据过它，西班牙侵略过它，英、法等国染指过它，美国、日本更是对其虎视眈眈，企图据台湾为己有。同治十三年（1874）发生了日本借口琉球渔民被害出兵侵台之役，清政府派赴台湾与日交涉的大臣是时任福建船政大臣的沈葆桢。在办理这件事的过程中，沈葆桢深感台湾地位的重要，因此上折清廷，提出了一系列加快开发经营台湾的举措，其中很重要的一条，就是废海禁、招垦户，准许大陆人民自由入台。他建言：内地人民向来不准偷渡，近年虽然法令有所松弛，但并未明文开禁，地方官虽想设法招徕，又恐与成例不合。所以今欲开山招垦，必先招民，而招民不先开禁，则民仍会裹足不前。因此，为招集垦户开发山地，必须先行"将一切旧禁概予开豁，以广招徕"②。沈葆桢的建议得到李鸿章等一批洋务派官员的积极赞同和支持，也很快得到清廷批准。光绪元年正月初十，清廷批准了沈葆桢的建议，正式下谕称：过去曾禁内地民人渡台及私入"番境"，以杜滋生事端。现经沈葆桢等将后山地面设法开辟，旷土亟须招垦，所有从前不准内地民人渡台各例禁，著悉与开除。其贩卖铁、竹两项，并著一律弛禁，以广招徕。③ 所以，光绪元年正月起，台湾正式全面开禁。

---

① 沈葆桢著：《台案汇录丙集》第55页。
② 《沈文肃公政书》卷5。
③ 《大清德宗景皇帝实录》卷三，第二页，光绪元年正月，中华书局，1986年。

至此，清朝长期以来实行的禁止对台湾移民的政策宣告彻底结束，自康熙中叶以来，大陆移民渡台须申领照单等规定从此全部废止，困扰福建地方官员多年的"无照偷渡"问题终于得到解决。这是对台移民政策的重大改变。

随后，清政府又在厦门、汕头、香港等处分设招垦局，广招大陆人民赴台。

清政府鼓励民人赴台措施

为鼓励人民赴台开垦，清政府还颁行了种种优惠政策。规定：凡应募往台者，免费乘船，官给口粮、种子和耕牛。每人授田一甲，每10人耕牛4头、农具4副，"三年之后，始征其税"。并且赴台之人，自到台之日起，前一年，每日每人给银八分、米一升；什长加银四分；百长月给银九两、米三斗；尾后半年，什长、垦丁每名日减银三分，予限一年半为期。①

至光绪十年（1884）台湾建省，清政府又在台湾设立了招垦总局，以巡抚刘铭传兼抚垦大臣，下设各路抚垦局，专门主持招垦工作。这些措施，促进了大陆人口移台，也促进了台湾经济的较快发展。

光绪十四年正月二十二日台湾巡抚刘铭传为启用台湾巡抚关防日期事奏折

纵观清朝对台移民政策，不论严禁、弛禁还是开禁，措施不同，但目的一样，都是为了巩固对台湾的统治。但由于禁止政策不符合台湾发展的

---

① 丁日昌著：《抚闽奏稿》卷三，《台湾举办垦务矿务折》。

趋势和民意,所以虽历经曲折,多次反复,终在民间移民高潮的冲击下,逐步打破禁令,将台湾向全国人民开放。这个过程从一个侧面记载了清朝对台湾治理方针政策的发展和变化,反映了台湾历史发展的轨迹,更深深地体现了祖国人民对台湾一往情深的骨肉情结,这种情结所产生的凝聚力,将使台湾和祖国大陆永远不分离。

台湾风俗图(一)

台湾风俗图(二)

"百年禁教"期的天主教政策

从清康熙四十六年（1707）康熙皇帝第一次明确谕令禁止西洋传教士在中国传教，到1840年鸦片战争后再度允许西洋天主教在中国传播，中经雍正、乾隆、嘉庆及道光朝前期，共130多年，史称"百年禁教"。"百年禁教"不仅对清朝中期中西文化的交流，而且对以后中西政治、外交等关系的发展，都产生了深远的影响，所以一直是中外史学界研究的重要课题之一。

2003年中国第一历史档案馆和美国旧金山利玛窦研究中心合作，编辑出版了《清中前期西洋天主教在华活动档案史料》4册，这是继20世纪三四十年代，故宫博物院文献馆编辑出版《康熙皇帝与罗马教皇关系文书》、"天主教流传中国史料"等清代专题教案史料后，第三次编辑出版的清宫所存专题性教案档案史料。该史料共汇集档案1230件，档案时间从顺治元年（1644）到道光三十年（1850），基本全部是"百年禁教"时期的内容。

本人因参加了该史料编辑的有关工作，得以系统地浏览这些档案内容，从一件件奏折和朱批的字里行间，详细了解到清诸帝对天主教的态度和政策变化。而这一政策的变化，对清朝社会产生的影响，更是深远的、不可估量的。

一、"百年禁教"期各朝政策之变化

康熙朝：从容教到禁教

从明朝末年利玛窦开始，西方传教士进入中国，他们以科学技术和美术绘画为敲门砖,打开了向中国传教的大门,并以修订历法为始,进入宫廷,开启了朝廷启用传教士的先河。明朝灭亡后,清初的顺治和康熙皇帝为了参用西洋历法,将撰修《崇祯历法》的传教士汤若望留在了北京,任为钦天监监正,并允许其在中国自由传教。

德国传教士汤若望像

但是发生在康熙时期传教士内部的礼仪之争,使这一局面迅速逆转。起初,为了便于在中国传教,以利玛窦为首的一批耶稣会士顺从中国礼仪,对教徒的祀祖、祭孔、敬天均不禁止,并以"天"或"天主"来称上帝,但是一部分传教士则斥为不当。康熙四十五年(1706),教皇克雷茫十一世派特使多罗携"禁约"到中国交涉,他在南京发表公函,公布了教皇禁止中国礼仪的文件,要求中国教会无条件地执行。康熙皇帝深切地感受到天主教与中国儒家思想的严重对立。他对大臣说道:"汝等知西洋人渐渐作怪乎?将孔夫子也骂了。"① 结果,多罗被驱逐出境,拘禁于澳门。

此后,教皇不顾康熙皇帝的反复声明,再次颁布谕令,强行禁止教士行中国礼仪。并要求所有的在华传教士宣誓,无条件地服从,并且他第二次派人出使中国。康熙五十九年十二月(1721年1月),传教士将教皇的禁令译成中文,进呈御览。康熙皇帝阅后,愤怒地批示:"以后不必西洋人在中国行教,禁止可也,免得多事。"② 从此,康熙皇帝对传教士态度发生了根本性的变化,对天主教政策由宽容变为明令禁止。

礼仪之争和教皇的错误决策,导致了康熙皇帝下令禁教。然而康熙一朝禁教政策实行得并不严格,并且康熙皇帝一再表示,凡领了传教印票,又遵从中国礼仪的人,"朕不叫你们回去"③。只有那些不服从中国礼仪的

---

① 李光地著:《榕村语录·异端》,中华书局,1995年,第643页。
② 中国第一历史档案馆编:《清中前期西洋天主教在华活动档案史料》第一册,中华书局,2003年,第49页。
③ 中国第一历史档案馆编:《清中前期西洋天主教在华活动档案史料》第一册,中华书局,2003年,第12页。

崇祯历书

人,"不准在中国传教,一律返回欧洲","自今不守利玛窦规矩的人,断不准在中国住,必逐回去"①。并且要"令技术人留用"②。所以,尽管康熙皇帝屡屡重申要将传教士逐回西洋,而实际上,在康熙五十九年(1720)之前,并未有大的驱教行动,此时的康熙皇帝,虽有反洋教之意,然无反洋教之决心。而当其真正感到天主教是"异端小教",并决心禁止时,已到了康熙末年。所以真正开始落实其制定的禁教政策,并实施大规模驱逐传教士行动的则是雍正皇帝。

康熙朝禁教政策虽然并不严格,但这一政策的影响是深远的,其后的雍正、乾隆、嘉庆及道光诸帝均秉遵康熙皇帝谕令,将禁教作为一项基本国策,严禁西洋天主教在中国传播。百余年中,在总的禁教政策下,各朝禁的程度和采取的具体做法也不完全相同,总的趋势则是,查禁措施一朝比一朝严厉,发展过程大致呈现出雍正朝驱逐,乾隆朝惩治,嘉庆及道光前期严定科条,惩逐并用,以期根除。

雍正朝:逐教

禁教首要的是驱逐传教士。雍正元年(1723)雍正皇帝即位不久,就接到闽浙总督觉罗满保的奏报:"西洋人在各省起盖教堂,潜住行教,

---

① 中国第一历史档案馆编:《清中前期西洋天主教在华活动档案史料》第一册,中华书局,2003年,第26页。
② 中国第一历史档案馆编:《清中前期西洋天主教在华活动档案史料》第一册,中华书局,2003年,第56页。

清宫档案说清史

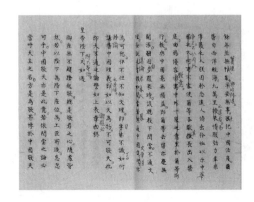

中国第一历史档案馆藏康熙皇帝"不可不敬天"谕

人心渐被煽惑。"他提出:"应将各省西洋人除送京效力外,余俱安插澳门。"① 雍正批示道:"应如所请。天主堂改为公所,误入其教者,严行饬禁。"并要求"或给予半年数月之限,令期搬移"②。后经在钦天监服务的西洋人戴进贤恳请,雍正皇帝同意延缓了传教士迁移澳门的时间。第二年,再经两广总督孔毓珣议请,允许各省西洋人"愿回国者回国,不愿回国者,可暂住广东省城天主堂"③。这是雍正皇帝第一次下令大规模逐教。这次谕令下达后,各省传教士虽未马上全被驱逐回国,但已陆续被逐往广东省城一隅,各地教堂也有许多被废毁。

至雍正十年(1732)七月,广东巡抚鄂弥达又奏,西洋人入居广东后,"理宜感激皇恩,安守本分,不意仍不悛改,招党聚众,日增月盛……凡住天主堂者,类皆不吝金钱,招人入教,地方无赖多堕术中","男堂奔走若狂,女堂秽污难述","若不早为经理,必致别生事端"。他建议,对事情的处理"可分作三层料理:先传各堂西洋人,谕以不便在省设教招摇,立押搬往澳门居住,俟秋后令其附舟回国";"次查各堂副堂主,系中国无赖人入教者,以伙骗外彝罪名重杖严惩,系外省者解回本省约束管制";"再将女堂堂主令其亲属领回收管,令改过自新",并且在

---

① 中国第一历史档案馆编:《清中前期西洋天主教在华活动档案史料》第一册,中华书局,2003年,第57页。

② 中国第一历史档案馆编:《清中前期西洋天主教在华活动档案史料》第一册,中华书局,2003年,第60页。

③ 中国第一历史档案馆编:《清中前期西洋天主教在华活动档案史料》第一册,中华书局,2003年,第68页。

办理中要"密加料理,不露行迹"。雍正皇帝在折后批示:"是。钦此。"① 这是雍正皇帝第二次下令逐教。这次逐教行动,虽然不露行迹,但驱逐力度颇大。"将聚居在广东的传教士全部逐出国外,其中有35名传教士遁入澳门,教徒被拘者甚多"②。钦天监戴进贤欲再效仿第一次禁令时的做法,上奏恳请缓逐行动,也被雍正皇帝拒绝。从此天主教传教士失去可以在广东省城公开居住的条件。

法国巴黎海外传道会藏有关礼教之争的拉丁文手稿

经过雍正两次大规模的逐教行动,"不数年间,全国教堂尽被废毁,传教士五十多人悉遭驱逐,唯在京教士二十余人,以服务钦天监之故,得安然居留"③。所以西方史书及教会资料都称,天主教在中国遭遇的困难以在雍正时尤甚。然而,西方传教士的这种评价并不确切和全面,因为这只是将雍正朝的禁教政策和康熙以前各朝的宽容政策相比得出的结论,如果和乾隆以后各朝相比,雍正朝所采取的禁教措施并不十分严厉,因为雍正时期对于传教士,"止于驱逐,并未加以惩治",只不过迫其由公开传教转入秘密行教,而这也只是落实康熙朝禁教政策的必然结果。从乾隆朝开始,对西洋传教士实行的则是驱逐加惩治的政策。

---

① 中国第一历史档案馆编:《清中前期西洋天主教在华活动档案史料》第一册,中华书局,2003年,第89页。
② 顾卫民著:《中国天主教编年史》,上海书店出版社,2003年,第278页。
③ 张力、刘鉴唐著:《中国教案史》,四川社会科学院出版社,1987年,第156页。

乾隆朝：惩教

对于雍正时期的禁教政策和实施情况，乾隆时期福建巡抚周学健的奏折中有一段比较贴切的评价。折中写道：雍正年间，对天主教渐加禁止，凡有天主堂令拆毁，夷人押澳门安插。然，"节次拿获，止于驱逐，并未

汤若望奏本

加以惩治，民人夷人，皆不知敬戒"，"阳虽解散，而藏匿诡秘，日引日盛"①。许多传教士被逐后，先滞留澳门，不久又陆续潜回内陆各省，或住教民家中，或住过去教堂里，甚至新建教堂，继续行教。到乾隆十一年（1746），仅福建省福安县一处，即"查讯有教民两千余人"。由于驱而未净，许多传教士又转入秘密活动，所以乾隆朝在雍正时期驱逐政策的基础上，进一步采取了惩治措施，其中全国规模的禁教、惩教行动主要有两次，局部的小规模的还有若干次，所以乾隆时期才真正是"教难叠兴"时期。

乾隆朝第一次大规模禁教发生在乾隆十一年到十三年。乾隆十年之前，乾隆皇帝对天主教并未采取严惩政策，相反，由于其十分欣赏意大利画家郎世宁的画作，通过郎世宁的恳请，乾隆皇帝曾一度对宫中传教士表示"朕不驱逐"。② 所以全国近十年未发生教案问题。从乾隆十一年八月起，福建巡抚周学健、福州将军新柱等先后奏报，在福安等县查有民人传习天主教，并陆续拿获非法进行传教的西洋传教士白多禄等5人，以及匿藏、协助传教民人多名，另查有其他西洋人数名已潜往内地各省行教。乾

---

① 中国第一历史档案馆编：《清中前期西洋天主教在华活动档案史料》第一册，中华书局，2003年，第111页。

② 顾卫民著：《中国天主教编年史》，上海书店出版社，2003年，第307页。

隆下谕："传谕各省严加访缉，如有以天主教引诱男女聚众诵经者，立即查拿，分别首从，按法惩治。"① 此谕一下，全国立即掀起查拿西洋传教士的高潮，至乾隆十三年，先后查处了广东香山民人信教案、贵州婺州民人蒋应举等习教案、江苏山阳民人守从一等信教案、直隶清苑民人信教案、山东德

王府井天主堂，又称圣若瑟堂、东堂

州民人信教案、湖南益阳民人陈惟政习教案，以及江西抓获西洋传教士李世辅案、江苏拿获西洋传教士黄安多和汉方济案等。在三年的查禁过程中，西洋传教士有7人被处死，其中斩决1人、绞决2人、监毙4人。中国信教民人则被处以发配、枷号、查抄家产等处罚。所以乾隆十一年禁教，"是明末清初以来最严厉的一次禁教"，乾隆皇帝对这次禁教的评价则是：对传教士"稍加惩创"。②

乾隆朝第二次大规模禁教，以乾隆四十九年（1784）湖广总督特成额奏报在湖北襄阳拿获私入内地前往陕西传教的4名传教士为始，以传教士经过各省和案内涉及的中国民人籍贯省份为重点，在全国范围内开展查办私自入境传教士和信教民人行动。此次查禁，一直持续到乾隆五十一年（1786）。两年多的时间，乾隆皇帝除随时在各大臣奏折中下发查教批示外，还给各省大员下达专门谕旨30余道，有时一天下发2—3道，谕旨内容包括：一是责令有关人员抓紧查拿未获传教士和案内主要人员；二是关于对案内人员惩处问题；三是斥责查拿不力的地方官员。在乾隆皇帝的督令下，经稽查，先后在广东、福建、湖北、湖南、陕西、四川、山东、山西、直隶、甘肃等省拿获西洋传教士10名，全国共有数百信教教徒被捕。乾隆对他们的处置是：传教士监禁，数年后发交澳门，勒令回国；中国教徒中的骨干人员刺字、枷号，发配厄鲁特为奴；其他教徒杖责，勒令

---

① 中国第一历史档案馆编：《清中前期西洋天主教在华活动档案史料》第一册，中华书局，2003年，第155页。

② 中国第一历史档案馆编：《清中前期西洋天主教在华活动档案史料》第一册，中华书局，2003年，第105页。

出教。

除以上两次全国规模的查教惩教外,在乾隆十八年、十九年、三十二年、三十三年还先后发生了湖北拿获民人曹殿邦写经案、江苏常熟拿获西洋传教士张若瑟传教案、江西庐陵民人勾引传教士安当呢都传教案、河南桐柏县民人刘天祥等习教传教案。对这些教案的处理措施,也多是传教士监禁,民人杖责,重者发落为奴,轻者勒令出教。

除对传教士、信教民人进行惩罚外,乾隆皇帝认为,之所以西洋人能潜入内地传教,有的甚至能秘密行教长达20多年,主要是因为地方官员没有实心查拿,因此,乾隆朝对教案的处理,往往涉及一大批官员。特别是乾隆四十九年教案,被处官员达几十人。

嘉庆及道光朝中前期:除教

经过雍正、乾隆两朝的驱逐和惩治,天主教在中国的发展受到极大限制,传教士人数逐渐减少,除在京的传教士外,潜入各省的传教士已寥寥无几。但尽管禁令森严,传教士的活动却并未完全停止。当嘉庆十年(1805)传教士秘密传教活动暴露后,嘉庆皇帝从制度上、思想上、方法上采取了一系列比乾隆时期更加严密和严厉的措施,以期"正本清源",使天主教"根绝净尽"。总括嘉庆朝的禁教措施,主要有以下几点。

第一,严定惩治科条。

早在乾隆年间,在处理教案中,就有官员提出要严定惩治西洋传教士科条,但乾隆认为"实属多事"。[①] 所以历次教案的处理,基本是由大臣援例议定,报皇帝裁决,结果往往宽严不一。嘉庆十年(1805),发生了"德天赐"案件。其起因是嘉庆九年十二月,广东教徒陈若望违反"在京西洋人未经朝廷许可不得私递信件"的禁例,私自为在京传教士递送信件。陈行至江西被拿获,在其行囊中查出"西洋字书信十九封、汉字书信七封",在西洋字书信中,还夹有一件在京服务的西洋人德天赐手迹和标记的直隶广平府至山东登州府海口地图。江西巡抚将此奏折上达后,嘉庆皇帝降旨军机处严厉查讯。对查出的案内人员分别严行治罪,其中德天赐发热河圈禁,传信人陈若望等发伊犁给厄鲁特为奴,入教旗人销除旗

---

① 中国第一历史档案馆编:《清中前期西洋天主教在华活动档案史料》第二册,中华书局,2003年,第830页。

档,全案共有1000余人受到处罚。①

由此案起,嘉庆皇帝五月初一下了一道谕旨:"向来西洋堂事务俱派总管内务府大臣管理,而历任该管之大臣等,不能实心经理,其派委之司员亦不常川稽查,大率有名无实,即如近日德天赐等安行刊书传教,煽惑旗民,此皆由历任该管大臣官员等平日不能认真查察,以致伊等敢于私通书信往来交结。现在管理西洋堂事务之常福著无庸兼管,改派禄康、长麟、英和管理,其应如何设立章程,严加管束之处,著禄康等悉心妥议具奏。"②五月十五日,禄康等大臣根据嘉庆皇帝的谕令,拟就了"西洋堂管理章程草案"10条奏呈。草案内容主要包括:派官兵看守教堂,监视入堂者;京师四堂附近诸堂着令拍卖;供职钦天监西洋人出入有士兵一人同行;西洋人寄出寄入信件都要先报官检查;四堂服役之人不得再增加,并要造册登记;旗人奉教加倍治罪。嘉庆对此草案批示:"依议。钦此"。③ 这是百年禁教期清朝制定的第一个明确对西洋传教士严加管理的章程。

嘉庆十六年(1811)二月,在陕西又查出扶风县民人张铎德诵经传教,其供词中涉及京城传教士。陕西道监察御史甘家斌为此奏请严定"西洋人传教治罪专条"及官员失察处分定例。④ 嘉庆闻奏,立即发布上谕,令刑部再制定传教习教治罪条例。其谕曰:天主教"竟敢诳惑内地民人递相传习,致为人心风俗之害,则不可不严设例禁。前此屡示惩创,未经详立科条,著交刑部核议具奏"。⑤ 刑部根据历次惩教案例,于同年五月议定了"西洋人传教治罪专条"折奏请旨。嘉庆皇帝在当日的谕旨中,再次重申了自己对天主教的看法,同时严厉重申了治罪专条中的惩治内容,谕曰:"刑部议复御史甘家斌奏请严定西洋人传教治罪专条一折,西洋人素奉天主,其本国之人自行传习,原可置之不问,至若诳惑内地民

---

① 中国第一历史档案馆编:《清中前期西洋天主教在华活动档案史料》第二册,中华书局,2003年,第839页。

② 中国第一历史档案馆编:《清中前期西洋天主教在华活动档案史料》第二册,中华书局,2003年,第840页。

③ 中国第一历史档案馆编:《清中前期西洋天主教在华活动档案史料》第二册,中华书局,2003年,第852—855页。

④ 中国第一历史档案馆编:《清中前期西洋天主教在华活动档案史料》第二册,中华书局,2003年,第912页。

⑤ 中国第一历史档案馆编:《清中前期西洋天主教在华活动档案史料》第二册,中华书局,2003年,第913页。

人,甚至私立神甫等项名号,蔓延各省,实属大干法纪。而内地民人安心被其诱惑,递相传授,迷惘不解,岂不荒悖?试思其教不敬神明,不奉祖先,显叛正道,内地民人听从传习,受其诡立名号,此与悖逆何异?若不严定科条,大加惩创,何以杜邪术而正人心。嗣后西洋人有私自刊刻经卷,倡立讲会,蛊惑及众,确有实据,为首者竟当定之为绞决;传教煽惑而人数不多,亦无名号者,着定为绞候;其仅止听从入教不知悛改者,着发往黑龙江给索伦达呼尔为奴,旗人销去旗档……至直省地方,更无西洋人应当差使,岂可容其潜住,传习邪教。着各该督抚等实力严查,如有在境逗留,立即查拿,分别办理,以净根株。"① 该谕旨经刑部议奏,正式写入《大清律例》,这也是第一个入大清律的查禁传习西洋天主教法律。至此,清朝禁止西洋天主教活动有了法律上的依据。道光元年,又在此基础上,在《大清律例》中增补查禁天主教条文五条,使查禁天主教法条更加严厉,也更加完善。

与此同时,吏部和兵部也在乾隆朝议处失察传习天主教官员成例的基础上,制定了失察西洋人传教之文武官员议处条例:"凡失察之官员,原拟降二级调用,著改为三级调用;兼辖官原议降二级留任,著改为降三级留任;统辖大臣原议降一级留任,著改为降二级留任。"②

第二,加强对教民思想教育和精神惩罚措施。

由于天主教屡禁不绝,嘉庆皇帝为了弄明白究竟是什么邪说迷惑了那么多人,嘉庆十年,他亲自将军机大臣缴销的天主教有关书籍"几余披览",并签出各条,将自己的体会和对天主教的批驳写成上谕通告天下,以从思想上教育引导民人感悟悔改,"特揭出书籍所载各条,指示申谕",要求"嗣后旗民人等,读圣贤书,勿再听信邪教,执迷不悟,背本从邪,自不齿于人类"③。

嘉庆二十年,又谕令各省学政写批驳天主教论说进呈,并刊刻宣布民间。其谕曰:"治民之道,不外教养二端,六礼节性,八政防淫。古者逌人木铎,宣谕化导,使人易知易从,意至善也。直省生齿日繁,民愚易

---

① 中国第一历史档案馆编:《清中前期西洋天主教在华活动档案史料》第二册,中华书局,2003年,第922页。
② 《大清仁宗睿皇帝实录》卷二四六,第十九页,嘉庆十六年七月,中华书局,1986年。
③ 中国第一历史档案馆编:《清中前期西洋天主教在华活动档案史料》第二册,中华书局,2003年,第860页。

惑,近日传习邪教匪徒如白阳、红阳、大乘、无为,以及天主教各种名目,辗转煽诱,罹法者众,朕甚悯之,地方有司日日役于簿书钱谷,而于化民成俗之原恝焉不讲,甚非所以佐朕致治之意也。因思各省学政皆慎简儒臣,卑以教化之责,且按试州郡,远迩必周,于该省风土人情无难密访周知。奸民倡为邪说,颛蒙从而习之,或诱于财利,或溺于淫邪,均各有受蔽之由,著该学政各就按试之地,察其民人所易惑者,作为论说,剀切化导。其词无取深奥,但为辨其是非,喻以利害,明白浅近,使农夫贩竖皆可闻而动心。发交各州县官刊刻印刷,于城市乡村广为张贴,务俾家喻户晓,知所从违……该学政所做论说,遇有奏事之便,各录稿进呈,朕将亲览焉。"① 时有湖北学政朱士彦遵旨上呈《辟西洋天主教之说》一文,嘉庆看后批示:"所说俱是,家喻户晓,或可挽回,亦政治之一助耳。"②

在加强正面引导教育的同时,从嘉庆朝起,还开始对天主教进行文化上的清查和精神意识上的惩罚。如,嘉庆十年由德天赐案引发清查各地传教情况,发现京师各堂及地方均有刊刻的天主教书籍版片,御史蔡维钰等奏请严禁西洋人刻书传教,嘉庆借机下谕,重申禁例,并要求"嗣后著管理西洋堂事务大臣留心稽查,如有西洋人私刊书籍,即行查处销毁"。各堂存贮经卷,"交军机大臣会同刑部派员检查销毁,毋许存留"③。再如,对被拿获的信教民人,表示出教者,令其当众踩跨十字架,以防其以后思想上动摇反悔。④ 这种做法,到道光朝使用更多。甚至为让人们能彻底忘记天主教,在嘉庆年间铲去了北京天主堂门额上的"天主堂"字样,对收回的传教士房屋,也令全部改成民房式样。⑤

第三,严格对京师和西洋人的控制和管理,不再允许传教士留京和进京。

虽然"百年禁教"期所发生的教案往往和京师的传教士有关,但雍

---

① 中国第一历史档案馆编:《清中前期西洋天主教在华活动档案史料》第三册,中华书局,2003年,第1073页。
② 中国第一历史档案馆编:《清中前期西洋天主教在华活动档案史料》第三册,中华书局,2003年,第1074页。
③ 关文发著:《清帝列传·嘉庆帝》,吉林文史出版社,1993年,第307页。
④ 中国第一历史档案馆编:《清中前期西洋天主教在华活动档案史料》第三册,中华书局,2003年,第1099页。
⑤ 中国第一历史档案馆编:《清中前期西洋天主教在华活动档案史料》第三册,中华书局,2003年,第912页。

正、乾隆时期重点是驱逐和惩治潜入各地的传教士,对京师的传教士政策上相对较宽。其中雍正对其"只逐不惩"的禁教政策就曾解释道:"姑且以理化导,不宜遽绳之以法,何也?现今都中许其行教,一旦严惩,人岂诚服。"也就是说,碍于宫中还有传教士,对地方传教士的处置政策也暂且放宽了。乾隆朝的几件档案也很能说明此问题。如乾隆三十三年(1768),河南桐柏县拿获习教民人刘天祥,据其供,同教人袁胡子在乾隆二十年曾在京城南天主堂住,又在钦天监办事。同案王得臣又供,所查获其收藏的通功单、图像等物,"总由京师天主堂传来",其中抄纸一张,"原系钦天监戴姓所给",戴姓,即钦天监监正戴世贤。原档显示,在该奏折中的"京师"和"钦天监"字下,都有很清晰的朱笔圈点,显然这是乾隆皇帝的笔迹,他似乎是想在此批示点什么,但最后只在折上批个"知道了"。后来,只由顺天府府尹对京师传教士传讯两次,事情也就不了了之。①

而到嘉庆时期,潜入地方的传教士已经很少,宫中传教士逐渐成为查处的重点。如前所述,嘉庆十年德天赐案,嘉庆不仅严厉惩处了西洋传教士德天赐,而且命令撤换了管理西洋堂大臣,制定了《西洋天主堂管理章程》,该章程实质上是取缔京师天主教的章程,所以有的学者直接称该章程为"取缔天主教章程"。章程所列十条,从传教士到教堂管理人员的活动,从对四堂大门的监督把守到对其他教堂的处理,都做了严格规定。特别是嘉庆十六年的禁教案中,虽然教民对京师传教士的供词查无实据,但嘉庆还是下令对在京的西洋传教士进行了一次彻底的清查,此后,各教堂的后门又被堵砌,前门派弁兵看管,京师四堂的传教士基本完全被监控起来了。

除此外,从嘉庆九年允许最后两位西洋传教士高守谦、毕学源进京当差后,再不允许西洋传教士进京当差,并且嘉庆十六年又谕令:"西洋人现在京师居住者,不过令其在钦天监推步天文,无他技艺,足供差使,其不谙天文者何容任其闲住滋事!着该管大臣等即行查明,除在钦天监有推步天文差使者仍令供职外,其余西洋人俱着交发两广总督,俟有该国船只到粤,附便遣令归国。"据此,管理西洋堂事务大臣对在京传教士进行了清查,查得在京西洋人共11名,在钦天监供差的3名,即福文高、高守

---

① 中国第一历史档案馆编:《清中前期西洋天主教在华活动档案史料》第一册,中华书局,2003年,第273页。

谦、李拱宸；其他8名，其中贺清泰、吉得明、南弥德年老多病，毕学源能谙晓算法，此4人可留京，另外4人高临渊、颜诗莫、王雅各伯、德天赐因"学业未精，留京无用"，俱遣令归国。① 至此，京师传教士共留有7名。到嘉庆二十年，贺清泰、南弥德等陆续去世，京中传教士已所剩无几。再到道光四年福文高去世，道光六年吉得明和李拱宸去世，高守谦回澳门，北京只剩下了毕学源一个西洋传教士。

至此，从清初康熙谕令送西洋传教士入京，到嘉庆十六年将高临渊、颜诗莫、王雅各伯、德天赐4位传教士遣令回国，标志着天主教在中国一个传播时期的结束。

第四，运用保甲形式开展普遍清查。

嘉庆十六年订立"西洋人传教治罪专条"后，天主教正式列入《大清律例》查禁的邪教，从此，全国查禁天主教不再是皇帝谕令一次、全国开展查禁一次的活动，而是成了各级官员的日常工作职责。所以，从嘉庆十七年起，每年都有奏报查拿天主教案件。各地官员彻底清查自己管辖区的天主教，其中四川、湖北、贵州等地率先运用保甲形式进行普查。据四川总督常明嘉庆十七年八月奏报：该省先以有2000余户教民甘结出教，现又有200余户呈递悔结，"四川省天主邪教此时办理情形已可期渐次净尽"。十月，湖北查出襄郧一带民人习教，称不知有干例禁，"是以各属实行保甲之法，互为稽察，以期愚民等革面革心，不致误导法网"②。到嘉庆十九年，随各地不断上报在边远山区查获有天主教民情况，嘉庆皇帝谕令："现饬各省编查保甲……并出示晓谕绅耆人等，俾互相稽察，自行约束，有拜会入教者，禀官究治。"③ 此后，全国普遍推行编查保甲查禁教民的办法，仅在嘉庆二十年，就先后有直隶稽查古北保甲，察出祖习天主教民人案；赤峰县（今赤峰市）编查保甲查出民人赵人钱等习教案；四川查出西洋徐鉴牧师即李多林潜入川境传教案；湖南编查保甲访出应县民人张义监等习教案，以及查获西洋人兰月旺（蓝图勒哇若惘）潜入内地传教案等。

---

① 中国第一历史档案馆编：《清中前期西洋天主教在华活动档案史料》第二册，中华书局，2003年，第924、925页。

② 中国第一历史档案馆编：《清中前期西洋天主教在华活动档案史料》第三册，中华书局，2003年，第990页。

③ 中国第一历史档案馆编：《清中前期西洋天主教在华活动档案史料》第三册，中华书局，2003年，第998页。

经过普遍编查保甲，不仅像过筛子一样将全国各地城乡的天主教彻底清查了一遍，而且使民人互相稽察，为从根本上除教创造了条件。

二、清朝禁教政策越来越严的原因

雍、乾、嘉、道各朝的禁教政策为何越来越严厉，分析起来，原因是多方面的，情况也相当复杂，总括起来主要有以下几点。

1. 触动了清帝统治的政治思想基础

随国内外形势变化，清统治者感到天主教活动越来越涉及其政治统治的基础。任何一种宗教思想的形成和发展，都不能脱离当时的社会和政治背景，明末清初之际，天主教之所以能得以在中国传播，主要是利玛窦、罗明坚等早期耶稣会传教士，以适合中国民俗的方式进行传教，并使天主教教义儒学化。他们又以西方的科学技术和文化，结交中国士大夫，从而为天主教在中国的传播奠定了良好的基础，也得了中国皇帝的认可与宽容，准其在中国传播。也就是说，当时的天主教适应了中国传统的封建政治思想和文化，而这种思想和文化，首先是为统治者施行其政治统治服务的。而康熙后期因教皇改约，不允许中国教民祀祖、祭孔、敬天，从而引发礼仪之争，实质上是触动了中国封建统治的思想基础，才使康熙皇帝开始下令禁教。到雍正时期，又发生了4件促使雍正皇帝加大禁教力度的事件，而其中的"苏努诸子信教案"，使传教士又无意中搅进了宫廷的权力斗争，则是直接触犯了雍正皇帝个人的权力。再到乾隆时期，英国特使马戈尔尼访华，作为政治要求提出了在中国传教问题[1]；同时白莲教等民间秘密结社相继兴起，更使清朝皇帝越来越担心天主教和民间秘密结社有关。如乾隆四十九年（1784）陕甘回民起义爆发，恰在此时查出有西洋人在陕西行教，乾隆因此在上谕中道："今甘省逆回滋事，而西洋人前往陕西传教者又适逢其会，且陕甘两省回民杂处，恐不无勾结煽惑情事。"[2] 而除这种担心、怀疑之外，教民的一些行为更不能不让清朝皇帝感到天主

---

[1] 中国第一历史档案馆编：《清中前期西洋天主教在华活动档案史料》第二册，中华书局，2003年，第806页。

[2] 中国第一历史档案馆编：《清中前期西洋天主教在华活动档案史料》第二册，中华书局，2003年，第657页。

教的政治威胁。如乾隆十一年从福安教民陈从辉家中"搜出青缎绣金天主廉一架,上绣'主我中邦'四字";地方官缉捕传教士时,"被男妇围拥殴打受伤";传教士被拿获解省时,教民"送者甚众,有扳舆号泣者","或与抱头痛哭,或送给衣服银钱,或与打扇扎轿";审讯传教士时,适逢下雨,"该县衙役竟将自己凉帽给予遮盖,伊自露立雨中"①。而嘉庆时期,在查获的天主教有关刊物中又发现内容中竟有"天主是万邦之大君,耶稣系普天下人物之大君"② 等语。有的教民在接受审讯中甚至表示,"虽奉谕旨,亦不敢违天主之谕"③。这些都说明,在教民心中,天主远远重于皇帝。教民的种种做法,都是犯政治大忌的。所以,随着国内外政治形势的发展,越往后期,清朝皇帝越感到天主教不仅有违中国传统的思想和风俗,而且有害政治的统治和根基。这里我们对清朝皇帝对天主教的认识变化再作以对比:

朝年	清廷对天主教的认识	对传教士的政策	具体措施
康熙三十一年	因浙江发生禁教事件,康熙认为"视天主教为邪教殊属无辜"。	天主堂俱照旧存留,不必禁止。	
康熙四十五年前	自利玛窦到中国"二百余年,并无贪妖邪乱,无非修道,平安无事,未犯中国法度"。	可以行教。	
康熙四十五年至康熙五十八年	尔等所行之教与中国毫无损益。在中国不多,不在中国不少。	只要遵守利玛窦规矩,不今天来明天走,可以在内地居住。若不守利玛窦规矩,必逐回去。	康熙五十八年向传教士发允许居住印票。
康熙五十九年	竟是和尚道士,异端小教。	禁止可也,免得多事。	
雍正元年	福建住西洋人在地方生事。	从大臣之请,查禁天主教。	收回印票,教堂改别用,除技艺人外,余迁广东、澳门居住。

---

① 中国第一历史档案馆编:《清中前期西洋天主教在华活动档案史料》第一册,中华书局,2003 年,第 88 页。

② 中国第一历史档案馆编:《清中前期西洋天主教在华活动档案史料》第三册,中华书局,2003 年,第 859 页。

③ 中国第一历史档案馆编:《清中前期西洋天主教在华活动档案史料》第三册,中华书局,2003 年,第 839 页。

续表

朝年	清廷对天主教的认识	对传教士的政策	具体措施
雍正十年	传教士住广东后仍不悛改。	行为甚属不法。	教民分别惩治,传教士悉行驱逐澳门。
乾隆十一年、乾隆十九年	原系西洋本国之教,与大乘等教尚有区别。	全绳之以法,与抚绥远人之意未协。	分别首从按法惩治,一般西洋人递解澳门,宫中传教士免罪。
乾隆四十九年	天主教与回教相仿,虽非比别项邪教,究系违例。	西洋人潜赴内地传教惑众,最为人心风俗之害。	严密查拿。
嘉庆十年	查获在京传教士私递书信。	在京当差西洋人不安分守法,必须严惩。	首犯圈禁,定西洋堂管理章程10条,严格控制在京传教士活动。
嘉庆十六年	天主教绝灭伦理,不止大干例禁,为国家之隐忧,贻害最大,比白莲教尤甚。	一经拿获,从重治罪,断不宽贷。	定严惩西洋教治罪专条12条和失察天主教文武官员处分条例。
道光元年	同上	同上	在《大清律例》中增补查禁天主教条例。

由上我们不难看出,从康熙皇帝认为天主教并非邪教,到嘉庆皇帝认为天主教政治危害比白莲教尤甚,这种在政治上截然相反的认识变化,正是百年禁教越来越严的根本原因。

2. 地方大员的推动

在百年禁教期的历次查教禁教运动中,地方高级官员起了很大的作用。对此,中国人民大学马钊先生曾专门做过论述,他认为,地方高级官员对禁教的推动作用表现主要有三:①这些官员"是各省教案的报告者";②"是禁教政策的执行者"①;③通过奏折在一定程度上影响皇帝的决策。综观每次禁教运动,首发者都是地方大员,并且他们的奏报口气往往直接影响皇帝决策,他们的建议和措施有时甚至比皇帝还严厉。如前所述,雍正年间第一个奏报查禁天主教的是闽浙总督觉罗满保,并且是他

---

① 马钊著:《乾隆朝地方高级官员与查禁天主教活动》,《清史研究》,1998年第4期。

提出了将西洋人"或送京师或遣回澳门"的具体建议。对这次禁教,雍正皇帝曾解释是:"朕因封疆大吏之请,庭议之奏实行。"① 乾隆朝第一次大规模禁教,则因福建巡抚周学健之奏而兴。周学健第一折上达后,乾隆并不以为然,他批到:"办理甚妥,知道了。董启祚(福宁知府,最早发现并报告天主教活动的人)尚能如此留心,亦属可嘉,其人如何?"说明乾隆此时重视的不在天主教,他更关心的是最早报告该事件的人的情况。后来周学健又连上两折,报告天主教的活动,分析天主教的危害,口气一次比一次严重。他认为,"若使伊等夷人止于引人颂经持斋,广其异说,尚非坏纪乱法之事;即其引诱妇女守贞不嫁,日夕同居,男女无别,难免无淫僻之事,尚当以化外之人宽其既往……然蛊惑民心之邪术变换不测,悖逆不道之行迹显然昭著。"最后他提出:"乘此严定科条,治其诬世惑民之大罪。"此后福建按察使、直隶总督、顺天府尹等也纷纷上奏,要求对天主教"议定治罪之严例"②。正是在这些大员的推动下,才有了乾隆年间对天主教的第一次严惩。而再到乾隆、嘉庆年间,全国历次查禁天主教大案,以及嘉庆年间制定惩治天主教科条等措施,无不是因为大臣的奏报引起,并在地方大臣的强烈建议下进行的。

3. 宫中传教士越来越失去皇帝的信任

明末清初中国皇帝允许天主教在中国传播,除其教义适应了中国的传统文化礼仪外,还在于传教士们得以进入宫廷,得到了皇帝的赏识和信任。如顺治皇帝信任汤若望,尊称其"玛法"(老师),还常召入内庭,免除跪拜,赏赐隆厚,"若望本司铎,然顺治不视为司铎,而视为内庭行走之老臣"③;康熙时期召入宫廷的传教士达30余人,他们为清廷服务,领取清政府的俸禄,接受清廷的爵位,其物质待遇高于康熙手下一般满汉大臣。南怀仁、徐日升、白晋、张诚等都深得康熙皇帝的赏识,命在宫廷教授天文、数学、音乐,还经常被单独召见,多次随扈出巡。为酬劳他们的效力,当康熙三十一年浙江发生禁教事件时,康熙曾特发上谕:"现在

---

① 中国第一历史档案馆编:《清中前期西洋天主教在华活动档案史料》第一册,中华书局,2003年,第58页。

② 中国第一历史档案馆编:《清中前期西洋天主教在华活动档案史料》第一册,中华书局,2003年,第89页。

③ 陈垣著:《陈垣学术论文集》,中华书局,1980年,第500页。

西洋人治理历法，前用兵之际，制造军器，效力勤劳，近随征俄罗斯，亦有劳绩。"因此，"各处天主堂，俱照旧存留，凡进香供奉之人，仍许照旧行走，不必禁止"①；而雍正在第一次禁教时，也因钦天监传教士戴进贤之请，允准其他传教士缓期搬往澳门；甚至到乾隆初年，因其喜欢意大利传教士郎世宁的画，曾表示不驱逐传教士。总之，清朝皇帝比较重视宫廷的传教士，很大程度上，允许传教是因为宫廷的传教士，即便百年禁教期，也曾因宫廷传教士的影响有时放宽了政策。但越往后随着事态的发展，宫中的传教士越失去皇帝的信任。

宫中传教士失信的原因和表现主要有三方面。

一是越来越多的教案涉及宫中传教士。雍、乾、嘉、道各朝禁教之发端，多是从地方开始，开始时涉及宫中传教士的不多，但越到后期，案件查来查去，往往都和北京的传教士有关。如前所述，乾隆十一年，就有清苑县民人供称均系"在京师天主堂传习入教"，并"供出天主堂传教之傅姓、张姓、戴姓等人"②；乾隆三十三年，河南桐柏县信教民人刘天祥也供称，同教人袁胡子曾住在京城南天主堂，又在钦天监办事。其收藏的通功单、图像等物，"总由京师天主堂传来"③；嘉庆十年最大的传教士私递信件案，直接涉及在钦天监服务的德天赐；嘉庆十六年在陕西查出扶风县民人张铎德诵经传教案，也涉及京城传教士。由于教案的牵连，清帝对传教士自然越来越不信任。如，乾隆十八年湖北巡抚奏报在襄阳盘获信教民人有"番字书札各情"，此处无认识之人，请交宫中传教士翻译。乾隆皇帝就批道："若交与西洋人在钦天监者，令其译汉，即札中有不法情弊，伊等恐亦未必写出实情。"④ 到了嘉庆时期，更公开表示对传教士的不信任，在订立天主堂管理章程中明确规定，对传教士的一切外出活动，都要派人跟踪监视。

二是传教士本身文化素质越来越低下。很明显地看出，明末清初的传

---

① 刘潞著：《清代皇权与中外文化——满汉融合与中西文化交流的时代》，商务印书馆，1998年，第106页。

② 中国第一历史档案馆编：《清中前期西洋天主教在华活动档案史料》第一册，中华书局，2003年，第103页。

③ 中国第一历史档案馆编：《清中前期西洋天主教在华活动档案史料》第一册，中华书局，2003年，第273页。

④ 中国第一历史档案馆编：《清中前期西洋天主教在华活动档案史料》第一册，中华书局，2003年，第196页。

教士，大多有很深的文化素养，知识广博，专长突出，所以深得皇帝的器重。而后来的传教士，总体上越来越不如清前期，所以皇帝对待传教士很少再有像清初顺治对汤若望那样直接的召对，也很少有像康熙时期任用徐日升、白晋、张诚那样被聘为专责大臣、顾问乃至帝师之人。

三是科技在宫廷的衰落。传教士得以进入宫廷，最主要的原因是他们带来了西方的科学技术，并且这种科学技术得到了皇帝的欣赏。康熙皇帝最重视西方科技，所以是传教士被召入宫廷最多的时期，也是西方科技传入最多的时期，从天文历法到大地测量，从医药解剖到音乐绘画，各方面的传教士都有；雍正、乾隆时期虽然也有传教士任职钦天监，并让传教士进行了舆图测绘，但他们都远不如康熙重视自然科学；再到嘉庆、道光时期，皇帝思想更趋保守，传教士的作用仅仅是在钦天监服务和绘画，而此时按照嘉庆皇帝的话说，"钦天监通晓算法者并不乏人"①。所以传教士在宫里作用已越来越小。特别因为，传教士带来的这些自然科学，仅仅局限在宫廷，并没有给当时的中国社会经济带来效益。即便康熙、乾隆时期任用传教士费时十几年测绘的"皇舆全览图"，最后也被束之高阁，仅仅是成了清宫舆图馆的藏品。科学技术是生产力，只有用于生产建设、用于社会才会有生命力。由于西方传教士带来的科学技术仅仅建立在满足皇帝的喜好上，所以随着宫廷里皇帝喜好的变化，科技在宫廷逐渐被冷落，传教士也就失去了留在宫廷的价值，得到皇帝的信任也就无从谈起。

总之，中国皇帝喜欢的是传教士带来的西方技术，并为其服务，而传教士则是为着传教目的而来，科学技术只是其为了更好行教的一种方式和手段，这本身是一种矛盾。当清朝皇帝允许传教时，这种矛盾并不显现，而一旦不允许传教，这种矛盾就突显出来，并越来越尖锐，最终必然是清政府禁教政策越来越严厉。但是在"百年禁教"时期，尽管清诸帝对天主教采取了越来越严厉的查禁政策，但天主教作为一种思想文化却并没能完全得到禁止，相反成为清后期和西方各国交涉的重要问题，给中国社会带来了深刻影响。

---

① 中国第一历史档案馆编：《清中前期西洋天主教在华活动档案史料》第二册，中华书局，2003年，第890页。

明清时期的诰命与敕命

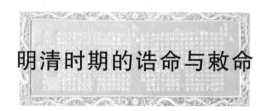

圣旨是中国封建社会皇帝制、诏、诰、敕、谕、旨、批等命令的总称。现在社会上流传的所谓"圣旨",实际多为明清两朝皇帝封赠官员及其先人、妻室的诰命与敕命。近年来,在影视、戏曲等文艺作品中,经常出现皇帝圣旨或"情景再现"颁发圣旨的场面,那么皇帝圣旨到底是什么样的?圣旨里又隐藏了多少故事?

乾隆朝封阿拉善亲王封册

一、明清诰命、敕命的产生及沿袭

诰命、敕命又称诰书、敕书,是中国封建社会皇帝对臣僚或赐予官阶或封赠爵号并赋予一定特权的凭证文书。

诰,是以上告下的意思,古代以大义谕众谓之"诰"。诰作为王命文书始于西周,秦废不用,汉代偶尔用之。魏晋南北朝至唐代,遇文武官员升降赏罚之时,即按官员品级给本人一种文书,称之"告身",上面记载着官员品衔、任官事迹等,相当于现在的任免证书。到了宋代,这种单纯的任免证书性质的告身,不仅可以用来任命官员,而且同时可封赠官员的先代、妻室和子孙。生者为"封",死者为"赠"。元朝时又对封赠官员按品级做了区分:封赠一品至五品官员用白色纸缮写,叫"宣命";六品至九品官员用以红色纸缮写,叫"敕牒"。

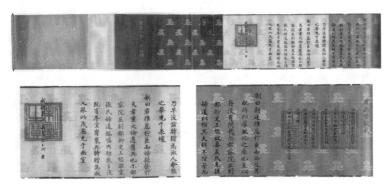

明成化五年(1469)封都察院左都御史王恕及赠其两位亡妻诰命

敕,亦作勑,为告诫的意思。敕作为帝王封爵和告诫官僚使用的文书,始于西汉,比诰晚。

明沿用唐宋之制,同时又吸纳了元代的做法,从封赠人员的条件、范围、品级、称谓、袭次,到诰命、敕命的颜色、图案、质地等,都做了详细规定。清代则基本沿袭了明代的制度和做法,但是也结合满族特点,有所变化。这种封赠制度一直沿用到清朝灭亡。

二、明清两朝封赠制度和诰命、敕命的异同

(1) 受封赠人员的范围大致相同。明清两代可以得到皇帝封赠的人员,基本都是四类:第一类是皇家宗室成员,包括亲王、郡王、贝勒、贝子、公主、郡主、县主、县君、乡君及驸马等;第二类是逐步升职得到封爵的文武官员;第三类是边疆少数民族王公首领和各宗教首领;第四类是有封贡关系国家的王妃、世子、世孙。

(2) 文武官员受封赠的条件和等级基本相同。明朝初期规定,在京

179

官员,先试用一年,再三年考满称职,始得封赠;外官三年考满称职,给本人诰敕,六年始得封赠。后来逐渐放宽了条件,京官免去一年试用期,三年考满即可全给封赠,外官三年满一考,其中的优秀者,也给封赠。其后各朝,基本是三年考满或多少年无过错,或是三年考满任内收粮超过多少石以上,或遇阵亡死节等情形,都可以给予诰命、敕命。即不光要有资格资历,还要有政绩。公侯、一品至五品官员授诰命,六品至九品授敕命。

清朝从入关前的天命年间始,仿照明朝做法给官员赠授诰命,但是这时清朝的封赠制度还不健全,格式还不规范。清入关以后,基本按照明朝规定,确定了封赠文武官员的条件。顺治初年规定:官员遇有覃恩及三年考满,例给封赠。顺治五年(1648)又下诏说,满族自开国以来,屡次出征,著有劳绩,对他们应分别升叙,凡实授官员,一概给予世袭诰命。

(3)准许官员获封赠次数的规定基本相同。明清两代都是实行"覃恩封赠",也就是官职和爵号不仅授给官员本人,而且可以"上荣其考祖,下及其子孙",有的还可以袭封数代或世袭罔替,祖祖辈辈享有特权。明清规定官员获得封赠的次数基本相同:一品可以获封赠三代,二三品封赠两代,四品至七品封赠一代,八品九品只封赠本人。

(4)封赠的职级和称谓,明清两朝均有异同。明代受封赠者及父祖辈的职级分为九等十八级,每一等又有"初授""升授"和"加授"之分,称谓从"荣禄大夫"到"登仕左郎",多达40种。清朝没有"初授""升授""加授"的区别,所以称谓虽然也是从"光禄大夫"至"登仕佐郎",但比明朝职级称谓少,共有17种。

(5)受封赠者祖母、母、妻的封赠称谓,明清基本相同,一品官的曾祖母、祖母、母、妻称"一品夫人";二品官的祖母、母、妻称"夫人";三品官的祖母、母、妻称"淑人";四品官的母、妻称"恭人";五品官的母、妻称"宜人";六品官的母、妻称"安人";七品官的母、妻称"孺人";八品、九品官的妻分别称"八品孺人""九品孺人"。但不论几品夫人,只要获得封赠,俗称都叫"诰命夫人"。诰命夫人没有实权,但按照品级享受俸禄。

(6)诰、敕命的形制和图案明清两朝有异有同。明清时期的诰命、敕命都是写在丝织物上面的文书,卷轴式。诰命宽都是30厘米左右,长度则因为官员品级不同,袭封次数不同,不完全一致。到清乾隆年间规定,"诰命长丈六尺,高一尺","敕书长一丈"。从现存的明清诰命、敕命实物看,有的5米多长的,也有的1米多长。

明代的诰命颜色一般为苍、青、黄、赤、黑五种,官员品级越高,诰命颜色越多。诰命的卷头和卷尾,织有"奉天诰命"四字;敕命一般是单色,卷头和卷尾织有"奉天敕命"四字,字两旁有升龙和降龙盘绕。

锦面图案按官员品级,从高到低依次为鹤、鸾、狮子、麒麟、瑞荷、芙蓉、瑞草、四季花、葵花。

诰轴的轴头,按官员品级,从高到低依次为玉轴、犀牛角轴、抹金轴、角轴、乌木轴。

清代的诰命、敕命形质虽然沿用明制,但图案织文等有所发展和变化。诰命或三色,或五色,有的还用七色织成。

清代文武官员诰命头尾织文也都是"奉天诰命"四字,底色上有图案,周边没边框;但是,王公世袭罔替诰命织文则只有"诰命"两个字,底色上没有图案,周边有绢心龙边;还有的外藩蒙古亲王、郡王诰命,头尾只有手绘的升龙和降龙,但没有字,这些都和一般文武官员的诰命有所不同。

清代诰命的锦面和轴头,与明朝基本相同。锦面从高到低依次为鹤狮锦、麒麟及赤尾虎锦、瑞荷锦、瑞草锦、葵花锦。轴头从高到低依次为玉轴、犀轴、抹金轴、角轴、木轴。但是,清代各朝的叫法不完全相同,比如,二品的麒麟及赤尾虎锦又叫"螭锦";三四品的瑞荷锦和五品用的瑞草锦又叫"牡丹花锦"。嘉庆朝以后,三四品用的又叫"洋莲锦";五品的又叫"如意锦";六品以下的葵花锦又泛称"小团花锦"。

清嘉庆十四年(1809)敕封刑部左侍郎祖之望夫妇诰命

到清朝末年,由于财政困难,清朝诰、敕文书质料变得很差。宣统二年(1910),经浙江巡抚增韫奏请,将诰、敕锦面改用纸幅,将织锦图案改为手绘图案。礼部议复:"一律改织为绘,惟尺寸及轴头幅面不得稍易旧制。"

（7）诰命、敕命撰写格式明清两朝有很大不同。明清两代诰命、敕命都是先由礼部、吏部等各部按规定具题，恩准后交翰林院撰文，再由内阁中书舍人缮写，最后用宝。虽然程序基本相同，但是，明清两代的诰、敕文体格式却有明显不同。

明代诰、敕字数没有严格限定，明初（1368）至成化（1465）以前，诰、敕文体比较朴实，文字不太长，一般百字上下。比如洪武八年（1375）正月赐乌斯藏哈尔麻喇嘛卒尔普寺的诰命，只有81个字。同年封御史中丞兼弘文馆学士刘基为诚意伯的诰命，共102字。后来，随着封赠制度的完善和社会风气的变化，明代诰敕文辞追求华丽，文字浮夸冗长，有的多达上千字。明代早期，诰命和敕命，制首有的是以"奉天承运皇帝圣旨"八个字开头，有的则直接用"皇帝圣旨"四个字开头。后来，制首都是以"奉天承运皇帝制曰"八个字开头。

清入关之前和入关之初基本是沿袭明制，诰命、敕命文字比较质朴写实，没有字数要求。到顺治十二年（1655），清朝规定了各品级诰敕字数：一品至三品官员，诰文起始和结尾都是六句，中间事实分别为十四句、十二句、十句，结尾六句；四品五品官员，起始四句，中间八句，结尾四句；六品七品官员，起始四句，中间六句，结尾四句；八品九品官员，起始二句，中间四句，结尾二句。即用的是四六字句或六四字句格式的骈体文。其文字则用满汉两种文字书写，封赠蒙藏少数民族王公和宗教首领，分别用满蒙或满藏文字书写。

康熙二十四年（1685）改为各按官职大小，撰写统一的文字，文式存内阁，印刷成草本，有官员请封时，经批准，由承办官直接在草本上填注姓名就行了。所以，现存的清康熙以后的诰命、敕命文书，同一品级的文式大多千篇一律，开头文字大体相同，只有姓名、职衔、日期及袭封次数方面有区别。

清代诰命、敕命的制首，都是以"奉天承运皇帝制曰"八个字开头。所以影视作品中宣读圣旨，开头都是"奉天承运皇帝诏曰"是不对的，只有皇帝向天下宣告重大事务的诏书，才用"奉天承运皇帝诏曰"，一般向文武官员颁发的圣旨不是用"诏曰"，而是用"制曰"。

（8）明清不同的防假措施。为了防止诰、敕作假，明清两代采用了不同的办法，明代用的办法，一是给每件诰命、敕命编号。明洪武六年

(1373)议定，于诰尾添织某字第某号，字号初用二十八宿，后用《急就章》为号。诰封公、侯、伯、番王和一品、二品官员，用仁、义、礼、智字编号；文官三品以下用十二支、文、行、忠、信字编号；武官初编用二十八宿，续编用千字文编号。均以千号为满。"每字编满一千道，仍从前续编"。王及驸马不编号，土官按文武分类编号。二是在字号上再加盖半边"广运之宝"，就像现在的骑缝章。

清代诰命、敕命文书不用骑缝章，但是用满汉文书写，满字自左向右，汉字自右向左，合于中间书写年月，加盖印宝。从乾隆年开始，为防止诰命、敕命作假，在五色丝锦上，文字又改由用多种颜色书写。

（9）诰命、敕命的保管和补发明清两朝基本相同。明清诰命、敕命一般是在年节庆典时颁发，颁发时有规定的仪式。颁发后由受封者家人世代保存，保存不好要受处罚。但是有几种情况可以补发诰命、敕命，即非责任事故造成被盗，或是被水灾、火灾等损坏，这些都可以由本部门或本地方官上奏请旨，然后由吏部按原封赠文底缮文补发。

三、诰命、敕命中蕴含的历史文化价值

诰命、敕命作为封赠文书，从宋到清，共沿袭实行了950多年。特别明清两朝，完善了封赠制度，从世爵、亲王到一般文武官员，从民族宗教首领到外国王妃世子，都可以得到封赠。这种制度之所以一直受到中国最高封建统治者的重视和青睐，是因为它当时有着特殊的政治功能，通过这种封赠形式，最高统治者可以有效地笼络和稳定官僚阶层，巩固和扩大他们的统治支柱和社会基础。所以明朝早在洪武元年（1368）七月，朱元璋刚刚称帝不久，就开始论功行赏，确定了向文武大臣颁发诰命、敕命礼仪。清朝则在还没得到天下时，就开始用诰命封赠将士，用以鼓励士气。现在，明清诰命、敕命的政治功能虽然已经消失了，但是它的历史文化价值却越来越大了。可以说每一件诰命、敕命中，都蕴含着鲜活的历史故事，都是研究明清历史和人物的第一手资料。

例如，西藏自治区档案馆现存有一件明朝洪武六年（1373）二月颁给搠思公失监的诰命。内容是说，明朝得了天下，要在西藏俄力思，即现在的阿里地区，设立军民元帅府，搠思公失监久居该地方，他能真心来归，保境安土，所以委任他为元帅府元帅。从这件诰命中我们可以知道，

从明朝洪武六年开始，中国已经正式在阿里设官置府，实施管理。这不仅是西藏是中国领土的有力证明，而且这件档案还可以纠正过去一些著述的误差。如范文澜先生在其《中国通史》（第八册）中写道：明太祖立国后，随即遣使往元代的吐蕃地区招谕……洪武八年（1375）正月，在纳里（阿里）地区设置俄力思军民元帅府。范文澜先生写的这个时间比诰命中说的时间晚两年，说明是错误的。

再如，中国国家博物馆存有顺治四年升授宋友功、左有进为三等阿达哈哈番的诰命。这两个人史书上都没有记载，人物并不那么重要，但要研究或了解他们，这是唯一的资料。特别是通过这两件诰命，记载了一段历史事实，即吴三桂引清兵入关，得到了所有下级部将的支持，所以清朝入关以后，他的部将也都得到了相应的封赏。

清顺治四年（1647）授宋友功三等阿达哈哈番诰命

另外还有一些世袭罔替诰命，往往在一件文件上连续诰封一家数代，时间记录长达上百年，其中有的还记载着受封赠者的详细任官履历，所以既是一个家族的兴盛史，也是研究社会历史的珍贵史料。例如，中国第一历史档案馆有一件清廷敕封吴发把特玛尔的世袭诰命，从入关前的崇德元年（1636）一直到乾隆四十四年（1779），先后9次敕封吴发把特玛尔本人及其子孙，共延续封了4代143年。为什么封赠他呢？诰命上写得很清楚：吴发把特玛尔在努尔哈赤势力还不强大的时候，离弃兄弟，首先率藩属来归。他不仅支持了努尔哈赤，而且在对察哈尔的瓦解中，起到了重要的带头作用。

诰命、敕命除具有重要的历史价值外，由于它的形制的特殊性，还有一定的文物文化价值。明清诰命、敕命质地多为织锦，除清朝后期诰命、敕命质地较差外，其他各个年代的质地都很好。另外，诰命上有多种图案，虽然艺术性不高，但各种图案造型都有丰富的文化含义，有一定的文化价值。所以现在明清诰命、敕命市场收藏价格不断升高，并且人们多是把它当作文物收藏。

四、两岸现存明清诰命、敕命及有关单位收藏明清诰命、敕命情况

明清两代的诰命、敕命，历经数百年历史沧桑，有很大部分已经遗失。比如，据《明实录》太祖高皇帝实录记载，明洪武二十六年（1393），仅"颁诰命于云南都指挥使司及京卫各都司卫所凡官百四人"，即封赠了104人，但是，我们现在还没发现一件洪武二十六年的诰命。清康熙十二年也曾下旨，诰、敕"每月俱著办写一千轴"，这个数虽然不是每年如此，但是还是比我们现在能发现的数量多多了。现在保存下来的具体有多少，没法确切估量，曾有人大约估计，"遗留下来的明清诰命、敕命在2万件左右"，但是这个估数极其不准确。保存下来的明清诰命、敕命，部分收藏在档案馆、图书馆以及文物部门，部分收藏在民间。

我所知道全国档案部门存有明清诰命、敕命的有：中国第一历史档案馆、西藏自治区档案馆、安徽省档案馆、河南省档案馆、河北省档案馆、黑龙江省档案馆、吉林省档案馆、内蒙古自治区档案馆、内蒙古鄂尔多斯市档案馆、内蒙古阿拉善左旗档案馆、北京市档案馆、陕西省铜川市档案馆等。

全国博物馆、图书馆收藏明清诰命、敕命较多的有：北京故宫博物院、中国国家博物馆、甘肃省博物馆、内蒙古自治区博物馆、旅顺博物馆、南京历史博物馆、首都博物馆、国家图书馆。其中收藏明清诰命、敕命最多的是甘肃省博物馆，有40多件，只可惜他们把这些诰命、敕命当成了契约文书。

另外各地市县博物馆、图书馆及有关历史研究部门也都有些收藏。研究部门收藏较多的是中国台北中研院历史语言研究所，存有清朝诰命、敕命20多件，并且主要是王公世袭诰命和清中前期的诰命。

除国家的文博部门外，近几年，还出现了以收藏诰命、敕命为主的民

间博物馆。一是江苏徐州"炎黄圣旨博物馆",该馆收藏有明清诰命、敕命20多件。二是山东聊城"明清圣旨博物馆",收藏明清诰命10余件。

以上这些档案馆、图书馆、博物馆收藏的诰命和敕命,其来源大都是从民间征集或收购进馆的,非清宫所存物品。只有中国第一历史档案馆所存和中国台北中研院历史语言研究所所存的部分,是原来收藏在清宫大内的原物。

本来是发给受封赠者的文书怎么会又回到清宫大内?因为根据规定,以下几种情况,诰命、敕命要收缴。一是授封者死后无子嗣承袭要收缴;二是受封人犯案要收缴;三是诰命、敕命夫人改嫁要收缴。

据记载,追缴的诰命、敕命,明朝时存放在宫中古今通集库,清朝存放在宫内的内阁大库。明时的古今通集库和清时的内阁大库都位于宫中的东南隅,建筑形式十分相似。古今通集库今已不存,清内阁大库分为东库和西库,西库叫红本库,东库叫实录库,明清时期的诰命、敕命文书存放在实录库。这就是中国第一历史档案馆现存明清诰命和敕命的来历。

中国台北中研院历史语言研究所所存的明清诰命和敕命,则是故宫南迁文物的一部分,1949年被运到台湾,但是他们后来也从社会上购买了一部分。这是中国台北中研院历史语言研究所现存有内阁大库明清诰命、敕命的来历。

近二三十年,民间发现诰命、敕命的情况也很多,有的是在自家拆盖旧房子时发现的,有的是老人年老了才把多年的收藏拿出来示人或捐赠的,也有是拿出来拍卖想补贴家用的。

这些明清时期的诰命、敕命能保存下来十分不易,所以这些年来随着收藏市场的升温,明清诰命、敕命的价格也越来越高。

五、明清诰命、敕命价值及其制度 与实物相悖的几个问题

明清时期,虽然对诰命、敕命制作形制有严格的规定,并且采取了严格的防假措施,但是我们现在仍然能看到一些明清诰命、敕命实物与制度相悖的问题。

(1)用印与规制不吻合。要证明诰命、敕命的有效和尊荣,必须盖宝。明清两代,诰命所盖宝都是"制诰之宝",敕命用的都是"敕命之

宝",宝盖的位置在文尾年月日之上。根据清代"制诰之宝"改铸的年代考证,清代"制诰之宝"印玺字形变化有三个阶段。第一阶段,入关之前用的是汉篆"制诰之宝",据说,这个"制诰之宝"就是蒙古林丹汗之妻归附大清时带来的;第二阶段,清入关以后(约在顺治七年前后)到乾隆十三年(1748)前,诰命上用的是满汉合璧的"制诰之宝",汉字是篆字,满字不是篆字;第三阶段,乾隆十三年,乾隆皇帝将宫中所存的39宝改铸为二十五宝,此后清代的诰命、敕命上用的"制诰之宝"和"敕命之宝",满汉文都是篆文。但是在实物中发现,清崇德时期就用了满汉合璧的"制诰之宝"。

(2)按照清会典规定,有一部分追缴回来的诰命、敕命是要销毁的,如,康熙十八年题准:"凡文武官员遇恩诏受封者,此后贪赃,及军机　罪、失陷城池、军机贻误革职逃走官员,祖父、父、本身诰敕,俱行追夺销毁;其余平常之事贻误革职官员,止将本身诰敕,追夺销毁。"这说明有些追缴回来后当时已经销毁了。但是,实际现存实物中还有这种诰命、敕命。

(3)按照明清制度,所有诰命,制文前都必须先有一升一降双龙盘绕的"奉天诰命"四字,但是在实物中却有只绘有龙却没有文字的诰命。

(4)清朝的诰命,按制度满文部分和汉文部分一样,制文前也要有一升一降双龙盘绕的满文"奉天诰命"四字,其后才是以"奉天承运皇帝制曰"开头的制文,但是世袭诰命中,有的满文"奉天诰命"四字,却是"奉天承运"四字,制文则直接开头就是"皇帝制曰"。

另外,还有的锦面图案没有按品级严格执行。

这些问题,不知是制作不严格,还是有人作假,这些无法解释的问题,有待今后进一步考证。

清宫档案说清史

清代的国史馆及其修史制度

清代的国史馆,是掌纂修清朝历史的常设性专门机构。从康熙二十九年(1690)正式设立,到宣统三年(1911)被北洋政府接管,200多年间,国史馆先后纂修各朝纪、志、传、表及大清一统志、皇清奏议等史籍40余种①。在纂修这些史籍的过程中,国史馆制定了一系列章程、规则、条例、凡例和办法,形成了数以万计的功课档、分校档、阅签档、考勤档等纪实性工作档案。以这些档案文件为基础,总其200余年的修史制度和方法,对于我们今天的史学研究和大型清史纂修工作,不无裨益和借鉴。

一、机构设置及职掌

清代国史馆的前身,是清入关前1636年所设内三院之国史院,当时职责是"掌记注起居诏令,凡用兵行政事宜、纂修实录、编纂一切机密文移及各官章奏、记官员升降册、追赠贝勒等册文,凡六部事宜可入史册者,选择记载,并外藩往来书札,俱编入史册"②。其实就是为纂修清朝历史积累材料。康熙二十九年(1690),为纂修天命、天聪(崇德)和顺治三朝实录,正式设立国史馆,地点在故宫西华门迤东熙和门西南武英殿前,史成馆撤。乾隆元年(1736),为修天命、天聪、顺治、康熙、雍正五朝本纪,和"排纂表、志、列传",再开国史馆,地

---

① 一种说法,见于档案记载的有27种,见《故宫博物院院刊》1981年第3期,李鹏年《国史馆及其档案》。

② 中国第一历史档案馆藏:国史馆档,第1卷,《谨拟开馆办法九条》。

点改在东华门内,乾隆十四年,五朝本纪修成,史馆亦停。乾隆三十年,为重修国史列传,又开国史馆,并成为常设机构,职掌"修明国史",负责将"列圣本纪、臣工列传、大臣年表、天文地理、礼乐刑法、食货等十四志,凡有关列代法制者,悉萃于斯,岁时纂辑成编,进呈上览"。直到宣统三年,由北洋政府接管。1914年,赵尔巽以此为基础领修清史,改名清史馆。

道光十三年(1833)潘世恩谢任命充国史馆总裁官折

国史馆隶属翰林院,成为常设机构前,用内阁典籍厅印信,后颁用了长方形印记。其内部机构设置无记载,但从其各项章程、办法及与各机构往来文移中可以看到,道光朝以前,设有总纂处、满纂修房、汉纂修房、长编处、收掌处、誊录处、满校对处、汉校对处、钞报处、呈送处、翻译股、书库等机构。光绪、宣统年间,该机构设置有所扩大和调整,相继改设和增加的新部门有:满总纂处、汉总纂处、长编股、奏议处、满文移处、汉文移处、蒙古文移处、承发房、点拨股、满堂、蒙古堂、表传处、十四志处、四传处、画一处、大臣传处、币库等。①

国史馆设有庞大的编纂队伍,初步统计,一般情况下编纂人员100余人,佐职杂役200余人,光绪十四年曾达到632人。② 其职官职位设置,按宣统年间分列,主要有:总裁、副总裁、清文总校、满提调、汉提调、蒙古提调、帮提调、总纂、纂修、协修、笔削员、校对、收掌、誊录、供

---

① 中国第一历史档案馆藏:国史馆档,卷978、979。
② 中国第一历史档案馆藏:国史馆档,卷972。

事。① 见于其他朝代的还有：呈送、记名、额外记名、帮办、传头、帮传头、股头、点拨员等。②

各职官的派充及职责职掌是：

（1）"总裁向系大学士兼充，副总裁尚书、侍郎兼充"，"向来满汉总裁各一员，满汉副总裁各一二员不等。如遇缺出，特旨简派大学士、尚书充总裁，尚书、侍郎充副总裁"。③ 总裁、副总裁的职责是"掌修国史"，"督同提调等官，筹办满汉臣工列传及各种书籍"④。总裁、副总裁直接受命于皇帝，一切"应行恪遵面谕"。

（2）满、汉、蒙提调各二至五名不等⑤，主要从内阁侍读、翰林院侍读、编修、检讨中派充。"掌章奏文移，治其吏役"⑥。

（3）"总纂、纂修、协修各任纂辑之事"，"计有一百余员之众"。⑦ 其中总纂"满洲四人，蒙古二人，汉六人。纂修、协修，无定员"⑧。满洲总纂、纂修以内阁侍读学士、侍读中书及部属、科道等官派充，汉总纂、纂修、协修以翰林院侍读、编修、检讨学士以下各官派充。⑨

（4）校对，"掌校勘之事"，由内阁中书兼充。《光绪会典》和《清史稿》均载："校对，满、蒙、汉各八人。"而实际上，远不止此数。道光年间校对曾达68人，光绪十四年更曾高达348人。⑩

（5）清文总校一名，专司清文正本总校之事。"清字正本系清文总校专司，恭阅阅定后，满总裁恭校奏进"，"清文总校向系各部院满洲、蒙古右侍郎及内阁学士兼充"⑪。清文总校的地位，光宣年间仅次于副总裁，这和清前中期位于提调之后不同，其主要原因，当是由于咸丰、同治以后大臣中精通满文的人已越来越少之故。

（6）收掌、誊录，分掌收发登记大臣功课、往来文移、誊抄文稿等事务。收掌多从内阁中书、各部院笔帖式中选取，誊录则主要由候补、候

---

① 中国第一历史档案馆藏：国史馆档，卷931、942、977。
② 中国第一历史档案馆藏：国史馆档，卷971、979。
③ 中国第一历史档案馆藏：国史馆档，卷973。
④⑪ 中国第一历史档案馆藏：国史馆档，卷736。
⑤ 中国第一历史档案馆藏：国史馆档，卷977。
⑥⑨ 《光绪会典》卷七十，第4页。
⑦ 中国第一历史档案馆藏：国史馆档，卷1，王瑞现《奏为酌筹史馆办公经费提充编纂章程事》。
⑧ 《清史稿》卷115，志91，职官2，中华书局，1976年。
⑩ 中国第一历史档案馆藏：国史馆档，卷972。

选知县、同知，以及廪生、监生、附生承担。

（7）供事以下佐职杂役，人员庞杂，其中有承发供事、长编供事、各传供事、夜班供事等多种。① 清末国史馆总纂王瑞现奏折曾写道："总纂、纂修、协修……计有一百余员之众，供事之录副查书以供奔走者，其数尤多。"② 在宣统年间国史馆的官名册上，仅传上供事即达100人。③ 下面仅将道光年间国史馆职官设置及派充情况列表示之。

清代的国史馆及其修史制度

道光年间国史馆职官设置及人员来源

原所在机构及职务		在国史馆兼任职责及人数							
		总裁、副总裁	提调	前纂	纂修	协修	校对	收掌	誊录
大学士		13人							
尚书		8人							
侍郎		3人							
内阁	侍读		23人						
	中书						68人	4人	
翰林院	侍读		2人		4人				
	侍讲			1人	3人				
	编修		30人	18人	44人	38人			
	修撰			2人		1人			
	检讨		2人	1人	2人	4人			
詹事府	庶正	2人							
	赞善				2人				
内务府笔帖式								3人	
吏、户、兵、刑部笔帖式								4人	
理藩院大理寺候选道判								9人	
举人候选知县									

---

①③ 中国第一历史档案馆藏：国史馆档，卷977。
② 中国第一历史档案馆藏：国史馆档，卷1，王瑞现《奏为酌筹史馆办公经费提充编纂章程事》。

191

续表

原所在机构及职务	在国史馆兼任职责及人数							
	总裁、副总裁	提调	前纂	纂修	协修	校对	收掌	誊录
廪贡生、监生、候选通判、候选盐大使								87人
合　计　共：376人	24人	59人	24人	53人	43人	68人	20人	87人
当年实际在任人数　共：210人	4人	4人	6人	17人	28人	48人	20人	87人

在这里要说明的是，因该表所依之原档只记有道光朝，而没记具体的年，所以只能用"当年"笼统表示。从表中可以看出：①国史馆编纂人员来源范围很广；②纂写人员以翰林院等衙署的编修、检讨等人员为主，可以说集中了优秀的史才；③纂修人员流动性很大，尤其是提调、纂修等人；④根据该档所记当年人数，一般每年实际在职人数约200人左右。①

综上所述，国史馆编纂人员基本分为三部分：第一部分，总裁、副总裁，他们是最上层的领衔者，直接对皇帝负责。第二部分，纂辑人员，其中提调承上启下，提协调度，即是最高的行政管理人员，负有管理吏役之责，又是权威的史籍审定者，特别是光宣时期，"总纂、纂修到馆办传者甚少，是以志传各书，大都提宪躬亲审定"，"提调总一馆之成"。② 总纂、纂修、协修是国史馆编纂队伍的主体组成部分，直接的执笔人员。第三部分，校对、收掌、誊录、供事等佐杂职员，负有前期查书，后期缮校等佐助服务之责，人员众多，职掌庞杂，并且许多纂修协修一身二任，既是编纂写作人员，又是查书校书之人。

二、修史制度与方法

（1）体例原则及制度。中国古代史籍体裁、体例多样，自司马迁著

---

① 中国第一历史档案馆藏：国史馆档，卷942。
② 中国第一历史档案馆藏：国史馆档，卷1，王瑞现《奏为酌筹史馆办公经费提充编纂章程事》。

《史记》，创立纪传体，纪传体渐渐在史学界取得主流地位，并被封建统治者视为国史或正史的体例。清代国史馆所修国史，沿用了传统的修史体例，分为本纪、传、志、表四种。

本纪。是按年月次序编写的帝王简史，以记载帝王的言行政绩为中心，兼记当时的政治、经济、军事、文化等重大事件。清朝定制，国史馆要为每位皇帝修本纪。从乾隆元年起，国史馆先纂修了太祖、太宗、世祖、圣祖、世宗五朝本纪，以后均为后任皇帝为前位皇帝修本纪。到光绪朝修穆宗毅皇帝本纪，国史馆共修了九朝皇帝本纪。记述范围包括皇帝登基、祭祀、朝贺、筵宴、谒陵、巡幸、行围等。本纪修成后，誊缮满汉文各两份，装潢成帙，分藏于乾清宫和皇史宬。

传。"传以记人物"，是历朝国史的重要组成部分。清国史馆所修各类人物传有：大臣传、忠义传、儒林传、文苑传、循吏传、孝友传、列女传、七司传、四裔传、贰臣传、逆臣传、宗室王公传、蒙古王公传、昭忠祠传等十几种。其中，大臣传所占比例最高。清制，大臣列传"每届十年复辑一次"。凡文职官员，京官侍郎、副都御史、大理寺卿以上，地方官巡抚以上；武职提督、总兵、副都统、领队大臣、办事大臣，皆入大臣列传。在现存国史馆档案中，仅大臣传传稿就多达3300余人，比刊行的《清史列传》人物总数还多。其他如循吏、忠义、文苑、孝友、列女等传，其范围和定例，和以往各朝基本相同。惟贰臣传、逆臣传是乾隆时特下谕设立的，并且别有立意。即将洪承畴、祖大寿等俘擒投顺清朝的明将，立为"贰臣"。乾隆认为此等"不能为其主临危授命，辄复畏死幸生，腼颜降附"之人，虽曾为清朝开创大一统天下立过功，但仍不能与"开国时范文程、承平时李光地等之纯一无疵者毫无辨别"，"朕思此等大节有亏之人，不能念其建有功绩，谅于生前，亦不能因其尚有后人，原于既死，今为准情酌理，自应于国史内，另立贰臣传一门"。① 在贰臣中，又将"先顺流贼仍降本朝，投诚后复行从逆者"，"特立逆臣传，另为一编，应使叛逆之徒，不得与诸臣并登汗简，而生平秽迹，亦难逃斧钺之诛"。②

志。是按门类记述史事的史籍，其功用是阐述各种制度。清国史馆修

---

① 《光绪会典》卷七十，第2页。
② 《光绪会典》卷七十，第3页。

有天文志、地理志、河渠志、食货志、礼志、兵志、乐志、刑法志、时宪志、文艺志、舆服志、仪卫志、职官志、选举志、科举志等10余志。后《清史稿》在此基础上，合为16志。

表。是按年月列记各项职官史迹制度变化的。正史有表，始于《史记》。唐代史学家刘知几曾称《史记》创表，能"使读者阅文便睹，举目可详。"① 清朝十分重视史表，万斯同曾说："读史不读表，非深于史者也。"② 国史馆主要编制有文武大臣年表、宗室王公表、蒙古王公表、恩封表、外藩表。大臣年表，"向系每届十年或五年，奏请续办一次"③。但嘉庆以前只有文职大臣年表。嘉庆二十五年，从福建道监察御史米鸿条奏："国史馆从前未纂武职大臣表，应请敕下该馆，将国初以来至近年武职大臣年表额缺、增删、移并源流及历任姓名，纂辑成书，以昭完备。"④ 至道光十五年补纂完竣，以后遂成定制。

嘉庆十六年任命国史馆总校官上谕

国史馆除按制纂修纪、传、志、表入国史外，还兼编纂皇清奏议、大清一统志及随时奉旨交办的其他史籍。

（2）选材范围与方法。修史重在选材，清代国史馆不论修国史还是其他史籍，都将搜集资料放在首位，并有明确的制度。

选材范围。本纪，以实录为本，起居注等辅之；列传、表，以"内阁所存上谕原片，并外纪、丝纶，军机处所存之月折、廷寄、议复、译汉、廷寄剿捕"等为主，各衙门咨报的材料为辅；志、表兼取各衙门咨送的资料和上谕等档案。

选材方法。首先是从官方档案、书籍中查找抄录，其次是通过内阁、理藩院、兵部等衙门，向中央和地方各级衙门咨取，然后编制史料长编。

从官方档案书籍中查抄资料的工作，谓之"查书抄书"。在清末的

---

① （唐）刘知几著：《史通·杂说》。
② 陈秉才、王锦贵著：《中国历史书籍目录学》，书目文献出版社，第101页。
③ 中国第一历史档案馆藏：国史馆档，卷1，王瑞现等奏片。
④ 中国第一历史档案馆藏：国史馆档，卷376，贾桢奏折。

《国史馆改良办法》中,有多项关于查书抄书的规则。如"查书规则""经理查书规则""摘抄事迹规则"等。并设有经理查书人、查书人、摘事迹人、抄事迹人、收书人等。查书抄书的程序是:先由经理查书人根据编纂需要"将应查各书清理一过,并斟酌某书多寡,分派均匀",发给查书人;再由查书人"按所开名单详细记熟",如查到所需内容,"将此页折上一角,全部查完后,交还经理查书人";然后经理查书人"于查书簿注明,某书自某日起,某日查毕,又换某书接查",并将已查过的书"分别登出,即交摘事迹人办理","摘事迹人于应查之书随交随摘","摘毕一朝即交抄事迹人抄录";最后,由抄事迹人缮清,"详细对妥,交收书人归入传包"①。这样,整个查书抄书过程才算完结。

向各衙门咨取资料。现存国史馆档中,有大量的职官履历册、事迹册、各地方志、测绘图、户口册,各衙门制定的章程、则例等,都是当时各衙门移送的修史资料。光绪年间兴办儒林、文苑传,曾向各省大量咨取各种官私书籍和资料。其章程规定:"各省志书应行文各省催取,已刻者以刻本送馆,未成者饬志局采录。各传送馆志书外,私家记载……并应由各省督抚采送","私家著述……应行文各省学使……令其采访呈上,由本省督抚设法运送。已刻者以刻本上,未刻者由地方官筹资录上。"国史馆并认为,"以一州县之力,筹资录一二百卷书,不为扰也。"②

(3) 编纂史料长编。这是国史馆选材阶段的一项重要工作。主要做法是,先将所选资料按月日黏连一起,成为长编,然后笔削成书。国史馆因列传涉及人员多,选材范围广,难度较大。故"向援宋臣司马光、李焘修史之例,先办长编,将各项档案详叙事由,汇为总档,纂时按年查取,以免遗漏"③。乾隆朝规定:史料长编"每届十年编辑一次"。至嘉庆十九年,国史馆总裁托津等遵旨酌议纂辑章程时,以"史馆所办臣工列传,其事迹均需恭查各项档册,检查非易,奏请嗣后每届五年即为排纂"④,得旨允行。长编分为总档和目录总册两类,"以总档为经,总册为纬,按日查取,避免疏漏"⑤。长编的排纂次序是:"首载上谕、次外

---

① 中国第一历史档案馆藏:国史馆档,卷1,酌拟国史馆改良办法、办传事宜、当差差额及任事专查、办事规则。
② 中国第一历史档案馆藏:国史馆档,卷1,谨拟兴办儒林文苑章程。
③④ 中国第一历史档案馆藏:国史馆档,卷933,托津折。
⑤ 李鹏年著:《国史馆及其档案》,《故宫博物院院刊》1981年第3期。

纪、次月折、次廷寄、廷寄剿捕,其丝纶则载于逐日之末。各条俱用朱印标识于上。"① 现存国史馆档中,有大量的长编档册,从中可以看出,国史馆编纂人员相当多的时间用于编纂史料长编。

清代修书处——北京故宫武英殿建筑群

(4) 纂辑程序和制度。清代国史馆修史200余年,先后纂辑各朝纪、志、传、表40余种,在长期的编纂工作中,形成了一套较为系统完整的编纂程序和制度。

定凡例。纂辑某种史籍前,国史馆向例制定章程和凡例。既如本纪,虽各朝体例相沿,但纂修每朝本纪前,仍先定凡例,以为慎重。如光绪朝修穆宗毅皇帝本纪,凡例中所说:"本纪为志、传纲领,事赅词简,体例至严……不敢繁亦不敢略,从史例也。"② 现存国史馆档中,有各种纂修章程、凡例数十件,都是国史馆在纂辑各种史籍中制定的。列传的凡例更多,如"画一大臣传凡例""画一忠义传凡例""所辑现办续纂蒙古王公表传凡例""现办画一传凡例",续增儒林、文苑、循吏、孝友、隐逸各传条例、凡例等十数件大臣列传凡例。这些凡例,对每种史籍的写法、要求、格式、用字等,标列得都十分具体、详细。"凡例所书各事,或系小注前衔,或事迹等项,俱按条剖明,何事应如何适从,总期易归画一,以免阅者鲁鱼混淆,庶办理不无裨益。"③

---

① 中国第一历史档案馆藏:国史馆档,卷1,长编档凡例。
② 中国第一历史档案馆藏:国史馆档,卷1,本纪凡例。
③ 中国第一历史档案馆藏:国史馆档,卷1,所辑现办续纂蒙古王公表传凡例略说。

故宫武英殿

分功课。将应纂志、传、表等史籍，或按人数，或按章节类别，分派给纂修、协修等人员纂写，谓为分工课。有无要纂写的功课，例由各志、传处确定。分派工课由总纂处堂上承值官负责。"发功课时，承值人应先查明有无批发之件，再行发给"，"遇有开功课单时，先向十四志问明有无应开功课。"① 分发功课的原则，一是"持平"，宣统年间所订"功课办法"明确提出，"发交之件，尤贵持平，如功课丛集于一二人……其弊非积压即草率"；二是办完旧件，方得派给新件，"馆中交办功课，总以节节清理为要"，"无论何项功课，初辑、复辑必须持已领之件办完交馆，然后续领，既得专攻，亦免压搁"②。

纂写。按照"总纂、纂修、协修各任纂辑之事"，"初辑功课，协修领办，复辑功课，纂修领办"的原则，史稿纂辑一般是协修写初稿，纂修改复稿，总纂审稿。但在实际执行中，有时也有交叉，协修官可以承担纂修官的工作，总纂、纂修也可以做协修官的事情。

对初辑稿，要求内容"从宽从详""以备日后去取"③。复辑稿要求，"课以简明详瞻为主，毋取乎篇幅之长"④。"既经复辑，仍须笔削者，必期斟酌尽善，方为不负厥职"⑤。为保证纂稿数量质量，要求纂辑人员，"必细心搜讨，详加考核，以求完备。初辑者不宜拉杂，复辑者不得敷衍了事"⑥。

标点校对。国史馆规定，纂辑人员将"每月功课缮成正副本后，即交校对官印句读圈，悉心校对，以无漏无讹为要"。校对一般是两校，对

---

① ④ 中国第一历史档案馆藏：国史馆档，卷1，酌拟国史馆改良办法、办传事宜、当差差额及任事专查、办事规则。

② ⑤ ⑥ 中国第一历史档案馆藏：国史馆档，卷1，功课办法。

③ 中国第一历史档案馆藏：国史馆档，卷1，谨拟兴办儒林文苑章程。

清代国史馆修逆臣传、贰臣传

校对人员的要求是："务须随到随校，至迟以两日为率，届时派馆中茶役去取。勿得推故迟宕，并于页面粘签，注明校对官某某及收到日期，校讫日期，以凭核查。"① 印句读圈即加印标点。各种史籍，凡进呈御览本，要加印标点，并对标点格式有严格要求。"印句圈须在字下右旁紧接，勿得逾线压字，读圈须在字下中间。句圈读圈尤应审视明白，不可草率误用，若遇句读介在两可之间，请从缓加圈。"② 在一统志、大臣传等拟进呈本上，几乎每册都在醒目处印有此项规定和要求，并印成样页，附在每册第一页，以凭校对人员参照。对内容、用字、校对要求更高。

审定。在标点校对的基础上，由总裁、提调、总纂等总校定审。从"阅鉴档""校档""总裁、提调签改查档"等档案中可以看到，凡经审定过的稿件，多注有"某某大人阅"等字样。其中多数审校得相当认真，如光绪四年长编总档中，有正副总裁世续、荣庆的审校档，稿中多处批有"某页、某字错，应改"；"某字有疑义，请查"等内容。但到光绪末年，"总纂、纂修到馆办传者甚少，是以志传各书，大都提宪躬亲审定。每届预备（进呈）功课，无不忙迫，甚至有临时甫将底稿改妥。缮写既未能正，而校对尤未能详。"故宣统元年，总纂王瑞现等曾奏拟"提堂于总纂、纂修各约定二位，襄同办进呈功课"③。

---

① 中国第一历史档案馆藏：国史馆档，卷1，改定国史馆章程条例。
② 中国第一历史档案馆藏：国史馆档，卷59，一统志分校档。
③ 中国第一历史档案馆藏：国史馆档，卷1，酌拟国史馆改良办法、办传事宜、当差差额及任事专查、办事规则。

誊录进呈。总审校后的审定本，例交誊录处誊录人员，分满、汉文按期誊录缮正，最后由总裁等进呈御览。进呈按季办理，"向分春秋四季，每季分四单，首单系清字满传四本；二三单则大臣忠义传各四本；四单则地理志是也"，"春季功课，必须于上年冬季预备，秋季功课，必须夏间预备"①。进呈时还有一套繁杂的仪式。至此，整个纂写过程方告完毕，一种完整的史籍交付库贮。

三、人员管理制度及方法

清代的国史馆，虽是一个常设性专门机构，但因其工作性质，人员分别来于不同的衙署。编纂人员大部分人属于"兼职"，并且流动变化性较大，甚至有些地方实缺大员如总督、巡抚挂名国史馆总裁、提调等职。因职不所专，给人员管理带来了特殊性。国史馆实行的基本是日常堂期考勤和定期功课考绩相结合，对特殊岗位人员实行特殊政策的管理制度和方法。

1. 日常堂期考勤制

国史馆规定，三、六、九是例定堂期，各职员均应到堂上班。堂期分早、晚两堂。到堂时间一般"夏令早堂期八钟，午刻散值；冬令晚堂期则午刻到馆，五钟散值"。任务多时，逢五、十两日加班。为检查了解员工堂期到堂情况，各志、传处立有"日常考勤簿""加班考勤簿""卯簿"，分记日常堂期和加班日每人每天到堂时刻，摘抄、缮写各功课数量。平时则"由传头留意考察勤惰，仍由总承发不时稽查，如有违以上规则者，回堂办理"。另外还立有请假簿，各员工如因事不能到堂，要"于先一日向本股或本传头声明事由，回明提宪允许，方准给假。否则以无故不到论，记过一次。"②

2. 月功课考绩制

总纂、纂修、协修等编纂人员，平时多不到堂办公。对这些人员的管

---

①② 中国第一历史档案馆藏：国史馆档，卷1，酌拟国史馆改良办法、办传事宜、当差差额及任事专查、办事规则。

理,虽也记堂期考勤,但主要的办法还是记功课以考其绩。针对不同人员,国史馆设有各种"堂期功课档"和"月功课表"。

堂期功课档,主要记编纂、校对人员每月交来纂校史稿数量、内容。方法是"承值、纂、协修诸人,于堂上交功课后,在功课上注明某日交功课若干页。仍不时核对,以免舛错"①。堂期功课又分为"纂修官功课档""协修官功课档""校对功课档"等。

月功课表,是将各纂辑人员"每月所交功课,特列一表,核计总数,分注于每人名下"的统计表。表中所列项目包括姓名、纂稿类别、月统计页数。下面是宣统三年"协修官各项功课月统计表"中对王震昌的功课统计。②

官印	类别
王震昌	儒林传、大臣传、十四志
月计	二百八十九页

3. 特殊人员定额计量给酬制

誊录人员按字计价列等。在没有打字机的时代,誊录是史籍编纂中一项不可忽视的工作。国史馆采取的办法是,由誊录人员自愿认领誊抄数目,按期收回,按字数计价列等给酬。为此,国史馆立"誊录发缮档",专门记录每位誊录人员誊录字数、扣数、折价钱数、是否领取等情况。如光绪朝"发缮各项长编档"记道:"光绪三十四年十二月,一号邬玉如,共缮一百十五扣,合钱拾陆吊一百文,领。二号房赞卿,共缮十二扣,合钱一吊六百八十文,正月十七日领。……以上共缮长编字一千四百八十九页,每页按一百四十文,共合钱二百零八吊四百六十文。"③ 誊录任务紧迫时,除按字计价给酬外,还明标列示给予的等级。如道光六年,为赶办"大清一统志进呈本",曾明确规定:誊录人员"领字二十万以上者,列一等;十二万以上者,列二等;八万字以上者,列三等;不及八万

---

① 中国第一历史档案馆藏:国史馆档,卷1,酌拟国史馆改良办法、办传事宜、当差差额及任事专查、办事规则。
② 中国第一历史档案馆藏:国史馆档,卷59,协修官各项功课月统计表。
③ 中国第一历史档案馆藏:国史馆档,卷55,发缮各项长编档。

者不列等"①。

笔削员定额给酬制。光绪年间，因总纂、纂修、协修长期不到馆办公，纂写任务有时受影响，故国史馆另增笔削员 10 名。并规定"每员按月纂传一篇（忠义、大臣、蒙古王公）、纂志一二卷，以二三十开为率，或纂辑传一篇，复辑志一二卷为定"。每员月支津贴银五十两。又规定：对笔削员"派定功课，按月纂办，如纂办不及数者，酌扣津贴"②。

4. 所有人员五年一次考课议叙制

在日常堂期考勤、月功课考绩的基础上，国史馆例行 5 年一次考课议叙制。届时，由总裁将 5 年内纂成并呈进书籍类目、数量详细开列，将参与人员另为一册，视其勤绩，分列三等，循例奏请议叙。但总裁、副总裁、提调例不得邀奖。如宣统元年国史馆总裁请奖折中写道："查臣馆前经奏明，每届五年考课一次，将在馆人员请旨赏给议叙，节经循例奏请，荷蒙恩准在案。自光绪二十九年议叙后至三十四年，又届五年，所有遵旨编纂臣工列传及十四志，臣等督同提调、总纂、纂修、协修等官详细纂辑，随纂随进，统计五年内进呈过清字大臣列传二十八卷、清字忠义传二十八卷、汉字大臣列传五十六卷、汉字忠义传五十六卷、地理志五十六卷，统计共二百二十四卷。臣等核计，在馆人员尚属奋勉……循例请旨议叙。宣统元年三月二十五日奉旨，依议。"③ 又如嘉庆十五年至二十年，进呈清汉列传 256 本、清汉忠义传 218 本、儒林传 36 本，共计 510 本。嘉庆二十一年请赏参与该年度的在馆编纂人员，其中被列为一等的 47 人，二等以下的 262 人。④

四、几点启示和借鉴

综观国史馆的修编史过程，虽其编纂体例完全沿用了旧的史体，纂史思想完全是从封建统治者的需要出发，以帝王将相为中心，贯穿着唯心史

---

① 中国第一历史档案馆藏：国史馆档，卷 17，提宪谕。
② 中国第一历史档案馆藏：国史馆档，卷 1，改定国史馆章程条例。
③ 中国第一历史档案馆藏：国史馆档，卷 933，托津折。
④ 中国第一历史档案馆藏：国史馆档，卷 931。

清宫档案说清史

观、天命论等封建的糟粕，但弃其思想观点，析其制度方法，总其经验，仍有许多可资借鉴的地方。

（1）大量利用原始档案，为修史打好基础。利用档案修史，是中国历史的优良传统，从司马迁"抽石室金匮之书"著《史记》，到清朝顺治、康熙皇帝下令汇集明朝"上下文移"修《明史》，卷帙浩繁的二十四史，大都是利用档案修纂的。清朝国史馆所修国史，更是大量利用了原始的档案。其纂史的过程，相当多的时间是查阅编纂档案史料的过程。特别是其中的臣工列传，是在编纂史料长编的基础上，再浓缩纂辑而成的，从根本上保证了各传资料的原始性和真实性。今天，我们不可能完全采用国史馆编纂史料的方法来整理汇集清朝的档案和资料，但却可以吸收其经验，用更科学的方法和更高新的科学技术，分类将重要档案拍照扫描，为修史打下坚实的基础。

（2）严格规范的编纂体例和凡例，保证所修史籍的统一性、系统性。因国史馆编纂人员来自不同的衙署，每个人笔法、风格各异，若没有统一的规则凡例，所纂史籍，或有交叉、或有重复、或有遗漏、或长短不一、或表述各异，都会影响史籍的质量。国史馆虽反复纂修纪、志、表、传，但还是每修一史，必制定凡例。就其多次改定的各种划一凡例来说，其中有因朝代和形势变化的重新改定的因素，但很大程度上，是因为"编纂非出一手，体例稍有参差"①。这种先起凡例后作传的做法，保证了各传笔法、内容、形式的统一和规范，也是中国修史撰书的良好传统。今天要修大型清史，既没有现成的体例、凡例可以直接沿用，还因为工程浩大，更须认真制定标准，统一体例。

（3）以严谨认真的治史精神，把好审校关。如前所述，国史馆所修各史，一般要求两校，但如果细算起来，还不止于此。首先编纂史料长编后有一校，纂稿完成后有两校，最后进呈皇帝前，总裁等还要终校定审，前前后后，实际不下四校，故在国史馆档中，各史籍一般有草本（底本）、修改本、审定本、稿本、进呈本、正本、副本、汉文本、满文本等多个版本。这种严谨的作风，是值得我们认真学习的。

（4）考勤、考绩相结合，对不同层次人员实行不同的管理制度，是可取的方法。国史馆人员来源广泛，既有抽调的"兼职"人员，也有考

---

① 中国第一历史档案馆藏：国史馆档，卷933，托津折。

试录用的人员；既有坐堂办公人员，也有不坐堂人员；还有按价计酬的特殊人员。采取考勤、考绩相结合，不同人不同制的方法，综合了各方面的实际，兼顾了各方面的利益，比较有利于调动各方面人员的积极性。这种办法，对我们今天修史，也不无参考价值。

总之，国史馆修史 200 余年，形成了系统的规章，积淀了诸多可取的经验。我们应以马列主义的唯物史观，实事求是地加以分析，去其糟粕，取其精华，用其经验，很好地为今天修史服务。

清代的国史馆及其修史制度

清朝国家最高学府兼教育管理机构国子监

一、国子监名称的由来及职能

"国子",简言之即"国之学子",古代泛指贵族子弟。东汉经学家郑玄注曰:"国子,公卿大夫之子弟。"《汉书·礼乐志》曰:"国子者,卿大夫之子弟也。"

北京国子监街

"监"字本是象形字,意思是临水照看自己的容颜,后来多表示监督、监视。作为官署名,"监"是政府机构的意思,如牧马监、钦天监、中书监,"监"读作"jiàn"而不读"jiān"。读"jiān"容易让人产生误解,因为历史上的监狱有男监、女监,但没有专门囚禁贵族子弟之监。所以监狱之"监"(jiān)与国子监之"监"(jiàn),虽然都有看管、监督的含义,但性质截然不同。将"国子"和"监"合起来,简言之,就是为国之学子而设立的最高学府。

但是，中国古代的国子监，又具有对全国教育的管理功能，所以它既是国家最高学府，又是一个政府机构，是兼具教学和全国教育管理双重职能的国家机构。

康熙四十四年（1705）御书"彝伦堂"匾额

二、国子监的历史沿革

中国古代的最高学府是太学，始于西周。其后各朝又称太学为成均、东序、右学、上庠。西晋武帝时期，设立了只招收五品以上官僚子弟的国子学，与太学并立，形成了贵族与下层士人分途教育的双轨制度。至隋朝，改国子学为国子监。此后，国子监成为兼具全国教育管理职能的国家最高学府。而太学则有时独立存在，有时成为国子监的一个组成部分，有时又被取消。在国子学和太学并存的年代，国子学招收的学员要求更高，学生大都属于高官子弟，而太学学生地位要低于国子学学生。

到了明朝，由于首都北迁，在北京、南京分别设立了国子监，设在南京的国子监被称为"南监"或"南雍"，设在北京的国子监被称为"北监"或"北雍"。

北京的国子监始建于元朝大德十年（1306），是我国现存的唯一一所古代中央大学建筑，也是我国元、明、清三代国家管理教育的最高行政机关和国家设立的最高学府所在地。北京国子监位于安定门内成贤街，坐北朝南。中轴线依序为集贤门、太学门、琉璃牌坊、辟雍、彝伦堂、敬一亭。主体建筑两侧有"二厅六堂"、御碑亭、钟鼓楼等，前院东侧与孔庙相通，构成"左庙右学"的格局，体现的是尊师重教，左为大。明初国子监曾一度改名为北平府学，永乐二年（1404）又改名国子监，清朝继续沿用。

作为古代中央大学，北京国子监历来备受国家重视，曾多次修建，尤其经明永乐、正统年间分别进行大规模修缮。清乾隆年间增建辟雍后，形成了今天的建筑规模和格局。因当时通往国子监的路大多是即将进入仕途的学生使用，是所谓贤达之士走的街，所以被称为"成贤街"，这也是国子监大街有"成贤街"牌坊的来历。

光绪二十四年（1898）戊戌变法，京师大学堂（即北京大学）创办，标志着中国近代高等教育的开端。京师大学堂和国子监作为新旧教育的两端，国子监的教育体制不断受到新教育体制的冲击，先是减少了招收名额，后又增加了舆地、画图、外国政治、历史、法律、语言文字、体操等新学学科，并将"南学"改为"成均高等学堂"。至光绪三十一年十一月，清朝成立了新的国家最高教育管理机构——学部，主管全国文教事务，国子监的教育行政管理职能被学部代替。创设不久的成均高等学堂也从国子监中分离出来，被学部接管，改设为"京师第一初级师范学堂"，国子监只剩下了一座空壳建筑，从此退出历史政治舞台，成了纯粹供后人瞻仰的庙祝。

康熙五十二年（1713）任命刑部尚书孙嘉淦总管国子监上谕

三、清朝时期国子监的机构设置

国子监机构的设置历朝不尽同，但没太大变化。清朝初期，国子监曾隶属礼部，顺治十五年（1658）从礼部分出，康熙二年（1663）又回归礼部，康熙十年再度从礼部分出，成为直属中央政府的独立机构。

清朝时期，国子监设管理监事大臣1人，在满、汉大学士，尚书，侍郎内特简。下设祭酒、司业、监丞、博士、典簿、典籍、助教、教习、笔帖式、经承、学正、学录、额外汉教习等职官。后又增设了算学，特设满管理大臣1人、汉助教1人、汉教习2人。国子监设官总数多达148人。

道光九年（1829）考试满洲教习题

国子监官员因为负有管理与承担教育士子的重任，具有亦官亦师的身份，这就要求他们，尤其是直接负责教学及考试的官员，必须拥有较高的科名，具备较好的学养，足以担负教养士子之责。所以清政府规定：满族国子监祭酒、司业必须是科甲出身，即必须是参加过国家正规科考录用的人员，其他出身的人员，如捐纳、荐举等人员皆不得用；汉族国子监祭酒、司业，必须是殿试二甲以上进士出身，国子监监丞、博士、助教、学正、学录等也必须是科甲出身，以此保证国子监官员的学术水平、道德素养都是最优秀的，能对监生进行有效的管理，并给予较好的学业指导。

国子监的实际管理者也是第一责任人是"祭酒"，即现在的校长。为什么称为"祭酒"？这和中国古代祭祀礼仪有关。中国古代祭祀礼是一种神圣和高规格的礼仪，仪式中有一个环节叫浇奠祭祀，就是举起酒杯、向天祝祷、洒酒于地，执行这个礼仪的人叫"祭酒"，后来亦泛称年长或位尊者或文坛、艺坛、学术界、文化界的首脑人物。国子监是当时清朝最高学府，传授儒家思想，其中最重要的礼仪就是祭祀，所以国子监的主管被命名为"祭酒"。1912年，学堂改为学校，学校行政负责人改称校长，并沿用至今。

清朝国子监内部设有四厅、一堂和六堂、四学，以及档子房和钱粮处等十几个部门。

四厅，即教职员工的办公室。分别为：绳愆厅，是负责制定教学规章、稽查员工的部门；博士厅，是负责编写教材讲义、安排课程的部门；

典簿厅,是管理奏稿、印章、祭祀器物等事务的部门;典籍厅,是"掌守书籍、碑板之藏"的部门。

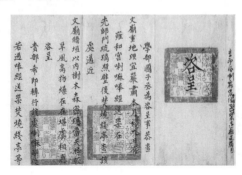

为雍和宫喇嘛须到宽敞之处焚烧以免文庙火灾事
国子监给理藩部的咨呈之一(局部)

一堂和六堂,一堂即彝伦堂,是祭酒和司业(校长和教务长)的办公室,位于辟雍后正面;六堂则是贡生、监生学习之所,分别是率性堂、修道堂、诚心堂、正义堂、崇志堂、广业堂,即各个教室班级的名称。国子监学生的月考、季考都在六堂举行,每科的乡试也是先在此考一天,然后才能到贡院科考。

四学,即南学、八旗官学、算学、琉球官学。南学是助教等教官及肄业生等住宿进修之所,位于国子监斜对面,在北方戏曲里常有"一到南堂去攻读"的戏词,指的就是这个地方。八旗官学是专收亲贵以外的八旗子弟的学馆,属国子监。八旗官学始设于顺治元年(1644),在京师八旗驻防地各觅空房一所,立为书院,招收20岁以下、10岁以上的八旗子弟入学,派满、蒙各助教分教,并规定八旗官学子弟每十日赴国子监考课一次,春秋演射五日一次。清末,八旗官学改为八旗学堂。算学馆是康熙五十二年(1713)在畅春园蒙养斋设立的令八旗世家子弟学习算法的地方,乾隆四年隶国子监管辖,称国子监算学。琉球官学是康熙二十二年(1681)始,专门为来北京的琉球国使臣子弟而设的学馆。

四、国子监学生的来源及出路

国子监的学生来源主要有两大类:第一类是各省推荐的"贡生",第二类是"监生"。监生又包括恩荫生和按例捐纳的贡监生,大多数都是即将当官的贵族子弟。

所谓"贡生",是科举时代,各省从府、州、县生员(秀才)中挑选向朝廷推举的、成绩特别优秀的人员。贡即贡献、进贡之意,即各地选拔贡献给皇帝的特别有才的学生。

清代的贡生有岁贡、恩贡、优贡、副贡、拔贡、例贡6种。岁贡,即每年选拔输送的学生,各州县有一定名额。恩贡,是逢皇帝登基、万寿等喜庆之事时,由皇帝发布恩诏,由各省特别推举的学生。优贡,是各省学政三年任满时,由其荐举的品行兼优入监读书的学生。副贡,是乡试中的副榜生。拔贡,是每12年由各省学政考选本省生员择优报送中央参加朝考合格的人员。例贡,是指通过捐纳取得贡生资格的学生。

"监生",是国子监学生的简称,又是有别于贡生来源的另一种学生。清代监生有四类:恩监,是专门招收八旗官学生入国子监的学生。荫监,是凭借父辈做官而入国子监的学生。在清朝,荫监又分为恩荫、难荫、特荫三种。其中,恩荫是照顾三品以上的大员子弟;难荫,是照顾为国殉难的官员之子;特荫则是照顾名臣子孙辈家世衰落者。无论恩荫、难荫、特荫,都可派一子入监读书,恩荫生三年学习期满,难荫生、特荫生六个月即学习期满。优监在清朝也叫贡监,表示是从生员(秀才)中选拔的、优秀的去国子监读书者。例监,即由捐纳入国子监读书者,又叫例贡。例贡不算是正途,因此不为人所看重。

做了贡监生后,每人每月即可以领受政府的膏火(助学金)八两,并且从理论上讲就可以当官了。他们可以通过考职、荐举、朝考、铨选、考选教习、誊录等途径,直接求得仕途,其中大部分人发作知县、县丞、训导或到中央各部门做"誊录官"。《聊斋志异》的作者蒲松龄考中生员(秀才)之后,曾连续四次参加举人考试而全落榜,直到72岁,赴青州补为岁贡生后,才得到一个"儒学训导"的虚衔。贡监生的另一条出路是,可以继续参加省里的乡试和北京的会试,并且对他们还有一项特别优惠的政策,他们既可以参加本省的乡试,也可以赴京师以国子监生身份参加顺天乡试。

国子监的贡监生虽然是清朝最高学府培养的学生,但是其身份并不被时人看重,其主要原因在于国子监的生员不全是正途考试进来的,他们中除部分捐纳进来的外,大量的是受照顾的各类荫生、八旗生等,所以真正

清朝国家最高学府兼教育管理机构国子监

从国子监走出来的人才并不多。清代杰出的思想家、史学家章学诚在《乙卯札记》中曾引《戴斗夜谈》，将国子监列为京师相传"十可笑"之一："光禄寺茶汤，太医院药方，神乐观祈禳，武库司刀枪，营缮司作场，养济院衣粮，教坊司婆娘，都察院宪纲，国子监学堂，翰林院文章。"其说虽难免偏颇，但也说明作为全国最高学堂的国子监，其名并不符实。

五、清代国子监的课程设置及管理

国子监的六堂是负责教育教学任务的直接机构，其教学内容和课程设置主要是四书五经。

清朝贡监生实际在监学习一般期限为三年，但并非必须所有人都赴监读书，能入国子监读书的其实只是少数，多数人不过得以名列簿册，拥有贡监生头衔而已。比如15岁以上之恩荫生，可以在家或随任读书，不必赴监。所以，国子监学生分为内班和外班，内班是住校生，外班是不住校生。对内班学生管理较为严格，学生须在南学住宿，不得无故离学。不循此规者，第一次传唤申斥，第二次记过，第三次改为外班。在学期间，内班学生每天都要签到，每月允许休假三天，每月请假不得超过五天，如逾期不销假，改为外班。内班学生旷大课一次，即改外班。而外班学生只需在行礼、讲书、考课期间到学。

考试在国子监贡监生的学习中所占比重很大，其中最重要的是由祭酒、司业等组织的大考。除大考外，基本是半个月考试一次，由助教、学正或学录主持。大考成绩分若干等，一等及二等的第一名给予奖赏。

六、清帝临雍视学

临雍是中国古代一种重要的礼仪形式，临雍视学实际就是皇帝到国子监去讲大课。

临雍典礼是国子监最隆重而且规模最大的典礼。清初称为幸学，雍正时改称诣学，亦称视学。一进国子监的大门集贤门，便是一个黄色琉璃牌楼。牌楼里面是一座庞大华丽的建筑，这就是乾隆四十八年（1783）所建的"辟雍"，即天子讲学之所。这是在平地上开出的一座圆形水池，中央留出一块四方形的陆地，上面盖起一座宏大的四方形大殿，大殿重檐尖顶，四面开门，有两层廊柱，盖黄琉璃瓦，大鎏金顶，周围环绕长廊。水池围以白石栏杆，四面架设精致的小桥横跨水池，使殿宇与院落相通，这种建筑形制象征着天圆地方。圆形方台上为讲学处。这里也是国子监最突出、最重要的一个建筑。乾隆皇帝于辟雍落成后举行临雍典礼，此后清帝视学就改称"临雍"。

雍正皇帝临雍讲学图（局部）

清朝每逢新帝即位，都要来此做一次讲学，以示中央政府对高等教育的重视。清代共举行视学、临雍8次，同治朝以后不再举行。

临雍的准备工作，一般要在一至两年前各个部门就要开始着手，临雍之日，在经过一系列的礼仪程序后，皇帝到辟雍殿行讲学礼。满、汉大学士进讲四书，皇帝阐发书义，满、汉祭酒进讲经，皇帝阐发经义，官员及观礼诸生在辟雍东西两侧听讲。

临雍典礼参加者除演礼人员外，每次观礼听讲的进士、举人、贡监生、官学生及各部门官员等，最少也有2000多人，多时达4000余人。临雍讲学时，皇帝坐在辟雍中间，听课的人跪了一大片，在没有麦克风、扩音器的时代，后排的学生如果听不到怎么办？只能皇帝讲一句，传胪官逐级高声传诵一句。所以皇帝讲一次课，下面跪着听课的人员也很辛苦。

临雍典礼不仅仅是一种礼仪形式，主要是通过它来彰显盛世文治及教化之深意，借此宣扬尊孔、崇儒、教忠、亲贤、重孝的为政原则，从而使参加者在目睹天颜、聆听圣训时，得到精神上的洗礼，体会到文化人、儒学者的荣耀与责任，进而牢固树立对儒家义理的信仰，达到以教施政、以教化民的理想统治境界。

石室金匮的皇史宬

皇史宬是中国明清两朝的皇家档案库，也是目前我国保存最完整、最古老的档案库房。它位于北京天安门东侧的南池子大街南口以东，四周红墙围绕，黄瓦大屋顶的建筑，风格古朴凝重，规模宏伟，气势轩昂。

皇史宬正殿内景图

皇史宬所在地南池子一带，明朝时称为"东苑"，又称"小南城""南内"，因其位于皇宫紫禁城之东侧故名。当时这里还有重华宫、洪庆宫、宜春宫等其他宫苑建筑，供帝后休闲游乐。但从明朝晚期开始，"东苑"渐废，入清以后，这里多被改建，旧时建筑只有皇史宬被完好地保存下来。

一、皇史宬的建造与沿革

皇史宬占地面积8460平方米，建筑面积3400平方米。始建于明朝嘉靖十三年（1534）七月，建成于嘉靖十五年（1536）七月，清朝嘉庆十二年（1807）进行了重修，并建成"重修皇史宬记"御碑亭一座。皇史宬从始建至今，已有480多年的历史，距重修也已有200余年。

皇史宬的建造，最早源于明朝内阁大学士丘浚给皇帝的上疏。早在明朝孝宗弘治五年（1492），丘浚就曾奏陈皇帝，提出应收集整理历代的经籍图书，立为案卷保存，以备"今世赖之以知古，后世赖之以知今"。对建设什么样的库房保存这些图籍，他建议：仿照中国古代"石室金匮"之意，在紫禁城文渊阁附近，建造一所不用木植，全用砖石垒砌的重楼，上层用铜柜存放各朝皇帝的实录和国家大事文书，下层用铁柜保藏皇帝的诏册、制诰、敕书及内务府中所藏可用于编修全史的文书。他的这一建议，基本勾画出了皇史宬的雏形。但由于种种原因，他的建议当时并未能付诸实施，直到42年后的嘉靖十三年，嘉靖皇帝因下令重修累朝皇帝的实录，并令大臣筹议建阁收藏皇帝的"御像、宝训、实录"之事时，当朝吏部尚书、华盖殿大学士张孚敬等才重申前议，并有了"石室金匮"的正式建造。但新的建筑已在丘浚建议的基础上有了很大改变。

皇史宬金匮

经张孚敬等议定，并经嘉靖皇帝批准，将建造地点选在了南池子一带，这样，既可以和其他宫苑建筑相成一体，又离紫禁城不远，还便于专门保管和查阅。其建筑规制，不是重楼，而是和南京之斋宫相同，内外用砖石团，阁上敬奉历代皇帝像，阁下存放累朝皇帝的实录、圣训。整个建造工程，用了两年时间。嘉靖十五年八月二十日，重修后的皇帝实录、圣训奉安进库，皇史宬开始正式投入使用。

皇史宬初建时，拟定名字并不叫皇史宬。因其初意首先是为敬奉皇帝像而建，所以初命名"神御阁"。工程完工后，嘉靖皇帝又决定专用该建

皇史宬匾额

筑存放皇帝的实录和圣训,而皇帝画像则另修景神殿恭奉,因此,乃将"神御阁"更名为"皇史宬"。据崇祯朝进士孙承泽《春明梦余录》记载,皇史宬的名字,是由嘉靖皇帝决定的,其中"史"字,明时写作"叏"字,"宬"字,是在"成"上加个宝盖,这些字形的确定,也都是嘉靖皇帝"自制而手书"的。"宬",《日下旧闻考》援引《燕都游览志》注释说:"宬与盛同义,《庄子》:'以匡宬矢',《说文》曰:'宬',屋所容受也。"在中国历史上,皇帝至高无上,代表国家,而历朝皇帝又都标榜自己所修的实录、圣训"不虚言,不溢美",是真实的历史记录,所以用以存放实录、圣训的地方,应既是保藏中华文化的总汇,又是保存皇家正史的殿堂。这也就是皇史宬之名称及字形的寓意所在。

清朝取代明朝后,仍将皇史宬作为保藏皇家档案之所,但对皇史宬的门额字形做了很大的改变,"史"字不再用"叏"字,并且改成了左汉右满两种文字合璧。

1911年,清政府被推翻后,皇史宬一度仍归溥仪小朝廷的内务府管理。1925年溥仪出宫后,皇史宬由北平故宫博物院接管。这个时期,皇史

皇史宬大殿正门

皇史宬长期处于封存状态。中华人民共和国成立后，1949年北京市政府把皇史宬列为市重点文物保护单位。1955年国家档案局成立，皇史宬移交国家档案局管理。从1956年起，国家陆续拨巨款对皇史宬进行了多次修缮。1982年，皇史宬被国家文物局列为全国重点文物保护单位。如今，皇史宬由中国第一历史档案馆直接管辖，所存明清皇家档案，已移存至第一历史档案馆库房存放，皇史宬已成为对外开放展览，展示中华民族古老档案建筑和文化的重要景点。

二、独具匠心的建筑与设计

皇史宬整体建筑坐北朝南，由宬门、正殿、东配殿、西配殿、御碑亭五部分组成。

皇史宬正院前，是一个东西过道，东西各一座大门，东大门关闭，出入西大门。正中为皇史宬宬门，三环南向。东西又各有一个小门，左称：龘历左门，右称：龘历右门，其中"龘"字即"龙"字，由"皇"和"書"字拼合而成，也是嘉靖皇帝改定的。其字意更直白地说明，皇史宬是存放皇帝之书的地方，是皇家的档案库。

院内正中为皇史宬正殿。正殿是皇史宬的主体建筑，也是我国古典大型无梁建筑之一，代表着皇史宬建筑的总体水平。

皇史宬

该殿建于1.42米高的石基之上，四周环以白石栏杆，沿栏杆有出水口12个。殿前为丹陛，绕以汉玉雕栏，南面陛三出，东西各一出。殿正中券门五座，东西九楹。殿门进深6.2米，每扇门均用整块石头制成，高3.25米，宽0.55米，厚0.22米，重约5吨。殿外中门正上方，悬石质"皇史宬"匾额，汉满文合书，长1.38米，宽0.73米，这显然已不是明朝原物，而是清朝所题。殿内东西宽40.5米，南北进深9.05米，殿内面积360余平方米。殿的前后墙墙体均厚达6.8米，东西墙墙体各厚达3.4米。东西山墙上，各有一窗，高1.95米，宽1.85米。

皇史宬大殿内高8.09米，无梁无柱，为庑殿式拱形建筑。殿外屋顶盖以黄琉璃瓦，单檐垂脊，吻兽相向。整个建筑，其梁柱斗拱，窗棂椽桷，全为砖石所砌，未用一根木材，未使一点金属，是名副其实的"石室"。砖石之外表，用油彩绘饰，看起来豪华气派，金碧辉煌，宛如木结构之宫殿建筑。

殿内又筑有石台，台上排列着专门存放实录、圣训的特制档案柜。柜外用鎏金铜皮包裹，内为双层樟木柜匣。柜高1.34米，长1.38米，宽0.73米，上部0.1米处开盖用锁。东西各安铁环一个，用以搬抬。各柜四周和柜顶铸有形状各异的云龙花纹，整个柜重达160多公斤。谓之"金匮"。明朝时有金匮19个。清朝随着档案增多，金匮也不断增加，雍正之前，已有金匮31个；到同治时期，已增至141个，到清末，则达到了153个。现在这153个金匮仍基本完好无损地存放在皇史宬大殿中。

明、清两朝几百年，对殿内石台做过很大改变，现在的这种布局，只是清末的样子。史载，明朝时殿中有石台20个，到了清乾隆十五年（1750），石台被改为前后通体两座，"前后石台东西各长九丈五尺二寸，各高四尺六寸，南北各宽三尺"。"前石台离南墙一丈三尺三寸，前石台离后石台五尺二寸，后石台离北墙三尺"。再到光绪时期，石台已通为一体，"石台高四尺五寸一分，东西长十二丈八尺二寸，南北宽二丈三尺九寸"。石台距南墙1.5米，距后墙0.4米，并且与乾隆时期比，东西长多了三丈，南北宽度多了一丈七尺。这说明乾隆以后，"金匮"越来越多，所以垫在下面的石台也不得不越改越大。

皇史宬东西两庑为东西配殿，配殿规模较小，系砖石木混合结构，不具突出特点，仅为皇史宬整个建筑格局的衬托。

清朝嘉庆十二年（1807），重修皇史宬，但整个建筑格局没改明朝旧状，只在东配殿北边建了一座御碑亭。该碑亭重檐二重，四角方形，砖木结构。亭中立有"重修皇史宬记"石碑一座,碑上详细刻述了重修皇史宬经过的碑文。

皇史宬的建筑及档案装具,设计精巧,格局别致,特点突出,非常适合保存档案文献。第一,主体建筑全部用砖石结构,全殿不用一钉一木,其典型的"石室"特点,使该建筑既坚固耐用,能经得起风霜雨雪的长久侵剥,更具有良好的防火性能,有利于档案的安全防火。第二,奇厚的墙壁,可以避免殿内温湿度发生剧烈变化,能够使殿内保持冬暖夏凉,温湿度适当,有利于档案的长久保存。第三,该殿具有良好的疏水防潮功能。殿外地基是1米多高的石基,殿内又有1米多高的石台,档案柜离开地面实际距离近3米。同时,殿内石台四周,各与墙壁离开了一定的距离,殿外四周又各有疏水漏口,因而有利于档案防水、防潮、防霉。第四,对开的窗户,穹式的殿顶,都十分易于通风,便于调节殿内温湿度。第五,结实、美观、密闭性能良好的金匮,既有利于防盗,也有利于防火、防水。总之,皇史宬建筑和装具这些显著的功能和特点,从防火、防水、防霉、防盗等多方面,为档案的保管、保护、保存创造了条件,并用"石室"和"金匮",给档案加了两道安全墙。

早在西周时期,我国就有了"以石为室,以金为匮",用以保藏重要典籍的记载,但完全意义上的"石室金匮",在皇史宬建造之前,我们还没有见到。皇史宬的建造,将古人的创意真正变成了现实,皇史宬的建筑,犹如一首凝固的音乐,凝聚着我国劳动人民的勤劳和智慧,体现着400多年前我国科技和建筑技术的水平。

三、石室金匮里的秘密

在明朝时期,皇史宬主要用于保存皇帝的"实录"和"圣训",也保存过《永乐大典》的副本和玉牒。

所谓实录,即是记载皇帝一生事迹的编年体官修史籍,因官方美化其"文言直,事实核,不虚美,不隐恶",故谓之"实录"。"圣训"是官修的皇帝的诏令、谕旨汇集。按明制,一个皇帝死后,嗣皇帝一继位,即开始着手纂修前朝皇帝的"实录"和"圣训",告成后,正本收贮皇史宬。清朝沿用明制,后继皇帝也要为前位去世的皇帝修"实录"和"圣训",清朝皇帝的"实录""圣训"分为用红色绫面做封面的大红绫、小红绫和用黄色绫面做封面的小黄绫,另外还有满文本、汉文本、蒙文本等多种版本。小黄绫一般留宫中供皇帝平时阅看,大、小红绫则送皇史宬收藏,同时送一份至盛京(今沈阳)贮藏。

"玉牒"则是皇帝的家谱。玉牒的撰修,明朝无规定,清朝则每10年编修一次。从顺治十八年(1661)起,到溥仪退位后的1921年,清朝共修玉牒28次。清朝玉牒分宗室和觉罗两种,宗室用黄色封面,觉罗用红色封面。每种又分满文、汉文、横格、竖格等多种版本。因每次撰修都要从第一位皇帝努尔哈赤的父亲开始,所以越往后入玉牒的人数越多,清最后一册玉牒竟厚达1.4米,1万余页,重上百公斤,记入人数10多万人。可以称得上是世界最大的家谱。

在这些明清皇帝的"实录""圣训"和家谱里,究竟记述了多少事情和秘密,很难一下数清楚。但大凡国家和宫廷中发生的事,皇帝批过的文和说过的话、明清两朝的规章和制度等,都能够从中查出渊源。

在皇史宬大殿,明朝的19个金匮中,最早保存的是明开国皇帝朱元璋的实录。清朝入关后,将皇史宬内明朝皇帝的实录、圣训移贮内阁大库,而以清朝皇家档案代之。东西配殿专做木质龙柜,存储的是皇家玉牒。嘉庆十二年重修皇史宬,将玉牒移存景山寿皇殿。另外,清朝这里还存放过"大清会典""朔漠方略""将军印信"等,东配殿还曾存放过石刻法帖76块,西配殿则存放过大臣的题本之副本。

为保管好这些重要档案,明清两朝对皇史宬的管理都十分严格。明代设官情况记载不详,清朝则明确规定"皇史宬额设守尉三人,守吏十六人"管理之。对收藏在皇史宬的实录、圣训,平时不能打开看,只有在修国史、一统志、大臣列传等特殊情况下,奏请皇帝批准,才能利用。提调这些典籍时,登记归还手续都十分严格。"各衙门及修书各馆有恭请实录者,验明卷帙及其日期,呈明大学士敬谨收发"。为确保宬内的实录、圣训不霉变,明清两朝都实行了定期翻晾制度。明代规定每年翻晾一次,时间为六月初六日奏请,由"司礼监第一员监官董其事而稽核之,看守则监之也"。清代将翻晾时间定为春季和秋季,"每岁春季、秋季,恭奉大库尊藏实录及皇史宬尊藏实录翻晾一次","春秋晒晾实录,满本堂司之;送交副本,汉票签司之,典籍但司启闭封识而已"。另外,不论在开启金匮查阅这些典籍时,还是往皇史宬送贮实录、圣训时,明清两朝都要举行一套烦琐的仪式。

218

由于有"石室金匮"的良好保管条件和严格的管理制度,皇史宬所存之皇帝实录、圣训等珍贵皇家档案,得以较好地保存下来,直到现在,大部分实录、圣训还是光新如初,封面色泽艳丽,纸张无老化、霉变、折皱。但由于清末以后战争的破坏和缺乏管理,也造成少部分实录、圣训的残破与霉变。

　　皇史宬原存的实录、圣训,1933年迁至南京,1949年南京解放前夕,一部分被国民党带往台湾。皇史宬原藏各将军印信,共有大将军印40颗,将军印67颗,光绪二十六年(1900)八国联军侵占北京,进驻皇史宬,光绪二十七年洋兵撤退后,发现遗失一箱,"内贮印三十四颗"。其余各种档案文献,现在均保存在中国第一历史档案馆,印信收贮在北京故宫博物院。

石室金匮的皇史宬

"台湾事件"与"琉球案"

发生在19世纪七八十年代的"琉球案",无论对琉球、对日本还是对中国,都是近代史上的重大事件。该案从同治十二年(1873)日本擅自单方面废除中国皇帝册封琉球国王称号改为"藩王"起,到光绪十三年(1887)清总理各国事务衙门最后一次提出解决琉球问题,被日本拒绝,"琉球案"不了了之为止,前后长达十几年。其中1874年的"台湾事件",是"琉球案"的起点事件,这一事件的发生、发展及中日之间围绕这一事件的交涉和处置,直接关系到琉球的命运,影响极其深远。本文主要根据清朝总署档案,对这一事件进行分析和阐述。

福州将军文煜为琉球遭风难民抚恤情形事奏折(局部)

一

事件发生——清总署数十件档案反映一个史实:由于日本的插手,中琉两国间的事情,变成了中日之间交涉的事情;由于日本出兵中国台湾,琉球难民事件变成了带有政治性质的"台湾事件"。

清总署即清总理各国事务衙门，成立于咸丰十一年（1861），一般简称"总理衙门"，又简称"总署"或"译署"，1901年改组为外务部。其主要职能是办理中国对外通商、交涉等有关事宜。该机构所形成的档案，除1949年一部分被运往台湾外，大部分现收藏在中国第一历史档案馆。

"台湾事件"期间，清总署各大臣代表清朝政府和日方代表进行了多次交涉，形成了数十件档案，其中有会晤问答、来往照会、各种信函、奏咨抄底等。笔者曾将这部分档案同同治朝《筹办夷务始末》及日本外务省公布的《处蕃类纂》之"柳原往复""处分自由"中所载的有关中国台湾事件资料做了初步对照，发现其中往来照会多已公布，会晤问答只在日本《处蕃类纂》中有，但不完整。中国第一历史档案馆所存清总署中关于台湾事件的档案虽然也不甚完整，但交涉过程，特别是13次的会晤问答，十分齐全，从中可以清楚了解该事件的发生、发展、交涉和结果。

所谓"台湾事件"，即1874年日本借口琉球飘风难民被台湾"生番"杀害，以"保民伐番"为名，出兵台湾的事件。该事件发端于清同治十年（1871），日本明治四年。是年十月二十九日（1871年12月1日），有琉球国属太平山岛（今宫古岛）民66人，在海上遭风，飘到台湾，误入高山族牡丹社乡内，发生冲突，54人被杀害，12人逃出，由台湾地方官送到福建，福建省官员按照清朝惯例，给予抚恤，妥善安置，送回琉球，并由福建将军文煜等联名具奏朝廷。

文煜奏折写道："为琉球国夷人遭风到闽，循例详讯抚恤，夷伴有被台湾生番杀害，现饬认真查办，恭折驰奏，仰祈圣鉴事……据难夷岛袋供，同船上下六十九人，伊是船主，琉球国太平山岛人。伊等座驾小海船一只，装载方物，往中山府交纳。事竟于十年十月二十九日，由该处开行。是夜陡遇飓风，漂出大洋，船只倾覆，淹毙同伴三人，伊等六十六人凫水登山，十一月初七日，误入牡丹社生番乡内。初八日生番将伊等身上衣物剥去，伊等惊避保身，该地方生番探知，率众围住上下，被杀五十四人，只剩伊等十一（十二）人，因躲在土民杨友旺家，始得保全。二十一日，将伊等送到凤山县衙门，转送台湾县安顿，均蒙给有衣食，由台护送来省，现在馆驿等。供由布政使潘蔚造册，详请具奏，声明牡丹社生番围杀琉夷，由台湾文武前往查办等情前来。臣等查琉球国世奉外藩，甚为恭顺，该夷人等在洋遭风，并有同伴被生番杀害多人，情殊可悯，自应安插馆驿之日起，每人日给米一升、盐茶银六厘，回国之日，另给行粮一个月，照例加赏物件，折件给领，于存公银内动支，一并造册报销。该夷等船只倾覆击碎无存，俟有琉球便船，即令附搭回国。至牡丹社生番，见人嗜杀，殊形仇见。现饬台湾镇府道认真查办，以儆强暴而示怀柔。除咨部外，臣等谨合词恭折驰奏，伏乞皇太后、皇上圣鉴。"同治十一年二月二十五日（1872年4月2日），同治皇帝下旨军机大臣："览奏已悉，著照例办理。并著督饬该镇道等认真查办，以示怀柔。钦此。"①

对此事，清总署档的记载是："至琉球人在台湾生番界被害多命，其逃出人口经闽省督抚抚资送回，国之王称谢，并经督抚派员饬缉凶手惩办，事在同治十年。"②

从上述档案中看出，当时清朝各级政府对琉球难民被害之事还是比较重视的，两国之间就此事已有了对话，问题的解决应该完全是中琉两国之间的事情。虽然这是一件十分不幸的事情，但绝不会因此事件而影响彼此的亲善关系，更不会酿成政治争端。但是，这一事件却给日本明治政府提供了吞琉侵台的借口。

为使琉球难民事件扩大化，并为其吞并琉球、入侵台湾找到合适的理由，明治政府从清同治十一年（1872）、日本明治五年起，采取了一系列行动。

一是改琉球国为"琉球藩"。琉球国从明洪武年间起，就视中国为宗主国，国王世受册封，朝贡贸易，累朝不辍。但从明万历三十四年（1606）起，日本萨摩藩兵侵琉球，以武力迫使琉球开始向其纳贡，因有了这层关系，所以当明治初年，日本政府为转移国内矛盾，急于向外扩张时，琉球成为其首选目标之一。先是在1872年初，日本鹿儿岛县官奈良原繁等就曾前往琉球，向琉球王国宣告日本本土的变革，命令琉球国和日本国内一同进行所谓"政治改革"，"琉球案"随即拉开了序幕。当年8月，琉球难民事件传到日本，鹿儿岛县参事大山纲良上"兴师伐番请愿书"。③ 9月14日，日本即宣布琉球为日本国土，废除琉球国王称号，改

---

① 中国第一历史档案馆编：《清代中琉关系档案选编》，中国档案出版社，1993年，第1079页。
② 中国第一历史档案馆藏：外务部档，第2155卷之4。
③ 日本外务省档案《处蕃类纂》之《处分自由》1。

为"琉球藩",任命琉球国王尚泰为"藩王"。也就是先将琉球纳入日本"属民"范畴,以便为其名正言顺地插手琉球事务找到依据。

其次,以来华换约和觐见清朝皇帝的名义,遣大臣到中国探听清政府对琉球、台湾等有关问题的口气和态度,为吞琉侵台制造借口。据日方资料,1873年日本代表团副岛种臣一行来华交换1871年所订《中日修好条规》批准书时,明治天皇曾给该使团下了两道敕旨,一道为日本插手琉球难民在台湾被害事的总要求:"朕闻台湾岛之生番,数次屠杀我人民,若弃而不问,后患何亟,今委尔种臣以全权,尔种臣其往之伸理,以副朕保民之意。"另一道则为四条具体机密方略:"外务大臣副岛种臣,辛未(1871)冬,我琉球漂民到台湾岛,在该岛东部,因遭逢生蕃人而发生五十四人横死事件,兹命尔种臣前往清国政府谈判处置。故宣谕朕之委任要旨如下:一、清国政府若称台湾全岛为其属地,则此项谈判须使其承担起实施处置之责任……一、清国政府若称政权不及,并以此说是属地,则此项谈判须使清国承认任听朕之处置。一、对清国政府若使台湾全岛不是它的属地,则委托左右与其谈判,明辨由来,使其承认清国政府没有行使施政权,且当责难生蕃人无道暴逆之罪,而为使他们服罪,自此以后之处置,则由朕任意决定。一、除上述三条谈判方略之外,应答之际应遵守公法,注意慎思,不失公权,临机应变,乃为谈判之要。前项敕旨各条件,宜钦奉勿违。明治六年三月九日。"①

事实证明,以后日本代表完全是按照这几条原则和清朝政府就台湾事件进行谈判的。对该使团来华的目的,其随团成员兼翻译郑永宁更是直言不讳:"副岛之适清换约名也,谒帝亦名也,故惟策划伐蕃是为此行之实,天下万国皆所通知也。"② 在该使团中,日本政府特别安插了其外交顾问——美国人李仙得,利用此人在西方各国驻北京公使中活动游说,制造国际舆论,"乘机说明伐蕃之义";又由柳原前光等专就琉球、朝鲜等问题,前往清总署探询口气,"藉此名与清之辅臣交头接耳,以构论难"③。

日本使团这次来华,对推动日本实施吞琉侵台计划,起了决定性作

---

① 鞠德源著:《日本国窃土源流,钓鱼列屿主权辨》,首都师范大学出版社,2001年,第48页。

②③ 鞠德源著:《日本国窃土源流,钓鱼列屿主权辨》,首都师范大学出版社,2001年,第49页。

用。特别在柳原同总署大臣毛昶熙、董恂的交谈中，毛、董等未觉察到日本是来故意寻衅的，他们虽强调了琉球是中国属国，但在按中国传统政策解释台湾"生番"时，因有"未服王化的谓之生番"，"是我政教之所不逮"的话，日后就成了日本歪曲台湾"生番"归属的理由之一。从清总署档中看到，日方曾多次以这次谈话为依据，强调日本"伐番之事"："早经告诉过贵国"，"毛、董大人均在座"①，生番是中国"政教所不逮"之地等。由此看出，插手琉球难民事件，以此为借口出兵台湾，是日本早已预谋好了的事情。

三是暗中派人往台湾窥探形势，了解情况，做好入台的军事准备。其所调查了解的范围十分广泛，包括清朝在台湾设官驻兵情况、过去外国船只进入台湾与中国交涉处理情况、台湾各海口水位深浅情况、台湾民人土地管理、租税交纳情况、日本人历次在台湾被生番害情况等。

现存清总署档中，有两件最能说明日本在中国台湾所进行的这些活动。

一件无年代、无署名，只注"台湾日人陈略"。内中列举关于台湾情况九条，其中："一二百年前，荷兰国曾占据台湾，有日本人被害，当时经日本特派人员前往查办"；"一、近来日本人已三四次在台湾地方被害"；"一、日本之期派人前往生番地方，先已打听应派人若干，应前往何处，俱经探窥明确执行"；"一、日本于探询时已得知，前一二年时，曾有美国到生番地界，虽系美国兵船，而生番依然拒阻，美兵少，以不敢敌，未经轻入其地也。"② 此档虽未注具体年代，但从内容看，显系在日本发兵中国台湾之前。

另一件为日意格致沈葆桢书，其中写道："此次东洋出兵，事事均备极精，台湾登岸之地，皆已择定，处处水路浅深，伊国兵船，早经坠线量定，有该国探事，在台湾游历画图，只看中国稍有不顺其意，即行发兵。"③ 此外，包括和清朝直接交涉的主要人员大久保利通、厦门领事副岛等，都亲自到台湾做过调查，准备好了在交涉中要用的资料和所谓的"番地土人笔话"等证明。④

经过充分的酝酿准备，在琉球难民事件发生两年多之后，日本以

---

① 中国第一历史档案馆藏：外务部档，第2155卷之3。
② 中国第一历史档案馆藏：外务部档，第2155卷之41。
③ 中国第一历史档案馆藏：外务部档，第2155卷之6。
④ 中国第一历史档案馆藏：外务部档，第2155卷之5。

"保护属民""惩治生番"为名，于清同治十三年（1874）日本明治七年四月发兵台湾。5月，日军在台湾琅峤登陆。至此，中琉间的事情，由于日本的插手，变成了中日之间交涉的事情；琉球难民事件，演化成了带有政治性质的"台湾事件"。1872年已拉开帷幕的"琉球案"进一步发展，中琉两国均被日本拉入了"琉球案"中。

二

交涉过程——13次会晤谈判节略等档案，记录下中日交涉过程：由于日本步步紧逼，歪曲台湾生番归属问题，使清朝官员淡化了对琉球归属问题重要性的认识。清政府坚持了中国对台湾的主权，却逐步放弃了对琉球归属问题的争辩。

对日本会插手琉球难民事件，并"将借琉球难民被害一案，向总署饶舌"①，清政府早有觉察，但又以为仅仅是"饶舌"而已，对日本真的出兵台湾则毫无准备。事发10余天，清总署才从英国驻华公使威妥玛处得知消息。随后清政府才一面向日本政府提出抗议，一面任沈葆桢为钦差办理台湾等处海防兼理各国事务大臣、福建布政使潘蔚为帮办，带兵弁前往台湾察看。

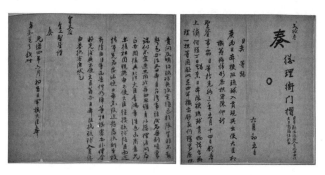

总理各国事务衙门为日本阻止琉球入贡事奏折（局部）

据统计，从清总署同治十三年三月二十六日（1874年5月11日）发出给日本外务省第一道抗议性照会，到同治十三年九月十五日（1874年

---

① 中国第一历史档案馆藏：外务部档，第2153卷。

10月24日）双方最后一次会谈破裂，半年时间内，中日就"台湾事件"先后正式会晤谈判13次，来往照会照复30余次。根据档案内容，交涉过程大致可分为三个阶段。

1. 开始阶段：日本对中国的抗议照会采取回避拖延战术

清总署大臣恭亲王奕䜣同治十三年五月十三日（1874年6月26日）有一份奏折写道："臣伏查前次日本兵赴台湾并船舶厦门，曾由臣衙门办具照会两次，诘问该国外务省因何兴兵，迄未见复。嗣日本国使臣柳原前光来沪，经该关道屡向诘责，虽据柳原前光函致臣等，而意存推诿，无一切实语。"① 在台湾，福建布政使潘霨偕台湾道夏献纶等，持沈葆桢照会去见日本中将西乡从道，与其辩论交涉，西乡从道"始则一味推诿，继遂理屈词穷，十一日竟托病不见"②。所以现存清总署档中，开始阶段，只有中国给日本的照会，没有日本给中国的照复。

2. 正式谈判阶段

中日双方的正式会晤谈判，开始于柳原前光到北京以后的同治十三年六月二十五日（1874年8月7日）。这时，日军进入台湾已近三个月。日军入台，军事进展并非日本预想的那么顺利，所以明治政府先后指派柳原前光和大久保利通到中国进行交涉谈判。除非正式会晤外，中日正式会晤谈判共13次，其中前4次日方以柳原前光为主，后9次则以大久保利通为全权代表。中方代表始终是时任总署大臣的文祥、沈桂芬、董恂、毛昶熙、成林、崇纶等官员。从清总署的会晤问答中可以看出，在13次正式谈判中，有9次是围绕台湾生番归属和琉球归属问题进行的辩论，有4次是就赔款问题展开谈判。

下面我们先看一下双方的辩论情况。中日双方的辩论，主要围绕两个问题：1. 琉球归属问题；2. 台湾生番主权归属问题。在整个"台湾事件"交涉过程中，日本极力制造借口，为其插手琉球难民事件及出兵台湾找根据。其中最主要的有两点：一是台湾生番所杀的琉球人是"日本人"；二是杀害"日本人"的生番，不是中国属民，生番的土地，不是中

---

① 中国第一历史档案馆藏：外务部档，第2155卷之2。
② 同治朝《筹办夷务始末》第95卷，中华书局，2008年，第4页。

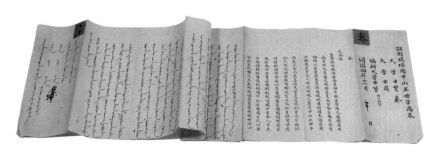

同治四年十一月册封琉球国中山王世子尚泰诏稿

国的土地。

第一次的会谈，中方积极主动，当日方代表递上国书，彼此寒暄问候之后，总署大臣文祥首先问柳原："去年副岛大臣来北京时，沈、毛、董等大人言及，两国邦土，不可侵越，副岛大臣云：固所愿也。此事柳原大臣应当知道。"柳原答："是有。"文祥又道："台湾是中国邦土自一定，若说野蛮，是我们邦土的野蛮，如要办，亦该我们自己办，不应别国去伐。"当谈及琉球问题时，中方更明确表示："琉球我们自己属国，生番之事已经地方官办理"，"琉球之事，应由该国王清理"。对台湾问题，柳原推脱道："台湾一事，早已经告诉过贵衙门。"接着举例：上年时告诉过毛、董大臣，又举例：在上海与潘蔚见面时，潘同意过。对琉球归属问题，柳原的争辩是："琉球是贵国属国，日本国渠亦是属国已久。"① 所以这次会谈，无论在台湾"生番"主权上，还是在琉球归属上，中国都比较主动。面对中方的诘问，柳原理不直、气不壮，只好将日本出兵台湾归为中国某些官员同意过；而对琉球问题，则起码承认了是中、日"两属"。所以第一次会谈很快结束。"是天大雨，该使臣苦于无说，亟辞冒雨而去"②。

第二次会谈，距第一次相隔一周时间，这次日方做了充分准备，特别是对琉球归属问题，已引起日方高度重视。会谈一开始，柳原就先发制人："日本朝廷以琉球向归所属，如同附庸之国，视如日本人一样，其人被生番伤害，日本是应前来惩办的。"③ 对台湾生番主权问题，柳原也以

---

① 中国第一历史档案馆藏：外务部档，第 2155 卷之 3。
② 同治朝《筹办夷务始末》，第 96 卷，中华书局，2008 年，第 29 页。
③ 中国第一历史档案馆藏：外务部档，第 2155 卷之 5。

"生番"未直接向清政府交税、两年前美国兵船到台湾"生番"地界亦未告知中国、生番杀琉球人清政府未及时予以严惩等问题为理由,先向中方提出质疑。对这次谈判,中方显然准备不足,特别日方对台湾"生番"有关具体问题的提出,将中方官员的视线一下拉到对台湾"生番"主权问题的争辩上来,在对日方的质疑一一辩解后,中方官员明确表示:"先有一言奉复,生番是中国地方,必应由中国办理。"但对琉球归属问题,只有章京周家楣提出:"琉球之事为何在天津议定条约时日方不提及,后来副岛及柳原等到北京何以又未明说?"① 但这种提问含糊无力。所以从这次会晤谈判开始,日方不再提琉球"两属"问题,只一味歪曲台湾"生番不是中国属民"。这一辩论转移,不仅扭转了中国官员的视线,而且中方开始由主动转被动,中方坚持了中国对台湾生番的主权,对琉球归属问题却未再进行强有力的争辩。

第三次的会晤谈判,和第二次没大不同,但双方都同意"勿辩论,想一了结办法,过两天再相商"。当中方提出"此事不由中国而起,中国应问贵国办法"时,柳原也表示:"本大臣亦去想法,再给回信何如。"②

但实际上,此后日方不仅没主动想"了结办法",反而蛮横地逼迫清政府尽快拿出能满足日本要求的"办法"来,否则就视为中国对日本出兵台湾"并无疑义"。档案中有一封柳原给清总署的霸气十足的信,信中说:"昨本大臣特奉本朝来谕云:'夫我伐番义举,非恶其人,非贪其地,务为保恤己民起见,并以惠及他国为利,所以不惮臣费渐次绥服……既誓我民,爰发我师,为天下所共知,事在必行,刻不可忽。著该公使既向该国政府以明本朝心迹,并请确答复文缴回'……只遵本国功令,不敢耽误,请贵王大臣仍速查照十五日文决定裁复而已,俯冀函到,期以三日即给照决回文,如过三日裁复,万不得已,发回差员,应在本国断为贵国朝廷并无疑义。"③

很显然,柳原态度明显变化的原因,是接到了明治政府的谕令。这种政治的讹诈和霸道,在第四次的谈判中更充分地表现出来。同治十三年七月十九日(1874 年 8 月 30 日)第四次的"会谈问答"载,会谈一开始,

---

① 中国第一历史档案馆藏:外务部档,第 2155 卷之 5。
② 中国第一历史档案馆藏:外务部档,第 2155 卷之 8。
③ 中国第一历史档案馆藏:外务部档,第 2155 卷之 7。

郑永宁就直述柳原的话："历次文信的意思，日本朝廷以生番为无主野蛮，定要办得明明白白"，"日本之兵在彼，中国要日本退兵，日本又不肯，如何办法，今日本要问中国主见"，"要想两国都下得去的法子，回去想不出"，"日本人云生番不是中国地方，无二句话"。对此，中方坚持了台湾生番是中国的领土："中国亦无二句话，生番是中国地方。"但面对日方的蛮横霸道，总署大臣们则表现得十分软弱和无奈："不但伤和好，亦且伤心"，"我原说的话，是要两面下得场，今日柳原的话，是要中国下不了场，柳原不应说，我也不应答"，"我们讲办事，是为和好的意思"，"你们替我们想一想，应如何回答，所谓己所不欲，勿施于人。"①

清朝官员的软弱求情，不仅没解决任何问题，反而开了日本蛮横霸道之先。由此开始，本来应是中国向日本诘责、抗议的事情，变成了日本责难中国的事情；争辩的内容，由琉球归属、台湾归属两个问题，完全变成了一个台湾生番归属问题。这种争辩不仅没在大久保利通来华后停止，而且更加激烈起来。

1874年8月底，日本外务右大臣大久保利通以特使身份来到中国。开始时，大久保曾先申明他此次来华的目的："此番日本兵到生番，因彼此与中国台湾府凤山县毗连，恐伤和气之谊，故派柳原来，及至柳原到京后，闻有许多议论，朝廷不放心，恐闹出不好的事来，故又特派大久保来京说个明白。把此事办好了，以后更要和好。"② 并表示，他对解决台湾问题有个"两便"的主意，以便彼此熟商。此番开场白，似乎很有解决问题的诚意，但一进入正式谈判，大久保不仅没谈自己的主意，而且在台湾生番主权上步步紧逼，提出了更多的质问。他首先提出："看贵国话，以生番是中国地方，不知中国有多少功夫用在生番地界？"接着，他从中国在台湾设官驻兵、收税施教、法律管辖等方面提出了一连串的质疑，"中国有生番地方，有何凭据？""问贵国可曾设官设兵？""生番是否向政府纳粮？""他完粮交给何人？""既以生番之地为中国版图，何以迄今未开化？"并要求中国官员"详详细细将生番事情回答出来"。③ 在中国官员

---

① 中国第一历史档案馆藏：外务部档，第2155卷之9。
②③ 中国第一历史档案馆藏：外务部档，第2155卷之12。

作了解答后，大久保又提出"所说的话要有确实凭据"①，要求中国官员就这些问题一一拿出凭证来；当中方拿出台湾府志、户部册籍等证明在台湾实行税收、管辖等方面的一些凭证后，大久保利通则认为这些和说的不相符，"有不对处"，因之，"这些不是凭据"，"是以不相信"。② 继之，他又搬出了《万国公法》，用公法中的条款逐条与中国对台湾生番的管辖相对照，迫中国官员"逐一相答"。

这种没完没了的提问、解答、争辩，再提问、再解答、再争辩，从第五次会晤谈判开始，一直进行到第九次。

对这种无理纠缠的会谈，中国官员已明显感到，"如此诘责，几等问官讯供矣"。于是照会大久保："本王大臣于国政中条分缕析，一一奉答，不独笔秃唇焦，更仆难数，且恐有背己国自主之条，若竟置不答，又恐未悟所不答之意⋯⋯是此次姑按所问答复台湾之事。⋯⋯嗣后倘再如此，则本衙门不敢领教，以免徒滋辩论，致伤睦谊。"③ 接着又发出了一封反驳性的照会："本王大臣详细查阅，因思生番一事，自柳原来京，本王大臣即告以东兵赴台之事，不必再事辩论，应商一妥当了结办法，以全和好，并面交所谈节略数语，皆系关系两国唇齿肺腑沉痛之言，而柳原大臣不以为意。及贵大臣初晤时亦云，前致柳原大臣节略等件均已阅悉，并称系专为此事保全和好而来。不意贵大臣历次询问节略及照会等件，不独仍事辩论，且令人难堪之词不一而足。本王大臣不一一相答，不特如贵大臣前此或以为不肯答，或以为答不出，且直如此次来文所谓，有曲徇颜情，糊涂含忍之咎矣。今贵大臣又复一一相诘，试问：中国所说法律不能尽绳⋯⋯且不独中国如此类者甚多，即各国所属版图，如此类者亦恐不少，贵大臣能概以万国公法证之与？""志书所载各语⋯⋯若不属中国，何以列入府志？""若不属中国，何以输饷？""若谓台番不遵约束，中国不为保护，何以贵国利八④由番目救护而假馆授餐，由关道接收资送回国？"⑤

面对中方的驳斥和反问，大久保终于无话可说。特别这时在台日军因

---

① 中国第一历史档案馆藏：外务部档，第 2155 卷之 26。
② 中国第一历史档案馆藏：外务部档，第 2155 卷之 27。
③ 中国第一历史档案馆藏：外务部档，第 2155 卷之 20。
④ 中国第一历史档案馆藏：外务部档，第 2153 卷之 1、2155 卷之 4。同治十二年（1873）年初，有日本人左藤利八等 4 名在台湾遭风遇险，被生番救护。日本先予致谢，后又说其衣物被抢，此事一度成为台湾事件日本和中国交涉的理由之一。
⑤ 中国第一历史档案馆藏：外务部档，第 2155 卷之 30。

不服水土，病死者日增，"倭备日增，倭情渐怯"，"其死者剖腹，实以盐与樟脑，殓以木桶，并病兵百余，上船陆续驶回，虽巧饰增灶之形，实仅补死亡之额，伪示整暇，勉强支持"①。因此，争辩才告一段落。从第十次谈判开始，转入讨论日军退出台湾、中国赔偿费用问题。

日本兵入侵台湾，初始并不打算退却，但因其国内刚刚进行了明治维新，国家还没有雄厚的经济力量和军事力量，再加上其在台军事进展不顺及西方国家并不支持其入台行动，特别是知道此时中国已做了应战准备，它也不希望把事态扩大。所以在柳原来华时，就做了"取得赔偿，将已占的地方归还中国"的打算，只是为了抬高价码，不先提赔偿金问题。所以直到第十次谈判，大久保利通才道出了早已想好的"主意"："日本此举，非贪土地，非为钱财，总是为人命至重，费多少力量办法。数月以来，费用多少？伤亡兵勇多少？病殁多少？此数目中，有许多事体？且伐木开路费多少财力？此时须有名目，方可使本国兵回去。所有费用，理应由生番偿给，但生番无此力量，目下急欲定局，亦不能多延时日，中国必有应酬我国办法，可以送本国兵回去，亦非中国做不到之事，此即本大臣所拟两便办法也。"② 其实，这根本不是两便办法，这是公开向中国索要赔偿和军费。中方拒绝赔偿"军费"，但愿意对在台湾"被害之人"给予抚恤。"古来两国用兵，但分胜败而已，无所谓兵费也。赔给兵费，系泰西各国规矩，然亦两国开仗，胜负即分，负者始给胜者兵费。今我两国并未失和，并未开仗，如何能讲偿费？中国不在钱之多寡，而事关体制，有碍于中国，实为不便。"但"案中被害之人或其家属，查明实情，大皇帝恩典，予以酌量抚恤，抚恤系我中国格外美意。至于费用一层，不应向中国提及。"③经过反复交涉，日方同意中方给予"抚恤"，但不能光是抚恤，还要给其他补偿，"仅领了抚恤回去，恐怕对不住众人"④。并且，日方提出，要先告诉了数目再撤兵，"不说明不好退"，"所虑本国人不信，在此为贵国的便，回去是本国的不便，不能办。"中国则反对："若贵国兵不退，先问中国如何办，倒像以兵胁中国说如何办了，如何使得？""日本肯退兵已说过了，我所争者是虚的，只要日本先说退兵，我就说办

---

① 中国第一历史档案馆藏：外务部档，第 2155 卷之 11。
②③ 中国第一历史档案馆藏：外务部档，第 2155 卷之 31。
④ 中国第一历史档案馆藏：外务部档，第 2155 卷之 33。

法。"① 由于这时日方急于要拿到赔款,所以先提出了赔偿数目。大久保利通提出,中国要给日本补偿500万两,至少也要200万两。而中国官员则认为,"大久保利通所说数目太远,从前说过,并非兵费,亦不是以抚恤换兵费名目,是我大皇帝格外优待贵国之意,固不能从丰。"②

又经过两次谈判,双方在赔偿数目上仍未达成一致。大久保利通和柳原再次以离京回国相威胁。同治十三年九月十五日(1874年10月24日),大久保利通委托柳原前光和郑永宁最后一次到清总署,表示"今既无成,只得回国"。中方还想和柳原"委屈商量办法",但无论总署"大人们如何说,亦不听了,辞去"③。至此,中日直接的谈判交涉彻底结束。

三

结果及影响——以《北京专约》签订为标志,台湾事件结束。中国赔款不多,但开启了日本的贪欲;承认日兵入台是"保民义举",为日本完全吞并琉球埋下了伏笔;总署中的筹款赔款档,记下了中国的压力和危机。

中日双边谈判难以继续,英国大使威妥玛担心中日间发生战争会损害英国的商业利益,出面进行调停。经过一周的磋商,同治十三年九月二十日(1874年10月31日)中日签订了《北京专约》。主要内容为:1)日本出兵台湾,原为保民义举起见,中国不指以为不是。2)中国给所有在台遇害难民之家抚恤银十万两。3)再补偿日本在台所有修造的房屋等费用四十万两。付款方式为,先付十万两,日本在台军队全部撤走,再付其余四十万两。4)所有此事两国一切往来公文,彼此撤回注销,永为罢论。台湾生番由中国自行设法约束,保证航客不再受凶害。④

《北京专约》的签订,标志着台湾事件到此即结束了。但是,这一事件对中国、对日本,特别对琉球产生的影响却是巨大和深远的。

首先,这种结局,对中国来说,直接的是筹集赔偿费的负担。"专约"签订后,总理衙门将筹拨50万两抚恤赔偿款的任务分别交给了江海

---

① 中国第一历史档案馆藏:外务部档,第2155卷之32。
② 中国第一历史档案馆藏:外务部档,第2155卷之33。
③ 中国第一历史档案馆藏:外务部档,第2155卷之34。
④ 王铁崖编:《中外旧约章汇编》,生活·读书·新知,三联书店,1957年。

关 20 万两，粤海各关 30 万两。为筹拨该款，江海关只好截留了准备解部用于买炮建台的海防款项。总署档中有一件南洋大臣李宗义的奏折，其字里行间，无不透着压力。"惟查江海关……本属入不敷出，此次该关先后拨给日本抚恤等银二十万两，数巨时迫……只可先其所急，在臣奏留解部二成款内动给，此项二成洋税，奏明截留一年。"① 更重要的是，日军入台，挑起事端，中国遭受侵害，清政府却同意出钱赔偿，这种苟安怕事的做法，大大纵容了各侵略者觊觎中国边疆的野心，使已经普遍出现的边疆危机进一步加深。

其次，日军侵台后，向外扩张的步子加快了，对外侵略的野心更强了。根据《北京专约》日军全部撤离了台湾，但它向外扩张的方针不仅丝毫未变，反而进一步加快了向外侵略扩张的步伐。1875 年起开始公然阻止琉球向中国"入贡"；1876 年挑起"江华岛事件"，强迫朝鲜与其订立《江华岛条约》，使朝鲜从此开始沦为半殖民地国家；特别在和清朝官员一次次的交涉中，他们直接看到了清政府的腐败和昏庸，此后其侵略中国的胆子更大了，从东北到东南，中国绵长的海疆，都成为日本侵略的目标。所以这次"台湾事件"，可以说是日军的一次军事演习，是其以后灭琉球、侵朝鲜、发动对华的战争的尝试。

再次，《北京专约》中对琉球归属的不当表述，为日本侵占琉球找到了理由。《北京专约》中称，台湾居民"曾将日本国属民等妄为加害"，日兵入台"原为保民义举"。此话好像肯定了琉球人即为日本人，这句话，正是日本一直想从中国这里得到的。"大久保的主要目的，就是诱使中国承认琉球为日本臣民"②，这就为日本完全吞并琉球找到了"根据"。所以，大久保利通一回到日本，就向明治政府建议，应当趁机把琉球重臣召来日本，并要求琉球国王断绝与中国的关系。1875 年日本政府做出决定，停止琉球向中国入贡，同年派兵入驻琉球。1876 年强行接管琉球警察司法权，实行海外护照制，琉球人去中国必须请日本发护照。至此，琉球已名存实亡。纵观琉球归属的变化，我们不难看清，台湾事件对琉球的影响是深远而巨大的，它为"琉球案"的进一步发展，埋下了伏笔。

---

① 中国第一历史档案馆藏：外务部档，第 2155 卷之 38。
② 转引自丁名楠等著：《帝国主义侵华史》第一卷，第 236 页。赤木英道（Roy Hide‑michi Akagi）《1542—1936 日本的外交关系》（Japan's Foreign Relations），第 74 页。

清宫档案述评

十七年艰难革命路
——清政府缉拿孙中山百道密谕档案揭秘

当我们回眸100多年前那场轰轰烈烈的辛亥革命的时候,应该先去看看那些清政府缉拿孙中山等革命党人的密谕档案,面对一件件清政府发布的密电、上谕,你会为孙中山艰难的革命历程而感慨,更会为革命志士不屈的精神而感动!

从清光绪二十年十月二十(1894年11月)孙中山领导创建第一个资产阶级革命团体——檀香山兴中会起,他就正式开始了职业革命的生涯。而清朝政府从第二年(即1895年10月)起,就开始不断发出密谕,跟踪、追捕孙中山,一直到宣统三年十一月初四日(1911年12月23日)清朝灭亡前,17年间共发出各种密谕上百道。孙中山先生也一直到1911

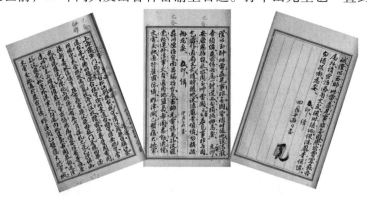

光绪三十三年四月为严缉孙中山事端方致上海等地电报

年12月25日回国，才结束了17年被追捕的海外流亡生活。

清朝政府发布的缉拿孙中山密谕，主要是上谕和电报。从光绪二十一年（1895）至宣统三年（1911），几乎每年都有，比较集中的时间是在光绪二十一年、二十二年、二十三年、二十四年、二十六年、三十三年、三十四年几个主要年份。在清政府发出的密谕和"电报电旨"中，对孙中山的称呼有的写作"孙文"，有的写作"孙汶"。

一、光绪二十一年广州起义后缉捕密谕

光绪二十一年九月初八（1895年10月25日），孙中山及兴中会筹备了广州起义。这是孙中山组织领导的第一次反清武装起义，起义军共有3000多人，拟从香港乘船至广州。由于消息被清广州地方政府侦知，有一路起义军未能按时到达，起义流产，40人被捕。孙中山等被迫离粤赴港，旋即东渡日本，开始海外流亡生涯。清政府于光绪二十一年十月十六日下达第一道缉捕孙中山上谕，密寄广东总督谭钟麟并传谕广州布政使成允。谕曰："有人奏，广东盗风日炽……九月间闻香港保安轮船抵省，附有匪徒四百余名，潜谋

光绪二十一年十月十六日清政府
第一道缉拿孙中山上谕

不轨。经千总邓惠良等探悉，前往截捕，仅获四十余人。讯据供称，为首孙文、杨衢云，共约有四五万人，潜来省城，刻期起事。现在孙、杨首逆远飏，党类尚多……著谭钟麟、成允严密访查，务将首犯迅速捕拿，以期消患未萌。"由于清政府密谕下达滞后，此时孙中山已经离开国内，因此第一次缉捕落空。

二、光绪二十二年伦敦密捕谕

孙中山1895年东渡日本后，经过艰苦工作，在横滨设立了兴中会分

会，1896年1月又离开日本，经檀香山赴美、英游历，宣传革命思想。清政府一直密切监视着孙中山的行踪，随时准备将他缉捕回国。1896年9月30日他刚到英国，行踪就被清朝驻英使馆侦知。1896年10月11日，即被驻英使馆秘密逮捕。驻英使馆打算租轮船将孙中山偷偷押解回国。光绪二十二年九月初六（1896年10月12日），清廷收到驻英公使龚照瑗密电："孙文到英，前已电达，倾该犯来使馆，洋装，改姓陈。按公法使馆即中国地，应即扣留。解回粤，颇不易，当相机设法办理。祈速示复，勿令英使知。并请电粤督。"（电报中的说法和孙中山先生的记述不一致，实际上并不是孙中山自己去使馆被扣留，而是外出路上被清使馆官员邓廷铿等软硬兼施秘密诱骗绑架。）驻英使馆在等待清廷指示和轮船期间，将孙中山关押在使馆内，孙中山费尽周折，说服使馆的英国仆人柯尔带信给友人康德黎，经康德黎努力，英国政府出面干预，孙中山终于脱险。后来孙中山先生用英文写成《伦敦被难记》，叙述了此次遇险经过。

但是清朝政府并不甘心就这样让孙中山逃掉，光绪二十二年十月十四日（1896年11月18日），继续发密电给驻英公使龚照瑗："孙文踪迹船期船名，仍希查明电复。"

三、光绪二十三年高额悬赏密拿谕

购买眼线，高额悬赏，是清政府缉拿革命党人惯用的手段。自1895年起，清政府就悬赏花红银1000元在全国缉拿孙中山，并株连其家属。1897年孙中山离开英国到日本，清政府又一路秘密跟踪，多次发密电致驻英国、日本使臣及两广总督，密切监视孙中山行动，并悬赏缉捕。六月初九驻英使臣罗丰禄密报："孙汶本月初二搭船去砍乃大，是否由万库屋回华，容探。"七月十三再报："粤犯孙汶于本月初五由万库屋乘印度

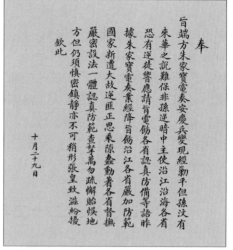

令沿江沿海各省严密防范孙中山电旨

皇后赴横滨。"七月二十二日驻日大臣裕庚电:"孙汶十九卯到横滨,有印字馆入英籍之粤人陈少白,附搭威仁亲款之小轮,接其上岸。仍有一同伴,均西装。陈本会匪,亦久改装,探闻孙有暂住之说。印度客船单所开西人甚众,或即孙改名亦未可定。此等行径按公法不能明问,已派妥员密侦动静,如其动身,即搭其船一路探看,广督谭(钟麟)有电来问,请先转粤,余俟续陈。"

在接连跟踪一直未能捕拿到孙中山的情况下,清廷加大了悬赏金额,粤督按照清廷旨意要求,在香港秘密收买眼线,并许以万金巨奖悬赏缉拿孙中山。八月初一粤督密电曰:"印度皇后船二十七到港,孙逆在横滨未动,与裕(庚)使电同。此间密约港员查探,能获此逆,筹以万金。"

四、光绪二十四年防止再次发动起义谕

三年缉捕孙中山未获,使清廷终日惶恐不安,只要听到南方有任何反清动静,就担心是孙中山回国发动和支持,对孙中山等人的防范也更加严密。光绪二十四年(1898),清廷探得孙中山可能再次在广东一带发动起义,连发廷寄和密电,谕令广东一带加大防范力度。二月十七日清廷电广东总督:"传闻孙文有倡乱琼州回袭省城之谣,近阅各处新闻,粤闽之交及琼州均有乱耗,粤中已派兵往捕之说,不识情形如何。孙文作祟非虚,亟宜筹备并派委妥员往香港、汕头、北海等埠,探查孙文踪迹为要。"

是年七月,广西李立亭等领导起事,清廷用两个月时间未能剿灭,又听闻是孙中山潜回支持,便于当月初七、十四日、十九日、二十二日连下密谕致广西巡抚黄槐森、广西提督苏元春等:只要孙中山一入中国界内,就抓紧缉捕。旨曰:"闻孙文自海外潜回,为之谋划接济,是否属

光绪二十四年八月十日令边宝泉
缉拿孙中山电旨

实，着苏元春严密访查。如在中国界内，务期设法弋获，以杜后患。"八月初十再谕曰："孙文一犯，行踪诡秘，久经饬拿，迄无消息。著边宝泉、谭钟麟、黄槐森赶紧设法购线密拿，务期必获，毋任漏网，致滋隐患。"后经侦查，没有发现孙中山回国，黄槐森奏："遵查孙文潜回之说，实无所闻。"清朝政府这才松了一口气，结束了一年的缉拿行动。

五、值八国联军侵华之际仍将缉拿孙中山列为要务谕

光绪二十六年（1900），由反"洋教"开始，全国掀起了反帝高潮。身在国外的孙中山认为，下层群众的奋起，为反清革命带来了时机，决定再次筹划国内起义。拟采取从日本运送武器，先在惠州发动、然后会师广州的起义方略。但是由于孙中山等人经验不足，购买军火受骗，10月，惠州起义先期开始，军火却接济不上，加上由于日本内阁变动，原来支持革命党人的山县有朋内阁倒台，新上任的伊藤博文内阁禁止武器出口等原因，起义半途终止。是时正值英、法、德、美、日、意、俄、奥八个帝国主义国家借口"保护商民教士"出兵中国，慈禧太后挟光绪皇帝离京出逃西安。在这内忧外患、惶恐不安的日子里，清朝政府一边准备和侵略军和谈，一边接连下达谕旨给有关督抚，将查拿孙中山列为要务。光绪二十六年九月十九日（1900年11月10日）谕曰："地方紧要，内患丛生，外人环伺，镇慑筹防，未可松懈。该抚仍督饬地方文武，加意严防，以固疆圉。现在和议未定，洋兵仍有西趋之势，如其阑入豫境，该抚即分兵追蹑其后，俾有牵制，不至任意长驱……逸犯孙汶，仍遵前旨，严密查拿为要。将此由六百里谕令知之。"

是年八月，唐才常领导自立军在安徽起义，遭到镇压。清政府廷寄李鸿章、袁世凯等，密谕速缉拿唐才常的支持者康有为及孙中山，谕曰："康有为大逆不道，久稽显戮，其逆党唐才常等胆敢潜匿上海，创设自立会……并逆党孙汶，已到山东……直隶、山东正值拳匪滋事，陕西亦有饥民，倘该逆匪等勾串一气，互为声援，一朝窃发，其祸曷可胜言。著李鸿章、袁世凯、锡良、裕长、端方通饬所属，严密稽查，认真拿办……倘因循疏纵，漫无觉察，以致养痈，定即严加惩处，决不宽贷。此事关系重大，李鸿章等务当密速饬办，随时查察考核……"

六、光绪三十三年、三十四年动用外交手段缉捕、驱逐谕

这个时期,孙中山在国外宣传组织革命活动已经10多年,不论从地域范围还是革命力量,都有了很大发展。1905年兴中会发展成为"中国同盟会",不仅组织扩大,而且有了明确的"十六字"革命纲领。同盟会成立后的1907年到1911年武昌起义爆发前的4年间,孙中山连续组织、领导了8次武装起义,其中光绪三十三年4次,三十四年2次。起义地点集中在与越南相邻的滇、桂两省,并在河内建立了指挥机关。孙中山的革命活动和武装起义,对清廷的统治威胁越来越大,所以光绪三十三年、三十四年也是清廷对孙中山缉捕力度最大的两年。这两年清廷所发密谕,除要求有关大臣继续跟踪、随时密捕孙中山之外,重点则在谕令各驻外使臣等官员,运用外交手段,和英、法、美、日、葡等国家交涉,监视孙中山行动、不向孙中山出售武器、不许孙中山入境或驱逐出境。

如光绪三十三年发出的密谕和电报有:

电两广总督周馥:"查清孙汶在新加坡下落,径与英国大使接洽";"侦查孙汶在香港情况";"探闻孙汶是否已到河内";"香港港督已允诺将孙汶党目邓子瑜驱出港";"越南总督称孙汶道出北圻溯江而上,已电闽省密拿"等等。

电出使法国大使刘式训:为孙汶私运军火希向葡萄牙外务部切商严禁,"请密告葡使转行沿海葡官,密谕各商一体禁运"。

电云贵总督锡良:"孙汶已溯红江而上,倘赴滇省即严拿。"

电广西巡抚孙鸣岐:"饬令严拿孙汶";"令与法国大使磋商,将孙汶及其党众驱逐出越南";"越南总督称已闻孙汶密抵北圻,俟探明即驱逐出境";"探闻孙汶仍在河内,转法使按地址查拿驱逐"等等。

电驻新加坡领事左秉隆:"孙汶已乘船往新加坡希速查复"等等。

光绪三十三年(1907)年底,法国驻越南殖民当局应清政府的要求,将孙中山驱逐出境。三十四年初,清廷得知孙中山已经乘船从越南前往新加坡,春节尚未过完,从正月初四开始,就接连密电驻新加坡领事左秉隆和驻英国大使李经方等:抓紧和英国及所属殖民当局交涉,驱逐孙中山。由于英国大使和新加坡坡督等对缉捕和驱逐孙中山并不积极,新加坡坡督

认为孙中山在新加坡"安分居住,碍难驱逐"。所以清政府更加着急,有时一天发密谕两三道。其密电有:"孙汶已经到新加坡,坡督知而不拒,请速设法交涉驱逐";"希再函英外部,切商坡督驱逐孙汶";"坡督允准孙汶在坡逗留,有碍邦交催英使驱逐";"孙汶离坡往何处查明"等等。为制止孙中山从海外向国内运送武器,清政府甚至派人带着地图向英国外交部门去解说,指明中国海界,不许孙中山进入中国领海。

光绪三十四年十月二十一日、十月二十二日(1908年11月14、15日),两天之内光绪皇帝和慈禧太后先后去世,国内形势骤然紧张。大丧未办,清政府即由外务部出面,紧急密电各省督抚:密切注意孙中山的行踪,将孙中山和康有为一起缉拿。十月二十五日电南洋大臣端方:闻孙中山由东京潜入内地,严密防范侦捕;同月二十九日电各省督抚:"国家新遭大故,逆匪正思乘隙蠢动,著各省督抚严密设法,一体认真防范查拿,万勿疏懈贻误地方。但仍需慎密镇静,亦不可稍形张惶,致滋纷扰。"十一月初四电驻新加坡领事左秉隆:孙汶已经赴暹罗,密切注意动向。十一月初六电驻英国大臣李经方、驻日本大臣胡惟德、驻美国大臣伍廷芳、驻法国大臣刘式训,及驻新加坡、驻南非洲领事等:"孙汶及康有为伏匿外洋,著妥慎办理。"十一月二十三日再电驻日本大臣胡惟德:探查孙汶踪迹并设法驱逐等等。

在清政府的外交努力下,光绪三十三、三十四年间,孙中山先后遭到法国驻安南殖民当局、英国驻新加坡殖民当局、港英当局,以及日本政府的驱逐,并下令禁止其入境。此时,孙中山"对于中国之活动地盘已完全失去矣。于是将国内一切计划委托于黄克强、胡汉民二人,而予(孙中山)乃再作漫游,专任筹款,以接济革命之进行"。

七、制止华侨接济支持孙中山革命活动谕

孙中山在海外的艰难革命活动,全靠爱国华侨的响应和支持。

从日本到南洋,从欧洲到美洲,孙中山一面宣传革命思想,一面为革命募捐,在几十年的革命斗争史上,"无不有华侨二字",可以说,没有华侨支持就没有孙中山的革命事业。清朝政府也非常清楚华侨对孙中山的重要性,所以,为了遏制孙中山的行动,清政府从劝谕华侨入手,多次密谕清朝驻各国使领,劝谕华侨不要受革命党蛊惑,不要向孙中山等捐款。

光绪三十三年（1907）清廷电寄驻外大臣吕海寰等谕曰："各处华民，出洋谋生者甚多，无不眷怀故土，倾心内向。乃孙汶、康、梁诸逆，讬（托）为保国之说，设富有票会，煽惑出洋华民，敛资钜（巨）万，若不详切开导，破其诡谋，使知该逆等籍（藉）词保国，实图谋逆，乘机作乱，诚恐华民受其蛊惑，乃纷纷自助款项。蔓延日盛，为患实深。著吕海寰、李盛铎、罗丰禄、伍廷芳选派妥员，前往各商埠详察情形，剀切劝谕，务令各华民，晓然于该逆等并非真心保国，勿再听其谣惑，轻弃资财，以定人心而弭隐患。"

光绪三十四年再谕各驻外使臣："孙、康两逆，伏匿外洋，闻其专向日本、新加坡、吡能、澳洲、印度、南非洲、檀香山、美洲、万古哇、香港、西贡等处华侨布谣蛊惑，敛财自肥，以其余分给党羽，遣令来华滋事……现在国家遭大故，难保该党不益肆贳放，摇惑人心，希随时派员，与华侨商董推诚联络，将该党造谣煽惑、敛财肥己各节，尽情布告，力破奸谋，务使华侨晓然于厉（利）害是非，不再资助。则逆党无所得利，乱源自弥。大局所关，希妥慎办理为要。"清朝各驻外使臣根据朝廷旨意，派员到各商埠，宣谕华侨，阻止向孙中山的捐助活动，并将宣谕情况随时向外务部报告。

八、宣统时期仍然密切注视孙中山行动

宣统时期，全国反清革命的思想和运动迅速发展，在中上层人士中，民主立宪的呼声也越来越高，孙中山的影响已不可遏制。但是清廷缉拿孙中山的行动一直未停止，并且在清政府的要求下，孙中山被多国驱逐。1909年5月，只能离开新加坡，再度开始周游欧美之行。1910年6月孙中山化名Dokans后，得到日本政府允许，秘密来到横滨，但还是被清廷耳目探听到了，清政府继续使用外交手段与日本交涉。6月25日孙中山又被迫离开日本，前往南洋。同样，南洋殖民当局也因清政府的要求，以"妨碍地方治安"名，勒令孙中山出境。孙中山在日本及南洋各地无立足之处，只得再赴欧洲。直到1911年10月武昌起义爆发，清朝政权已经岌岌可危，才终止下达缉捕孙中山谕令，孙中山在两个月后回国。

但是，令人回味的是，清朝外务部在宣统三年十月三日仍收到英国路透社电："孙汶在英逗留一周后回国。"宣统三年十一月初十日收到华德

清宫档案说清史

日报电："孙汶等在沪派兵至南京及张勋在浦口击败革命军。"这说明清政府17年缉捕孙中山未获，实在于心不甘。

清政府17年缉拿孙中山密谕档案，是清朝镇压辛亥革命的真实记录，也是研究辛亥革命的重要资料，它从一个侧面真实而生动地记录了孙中山为革命在海外17年奔走流亡的情形，是研究孙中山革命生涯的重要资料。从档案中我们看到，如他的老师兼朋友康德黎对他这段生活的描写那样："他曾是一个被弃者，远离家园，时而避于甲国，时而避于乙国，全世界似乎没有他的立足地……因为在任何国家之下，他得不着安定，虽至天涯海角。将二十年间，他无时不感到一种残酷、死亡迫在眉睫。他曾是个书生，无钱无势，多年如一日，在海外饱尝千辛万苦，历经艰难而百折不回，用生命作赌注，奋不顾身，勇往直前。"所以，我们要永远记住这个为争取中国民主富强而奋斗的革命先驱者。

清帝退位诏书
——中国封建君主专制制度终结的标志

1911年辛亥革命推翻了清朝的封建统治,结束了中国两千多年的皇帝专制制度。反映这一重大历史事件的重要标志之一,就是宣统三年十二月二十五日(1912年2月12日),隆裕太后代表6岁的宣统皇帝溥仪颁布的"退位诏书",通常称"清帝退位诏书"或"宣统退位诏书""溥仪退位诏书"。

一、完整文件——"逊清四诏"

在中国历史上,以往的"退位诏书"是指权臣当朝、皇室暗弱时,处于弱势的君王不得已把皇位禅让给大臣而发布的告天下书。一般有两份,一份是皇帝退位前先自责一番的"罪己诏";一份是通过一定形式发布的禅让"退位诏"。清朝宣统皇帝的这份"退位诏"则略有不同。

一是"罪己诏"不是为退位而发的,而是在退位诏书颁布之前的三个月,即宣统三年九月初九,由溥仪的父亲监国摄政王载沣,以宣统皇帝的名义发的,目的是想通过主动"罪己"来保全帝位。诏书中除"罪己"之外,还表示:今后皇帝将"誓与我国军民维新更始,实行宪政,凡法制之损益、利病之兴革,皆博采舆论,定其从违,以前旧制旧法,有不合于宪法者,悉皆除罢"。

二是退位诏书实际上是隆裕太后在宣统三年十二月二十五日(1912年2月12日)这一天连发的三道懿旨。其中的第一道为"宣布共和国体由",文后有袁世凯等11位大臣的签名,这道懿旨后来被人们称为"退位诏"。此诏经南京临时参议院讨论后,由袁世凯转交清廷公布。另外的两道懿旨，一道是致全国军民的，又名"民政部等严密防范地面由"，主要阐明其退位是为人民、为国家着想，希望全国能继续保持安定；另一道致清朝宗室和满、蒙、回、藏族人民，题名为"优待条件尚为周至等由"，主要告诉他们，皇帝之所以退位，原因之一是退位后新的政府对清皇室和各族都各有优待条件，并且优待条件还可以接受，所以请他们理解。以便"化除畛域，共保治安"。

还有一点与其他朝不同，即以袁世凯名义发布的"政府令"。历史上，老皇帝退位后，新皇帝登基都要发布"登基诏"。"罪己诏""退位诏""登基诏"作为新旧政权交接的标志，往往作为一组文件保存。但是清朝宣统皇帝退位后中国要实行共和，因此不能再有皇帝"登基"，同时，虽然诏书宣布"由袁世凯以全权组织临时共和政府"，但是毕竟还未正式选举。这样，在既没有皇帝也没有总统的情况下，袁世凯便在第二天以"全权组织临时政府"的名义，发了三通"政府令"。一通致京外各衙门：大小文武官员在新官制未定以前，要照旧供职；一通致军警：继续执行旧军纪警章，全力维护社会秩序；一通致京内各部院衙门：原各部院正副大臣改称正副首领。

另外，在清帝退位诏书发布前，既宣统三年十二月十六日（1912年2月3日），隆裕太后曾下诏授权袁世凯和南京临时政府谈判对清室退位的优待条件，这道诏旨和2月12日的退位诏及当天隆裕太后的另两道懿旨，合称"逊清四诏"，后被内阁中书张朝墉收藏，张殁后，由北京师范大学校长陈垣购得，1975年被中国历史博物馆收藏，现保存在中国国家博物馆。在原件向全国公布之前，按照清朝档案管理制度，内阁大臣又将三道懿旨和第二天袁世凯颁发的政府令都作为最重要的上谕档案，全部抄录进了清朝皇帝的"上谕档"，永久保存。这些"上谕档"现保存在中国第一历史档案馆。对照退位诏原件和抄录件，除抄录件没有加盖印章外，其他内容形式无任何不同。需要特别注意的是，文后11位大臣的签名中，绍英、唐景崇、王士珍和沈家本的签名下均注有一"假"字，意指内阁会议当天这4人请假。

二、"退位诏书"出自张謇、杨廷栋、袁世凯手笔

在"退位诏书"中，清廷称："前因民军起事，各省响应，九夏沸

腾，生灵涂炭，特命袁世凯遣员与民军代表讨论大局，议开国会，公决政体。两月以来，尚无确当办法。南北暌隔，彼此相指，商辍于途，士露于野，徒以国体一日不决，故民生一日不安。今全国人民心理多倾向共和，南中各省既倡议于前，北方诸将亦主张于后，人心所向，天命可知，予亦何忍因一姓之尊荣，拂兆民之好恶。用是外观大势，内审舆情，特率皇帝将统治权公之全国，定为共和立宪国体。近慰海内厌乱望治之心，远协古圣天下为公之义……"诏书内容文优言简，读之感到清廷非常通情达理，顾全大局，退位完全是为国为民。其实不然，和历朝皇帝的退位诏书一样，其一，清帝退位诏书亦是出自大臣之手（系由张謇幕僚杨廷栋捉刀，张謇润色，袁世凯改定）；其二，内容虽冠冕堂皇，也只是说给天下人听的，退位是万不得已之举。

清帝退位诏抄存件

三、"退位"是势不得已的选择

清朝从1644年入关，到宣统皇帝逊位，已历10朝10帝，第一位皇帝福临即位时曾昭告天下，愿国祚永久，世世和天下臣民"共享泰宁"。但是，历史上帝位没有永久。经过260多年，到溥仪这位第9代皇孙手里，社会已经发生了巨变，清朝已不是刚入关时的清朝，更不是盛世的清朝。究之根源，清朝从乾隆中叶起便一步步地走了下坡路：吏治和军队一天天腐败，财政日益紧张，各地农民起义接连不断。正在清朝江河日下之时，西方资本主义国家却开始迅猛发展。1842年鸦片战争中英签订《南京条约》之后，中国逐渐丧失了独立自主的地位。随后的中法战争、中日甲午战争、八国联军入侵，不论清朝是失败还是胜利，最后都以签订屈辱的条约而结束。期间清政府虽然也曾想振作和发展，出现过洋务运动、戊戌变法、清末新政，但是既不能改变封建专制，也未能富国强兵。

清政府在长久执政中，不仅丧失了国土，亏空了财政，更丧失了民心。1894年，孙中山在檀香山领导成立了中国第一个资产阶级革命团体——兴中会，资产阶级民主革命运动兴起。之后，全国要求实行立宪、速开国会的呼声越来越高。从宣统元年开始，各省咨议局相继成立。清政府虽然不得已成立了"责任内阁"。但这只是一种姿态，成立的是一个地地道道的"皇族内阁"，因此更引起社会的普遍不满和舆论谴责。不久，武昌起义爆发，辛亥革命之火迅速燃烧，各省纷纷宣告独立。在清帝退位之前，已有17个省宣布独立，占全国省份的三分之二，它们实际已经脱离了清朝统治。1911年12月4日，南方各省共和联合大会召开，决定从速在南京组建临时中央政府。1912年1月1日，孙中山就任了临时大总统，民国政府诞生。

如果说光绪时期的清朝政府还有个空架子，而到宣统继位时，连这个空架子也支撑不起来了。不仅内忧外患，财力枯竭，而且内无可用之良相，外无可以御敌之将才。主要体现为：

一是没有强有力的军队。清朝入关，靠的是一支勇猛善战的八旗军，这支军队入关后逐渐失去了战斗力，咸丰朝靠镇压太平天国崛起的湘军和淮军，在甲午之战中都未能抵御住日本的侵略，所以清朝末年便有了北洋新军。但是这支新军用来吓唬革命党或许有余，用来镇压全国革命力量却远远不足。这也是袁世凯同意和临时政府和谈的主要原因。

二是没有可以信赖的将帅。最可指望的新军，军权掌握在袁世凯手里。武昌起义爆发后，清廷曾命满洲正白旗出身的陆军大臣荫昌率北洋军南下抵抗革命军，但是荫昌对袁世凯一手操练起来的北洋军队根本指挥不动。大厦将倾，摄政王载沣急忙召开御前会议，再次调兵遣将，而此时的清廷内，皇族亲信

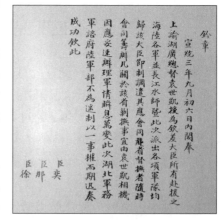

任命袁世凯为钦差大臣上谕

246

中虽有 7 人是内阁成员，却没有一个人能披甲上阵统兵领将。商议再三，最后只好请载沣最不喜欢且已经被他罢免的袁世凯再度出山。这是清朝灭亡前最无奈的人事选择。军政大权拱手让给了袁世凯，是战是和，全由他说了算，这时的清廷，等于已经交了权，清朝灭亡，只是早晚之事。

三是没有能支撑大局的良相。孤儿寡母的朝廷，内心没有主见。隆裕太后既没有孝庄皇太后的能力，也没有慈禧太后的手段，是个没有主见的太后；摄政王载沣则既不如辅佐顺治皇帝的多尔衮，也不如辅佐同治皇帝的恭亲王奕䜣，是个软弱的摄政王；首揆总理内阁大臣庆亲王奕劻则既贪且庸，并且多年来和袁世凯一唱一和，看到岌岌可危的局势，不仅没有积极帮扶，反而在最危急关头接连提出辞职请求；最坚定的亲贵少壮派人物良弼，在清帝颁布退位诏书前半个月的 1 月 26 日，被革命党人炸毙，其他宗社党成员都被吓破了胆，纷纷逃离京城，此后清廷里连个敢说硬话的人也没有了。

四是没有充裕的财政后援。多年的战争赔款，掏空了清朝国库，尤其是甲午战争和八国联军侵华战争，使清朝财政遭到空前浩劫，仅庚子赔款总额就高达白银 4.5 亿两，不算利息，每年就需筹款 2200 余万两，占清朝财政总收入的 1/4。所以到清朝后期，政府财政连年入不敷出。有专家统计，光绪二十九年（1903）时，清朝财政收入共 10492 多万两，支出 13492 多万两，亏空达 3000 多万两；到了宣统三年（1911），度支部预算收入 29696 多万两，支出 33865 多万两，亏空额上升到 4000 多万两；到辛亥革命爆发时，清朝财政赤字已高达近 7000 万两。所以当 1912 年 1 月 19 日清廷第三次御前会议上，有人提出反对清帝退位时，袁世凯的亲信梁士诒强有力的反驳理由就是：军费不足开支一个月！

五是没有了外交上的支持。外国人支持清朝政府，只是为了能攫取更大利益，在感到清朝已经保不住的情况下，就把扶植的目标转到了袁世凯身上。住在东交民巷的外国公使团做出了"保障袁世凯的地位，并给以便宜行事机会"的承诺。当袁世凯透出要与革命党和谈时，英国公使朱尔典立即出面为他搭桥。同时，为了给未来的共和国打开一条外交上的生路，孙中山回国时，也曾专门赴英，与四国银行团会谈，磋商停止给清廷借款事宜。随后又向英国政府提出三项要求：停止清廷一切借款；制止日本援助清廷；取消各英属殖民地对他的放逐令，以便他取道回国。孙中山的活动，也促使了西方各国不再对清廷予以支持。

在清廷已经无力抗拒革命浪潮的情况下，袁世凯怀揣阴谋，运用军事压力和政治欺骗的两面手法，用革命党逼迫清廷退位，又用清廷的存在迫使革命党让出临时中央政权。在得到孙中山"如果清帝退位，宣布共和，则临时政府决不食言，文即可正式宣布解职，以功以能，首推袁氏"的明确表示后，1912年1月16日，袁世凯上奏隆裕太后，言称：为清室及满人计，当以清帝退位为上策。随后，又由他的心腹出面威胁清廷：现在退位尚有优待条件，再不退位连优待条件也没有了。

四、两千年封建君主制的终结

面对种种困难和压力，万般无奈之下，清廷于2月1日决定退出皇位。2月4日，由袁世凯与革命党商讨清帝退位优待条件。2月10日，优待条件得到隆裕太后认可。主要内容为：清帝仍保留皇帝尊号，仍暂住宫廷之内，日后移居颐和园，侍卫照常留用；民国每年拨给皇室费用400万元；皇室的私产，由民国特别保护；皇室的宗庙陵寝，永远奉祀。此外还规定，皇族的王公世爵照旧保留，并免服兵役。由此看，清帝退位，并非如诏书所说，全是为国为民，除出于无奈外，还有诸多保护自身利益的条件，更多的是为自己。

但无论怎么样，清室审时度势做出退位决策而不是孤注一掷、负隅顽抗，对国家和人民还是有利的。所以，中华民国临时大总统孙中山先生第一次来北京，他在社会各界欢迎大会的演说中，称赞隆裕太后，交出皇权，可以称之为"女中尧舜"。1913年2月22日，46岁的隆裕太后病逝，国民哀悼会的发起者吴景濂发表公启说："隆裕太后以尧舜禅让之心，赞周召共和之美，值中国帝运之末，开东亚民主之基。"并倡言于3月19日在太和殿开全国国民哀悼大会，以国丧规格处理丧事。

1912年2月12日，是清朝皇帝退位的日子，这一天，除隆裕太后代表宣统皇帝发了三道懿旨外，其最高办事机构内阁，还以宣统皇帝的名义，批复了20件大臣奏折，下发了9道日常公务上谕。但是，这一天，只是清朝政府最后一天行使权力的日子，退位诏书的颁布，标志着清王朝的覆亡，也标志着中国两千多年封建君主专制制度的终结。

清宫里神秘祭祀活动的原始记录
——萨满祭祀档案

祭祀活动是清朝皇宫重要的典礼活动之一,在各种祭祀中,有一种堪称最神秘的祭祀,即萨满祭祀。但由于萨满祭祀属于内廷祭祀,深宫高墙的阻隔,加之神秘的祭祀仪式等原因,使外人很难了解全貌,又因这种祭祀属于满族祭祀,汉官不能参与,更增加了它的神秘性,所以这项活动的许多具体情节未能记入公开出版的史册中,只有深藏清宫的萨满祭祀原始档案,才有助于我们揭开这项活动的神秘面纱。

一、清宫萨满教档案

在上千万的清宫档案中,礼仪祭祀档案占了很大比重,而其中的萨满祭祀档案,数量虽然不是最多,但却一直秘藏深宫。直到今天,知道和了解的人也不多。

清宫萨满祭祀活动,分为日常致祭和节日立杆大祭,祭祀场所则主要是堂子祭祀和坤宁宫萨满祭神。有清200多年,这种祭祀活动一直未断,即使到了清逊帝溥仪时期,虽然祭祀规模减小了,但是形式却仍然保留着。举凡这些祭祀活动,清宫档案中都留下了记载,只是详略不尽相同。

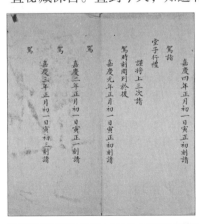

嘉庆四年皇帝赴堂子行礼起驾时刻折

1. 有关祭堂子的档案

堂子，是萨满教信仰活动的中心，清宫"会祀群神"① 总祀之所。清入关前，曾在辽宁省新宾的兴京老城、辽阳的东京、沈阳大东边门堂子庙胡同设立过堂子。1644年9月，顺治皇帝尚未进北京，就先在北京长安左门外玉河桥东，设立了入关后的第一座堂子。每逢新年的第一天、出征、凯旋及春秋两季，皇帝都要亲躬祭祀堂子。

清宫祭祀堂子的档案，主要分存两处。内务府掌仪司是清朝主管内廷祭祀的机构，因此有关清宫祭堂子的资料，主要在掌仪司的"奏案档"里。但内务府掌仪司正式成立于康熙十三年（1674），所以顺治、康熙、雍正三朝祭堂子的档案，多数在内国史院和"满文老档"等清初各种满文档案中，很少见汉文记录。其中"清初内国史院满文档案"和"满文老档"已由中国第一历史档案馆满文部编译出版。

堂子祭祀造神像档簿

内务府奏案中关于祭堂子的内容，起于乾隆元年（1736），止于光绪二十年（1894）。主要是每年元旦、春秋二季，掌仪司奏报堂子竖杆大祭日期、遣萨满叩头、因斋戒挪乌云致祭、择吉日开新神、还愿祭以及选派大臣祭马神等内容。档案数量，各朝多寡不一。乾隆、嘉庆两朝数量较多，内容较全。道光中期以后，主要是秋季祭祀，春季祭祀的档案很少见到，并且以后逐年减少。下面是其中几年关于萨满祭司的档案统计。

乾隆二十年（1747）12件，其中三月初四、初五堂子立杆大祭3件；孟夏祭祀2件；十月初一堂子竖杆大祭2件；补放萨满事1件；十二月二

---

① 《清史稿》卷八十五，志六十，礼四，中华书局，1976年，第2553页。

十六日请神送往堂子、堂子挂纸钱以及为次年正月祭祀做准备事4件。① 嘉庆元年（1796）6件：包括正月二十四日掌仪司"奏为堂子竖杆大祭遇斋戒挪乌云致祭事"，二月初二日"奏为春季祀跳马神请派大臣行礼事"，三月二十六日"奏为立夏敬神事"，五月十三日"奏为秋季祀堂子竖杆大祭令萨满叩头事"，六月二十七日"奏为秋季祀择日祭堂子事"，九月二十八日"奏为秋季祭马神派大臣舞行礼事"。② 道光三十年有3件：八月二十七日掌仪司"奏为堂子竖轩大祭日期事"，九月十四日掌仪司"奏为堂子大祭令萨满叩头事"，十月初一日"为马神致祭事"。③ 光绪二年（1876）2件：八月二十四日总管内务府"奏为秋季祀十月初一日堂子竖杆大祭，初二日还愿，照例令萨满叩头事"；九月九日总管内务府"奏为十月初一堂子竖杆大祭前期遇斋戒素服，照例改于二十五、二十六日乌云致祭事。"④

这些档案，虽然每年的内容大同小异，但是可以看出每个皇帝祭堂子的次数、规模，一定程度上反映了清宫堂子祭祀的兴衰。但是同治朝以前，这部分档案全是满文，这给多数研究者查阅、利用带来一定的困难。

2. 坤宁宫萨满祭祀档案

有关坤宁宫萨满祭祀的档案，主要在"内务府礼仪卷坤宁宫节次档"中。这部分档案，记录十分详尽，是了解清宫萨满祭祀的最具体的史料。首先在这部分档案中详细记录了清帝后每年至坤宁宫祭祀行礼的时间、次数、参加人员等一般情况。如，根据乾隆十四年的档案记录，该年较大的萨满祭祀共10次20天，其中帝后亲自参加7次17天。⑤ 其次，这部分档案对每次坤宁宫祭祀的具体情节有较细致的描述。如对乾隆十三年七月初二日还愿求福祭的过程记述道："初二日还愿，头次丑正二刻进猪，令萨满叩头。二次卯初一刻得肉，皇上行礼，进小肉。辰时求福，祭神房首领太监伺候扎板弦子，皇上南床上少坐，看萨满达永常之妻摆刀，左手请刀，右手请箭，福索麻，随供桌出门外，左边站住。供桌安在树下……皇上门里左边，皇贵妃右边，同跪。萨满转正念毕，请麻，与皇上、皇贵

---

① 中国第一历史档案馆藏：内务府奏案，第101—105卷。
② 中国第一历史档案馆藏：内务府奏案，第323卷。
③ 中国第一历史档案馆藏：内务府奏案，第324卷。
④ 中国第一历史档案馆藏：内务府奏案，第538卷。
⑤ 中国第一历史档案馆藏：内务府奏案，第617卷。

妃，各缕麻三缕，望怀内揣一揣，连三次，行一礼毕。起来，皇上西炕上北边少坐，香达请供桌安在面前。皇贵妃南边，面向东，萨满照前摆麻，仍缕麻三次，萨满福箭供下，仍摆刀毕，请皇上南边，皇贵妃北边同上跪，萨满居中跪，念求福吉祥语毕，同一礼，萨满达二人同递福索，皇上皇贵妃同受福索毕，行一礼少坐，随进供上等物。皇上、皇贵妃乘轿出隆福门，皇贵妃还本宫……"两天后一早，"皇贵妃亲捧福索到坤宁宫，萨满达永常之妻、悦凌之母，跪接皇贵妃递福索，同收在万万年吉祥索林口袋内供着"。① 由此可见档案记述之详，从中我们可以清楚地了解清宫萨满求福还愿祭的礼仪细节。但是乾隆三十年（1765）以后，这部分档案开始变得简略，只记每次大致的过程，不再记具体情节。

3. 坤宁宫吃祭神肉档案

还有一部分关于清宫萨满祭祀的记载，在"内务府御茶膳房档案"中。"御茶膳房档案"是记录清帝后每日用膳情况的档案，但其中有一部分记述的并不是皇帝日常进膳的内容，而是清帝后在坤宁宫萨满大祭日或到阿哥家看"萨满跳神"时，和王公大臣一起吃祭神肉及还愿日"吃小肉"的内容。

内务府掌仪司为十月初一跳大神、请萨满等事奏稿

这部分档案，从乾隆至光绪，各朝均有，约10余册。吃祭神肉的习俗，是满族萨满祭祀中的一项重要仪式，民间俗称"吃肉大典"。祭完

---

① 中国第一历史档案馆藏：新整内务府礼仪类，第5489卷、坤宁宫节次簿。

神，参与者不分等级，共享胙肉，此俗带有原始共产制的遗风。但是宫中保持此俗，意义绝非平等分享祭神肉，而是皇帝对参与者的一种赏赐，能参与宫中吃祭神肉，是莫大殊荣。这种形式实际成为清廷加强同王公大臣感情联络的一种手段。

在档案中，不仅记载了宫中吃肉的礼仪程式，而且对每次参与的大臣人数等情况都有记载。其中"膳底档"第580号，是记录乾隆皇帝在乾隆十六年至四十七年坤宁宫吃祭神肉的专册。经统计，在这31年间，乾隆皇帝在坤宁宫吃祭神肉共达111次，其中王公大臣参加88次，每次参与大臣27至58人不等。

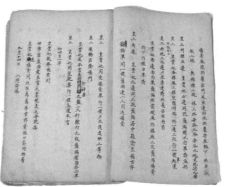

内务府膳食档记载皇上等参加萨满祭祀吃祭神肉档

该册开篇是乾隆十六年正月初八吃肉的记载："正月初八日卯初二刻请驾……辰初一刻万岁爷至坤宁宫坐毕，随带王公大人等进殿，磕头毕，入座。首领曹进孝、孙进朝铺白布幂单，总管马国用、首领杨进朝请金锭膳桌，安银葵花盒小菜一品，南小菜一品，酸菜、韭菜、酸王瓜一品，碎酸菜韭菜一品，匙筯手布刀子湿手布空银盘一件。膳桌安毕，大人章京随请祭神肉一盘，杂碎一盘，祭神肉片一碗。上进肉毕，送粳米、稗米膳三分满，杂碎一盘撤下，送神糕、馓子一品。赏糕毕，送酒，赏酒毕，将膳桌请下，送奶茶。赏奶茶毕，王公等十五人，大人等二十八人出殿外，万岁爷至弘德殿。"①

以上所举，是其中的一次，大致每次吃肉的记载都是如此。

4. 其他档案

部分有关清宫萨满祭祀的档案，见内务府呈稿、敬事房档、侍卫处档，以及宫中记载档、杂录档、日记档、穿戴档、内起居注册等档册。这些档册，分别从不同的侧面、不同程度地记载了清帝去堂子、坤宁宫祭神的时间、穿戴、参加人员、所用物品、人力经费以及更换神杆、神石、神

---

① 中国第一历史档案馆藏：内务府御茶膳档房，第580卷。

斗等情况。另外，在清废帝溥仪档案中，也有少量派大臣往堂子挂纸钱、行礼的内容。

上述清宫萨满祭祀主要档案，共约1000余件，是研究清宫萨满教的最直接、最重要的史料。将这些记述系统汇总起来，不仅可以清楚展现出清帝、后萨满祭祀的情景过程和规律，还可以补正某些史实。如《清史稿》载，"迄嘉庆时，罕用萨玛跳神"①。而档案中，嘉庆朝有不少用萨满致祭的记载。又如《清实录》中，同治朝几乎无元旦祭堂子的记载，而档案中每年都有元旦拜堂子的内容。

---

① 《清史稿》卷八十五，志六十，礼四，中华书局，1976年，第2571页。

清宫萨满祭祀的特点

萨满教，是在世界高寒、亚寒地带诸多民族历史上广泛信仰的一种原始自然宗教。这种宗教产生于远古，其基本的观念和信仰特点是，没有统一的经典教义，没有统一的宗教组织和创始人，万物有灵，自然崇拜、多神崇拜。活动形式是以氏族部落或一家一族为基本组织单位，主持祭祀的人按通古斯语族中的满语称为"萨满"，或"萨玛""撤麻""珊蛮""珊曼"等，"萨满教"即因此而得名。

我国东北地区的满族萨满教，是其中一个重要的支派。特别随着爱新觉罗家族的崛起和清朝政权的建立，满族萨满教从白山黑水之间发展到广阔的辽沈地区，从关外进入关内，又被满族统治者带进皇廷禁城，不仅涵盖面积、影响作用在扩大，而且祭祀活动沿着宫廷化、庙堂化的方向发展，与原始的民间萨满祭祀无论从形式上、内容上，还是祭祀性质上都发生了很大变化，总括起来，有以下特点。

1. 特点之一　祭祀仪式：神秘多样而隆重，礼序等级严格而分明

一是祭祀名目繁多。清宫萨满祭祀，主要包括堂子祭和坤宁宫祭，两处祭祀，名目繁多。

清入关后的第一座堂子内有神殿三处：一座是方形的建在正中北面，朝南向，叫祭神殿，又叫享殿，汇祀群神；一座是圆形的，和祭神殿相对，建在南面，朝北向，叫拜天圆殿，又叫八角亭、遥神殿、堂子亭式殿，是堂子拜神祭天的重要场所；另外东南隅有尚锡神亭殿，又叫上神殿，祭祀田苗神。每年重要的堂子祭祀有：元旦挂纸钱行礼，每月初一、正月初三挂纸钱行礼，春秋立杆大祭，出征、凯旋拜堂子，以及浴佛祭、马神祭。坤宁宫祭祀更为频繁，每天朝祭、夕祭是为常祭，又有新月祭、

坤宁宫萨满祭司场所图

四季献鲜祭、春秋大祭，大祭之前报祭、求福祭、还愿祭以及每年除夕、元旦拈香行礼等。

世续等为光绪二十七年（1901）在坤宁宫祭神提前修理灶炕的奏折

在各种堂子祭祀中，有些是禁止民间举行或民间没有的。如原来民间可以设立堂子祭祀，康熙十二年谕令，官员庶民祭堂子"永行禁止"。从此，堂子祭成为清朝皇家的专祭。另外浴佛也是民间没有的。还有，宫中对马神设专门致祭，民间也不专祭。

二是祭祀礼仪烦琐。不仅清宫萨满祭祀名目繁多，每项祭祀礼仪也十分烦琐，"为历代祀典所无"①。根据乾隆年间颁行的《钦定满洲祭神祭天典礼》，规定萨满仪注近20项，每一项从祭祀的先期准备到祭祀程序、

---

① 陈康祺著：《郎潜纪闻初笔二笔三笔》上册，中华书局，1984年，第192页。

从祭器的操作方法到祭祝神辞等，无不细致详备。而在每次祭祀实际操作中，甚至礼节更加复杂。

三是祭祀典礼隆重。清宫萨满祭祀，不仅名目多，礼仪繁，且祭典隆重。仅以元旦皇帝拜堂子为例，据"清初内国史院满文档案"记载，顺治十一年元旦，"驾亲谒堂子"，五鼓，百官俱朝服，先期到指定地点等候，亲王以下贝勒以上集午门内朝房，满蒙汉梅勒章京以下集午门外朝房，固山贝子以下公等以上侍东长安门外两侧，"质明，礼部官员报时，皇帝出宫，乘辇，仪仗导前，御堂子，鸣钟鼓"，集午门内外王、贝勒等出朝房，跪迎送。固山贝子、公等"候驾过，序列随后，往谒堂子"①，不参加行礼各官，俱跪送。至堂子，"武备院卿于甬路中间铺拜褥，皇帝至殿前，向上立，鸿胪寺卿率鸣赞官夹甬道东西面序立，鸣赞行礼。"②"帝率众戴冠行三跪九叩礼毕，帝乘舆，乐作，回銮入端门。"③未参加行祀之百官，午门外跪迎，午门鸣钟，皇帝回宫。

隆重的典礼形式，充分显示了皇家的威严和气派，是民间萨满祭祀无法比拟的。为了每次祭祀，预先要进行长时间的准备，花费大量的人力、物力。仅以光绪三十一年更换神杆神石一项，据档案记载，从六月二十二日于阜成门外木樨地张家内恭请神杆木料起，至八月十六尽焚烧旧神杆、换上新兴修的神杆、神石止，先后近两个月，动用大小官员78人次，苏拉近40人次。尚不计换神杆前"先期一月每逢三、六、九日辰刻在影殿前演礼之人数"④。

四是参与祭神者严分等级。封建社会，宫廷各项典礼活动都体现着封建等级的尊卑，清宫萨满祭祀，也是礼序严格，等级分明。仍以堂子拜天行礼为例，在堂子拜天圆殿南，设有祭神立杆石座，石座排列就有严格的规定。"正中设大内致祭（即皇帝致祭——作者注）立杆石座一，次稍后左右分设石座各六行，行各六重，凡石座七十二。第一重为诸皇子致祭立杆右座，次亲王、郡王、贝勒、贝子、公、以次叙列。"⑤立杆数目也有规定，"崇德初定，亲王、郡王、贝勒祭三杆，贝子、镇国、辅国公二，

---

① ③ 中国第一历史档案馆编：《清初内国史院满文档案译编》，光明日报出版社，1989年，第284、285页。
② 北京故宫博物院藏：《钦定满洲祭神祭天典礼》卷1。
④ 中国第一历史档案馆藏：新整内务府礼仪类，第3822卷。
⑤ 《钦定大清会典图》，第1118页。

镇国、辅国将军一。"致祭日期也不能随意变化,"月朔大内致祭,初二日后依次祭。凡祭三杆者,定期内祭一杆,过旬祭其二,祀日有数家同者,仍按位为等差,违例多祭与争先越祭处罚。"① 在元旦堂子行礼中有挂纸钱之仪,其顺序也是按皇子、亲王、郡王等先后排列。所有这些顺序排列,代表着致祭者不同的身份地位,不能逾越,不能变动。早在崇德四年,曾因固山贝子硕托越分,"以其于元旦日在堂子内僭上越分,悬挂纸钱",被惩,"降为辅国公,并罚银五百两"②。

清宫这种隆重铺张、规范森严的祭祀形式,与民间简朴、自由的祭祀形式有很大差异,与其蕴含的祭祀思想相去甚远;民间不具备宫廷优越的条件,但也不受礼法的约束,虽然随着社会的进步并在清政权的强制下,满族民间萨满祭祀也在沿着庙堂化、礼仪化的方向演变,但仍然较多地保留了原始民族文化的特征,而宫廷虽然保留了原始的形式,却更多地糅进了汉族宫廷化的礼仪;民间祭祀时虽然也讲序列,但体现的是辈分、长幼的先后,不是地位等级的高低和尊卑;民间祭祀是人神同娱,宫廷祭祀很大程度上不是为了娱神,而是为了娱人,是为了取得皇帝的娱悦,显示皇家的权威。

2. 特点之二　祭祀内容:诸多"客神"列居宫廷祭祀神主位

多神崇拜,是萨满教的主要特点。满族民间各氏族所祭神祇,一般包括本氏族的创世神、保护神、祖先英雄神及天地日月星等自然神,但不祭祀外族外姓的神。而清宫所祀神灵,不仅包括了爱新觉罗家族以外满族各氏族中有代表性的神,而且将其他民族所祀神,请进了宫廷祭祀的殿堂。这是清宫萨满祭祀的突出特点之一。

根据《钦定满洲祭神祭天典礼》,宫中朝祭神为:释迦牟尼佛、观世音菩萨、关帝圣君,"其中佛是小塑像供在小亭内,菩萨、关公为画像神"③。夕祭神有阿珲年锡、安春阿雅喇、穆哩穆哩罕、纳丹岱辉、喀屯诺颜等十几位神。

显然,清宫每天朝祭的三位神,不是满族神。在这里,清宫不仅将佛、菩萨、关公三位外族神作为每天早晨首先祭祀的神,而且叩头祝祷、

---

① 《清史稿》卷八十五,志六十,礼四,中华书局,1976年,第2555页。
② 《清太宗文皇帝实录》卷四十五,第三页,崇德四年正月,中华书局,1986年。
③ 万依、王树卿、刘潞著:《清代宫廷史》,辽宁人民出版社,1990年,第261页。

满族创始女神像

诵神歌、弹三弦琵琶，礼仪隆重，崇敬有加。如专向关公献牲致祭，每年四月初八浴佛祭等，是其他许多神灵没有享受到的礼遇。至于诸多的夕祭神，也并非全是爱新觉罗家族原本就祭的神，这些神灵，有许多也是在满民族统一过程中被纳进宫廷的。

这绝不是说清朝统治者不重视本民族固有的神，恰恰相反，崇尚满洲旧俗，遵从祖制，是清朝统治者一贯奉行的原则，他们之所以如此去做，主要有两方面的原因：

其一是长期以来佛教、道教思想文化的影响和渗透。早在满族先人女真时代，由于长期和其他民族接触，即开始从中原传入了佛教、道教。努尔哈赤领导的建州女真崛起后，随着与汉族及其他民族的进一步交往，其思想文化更受到影响，从顺治朝起，清朝历代皇帝无不虔诚信仰佛教、道教。所以佛、菩萨、关公能列入清宫萨满祭祀神是不难理解的。

其二则是出于政治上的原因。为了取得政权、巩固政权，清朝历代统治者都十分重视民族宗教政策，注重运用统一的宗教思想作为维护民族团结统一的纽带和旗帜。当努尔哈赤在征服满族各民族并"破其堂涩"时，他采取的另一手法就是"在满族各姓普遍信奉的神祇中找出几个有代表意义的，并结合本族少数的几位神，组成一个新的堂子祭神群"，并通过皇族祭祀上的影响和强制性的祭祀大法，将新神推广到各氏族中去，"使之成为满民族共同的宗教"。这样，即使是被征服的氏族，在新的祭神群中也能找到本族神灵的原型，精神上不会感到失落，心理上能够接受。有清200多年，很大程度上统治者是靠这种统一的萨满神灵团结满民族，使之成为维护清朝的支柱力量。但是，对于佛教、道教和其他汉族所祀神，他们不能再用限制旧神、推广新神的做法，这

满族萨满教中祭祀的蒙古神像——喀屯诺颜

不仅因为佛教、道教的文化内涵较之原始的萨满教文化的丰富和升华，而且佛道的信仰在众多民族中早已根深蒂固。所以合乎时宜的做法是接受这些神灵，以示对汉族等民族宗教的重视。应该说，清朝采取的民族宗教政策是成功的。而清宫萨满祭祀中纳进诸多"客神"的做法，正是其宗教政策的一部分。

3. 特点之三　祭祀主持人：是严格在皇权制约下的萨满

谈清宫萨满祭祀的特点，必须谈祭祀的主持人萨满，因为萨满的特点一定程度上表现了祭祀的特点。"萨满"，通古斯语，又译称"撒麻""珊曼""珊蛮""萨玛"等。我国最早出现萨满一词的书，见于宋人徐梦莘的《三朝北盟会编》，"珊曼者，女真语巫妪也，以其变通如神"①。但也有其他多种不同解释，如"兴奋狂舞的人"之说，"晓彻"神意的人之说，司祝说等。人们一般认为，萨满是介于人神之间的使者，在祭祀中是主祭者、祝祷者，能下传神意，上达庶望。民间萨满的产生，有的是靠神"抓"来的，有的是在自愿基础上从众族人中选出来的。在满族民间，各民族的萨满都有较高的威望，他们被视为本民族最有文化、最有知识的人，精神文化的传继者，有的甚至是本民族的首领，集神权、人权于一身的重要人物。

清宫里的萨满，从选择到使用，从职责到地位，同一般萨满都有所不同。

---

① 徐梦莘著：《三朝北弘会编》卷3。

清宫萨满祭祀的特点

首先，清宫萨满是从满族爱新觉罗家族的萨满演化而来的，是随着努尔哈赤、皇太极建国称帝和宫廷制度的建立而确立的，从一开始出现，就具有强烈的政治色彩。成为清宫萨满，首先，其身份必须是爱新觉罗氏族的人。其次，有严格的政治要求，所选萨满必须绝对忠于皇帝。再者，萨满选出后，必须由内务府报皇帝钦准，内务府奏案档中就有报选萨满的内容。另外，清宫内廷萨满多数是女萨满，必须从宗室觉罗命妇中选择。甚至乾隆以前有以"内廷主位及王等福晋皆有为司祝者"，乾隆以后，要求不断降低，允许在"上三旗包衣佐领、管领下之觉罗或异姓大臣官员、闲散满洲人等妻室内选择"，或在上三旗"各臣下包衣佐领、管领之下满洲妇人内选择"①。所以清宫萨满是严格按照钦定标准选择的萨满，实际是皇帝赐予的职务。

其次，清宫萨满的职责在《钦定满洲祭神祭天典礼》中称为"司祝"，"以承祭事"②，即根据钦定的典礼规范和程式，在祭仪中承担祈祷、献酒、诵神辞、擎神刀神箭、击手鼓、甩腰铃、舞蹈，以及为皇帝、皇后及皇室成员祈福等职责。虽然清宫萨满在祭祀中起着十分重要的作用，但没有任何主动性。不能像其他萨满一样根据不同情况，随时"斟酌事体，编为吉祥之语"而致祭。宫廷萨满在祭祀中，从祝词的内容到献酒次数，从诵神歌音调到击鼓的点数，其一招一式，一念一唱，都必须严格按规定的仪注进行。由此说，清宫萨满仅是祭仪的执行者，是一个在皇权严格控制下的"司祝"。

其三，清宫萨满在宫廷祭祀中的职责和地位，决定了其在政治上的命运和地位。一方面，从皇家侍神者的角度和所享受的生活待遇而言，清宫萨满的地位是很高的。因为她（他）们是皇家的萨满，在"朕即国家"的时代，可以说她（他）们是国家的萨满。宫中的"萨满太太"能"代皇后每日行礼"，"清晨至神武门，至宫礼神"，在生活上"食三品俸"③，相当于大理寺、太常寺等诸卿或通政使、按察使的待遇。但是另一方面，从同为侍神者的角度讲，她（他）们的地位又不如其他萨满。民间萨满受到全氏族人的尊敬，祭祀用萨满谓之"请萨满"，而在大量的清宫萨满教档案中，全是"令萨满叩头""遣萨满行礼"等字样。显然这不是笔

①② 北京故宫博物院藏：《钦定满洲祭神祭天典礼》卷1。
③ 章乃炜著：《清宫述闻》卷4，第286页。

吏、大臣随意写就的。"请"与"令"虽一字之差，却从一个侧面反映了清宫萨满的政治地位，只是一个有一定特长、受皇帝所赐之职、食皇帝所给之俸的上层臣民，并不是极受尊敬的侍神人。

不仅如此，清宫萨满的一切升降荣辱乃至命运前途和普通人一样，都是受制于皇帝的。据《满文老档》记载，早在天命八年（1623），萨满刚噶达因对皇太极"选派甲兵去边境安户"的做法提出异议，触怒了皇太极，"汗怒，命将刚噶达绑缚解来，并革去游击之职"，"将已给刚噶达及达岱之一千五百名汉人，没收一千，其余五百给其兄弟"①。清朝入关后，因萨满本人或其家属触犯皇权而萨满随时被更换之事也有发生，内务府奏案档中有少量记载。

4. 特点之四　祭祀目的：为清朝皇室和政权服务

任何一种宗教，都是为一定的社会政治、经济、生活服务的。清宫萨满祭祀，首先是为皇帝、皇后及皇室成员祈福。现存的清宫萨满教档案，很大部分是帝后求福祭、还愿祭的内容。所祀神称为"佛立佛多鄂谟锡玛玛"，又称"佛托妈妈""子孙娘娘"，是清宫专为"保婴而祀"的神。另外，对其他神的祭祀，很大程度上也是为祈福，其祭天神辞中即写道："今敬祝者，丰于首而仔于肩，卫于后而护于前。畀以嘉祥兮，齿其儿而发其黄兮。偕老而成双兮，年其增而岁其长兮。根其固而身其康兮，神兮贻我，神兮佑我，永我年而寿我兮。"②所表达的意思是，请神保佑儿孙兴旺，长寿健康。在这一点上，清宫和民间基本相同。

但是另一方面，清宫萨满祭祀的主要目的则是为清朝政权服务。这个服务过程，在不同的历史阶段又表现出不同的形式。

在清朝夺取政权的过程中，祭祀的目的表现为请神佑助军事战争的胜利为主："愿天令敌垂首，佑我奋扬，人不遗鞭，马无颠蹶。"③从努尔哈赤时起，每次出征、凯旋要先谒堂子，此礼是当时最频繁、最隆重的典礼。《清太祖实录》《清太宗实录》中有多处记载，出征时，"上亲统大军"，"设卤簿，吹螺号，奏乐，谒堂子。行三跪九叩头礼毕，复于堂子外立八纛，吹螺奏乐拜天，行三跪九叩头礼，遂起行"④。很有出征前誓

---

① 中国第一历史档案馆编：《满文老档》上册，中华书局，1990年，第434页。
② 《清史稿》卷八十五，志六十，礼四，中华书局，1976年，第2554页。
③ 《大清满洲实录》合订本，第91页。
④ 《清太宗文皇帝实录》卷三十二，第十九页，崇德元年十二月，中华书局，1986年。

师之义。凯旋时,"上亲率凯旋王、贝勒、诸贝子、大臣谒堂子,行三跪九叩头礼"①,以示谢天。

清朝取得政权以后,战事减少,出征、凯旋拜堂子之礼逐渐减少,清帝所愿所求,主要是希望年年"天下太平,五谷丰登,四海宾服,金瓯永固"②。表现在萨满祭礼中,一是非常重视对农神的祭祀,并在堂子内专建祭祀田苗神神殿。二是请王公大臣吃祭神肉之仪,无论政局怎样变化,也坚持举行。光绪二十四至二十九年(1898—1903),虽然由于种种政治原因停止了堂子祭,但每年仍然坚持请王公大臣到坤宁宫吃祭神肉两次。乾隆时期更多,根据乾隆十六年至四十七年档案记载,不计其到盛京和阿哥家祭神吃肉次数,仅在坤宁宫请王公大臣吃祭神肉就有88次。三是在诸多祀神中更重视祭天神,"帝之以敬天为家法"。早在崇德元年(1636)始定祭堂子典礼时皇太极就曾说:"前以国小,未谙典礼……今蒙天眷,帝业克成,故仿古大典,始行祭天。伏思天者,上帝也。祭天祭神,亦无异也。"③所以在祭祀中清统治者非常重视祭天。宫中和堂子立杆大祭,含义主要是祭天。

上述现象说明,清入关后萨满祭祀的目的与倾向,重在祈求农业丰收以稳定民心,巩固国本;同时利用萨满祭祀中某些仪式,加强皇帝同满汉大臣的感情联系,增加皇权的凝聚力,利用萨满教对众神灵特别是对天神的崇拜,宣扬"君权神授",达到"像宗教应该教导人们那样教导说:你们要服从权力,因为任何权力都是上帝赐予的"④。以借助神的力量,进一步巩固清朝的统治。

5. 特点之五　祭祀活动之兴衰:与清朝政权兴衰相依

清宫萨满祭祀,是在爱新觉罗家族祭祀基础上,随着清朝国家政权的象征——宫廷制度的建立而逐步兴盛起来的。自从登上宫廷的舞台,它就不再仅仅是一种普通的社会宗教形态。"宗教本身既无本质也无王国"⑤,但是一经和政权相结合,就成了为上层统治阶级服务的工具。这种特性,决定了清宫萨满祭祀活动的兴衰不仅和当时的社会、政治、经济、文化形

---

① 《清太宗文皇帝实录》卷三十一,第八页,崇德元年九月,中华书局,1986年。
② 中国第一历史档案馆藏:宫中杂件第26号,雍正元旦开笔之吉字。
③ 中国第一历史档案馆编:《满文老档》下册,中华书局,1990年,第1521页。
④ 《马克思、恩格斯、列宁、斯大林论宗教问题》,中国社会出版社,1992年,第41页。
⑤ 《马克思、恩格斯、列宁、斯大林论宗教问题》,中国社会出版社,1992年,第14页。

态密切相连，而且和清政权的兴衰直接相关。

清朝入关时期，是清朝宫廷萨满祭典的形成时期。乾隆时期，是清朝政权的鼎盛时期，宫廷萨满祭祀活动也达到兴盛的高峰。嘉庆朝开始，清朝政权出现危机，宫廷萨满祭祀活动处于延续和维持状态。道光中期以后，清政权危机加深，并逐步走向衰落，清宫萨满祭祀也逐渐进入低谷。光绪二十年以后，清政权已是江河日下，危机四伏，所以连最重要的元旦拜堂子之礼也停止了；光绪二十八年，由于意大利的威胁，清入关后致祭200多年的第一座堂子被迫改迁；至光绪三十年虽然又恢复了堂子祭祀，但其声势规模已远不如前；其后随着清朝政权的灭亡，清宫萨满祭祀活动全面停止。

与此相比，满族民间萨满教虽然也受清朝政权的规制和束缚，但毕竟远离宫廷、远离权力的中心，所受干扰要小得多，相反，清政权衰落时期，少了政权的制约，往往更利于民间萨满教的发展。

总之，清宫萨满祭祀，是围绕宫廷、围绕皇权服务的典礼活动，无论其形式与内容、兴盛与衰亡都受着政权的制约，这是清宫萨满祭祀的最根本的特点。

清宫萨满祭祀的兴衰与演变

清宫萨满祭祀活动,是随后金政权的兴起走进宫廷的重要的典礼活动,清朝入关后,这一祭神形式随着清朝政权的兴衰和社会的发展而演变,祭祀的规模也由小变大,由盛及衰。其兴衰演变过程大致分为以下几个阶段。

一、后金政权建立到清朝入关——宫廷萨满祭祀典礼形成

宫廷祭祀,首先是以宫廷建立为基础。清朝早在顺治皇帝入关之前,在东北已出现了两个创业的君主,建立了早期的宫廷,从那时起,萨满教就以压倒一切宗教的雄厚势力,进入努尔哈赤、皇太极的宫廷,并逐步形成了宫廷化的祭祀礼制。但是,宫廷萨满祭祀活动,并非从此时开始,更非仅清朝有之。远在7世纪时,萨满教即进入契丹、渤海国王室;10世纪初进入辽国宫廷;12世纪初更成为满族直系先人女真人所建金朝宫廷中的权威宗教;13世纪初又步入成吉思汗的金帐,甚至一度成为左右皇权的政治势力。这就是清代以前萨满教在宫廷中活动的历史。至清朝时期,宫廷萨满祭典的形成,又经历了一个长期的发展过程。

早期的满族萨满教,是以氏族部落为传承形式的部落宗教,各部落之间自成体系,祭祀活动是独立的、自发的,没有统一的规定性的祭期、祝词和仪式。多择时而祭,遇事而祭。到天命元年(1616)努尔哈赤建立"后金"之前,即使在建州女真中较先进的爱新觉罗氏家族内,连最重要

的祭堂子也还是"不限次数,率行往祭"①。这个时期,祭祀的主要目的是为本部本族的生产生活服务。

萨满教进入后金宫廷

努尔哈赤领导的建州女真崛起后,经过"强凌弱、众暴寡"的激烈争战与兼并,很快统一了女真其他各部族,形成了新的满民族共同体。在兼并统一的过程中,努尔哈赤非常注意对各部族萨满教的改造,他一方面对各部族民间萨满教采取强制方式进行规范,每破一部族必先破其"堂涩",然后"在满族各姓普遍信奉的神祇中找出几个有代表意义的,并结合本族少数的几位神,组成一个新的堂子祭神群,通过皇族祭祀上的影响和强制性的祭祀大法,进行推广新神,限制旧神的运动","使之成为满民族共同的宗教"。另一方面,为了巩固已经取得的战争成果,努尔哈赤开始建都立国,设立宫廷,并将爱新觉罗家族的祭祀形式搬进宫廷,在社会上层树起萨满祭祀的一面旗帜。当原始的萨满祭祀形式和封建政权的宫廷象征相结合,原始的宗教活动不仅随着社会的发展而演变,而且在统治者意志的影响下逐步走向典制化、宫廷化。

堂子祭礼有了规定

堂子,是满族萨满教信仰的中心,萨满祭祀,最重要的是祭堂子。根据富育光、孟慧英先生《满族萨满教研究》一书的论证,游猎时期的满族各氏族,是将祖先神偶、神册、神器等放在用桦皮、木、柳等材料制成的匣内,随人迁徙,择时而祭。明中叶以后,定居的部族多在本族城寨的东南向建立奉祀本氏族祖先神和保护神的圣洁之所,即"堂涩"或曰"唐色",这

盛京堂子八角堂

---

① 中国第一历史档案馆编:《满文老档》下册,中华书局,1990年,第1521页。

就是清宫堂子的前身。随着努尔哈赤建都立国,努尔哈赤、皇太极先后在兴京赫图阿拉(今辽宁省新宾满族自治县)、东京辽阳(今辽宁省辽阳市老城)、盛京抚近门(今辽宁省沈阳市大东门外)建立堂子。史载:万历三十一年(1603)努尔哈赤迁都赫图阿拉,离住处"五里许,立一堂宇,缭以垣墙,为礼天之所"。堂子的建立,标志着萨满教庙堂化的开始。但是,在满族统治者进入辽沈地区之前,虽然出征前必谒拜堂子,但对堂子祭祀礼仪尚无规定,进入辽沈地区后,受汉族文化的影响,努尔哈赤开始注意宫廷体制及各项制度的建立,对堂子祭祀也逐步做了规定。

满文老档记载:天命七年(1622),即迁都辽阳的当年,努尔哈赤制定了和八旗之主共同议政的宫廷体制,其中第一次明确规定:国主每年元旦要到堂子叩头。天命八年(1623),又规定了争战凯旋拜天的礼乐制度。皇太极继位后,就祭堂子的具体礼节再陆续做了一些规定:天聪七年(1633)元旦,皇太极率诸贝勒诣堂子,对原来拜堂子时的免冠礼做了更改,"至是,上与诸贝勒议,惟祭神免冠,元旦谒堂子不免冠"①;天聪八年(1634),规定了出师前谒堂子时拜天行礼的乐制;崇德元年(1636),随着对明朝战争的胜利,皇太极改"大金"国号为"大清",并开始全面修订官制和礼仪,六月,定祭堂子、神位典礼,"汗谕曰:前以国小,未谙典礼,祭堂子、神位,并不斋戒,不限次数,率行往祭。今蒙天眷,帝业克成,故仿古大典,始行祭天。伏思天者,上帝也,祭天祭神,亦无异也……嗣后,每月固山贝子以上各家,各出一人斋戒一日,于次早一日,遣彼诣堂子、神位前,供献饼酒,悬挂纸钱。春秋举杆致祭时,固山贝子、固山福晋以上者往祭,祭前亦须斋戒。除此外,其妄率行祭祀之举,永行禁止。"② 同月,又定在堂子前挂纸钱时的祝辞:"钮欢台吉,武笃本贝子,月已更已,某年生小子具饎挂钱,惠我某年生小子,赐以嘉祥兮。界以康宁。"③这段档案,是最早出现的清宫祭堂子祝辞,也是以后宫廷萨满祭神祝辞的脚本。同年十一月,又规定:行堂子祭天礼及元旦拜天、出师凯旋,皇帝必须躬亲致祭。

清宁宫内廷祭萨满

除制定了一系列堂子祭祀的礼仪外,沈阳建宫后,内廷致祭也开始制

---

① 《清太宗文皇帝实录》卷十三,第一页,天聪七年正月,中华书局,1986年。
②③ 中国第一历史档案馆编:《满文老档》下册,中华书局,1990年,第1521页。

度化。受封建礼教的影响，清朝宫中内廷日常祭神，多由皇后行礼，萨满祭神场所就设在皇后居处的中宫，取"帝王应天显命，洪敷化理，必肇自宫壸，乃达家国以迄于万方"① 之义。后金时期。虽然没有明确的宫闱制度，但随着宫殿的建立，已行在宫内拜神之事。从天聪年起，皇帝每年元旦拜堂子后，都要"还宫拜神"。崇德元年（1636），皇太极订立了后妃制度，册立了清代历史上第一位皇后，住清宁宫，并将清宁宫作为内廷祭神的重要场所，确定了祭祀的礼制。入关后，坤宁宫祭神，也是"仿沈阳清宁宫旧制"，"坤宁宫中供奉神位，皆依盛京清宁宫旧制，应由皇后每日行礼，设一女官代之，食三品俸，名曰萨满"②。

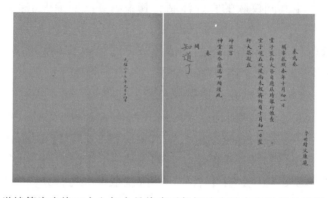

世续等为光绪二十七年十月将堂子祭祀改在坤宁宫举行的奏折

至此，清宫廷萨满祭祀，无论是具有"国祭"性质的堂子祭，还是具有皇帝"家祭"性质的宫内祭，都有了明确的规制，清宫萨满祭典，随着宫廷的建立和扩展逐步形成了。

二、顺康雍时期——清宫萨满祭礼的传承与发展

顺治元年（1644）清兵入关，社会形势发生了巨大变化，一个落后的少数民族，一跃成为已具有两千多年封建社会文明史的中华民族的统治者，社会形势的发展，对其原来的思想文化信仰带来强大影响和冲击。但是萨满教作为满族的祖传宗教，入关后的统治者仍然对其极力维护，倍加崇祀，同时也根据形势的发展，对原来的某些礼制在传承中做了一些修改

---

①② 中国第一历史档案馆藏：宫中诏书，第129号。

和完善。

在北京建堂子

顺治元年（1644）九月，福临尚未到北京，已仿旧制在长安左门外玉河桥东，修建了清入关后的第一座堂子。整座建筑包括神殿三处：一处是坐北朝南的祭神殿，又叫享殿，"汇祀群神"；一处是八角形拜天圆殿。与祭神殿相对，坐南朝北，又叫八角亭、迎神殿、堂子亭式殿，是拜天的重要场所；一处是尚锡神亭殿，又叫上神殿，位于东南隅，祭祀田苗神。另有大门三间、殿门一间、神房二间及围墙外神厨房三间。① 此后直至光绪二十八年的200余年间，这里一直是清宫萨满祭祀的中心，每年元旦、春秋二季，皇帝必亲躬参加堂子祭。只有顺治六年（1649），因福临"避痘"而元旦未能亲祭，才特由和硕郑亲王多尔衮代为致祭。遇大的军事战争，如平定三藩、远征噶尔丹等，均按旧制，康熙皇帝亲往谒堂子，立纛拜天，"上诣堂子，祭旗纛。"② 唯雍正七年以后，史籍和档案中均未见到胤禛元旦堂子行礼的记载，只记他"在宫中拜神"。

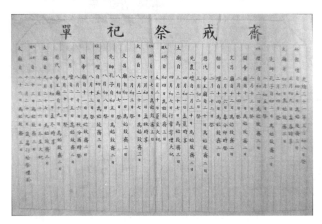

清宫斋戒祭司单

堂子祭典，较之入关之前更是隆重有加，仅引述内国史院满文档案对顺治十一年元旦堂子行礼的记载为例："是日，侍郎渥赫率皇家、王、贝勒家之司胙抵堂子，将旧岁纸钱、绳、神杆一并焚之。元旦鸣钟鼓，叔父

---

① 《清史稿》卷八十五，志六十，礼四，中华书局，1976年，第2553页。
② 《清圣祖仁皇帝实录》卷四十五，第五页，康熙十三年正月，中华书局，1986年。

和硕郑亲王以下……贝勒等以上，俱朝服，集午门内朝房。固山贝子等以下……尚书等臣以上……公等以上，俱朝服，集东长安门外两侧。满汉、蒙古、汉军梅勒章京等员以下……文武顶戴官员等以上，俱朝服，照旧集午门外朝房……质明，礼部官员等报时，皇帝出宫，乘舆，仪仗导前，御堂子。鸣钟鼓，集午门内外王、贝勒等出朝房……跪迎送。叔父和硕郑亲王以下王、贝勒等随出午门，乘马依次其后……皇帝至堂子，内多罗郡王等以上挂新纸钱，帝率众戴冠行三跪九叩礼。毕，帝乘舆，乐作，回銮，入端门……诸员各自回府请神，皇帝还宫，向朝祭、夕祭神位免冠行三跪九叩礼。"①

坤宁宫立杆朝夕祭

清入关后，坤宁宫祭祀，礼仪也更臻完备。按照沈阳故宫清宁宫格局，将坤宁宫中部、西部改为萨满祭神场所，东头两间留做皇帝大婚时居住的洞房。每年除规定的几天将神移往堂子时坤宁宫停止祭祀外，其余每天在这里进行朝祭和夕祭。朝祭在西大炕上致祭，寅时开始，所祭神为释迦牟尼佛、观世音菩萨、关圣帝君；夕祭在北炕上致祭，申时进行，所祭神为满族的远祖神、氏族保护神、马神、战神等多种神。主持祭

萨满教供器之一银鎏金香碟

祀的赞祀女官即萨满太太，顺治元年规定，"从上三旗觉罗命妇内选取"，设"赞祀女官长二人，赞祀女官十人"。康熙年间，赞祀女官增加至十二人，每人"岁给官用缎二匹，纱绫、绸绢、杭绸各一匹"②。祭神时，萨满擎神刀、束腰铃、执手鼓，盘旋歌舞祝祷。

萨满祭礼形式的规范和中心地位的偏移

从形式上看，清初的统治者，不仅坚持了入关前萨满祭祀的祖制，而

---

① 中国第一历史档案馆编：《清初内国史院满文档案译编》，光明日报出版社，1989年，第284、285页。

② 《钦定大清会典事例》卷九十五。

且较入关前规模更加隆重，礼仪更加规范。但是面对入关后先进的汉文化和多民族群体的包围，萨满祭祀的中心地位在他们的思想和行动中已逐渐发生了变化和动摇。其表现为：其一，为了顺利实施对全国的统治，顺、康、雍三帝都积极吸收、接纳汉族的先进文化和思想。首先他们都曾积极提倡和鼓励满族人学习汉文化；其次在思想上积极接纳了封建的道德观念，尊儒重道，倡导理

坤宁宫祭神场所

学；在宗教信仰上，不仅兼收并蓄佛、释、道，甚至顺治皇帝几为崇佛遁入空门，康熙雍正也都推崇佛教，雍正在佛学上还有颇深的造诣。这些新思想、新文化，对其原来所信奉的萨满教，本身就是一个强力的冲击。其二，清入关后，恭祀天坛、地坛等坛庙，祭祀大典，不再首重堂子。为了稳固政权，达到长治久安，作为封建统治者，必须树立起有绝对权威的统治思想及能代表这一思想的权威形象，这就是至高无上的天神。而原始的萨满教没有统一的教理教义，所奉祀的是创世神、保护神及多种自然神，多种神的地位又是平等的，没有一个权威性的神祇，虽然在重大节日、出征、凯旋、立杆拜天时有突出天神的倾向，但天神仍然包含在萨满祭司诸神中。再就萨满祭司的形式来说毕竟是原始的、简陋的，不能担当起代表封建最高统治者"天子之礼"的重任。这一点，早在清入关前，清朝统治者就有认识。天聪八年（1634），章京刘学诚奏道："今盛京门外设立堂子，遇朔望车驾亲诣行礼，昭事之诚亦已至矣！然此但寻常之事，非天子之礼也。我皇上为天地宗子，当恭建天地坛……此敬天地之大典，朝廷之要务也。"① 也就是说，作为清宫萨满信仰中心的堂子，虽然是清朝皇家祭天、祭祖、祭社稷的总祀之所，但并不是适合天子之祭的大典。对这种见解，皇太极表示赞同，"上览毕曰：至于建郊设立宗庙，未知天意何

---

① 《清太宗文皇帝实录》卷二十一，第十六页，天聪八年十二月，中华书局，1986年。

在，何敢遽行，果蒙天佑，克成大业，彼时顺承天心，恭议大典未晚也。"由此可见，皇太极时期即有另建代表天子身份地位的祭祀之所的设想，只是当时统一大业未就，条件尚未成熟。所以清入关伊始，即沿明旧制，恭议祭天地大典，且典礼规模宏大而隆重，程度超过祭堂子。所以清入关后，多种重要祭典并列的格局，从根本上使清宫萨满祭祀的中心地位发生了改变和动摇。

顺、康、雍时期，清宫萨满祭祀的另一个特点是原始的萨满祭祀形式逐渐被规范化的礼仪所取代。康熙时期，在堂子祭祀礼仪上曾有几次更改：原来堂子行礼时没设鸣赞官，康熙十一年（1672）诏曰："元旦拜堂子，礼宜明备，用鸣赞官。"起初，满汉大臣均可以随皇帝赴堂子参加祭祀，康熙十二年（1673）"三藩之乱"事发，从此明令禁止汉官随祭堂子。同年十二月又规定，只许皇家祭堂子，其余官员、庶民"永行禁止"① 祭堂子。清廷还明令，不许以萨满跳大神治病。顺治十三年（1656），曾有固山额真阿山公家用"巫人跳大神"治病，被罢职、籍没家产，并株连官员6人。这些变化，使原始的萨满祭祀典礼得到升华，使其沿着封建庙堂化、文明化的方面发展和完善。

三、乾隆朝《钦定满洲祭神祭天典礼》的颁行

乾隆时期，由于清朝政权巩固，经济繁荣，使弘历这位封建文化修养较高的皇帝能够有充足的条件和精力进一步加强对宫廷内部的管理，完备各项典章制度。《国朝宫史》《钦定大清会典》《钦定宫中现行则例》等重要宫史书籍，都是乾隆朝编修的。在这几种书典中，都编列了清宫萨满祭祀的内容。至乾隆十二年（1747），又修订了满族萨满教的专项典章——《钦定满洲祭神祭天典礼》。该典礼将长期以来满洲各部族"微有不同而大端不甚相远，若我爱新觉罗姓之祭神"的祭礼祭仪，按照久已盛行宫中的皇家祭祀蓝本进行归纳汇总，形成典章6卷，各项祭祀仪注20项。其中包括堂子元旦挂纸钱行礼、春秋立杆大祭、四月初八浴佛祭、马神祭、坤宁宫每天朝祭和夕祭、新月祭、四季献鲜祭、求福还愿祭等。对每次祭祀的祭品、祭器、祭祝词乃至祭器的敲打方法等，无不做了细致的规定。

---

① 北京故宫博物院藏：《钦定满洲祭神祭天典礼》卷一。

至此，从努尔哈赤、皇太极时期形成，经顺治、康熙、雍正时期传承与发展的清宫萨满祭典，在乾隆时代终于最后定型，并以法律的形式固定下来。后期满族民间盛行的萨满教家祭，基本依据的就是这个摹本。

该"典礼"的颁行，一方面是为了将全满族的萨满祭礼规范划一，另一方面则是为了维护清宫廷秩序和皇家的绝对权威。因而，该典礼的颁行，将乾隆时期清宫萨满祭祀活动进一步推向了高峰。从乾隆元年起，清宫内务府"奏案"档中，每年都有萨满祭司的奏报，清帝、后参加坤宁宫祭祀的情况，也开始见诸"坤宁宫节次档"。根据这两种档案，对乾隆十三年（1748）至六十年（1795）宫中萨满祭祀活动初步统计，乾隆皇帝平均每年亲自参加祭堂子2—3次，坤宁宫除每天朝祭、夕祭外，每年记录在档的例祭12次左右，祭祀期间，只要乾隆在宫中，必同后妃一起亲临致祭。如乾隆十四年（1749），坤宁宫常祭之外，大型的例祭10次20天，其中帝后亲自参加7次17天，只有3次因乾隆出巡，分别由亲王和萨满代为拈香行礼。

大祭日，例请王公大臣参加，赏吃祭神肉；第二天还愿祭，是皇帝家族共同"吃小肉"。据内务府膳底档记载，仅乾隆十六年至四十七年，在坤宁宫祭神吃肉就达111次，其中王公大臣参加88次，再加上"吃小肉"的次数，平均每年7—8次。此外，乾隆还常常到阿哥府内看萨满跳大神。如乾隆四十四年（1779）十月初五日、十月初九日、十月十五日。八阿哥（永璇）、十五阿哥（颙琰）、绵恩阿哥（乾隆第五子永琪之子）所内分别跳大神，乾隆均"同妃嫔等位，所内进肉"①。每次出巡盛京，乾隆必在清宁宫举行萨满祭祀礼，弘历亲执扎板，祭亭子里之蒙子。"上击扎板时，随行王等于台下随之击扎板儿，王等内若有不谙击扎板儿者，击掌。"② 另外还有每年派大臣行礼的浴佛祭、马神祭、四季献鲜祭等，一年四季，祭祀活动频繁。不仅如此，而且祭典隆重，仪注规范，达到清朝宫廷萨满祭祀的鼎盛时期。

四、嘉道以后清宫萨满祭祀的衰落

从嘉庆朝开始至鸦片战争之前，清朝社会已由盛世开始转向衰落。此

---

① 中国第一历史档案馆藏：内务府御茶膳房档案，第580号。
② 中国第一历史档案馆藏：内务府奏案，第313卷。

273

时的嘉庆、道光皇帝,均属保守型的帝王,他们对其乃祖乃父定下的规制,只有承袭,很少发展。宫廷萨满祭典,完全是按乾隆时所定"典礼"的程式进行。祭期、祭礼都十分规范。但是祭祀次数逐渐减少,仅以内务府奏案中祭祀堂子的档案数量为例,乾隆朝平均每年10—12件。嘉庆朝每年6—7件,至道光朝平均每年仅有3—4件。这种现象虽不排除档案流失方面的因素,但这种规律性的递减,很显然主要还是由堂子祭礼的衰落造成的。

特别道光中期以后,帝国主义的入侵加剧了清政权的危机,客观上使当朝的统治者无暇关注宫廷祭祀问题,同时随着西风东渐,从思想意识上对封建的文化信仰带来新的冲击。所以从道光朝起,从史籍和档案中都可以发现这么一种现象:一是出征谒拜堂子的礼仪不见了,而出征凯旋拜堂子,是清入关前最频繁、最重要的典礼,入关后随着战事减少也逐渐减少。二是原本每年春秋两季立杆祭堂子之仪只剩下了秋季一次,至光绪二十四年(1898),连常规性的元旦拜堂子拈香也停止了。这之后,因八国联军的入侵,光绪、慈禧避难西逃,元旦谒堂子之礼又连续中断了几年。光绪二十八年(1902),各国纷纷在北京建立使馆区,意大利的使馆区恰选在清宫堂子所在地,经多次交涉,清廷曾以多拿赔款要求换回堂子,终未谈成。意大利人指出:皇帝祭祀可以办理经过意大利人操场的通行证。无奈之下,清廷只好将入关后致祭200多年的堂子改迁至南河沿霞公府(1985年全部拆毁),这就是清朝皇家的第二座堂子。至光绪三十年(1904),政事稍平,虽然又恢复了元旦拜堂子,但已远不能同昔日相比。

当年努尔哈赤兴兵,每攻一城必先破其堂子,堂子破则意味着部族灭。象征着爱新觉罗家族权威的第一座堂子的被迫改迁,预示着清朝政权的衰落和灭亡,而国家政权一旦灭亡,宫廷及其一切祭典也就不复存在了。道光以后,清宫堂子的衰落,还表现在元旦祭神、祭祖顺序的微妙变化中。清朝皇帝元旦行礼,历来先拜堂子,后拜太庙。祭堂子在祭祖宗之上,但从光绪朝起,祭祀先后顺序已有了改变。"丑刻,上诣奉先殿行礼,寅刻,诣堂子行礼"。① 奉先殿,是清宫内廷中的太庙,奉祀清帝的列祖列宗。从元旦先拜堂子到先谒奉先殿,时间上虽然仅相差一个多小时,但绝不是偶然的。纵观萨满教的发展与演变,由自然崇拜到图腾崇拜

---

① 朱寿朋编:《光绪东华录》四,中华书局,1958年,第3535页

再到祖宗崇拜，这个变化是随着人们对大自然的认识和社会的进化程度而发展、充实、变化的。先拜奉先殿，说明祖宗崇拜地位的提高，表示封建社会后期人们认识大自然、征服大自然能力的提高，人本意识的增强。这也是道光以后社会思想文化和人的认识观念进步发展的表现。

在具有清朝"国祭"性质的堂子祭日趋衰落的同时，具有清帝家祭性质的坤宁宫祭神，曾一度仍然保持着兴盛的局面。从宫中"杂录档""记载档""溥仪档"看，直至清废帝溥仪出宫，除每天朝夕祭等例祭外，坤宁宫祭祀的香火一直未灭。特别是每年三次请王公大臣在坤宁宫吃祭神肉之典，必定举行。如光绪二十八年（1902），即拆迁堂子的当年，正月初二参加坤宁宫吃祭神肉的王公大臣有45名，二月初一参加者38名，十月初一参加者34名。① 吃肉时，皇帝坐北床，宣派吃肉诸臣鱼贯而入，面西而列，先在垫座上向皇帝一叩首，后由内务府大臣捧肉先进皇帝，然后分肉及神糕给诸臣。吃祭神肉的习俗源于远古，是萨满祭祀中的仪程之一，带有朴素的原始共产制的遗风。但这里已有了不同的含义，萨满教是原始氏族组织下的产物，它依附于氏族，又为氏族族体服务，成为合族人的精神依托和维系族体的力量。爱新觉罗家族在取得政权的时候，得到了以萨满信仰为统一精神支柱的满族族体的支持，在维护政权的过程中，同样需要这种支持。所以清入关后，不仅在经济上、政治上采取了一系列维护满族特权的政策和措施，而且始终把萨满教作为全满族的祖传宗教大力推广。坤宁宫里请王公大臣吃祭神肉的形式，一方面是对清宫萨满教的宣扬，更通过这种形式，加强清帝同众臣之间的感情联系，增加皇权的凝聚力。在这里。清代皇帝将萨满教中最具积极意义的作用发挥得淋漓尽致。这也是坤宁宫祭神活动能够长盛不衰的原因之一。坤宁宫祭神活动兴旺的原因之二，当是由于社会形势和任务的转变使祭祀目的由祈求神灵保佑战争胜利为主，转为祈福求子、保佑平安为主。坤宁宫萨满祭祀，主要是求福祭、还愿祭，这些形式较好地适应了形势的需要。因此说，清宫堂子祭和坤宁宫祭的兴衰转变，和社会发展有着直接的联系。这也是清宫萨满祭祀形式演变的一个突出特点。

但是，坤宁宫祭祀虽然保持了一度的活力，并未能改变萨满教最终走向衰落的大趋势，随着清朝的衰亡，萨满教终于退出了宫廷的舞台。至于

---

① 中国第一历史档案馆藏：宫中档簿杂录档，第372，373号。

辛亥革命后仍居住在紫禁城里的溥仪小朝廷，虽然保留了宫廷萨满祭祀的形式，但不得不将每天祭祀时杀两头猪献神，改为杀一头，堂子挂纸钱也仅派大臣前往。所以这只不过是清宫萨满祭祀的最后回声罢了。

综上所述，清宫萨满祭祀，是在爱新觉罗家族祭祀的基础上，随着清朝国家政权的建立登上宫廷舞台的，是原始萨满教的一种演化形式。这一演化形式经历了形成、发展、兴盛和衰亡的过程，这个过程是漫长的、复杂的，是和社会的发展、统治者的意志、清政权的兴衰紧密相连的。在这个过程中，原始的萨满教文化，不断地被其他先进的思想文化所渗透。形式上逐渐庙堂化、规范化、礼仪化，内容上逐渐向汉族的宗教形态靠拢，职能上为皇权服务的成分逐渐增大。这个过程既是清朝社会政治、经济、文化发展的反映，也是清朝政权兴衰的直接反映。

漫谈清宫舆图之一
——清宫舆图的来源

舆图，古代泛指地图或疆域。清宫舆图，则是清朝时期由官方收集、绘制并存放宫中各处各种图的总称。在清朝存留下来的各种档案中，除有大量的皇帝朱批谕旨、臣工奏章、各衙门往来公文等文字性档案外，还有数以万计的舆图，其中即有舆地图、江海河湖图、厂矿道路图，也有建筑图、寺庙图、园林图、风水名胜图等。按照其形成方式和来源可分为：从明朝传承下来的图、清政府组织测绘的全国性地图、根据清帝旨意绘制的专项图、清宫舆图房日常绘制的图、大臣随奏折进呈的图、外国传教士或使节进呈的图、清朝有关机构从全国征集的图。按照清朝宫中存放舆图的机构划分，这些图则主要包括：内务府舆图房所存舆图、军机处存的舆图、内阁会典馆在纂修会典时形成的图稿图，以及内廷各房各馆收存的图。

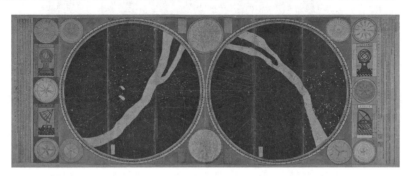

中国第一历史档案馆藏南北赤道两总星图

1. 从明朝保存下来的舆图

中国自古就十分重视对舆地图集的收集、绘制工作，远在战国时期，就有了图文并茂的《山海经》,至元、明时期,随着航海技术和对外关系的不断发展,相继出现了大宏幅、大规模的世界性地图。大凡这些图中比较重要的,都会被皇帝收藏入宫。清朝入关以后,顺治、康熙两朝曾多次下令全国,将明朝档案图籍,作速开送礼部,汇交内院,以备纂修明史。现存中国第一历史档案馆的明朝舆图,其中一部分就是这个时期征集进宫的,但更多的则是原来就保存在明朝宫廷中的舆图。根据雍正朝所编制记录清宫舆图来源的《天下舆图总折》①载,现存比较重要的明朝舆图,如洪武年间绘制的《大明混一图》,万历年间的《明刻地舆图》《明刻九边图》《论九州山镇川泽全图》《乾坤一统海防全图》,以及部分省府州县图等,均分别保存在保和殿、乾清宫等处。

清朝收存这些舆图后,对其中重要的图,将原来的汉文标注改成了满文贴签,方法是用该签遮盖在原图的汉字标识上。如汉文《大明混一图》就改成了满文的《Dai MingGurun I Uherile－he Nirugan》,其他还有《陕西全省边腹图》《陕西延绥全图》《直隶省边垣图》等,也都换成了满文。

着色《雍正十排图》(局部)福建沿海部分

2. 清政府组织测绘的全国性舆地图

清朝政府组织测绘全国性舆图主要有两个时期,一是康熙、乾隆时期。这个时期,主要依靠西方传教士首先进行了全国大规模的地理实测,

---

① 中国第一历史档案馆藏:内务府舆图,第1号。

在此基础上，先绘制了十五省份省图、新疆地图、西藏地图，最后绘制成了康熙朝《皇舆全览图》、《雍正十排图》、《乾隆十三排图》。这几幅舆图，都达到了当时中国地图测绘的最高水平。清政府组织的第二次全国地图测绘是在光绪朝。光绪十九年（1893）至二十二年，为筹办纂修会典，谕令各省进行经纬度测量，并编制了各省、府、州、县图和《皇舆全图》。另外光绪三十四年全国及各省成立了测绘局、陆地测量局后，又组织测绘了各省、府、州、县图。这两个时期组织的全国舆地测量和舆图绘制，形成了一大批舆地图，这些地图当时都存入了清朝皇宫。

3. 根据皇帝旨意绘制的专项图

现有舆图中的陵寝图、行宫图、重要河流图、名胜图、大规模的战图等，有许多是根据皇帝旨令专项绘制的。如康熙时期曾对几条著名大江大河的源流派专人进行勘察，"凡大江、黄河、黑水、金沙、澜沧诸水发源之地，皆目击详求，载入舆图"①。为探寻黄河源脉，康熙、乾隆还曾派自己的侍卫拉锡、阿弥达等人，一路沿黄河，"祭河神，穷河源"，绘图以呈。现存的几幅大规模的河源图，如《星缩海河源图》《黄河发源图》《黄河源图》《长江图》《金沙江、澜沧江发源图》《嫩江、黑龙江、松花江图》等，都是康乾时期专门派人勘察绘制的。如"乾隆十一年，皇上命在朝修士将平定回部之捷，绘成战图十六幅"。安南战事结束，乾隆皇帝"询孙士毅安南战事，缕晰以陈。因命画院，各为之图"。凡此种种，都是清帝特旨绘制的。

4. 清宫舆图房日常绘制的图

康熙中叶以后，随着全国大规模舆图测绘活动的开展，康熙皇帝特命在宫内设立画图处，又称舆图处，以便召进中外人士绘制皇帝交办的各种舆图。画图处为一临时机构，图绘完后机构便撤销。以后随着中外臣工及西洋传教士呈进的舆图日益增多，又在宫中设立了舆图房，舆图房房址最初设在养心殿旁，后迁至白虎殿后，属内务府养心殿造办处管理。"舆图房掌版图之属，凡中外臣工绘进、呈览后，藏贮其中。其关系经制、垂诸

---

① 《清圣祖仁皇帝实录》卷二九〇，第二页，康熙五十九年十一月，中华书局，1986 年。

悠久者，特命镂版以行"①。也就是说，舆图房的职责，除负责收存、保管宫中舆图并随时为皇帝阅览提调外，还要根据皇帝谕令，负责日常的舆图绘制、缩摹工作。从《天下舆图总折》中我们看到，仅康熙三十一年，舆图处绘制的舆地图就有直隶省绢图一张，山西绢图一张，陕西绢图一张，山东绢图一张，河南绢图一张，江南绢图一张，浙江绢图一张，江西绢图一张，湖广绢图一张，贵州绢图一张，四川绢图一张，云南绢图一张，广东绢图一张，福建绢图一张。②

5. 臣工随奏折进呈的图

为使皇帝能一目了然地了解各地农业生产、工程营建、军事防务、山川河流变化等情况，清朝定例，官员上折陈事时，有须绘图备查者，则应于折内附图进呈。现存的清宫舆图，许多都是官员随折进呈的。如现存70多米长的"金沙江上下两游图"，就是云南巡抚张允随在乾隆六年（1741）上达请求治理金沙江奏折时，随折进呈的。

张允随随折奏进金沙江上下两游图（总图）

---

① 庆桂等：《国朝宫史续编》卷97，北京古籍出版社，1994年，第956页。
② 中国第一历史档案馆藏：内务府舆图，第1号。

6. 外国传教士和使节进呈的图

从明朝嘉靖三十一年（1552），西班牙传教士沙勿略到达广州西南150多公里的上川岛，到19世纪后期，先后有大批西方传教士来到中国。他们为着传教的目的而来，同时他们也带来了一些新的天文地理、医药卫生等自然科技知识和方法，并将这些技术和方法作为结交中国士大夫、进而打开宫廷大门的敲门砖。绘制并向皇帝进献舆图，就是其所用方法之一。正如圣·费朗西斯科大学西方中国文化研究所所长福斯所说："他们深知，精美的绘图质量和漂亮的地图外观的好处，这是超过语言的。耶稣会士们的制图工作还对传教有直接的好处，有利于完成在这个庞大的中华帝国范围内宣讲福音的使命。"故"首批来华传教的天主教耶稣会士，就把绘制中华帝国的地图作为一项重要任务来对待"①。

清朝时期传教士绘制并传入宫廷的且影响较大的舆图主要有：康熙年间比利时传教士南怀仁的《坤舆全图》，法国传教士进送的《天下全图》、《亚西亚洲图》（即亚洲图）、《亚墨利加洲图》（即美洲图）、《欧罗巴洲图》（即欧洲图）、《亚非利加洲图》（即非洲图）5幅铜版印刷图；康熙五十六年（1717）德里格进呈的《西洋地理图》；乾隆朝法国传教士蒋友仁进呈的《坤舆全图》等。

法国传教士蒋友仁绘《坤舆全图》

---

① 福斯（Theodore N. Foss）著：《西方解释中国——耶稣会士制图法》，载1994年《文化杂志》。

外国使节进呈的多是本国的地理图、风景建筑图及城市街道图。如乾隆五十八年（1793），英国使臣马戛尔尼进呈的《英吉利宫殿府邸图》《英吉利建筑图》《英吉利船舶图》以及各种图画等，计有 16 册 1000 多页，内绘图上百种。又如：嘉庆十四年（1809）十二月十九日，舆图房新账载："舆图房奉谕收到英吉利进来洋图二十一册。一号，英吉利国王一家人像并官民妇女图；二号，英吉利国王官民住处图……二十一号，上古邪神有力人像并古瓶古器图。"①

7. 各房各馆在撰修会典、国史、一统志等书籍时绘制的图，以及从各地征集的图

如修《光绪会典》时绘制的图稿，乾隆、嘉庆修《大清一统志》时各地随方志送方志馆的地域图等。

乾隆朝平定两金川战图十六咏并图

---

① 国立北平故宫博物院十一周年《文献论丛》，第 135—146 页 "内务府舆图房藏图纪要"。

漫谈清宫舆图之二
——清朝时期对宫中舆图的管理

据考证，康熙朝以前，清宫没有专门管理舆图的机构，各种舆图主要分散存放在皇帝居住和听政的各个宫殿，目的是便于皇帝随时查阅。这从乾隆二十六年统计的康熙朝舆图来源中便可以看出。如"康熙三十一年五月十三日，保和殿交来大明混一图一张；三十一年六月二十五日养心殿交来小黄河图一张"①。又如《养心殿收藏舆图单》记载，养心殿前明殿漆案上放："黄沁安澜图一卷，浙江海塘图一卷，御览河图4张，黄河图一卷，直隶图一卷，陕西地理图一轴……"②

1. 内务府舆图房的舆图

康熙中叶，设立了清宫舆图房。为管理好这些舆图，舆图房首先对宫中各处舆图进行了收集，然后编目造册。

编目的方法是：先时间，次来源，再地域。中国第一历史档案馆现存的《天下舆图总折》，便是康熙、雍正时期所藏舆图的总目。根据该折统计，康熙朝宫中各处舆图共有553件，雍正朝又增加了167件。在图的来源项下分为：外进的；舆图处画的；保和殿、养心殿、畅春图、热河行宫等各处原来收存的；奉旨从其他地方收集来的，或责成某个机构绘制的等几个方面。如折中记载，"康熙十四年（1685）二月十四日，外进：直隶总图一张、山西总图一张、陕西总图一张、山东总图一张、河南总图一张、江南总图一张、江南分府州县册页二套八本、江西总图一张、江西府

---

① 中国第一历史档案馆藏：内务府舆图，第1号。
② 中国第一历史档案馆藏：内务府舆图，第7号。

清宫档案说清史

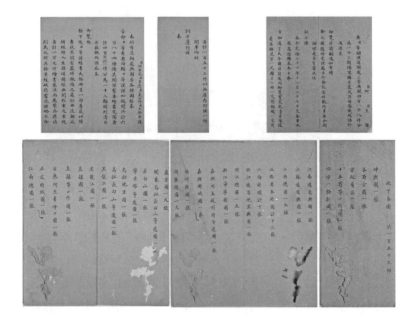

乾隆二十六年阿里衮等呈宫中残破舆图单

图十三张、福建总图一张、福建分府州县册页一本。""康熙二十四年四月二十五日，外进：湖广总图一张、湖广府县卫图十八张、云南总图一张、云南分府州县册页一本。""康熙二十四年九月二十五日，外进：四川总图一张。""康熙二十四年十月初五日，外进：贵州总图一张，贵州分府州县册页一本，广东总图二张，广东分府州县册页二套八本，广西总图一张，广西分府州县册页二套八本。"①

康熙、雍正朝对舆图的管理，虽然能比较清楚舆图的来源和时间，但因其仅按时间排序，不分类别，随着舆图数量的逐渐增加，检阅颇为不便。所以，乾隆二十五年（1760），谕令"裘曰修、王际华赴造办处，会同阿（里衮）、吉（庆），将所藏舆图照依斋宫册页办法一样归类，编定次序，缮写清折二份呈览后，一份交懋勤殿，一份交造办处收贮，以备随时览阅。"②

这时舆图房存图数量，已经达到1249件。"查得舆图房档内所载各项

① 中国第一历史档案馆藏：内务府舆图，第1号。
② 中国第一历史档案馆藏：内务府活计档。

舆图共计九百五十八件,业已经陆续呈览讫。今又查出档内未载舆图共二百九十一件,内齐全者八十四件,潮湿霉烂者一百零七件。"①

对这些舆图,阿里衮等按照"君临天下,统驭万方"的思想和便于保管与查阅的原则,逐件鉴定分类,经过近一年的工作,全部整理完毕。先根据形质分成三等:一是内容重要且绘画装潢都比较完备者;二是无关紧要及内容重复,但绘画装潢尚属整齐者;三是破损霉烂缺略不全者。然后将第一等456种787件按内容分为13大类,即:天文类2种17件,舆地类258种338件,江海类39种49件,河道类45种59件,武功类10种21件,巡幸类31种223件,名胜类31种35件,瑞应类2件,效贡类4种5件,盐务类4件,寺庙类18种22件,山陵类4件,风水类8件。②编目一册,名为《萝图荟萃》,收舆图房保存。第二等109种另行收贮。第三等153种不再收贮。

这次分类整理,确定了清宫舆图整理分类的原则和方法,奠定了清宫舆图收贮的基础。乾隆六十年(1795),王杰、福长安、彭元瑞又将乾隆二十六年以后舆图房所绘及中外臣工进呈的重要舆图57种290件,按照《萝图荟萃》的方法整理编目,成《续萝图荟萃》一册。

乾隆朝以后各朝,均以《萝图荟萃》和《续萝图荟萃》为基础,每三至五年,将宫中收贮各项舆图按"旧管、新收、开除、实存"四

乾隆二十六年阿里衮等为宫中上等舆图418件分为13类造目进呈事奏折

目,列细数汇总造册存档,册内钤用"造办处印信,一本交档房存案,一本交舆图房贮库备查"③。其分类方法,同《萝图荟萃》一样,按内容共分为13大类。所不同的是,从嘉庆朝开始,每件清册图目之后,都注明了该图的质地、完损状况、渍污程度等。如嘉庆九年至十三年清册内

---

① 中国第一历史档案馆藏:内务府活计档。
② 中国第一历史档案馆藏:内务府舆图,第2号。
③ 中国第一历史档案馆编:《乾隆朝上谕档》,第二册,广西师范大学出版社,2008年,第897页。

记:"西洋天球地球图一分,计十六张,有渍脏,纸边破";"十五省府州县方向路程图一套,计十五本,锦套有破处,少紫檀木别";"盛京城阙图一张,绢画,稍有补处和渍脏处";"南海普陀山寺图一卷,绢画,木轴头,铜别边,稍有虫蛀处"①。

但是这些目录清册大多已经损毁流失,现在只存有少数几本。其中《舆图房嘉庆九年正月起至嘉庆十三年十二月底止库贮各项舆图清册》载:"旧存图二千五百四十一件,嘉庆九年起至嘉庆十三年十二月底止共新收平定金川郊劳图一张,此五年内共新收图一件,并无开除图张。以上共实存图二千五百四十二件。"②

《舆图房自道光二十二年正月起至道光二十四年十月底止库贮舆图清册》载:"旧存舆图二千五百四十七件,新收香山画图横披一张,共实存二千五百四十八张。"③光绪二十二年《皇舆全图并各式图章等细数实在清册》载,包括《萝图荟萃》及《续萝图荟萃》所录一千一百二十九件,共实图二千五百四十八件。

由以上清册可知,嘉庆以后内务府舆图房舆图增加极少,而从道光二十四年以后直到清末,总数则一件也没有增加。分析这种状况产生的主要原因,一是清中期以后,随着军机处地位的提高,各地官员随折进呈的舆图大多留在了军机处;二是嘉庆朝以后清诸帝对舆图的重视程度不如前几朝皇帝,绘制的大宏幅的舆图极少,所以没收进舆图房。

2. 军机处的舆图

军机处是雍正朝以后辅佐皇帝办理政务的中枢机构,各地官员上达的奏折,皇帝阅示后均交军机处处理。凡奏折中附有舆图者,经御览并录副后,军机处将附图中图幅较大的抽出,和军机处各类图书一起存放方略馆,登记造目,编为《书籍簿》备查,并在原奏折折面书"图存"字样。其中图幅较小能折叠之件,则仍与原来奏折存放一处。后来,随着奏折数量的增加,军机处舆图也不断增多,特别嘉庆朝以后,军机处舆图成为清宫舆图的重要组成部分。

3. 内阁会典图稿图

这部分舆图是会典馆在撰修历朝会典时形成的图稿,所以一般称

---

① ② ③ 中国第一历史档案馆藏:内务府舆图,第 5 号。

"会典图稿图"。清朝时期,这些图存放在内阁大库,分为会、乐、冠、舆卫、武备、天文、舆地7项,共890余件。

在这里要说的是,现在有些地方每当发现清朝舆图,便往往被认为是从"清朝内阁大库"中流传出去的。其实这是不了解清朝对舆图的管理制度。事实上,大凡重要的图,清朝时都存放在内务府舆图房或军机处方略馆,存在清朝内阁大库中的图,主要是会典图的图稿。

4. 存放在国史馆等各房各馆的图

这部分舆图大多是清朝各馆在撰修国史、方志、一统志等书籍时收集进馆的,内容以舆地类为主。当每一项书籍撰修工作结束后,这些舆图便与该书籍形成的档案一起,分存在各馆内。

清朝存放皇帝家谱的龙柜

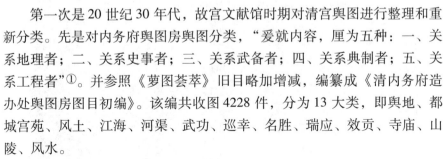

漫谈清宫舆图之三
——现存清宫舆图的分类、内容及价值

一、后人对清宫舆图的整理与分类

清朝时期对宫中舆图虽然做了细致整理和分类，但并不十分准确，故从故宫文献馆开始，后人对清宫舆图又进行过两次大规模的整理。

第一次是20世纪30年代，故宫文献馆时期对清宫舆图进行整理和重新分类。先是对内务府舆图房舆图分类，"爰就内容，厘为五种：一、关系地理者；二、关系史事者；三、关系武备者；四、关系典制者；五、关系工程者"①。并参照《萝图荟萃》旧目略加增减，编纂成《清内务府造办处舆图房图目初编》。该编共收图4228件，分为13大类，即舆地、都城宫苑、风土、江海、河渠、武功、巡幸、名胜、瑞应、效贡、寺庙、山陵、风水。

该编与《萝图荟萃》有几点不同：一是京城各图，《萝图荟萃》入舆地类，文献馆认为："此种图皆城郭宫室之属，与其他舆图绘郡国山川者不类。"因此，"将京师各图，别出于舆地之外，自为一类"。二是各种风俗图，《萝图荟萃》入舆地类，文献馆认为"此非山川地理而作，因别为一类，题曰风土，次于都城宫苑之后"。三是河工、水闸、稻田、水利诸类，《萝图荟萃》将其与河流统归河道类。文献馆认为"此不仅关于河道，依四库总目之例，改题曰河渠"。

---

① 国立北平故宫博物院十一周年《文献论丛》，第135—146页《内务府舆图房藏图纪要》。

在对内务府舆图重新分类整理的同时，文献馆对军机处舆图也进行了分类整理，共分为舆地、江海、河道、武功、巡幸、寺庙、山陵 7 类。①

第二次是 20 世纪 60 年代，档案馆对原舆图房舆图、征集到的舆图以及清宫其他各类舆图进行了归并整理。

首先，依据《萝图荟萃》及清朝历代舆图房清档目录，对内务府舆图进行核对清点，确认清朝内务府舆图房 2548 件珍贵舆图大部分都被保存了下来。

其次，将文献馆时期对内务府、军机处的舆图分类情况做了部分调整，除保留天文、舆地、名胜、寺庙等类外，将江海、河道归并为"江河湖渠"类；"武功"改为"军务战争"；"巡幸"改为"水陆路程"；"都城宫苑"改为"建筑"；"山陵"改为"陵墓"；"盐务""风水""瑞应""效贡""巡幸"都并入"其他"类；同时增加了"矿厂""庆寿"两类，共形成天文、舆地、江河湖渠、水陆路程、铁路、军务战争、行宫、寺庙、名胜、矿厂、建筑、庆寿、陵墓、其他 14 大类。形成目录 1943 条，并编制成《内务府舆图目录》两册。直到现在，档案馆所存内务府舆图房舆图仍按此分类。

再次，对其他零散图和从社会征集、接收的舆图归并整理。清宫舆图虽然大部分被保存下来，但也有相当一部分流出宫外。档案馆成立以来，一直未间断向社会征集工作，1930 年、1953 年和 1958 年还先后从北京大学、北京故宫博物院接收了一批舆图，合计有 800 余件。对这些从各处收集、征集起来的舆图，也按照内务府舆图的分类原则，进行了归并、分类整理，共分为舆地、水陆路程、江河湖渠、军务战争、名胜古迹、矿厂、建筑、庆寿、陵墓、其他 10 大类。为了和其他舆图区别开来，单独建立了"集"字目录。

在这里要说的是，中国第一历史档案馆现在保存的清宫舆图仍然很不完整，除北京故宫博物院和台北故宫博物院、中国国家博物馆、中国国家图书馆外，在美国、英国等国外各大博物馆、图书馆也都有收藏。以上整理分类情况，主要是就中国第一历史档案馆所存舆图而言，收藏在其他单位和部门的清宫舆图，分类情况则不完全相同。

---

① 国立北平故宫博物院十一周年《文献论丛》，第 135—146 页《内务府舆图房藏图纪要》。

二、清宫舆图主要包含内容

清宫舆图门类至繁，内容丰富，从社会到自然，从宫廷到边寨，小至一件器物，大至天下要事，无所不绘。正如《国朝宫史续编》所云："舆图房所藏，则上究司天，下赅舆地，旁括河形海道，细写风土名物。""凡天文、地理、宫殿、名胜之藻绩，藏于图房。"① 所以不论清朝舆图房分的13类，还是今人划分的14类，都以大类冠之，因为每一类下还包含若干不同的内容。

1. 天文类

下含有《日食图》《月食图》《日食月食坤舆图》《天球星宿图》《赤道恒星图》《彗星图》《祥云图》等。

2. 舆地类

主要有：

世界性地图，如法文《天下全图》、满文《全球坤舆图》《世界坤舆全图》、满汉文《东半球图》《西半球图》、汉文《大清中外天下全图》等。

全国图，主要如康熙朝《皇舆全览图》、雍正朝《十排图》、乾隆朝《十三排图》、嘉庆朝《皇舆全图》、光绪朝《皇朝一统舆地全图》等。

各省地图，如《皇舆十五省合图》《东三省全图》《四川西藏等处图》《青海藏卫图》等。

各府、州、县、旗、镇地图如下：

边界卡伦图，如《广东广西勘定中越边界全图》《中俄分界图》《新疆伊犁分界图》等。

海防海道图，如《沿海疆域图》《渤海周围形势图》《辽东沿海图》《七省沿海图》《东洋南洋海道图》等。

道路地名图，如《盛京凤凰城至朝鲜道路图》《由巴里坤至吐鲁番至乌鲁木齐道路图》《吉林所属全部地名册》《黑龙江所属全部地名册》等。

---

① 庆桂等编：《国朝宫史续编》卷96，北京古籍出版社，1994年，第943页。

关隘图，如《山海关一带图》《南口、八达岭、居庸关墩口图》等。

城市图，如《京城全图》《盛京城阙图》《黑龙江墨尔根城舆图》《宁夏镇图》《甘肃安西县踏实堡城图》《澳门房屋形势图》等。

外国图，如《朝鲜图》《印度地图》《俄罗斯图》，法兰西、英吉利、和兰、奥地利等国胜景图等。

3. 江河湖渠图

主要有：

全国各自然河图，如长江、黄河、金沙江、黑龙江等河源图。

各种河道水势图、工程图，如《黄河御坝图》《河南郑州黄河东西两坝工程图》《陶庄引河图》《清江浦河堤工图》等。

人工河图，如《南北运河图》《山东运河图》等。

洪泽湖、洞庭湖、鄱阳湖、太平湖等湖泊图。

4. 水陆路程图

主要有：各省方向路程图、驿站路程图。重点是清帝南巡北狩路经各地程站图，如《乾隆南巡路程图说》《山东御道总图》《江南回銮程站图》《豫省辇路图》等。

5. 铁路图

主要有《东三省铁路图》《庐汉铁路图》《北京西直门至梁各庄铁路图》等。

6. 军务战争图

主要有：

战图，如《大兵围攻吴应麟图》《御笔平定西域战图并十六咏》《御笔平定台湾战图并十二咏》等。

演操图，如《一千三百人阵式图》《军队演阵图》《湖北水操阵势图》《火器营、健锐营步枪炮水军合操阵势图》等。

营盘驻防图，如《广东水师营官兵驻防图》《陕、甘、宁等处安设驻防图》《奉天省陆防各军驻扎区域图》《豫省马勇营制图》《安徽等处营盘图》等。

炮台武器图，如《旅顺口鱼雷图》《广西边防大小炮台图》《营口炮台丈尺做法图》等。

战阵形势图。

7. 行宫图

主要是清帝出巡驻跸的行宫地盘图样，如《浙江西湖行宫图》《济南行宫图》《盘山行宫图》《江南行宫地盘图》等。

8. 寺庙图

如《泰山寺庙图》《华山寺庙图》《普陀山寺庙图》《峨眉山寺庙图》《孔林图》《天后宫图》等。

9. 名胜图

主要包括名山、名园、名湖、名亭、名台、名院，如北京香山、玉泉山、圆明园等处图，《浙江天台山图》《五台山图》《终南山图》《五峰寺名胜图》《海宁安澜园图》《扬州等处花园图》《西湖名胜图》《苏州名胜图》《山东名胜图》《台湾名胜图》《兰亭图》《嵩阳书院图》等。

10. 矿厂图

如《江苏江宁府机房图》《黑龙江各处金矿界址图》《贵州矿产图》《湖北汉阳钢铁厂图》等。

11. 建筑图

主要有：

坛庙建筑图，如《天坛全图》《祈谷坛图》《关帝庙图》《景山观德殿图》等。

宫殿建筑图，如《紫禁城图样》《紫禁城三大殿图》《天安门至大清门图》等。

王公府第建筑图，如《醇王府第图》《怡贤亲王府第地盘图样》《镇国公载迁府第图》《赛尚阿园寓图样》《四公主园寓图样》等。

园林建筑图，如《颐和园各殿房间地盘图样》《颐和园东宫门南花园图样》《颐和园后山买卖街添修景点图》《中海工程图样》《北海至中海铺修铁路图样》《圆明园西洋楼建筑图样》《畅春圆图样》等。

衙署建筑图，如《大理院衙署全图》《宗人府平面图》《掌仪司房舍图》等。

桥梁建筑图，如《紫禁城护城河桥梁工程图说》《涿州桥图样》等。

12. 庆寿图

主要是康熙和慈禧60万寿时，京城各景点庆祝情形图和添设彩棚灯廊图样。

13. 陵墓图

包括《明十三陵图》，清东陵各帝后陵墓图，清西陵各帝后陵墓图及坐落在沈阳的永陵、福陵、昭陵图。

14. 其他图

凡未入上述13类的舆图，均归入了其他类，故该类内容十分杂乱。如反映工农业生产状况的《耕织图》《两淮晒盐图》，反映风俗习惯的《神龛图样》《春牛图》《勾芒神图》《苗瑶黎等族衣冠图》，反映国际救灾情况的《万国红十字会图》《灾民照片》，以及《大清宝钞图样》《功臣画像》等。

三、清宫舆图的价值

对于舆图的价值，南宋史学家郑樵在其所著《通志》中早已指出，"图谱之学，学术之大者"，"图，经也，文，纬也，一经一纬，相错而成文"。舆图可以用其生动具体的形象，弥补文字难以描述的情景，佐证文字难以记录的信息，可以说，无图难以为史。特别作为清朝官方特意存留下来的舆图，更具有社会上一般图画不可比拟的价值。它不仅是融天文学、地理学、测绘学、美术学等文化文物艺术为一体的艺术品，更是研究清朝政治、经济、军事等不可缺少的资料。

1. 史料价值

舆图的史料价值是多方面的，简单说有以下几点：

清宫档案说清史

首先，舆图是研究中国疆域形成变化，各地行政区划沿革的直接史料。中国的疆域是几千年来历史发展自然形成的，但奠定于清朝。从康、雍、乾三朝分别绘制的《皇舆全览图》《十排图》《十三排图》对中国疆域边界标注中，就可以十分清楚地了解清朝时期中国疆域发展奠定的过程。康熙时期，平定"三藩"、统一台湾、抗击沙俄、平定准噶尔上层分子叛乱，基本完成了国家一统大业，在此基础上，他指派精于测绘技术的西洋传教士和中国人一起，开始在全国范围内大规模实地测绘地图。从康熙四十七年（1708）起，到康熙五十七年（1718），历时10年，绘制成《皇舆全览图》。中国第一历史档案馆现存的康熙五十八年全国总图和31幅分省图，就是该《皇舆全览图》的最早版本。该图的地域范围，东北至新疆萨哈林岛，东南至台湾，南至崖州（海南岛），西至伊犁河，北至贝加尔湖。但是，由于康熙时期清朝势力尚未完全控制新疆，西藏地区还时常发生上层分子的分裂叛乱活动，故当时所绘的《皇舆全览图》，新疆、西藏两地是虚线。至乾隆中叶，清朝先后平定了准噶尔，统一了天山南北，又平息了新疆颇罗鼐自朱尔墨特的叛乱，所以又实测了新疆地图，补绘了西藏地图，于乾隆二十六年（1761）绘成了《十三排图》。这幅图，北至北冰洋，东至萨哈林岛，南达海南岛，东南到台湾，西南抵印度洋，西至波罗的海、地中海和红海。这是中国疆域最大的时期，也是清朝最鼎盛的时期。

而在其他各朝舆地图中，则可以清楚看出清中后期中国疆域的逐步减少过程。如光绪七年（1881）绘制的《中俄交界图》，该图分别以康熙二十八年《尼布楚条约》、雍正五年（1727）《恰克图条约》、咸丰八年（1858）《瑷珲条约》、咸丰十一年（1851）《黑龙江条约》和同治三年（1864）《塔城条约》所定边界为断，清楚标出各个时期卡伦、鄂博、噶珊、城市、山川、湖海图示，能一目了然看出东北边疆地域的变化过程。

还有一幅《新疆塔尔巴台边界图》，图上有一段详细说明："朱线系将军明谊所定旧界，紫线系前大臣崇厚所定新界，曾纪泽至俄商改崇约，请将塔界仍照明约，俄皇最后允于奎峒至萨乌尔岭画一直线。两国各派大臣于直线之西、明界之东，酌中定界，即图中蓝色直线也。将来如能在黄线左右定界，尚属公平。"① 该图既标示出了西北边疆变化的历史、详细

---

① 中国第一历史档案馆藏：舆图汇集，第448号。

294

界域，也反映了当时中俄谈判的情况。又如《中俄图界在西段变迁示意图》《色勒库尔城中俄新旧界图》，更是直接记录中俄疆域边界变化之图。

除全国图、边界图反映国家疆域形成、变化外，清宫舆图中大量的省、府、州、县图和地舆专项图，详细标注和反映了全国各地行政区划沿革及郡国都邑之兴废变迁。如《新疆莎东直隶州图》，图中画有山脉、河流、关隘、道路、戈壁、海子、村镇和州城，并在标下有注，图旁还有图说："莎东直隶州系光绪十年新设，在省治西南四千七十三里，至京师一万二千二里七分，领县一。东至帕尔漫驿戈壁地方六百五十一里，与和阗州交界；西至新安卡西之牙里巴克塔什地方七百五十里，与疏勒属布鲁特奈曼部落交界；南至卡拉胡鲁木达板六百八十六里，与退摆特交界；北至哈藏生地戈壁地方一百一十里，与疏勒州交界；东南到阿拉克达板一千一十二里，与和阗州交界；东北到爱吉特虎驿东之亦拉列克地方一百七十五里，与玛喇巴什厅交界；西南到明铁孟达板五百九十五里，与坎巨提交界；西北到和色尔驿戈壁一百五十九里，与英吉沙尔厅交界；东西距一千四百一里，南北距七百九十六里。"① 更有一些城镇图、商埠图，详细标注了市区内街道建筑、区间划分、商埠分布界址、名胜古迹等方位名称变化情况。这些都是研究地方历史地理、区域沿革最直接、最直观的史料。

其次，舆图是研究清代军事防务、农业水利、天文气象、工程建筑等的重要资料。如《九边图》，备载明代屯戍设镇细况；各种战图，大都是纪实性图画，生动形象地画出了每次战争的情况；演操图，标示了布阵、操法；其他边隘图、海防图、营防图等，或详细标注了边疆沿海险要，或标注了驻军人数、炮位数等防守情形。如《甘肃凉州永昌协属南山山隘图》，绘有山石、草滩、马场、营盘、河流、道路、寺庙、驻军、口隘间距、口隘排列，十分详细地反映了清代甘肃永昌南山一带军防情况。再如《台湾郡城口隘全图》，图中多贴有图说，注明方位、距离、水深、泊船数目、港口设防、修筑炮墩及派驻官兵数目等情况。这些图，都是研究清代军事防务最直观的史料。

另如天文图，是研究清朝天文、气象、礼制、风俗的重要史料；工程建筑图，则是研究中国古代建筑、科技的重要史料；大量的江河湖渠图、治河工程图，则是研究清朝农业生产、水利气象必不可少的资料。特别是

---

① 中国第一历史档案馆藏：舆图汇集，第468号。

其中的治河图,都是清朝治理河海的直接产物,如康熙朝《黄河御霸图》、乾隆三十年《江南河工图》、嘉庆元年《河南安徽治理黄河图》、道光朝《陈州归德府各州县被水图》、道光二十四年《中牟大工双合龙安澜图》、咸丰朝《河南黄河堤工图》、光绪十三年《郑州附近漫口图》、光绪二十年《山东黄河全图》等,都是当时参与河工的官员绘制的实景图,详细标注了各河段水势水流、堤坝状况、闸斗位置、受灾区域、工程尺丈等,一些重要地方一般还有图说,可以帮助我们了解当时的具体情况。

还有一些直接绘示农业水利的图,更是当时农业生产的直接写照,如《宁夏黄河惠农图》,山东《新城、高苑、博兴三县营治稻田水利图》等。仅以乾隆朝山东《新城、高苑、博兴三县营治稻田水利图》为例,该图以工笔彩绘的形式,详细绘出了三县的县址、各条河流的水源和水势的大小、堤坝形质、稻田规模等,并在各处稻田闸坝处注说,其中在新城乌龙河处注:"新城乌龙河西岸,因地洼荒弃,乾隆二十四五年建漏开沟,垦成稻田七十余顷。今又添设沟漏增垦稻田七十余顷,用水既多,必须收蓄。今于下游建设闸座,随时启闭,水少则收蓄,以利民田,水多则启放,以防漫溢。"在博兴县新筑草坝与稻田间注:"此系博兴稻田,新旧改垦计三百余顷,引小清河之水以资灌溉。用水既多,必须收蓄。今设草坝,使河水停蓄,以资引灌,水多则开坝宣泄。"①

舆图还是研究宫廷典制礼俗的重要资料。清宫舆图中,涉及宫廷典制的有多种:一是巡幸(现为水路路程)图。清帝巡幸,或为谒陵,或为视察民情,是清朝重要典礼活动之一,凡皇帝经临之地及驻跸之所,皆绘图呈览。其中的御道图,依巡幸程站,分段绘制又互相连接,每站有图有说,标注说明经临地方、道里路程、名胜古迹及各项典礼;行宫御营图,载皇帝驻跸之所状况、格局,或临时驻跸大营坐落地盘式样。二是圣贤寺庙图,这些图多因皇帝巡幸或出征告祭而作,图中多注皇帝驾临日期,或致祭程序。三是宫殿建筑、陵寝风水图,也都直接关系清朝的宫廷规制和皇家礼仪。

2. 凭证价值

舆地图籍,是土地、山川的形象图记,历来被认为是一个主权国家疆

---

① 中国第一历史档案馆藏:内务府舆图,第956号。

域领土的主要凭证和依据,所谓"国家抚有疆宇,谓之版图,版言乎其有民,图言乎其有地"①。如前所述,清宫舆图,特别是其中的地舆图、海防图,大都详细标注了当时中国和相邻国家的陆路、海洋和岛屿。它的价值,除记载反映疆域变化、区域沿革外,更是佐证中国在清朝时期版图边界的重要资料。

如《乾坤一统海防全图》之东部和南部,不仅从台湾起依次绘出了中国所属岛屿:小琉球(即台湾)、澎湖澳(即彭湖列岛)、东沙山、瓶架山(即台湾烛台屿)、鸡笼山、彭如(加)山、北山(又作壮山)、花瓶屿、钓鱼屿(高华屿)、黄毛(尾)屿、黄毛山(《筹海图编》改作橄榄山)、赤屿(即赤坎屿,又名赤尾屿)等,并在台湾上方绘出了琉球及其附属岛屿。又如《延吉珲春一带地图》,为宣统元年(1909)二月吉林边务测绘科绘制,图例达22种之多,图右下角画有"吉林边务处及日本设置派出所各地同异考证表",左下角是"山脉江源碑址考证说略"。详细标注和说明了长白山四大干脉的山势、走向、岭名;又标注了由岭出水之流向、分水界;还说明什么时间立的碑、什么时间定的界等。这些历史的标注,是各国间疆域范围的重要证据。舆图的这种凭证价值,是任何其他资料无法代替和比拟的。

3. 文化文物价值

清宫舆图,不仅传达着丰富的历史资讯,内容十分重要,而且年代久远,形质多样,许多质地精美,画工精细,装帧漂亮。从时间上,最早的舆图上达明洪武年间的14世纪,最晚的一直到清宣统三年,图的式样,有长卷式、簿册式、折叠式、扇子式、壁挂式多种。最长的70多米,世界罕见;最大的几十平方米,气势磅礴;最小的袖珍折叠,一掌可藏。图的形质,有纸质、绢质、有墨绘、彩绘、木板刻印、铜版印刷各式。图的文字,有汉文、满文、满汉合用文、英文、法文、日文等。可以说,每一幅图,都是一件文化艺术的珍品,它既反映了时人的思想观念,文化素质,又代表着当时的科学技术水平,具有极高的文化欣赏和文物保护价值。如乾隆六年(1741)云南巡抚张允随所进《金沙江上下两游图》,长7280厘米,宽51厘米。该图从金沙江源头云南东川府汤丹厂陆路绘起,

---

① 《清史稿》,第283卷,列传七十,何国宗,中华书局,1977年,第10186页。

将上游 52 滩涂，下游 82 滩涂及水流走向、江边建筑、人物活动情形，一一绘入图中。其图幅之长，画作之精，堪称中国历代江河渠源图之最，就其自然和艺术价值而言，甚至可以和《清明上河图》媲美。

4. 实用价值

清宫舆图，大都是在当时的生产、生活中形成的，可以说是当时社会状态和自然状态的直白描述，不仅对当时的社会具有使用价值和重要的意义，即使在当今，许多仍具有重要的实用价值。如，宫廷园林建筑图，在恢复某些古建筑时，是必须要用的资料；长江水利图，在国家的水利工程建设中，也曾多次被利用。

总之，清宫舆图具有重要的历史价值、文化价值和实用价值。进入 21 世纪，人们更加重视地图的作用。有专家认为，新的时代，是一个"读图的时代"，虽然他这里所说的"图"不仅仅是指舆图，但作为传统的清宫舆图，无疑更加重要。所以我们需要更进一步保护好这些国家的珍贵文化财富，开发它的价值，使其更好地为社会建设、历史研究发挥作用。

清宫档案中有关琉球的舆图

在清政府存留下来的各种舆图中,有数十件涉及琉球。经初步考证,这些有关琉球的舆图,其形成和来源,有些是明清两朝政府为海疆防务和海路航行等目的而绘制的,有些是使琉球的册封使绘制的,也有些是外国传教士进献给清朝皇帝的,还有些是地方官员收集、绘制报送给皇帝的。图的年代,少数是从明朝时期流传下来的,多数是清朝时期形成

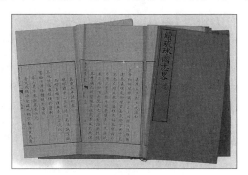

《续琉球国志略》

的。最早的上至明洪武年间的14世纪80年代,最晚的则在清光绪二十年以后,前后跨度近500年。图的形式,有墨绘图、彩绘图、铜版印刷图,还有工笔绘画式的图。图的内容,既有十分详细的琉球全国图和琉球国都专图,也有纪实性反映中琉封贡关系的封贡图、礼俗图,更多的则是各种世界性的舆地图、明清两朝的海洋图、巡防图、水路图等,图中仅示意性绘有琉球山水图记和琉球地名。虽然这些图绘制的年代不同、标注内容繁简不同、准确度也不同,但对中琉关系史的研究、琉球历史的研究,以及对整个东南亚国际关系史的研究都具有重要的价值和意义。

一、清宫档案中有关琉球舆图的来源

中琉两国,不仅一衣带水,而且交往历史悠久,关系源远流长,早在

中国的《隋书》上就有了对琉球的记述；从明朝的洪武年间起，两国更建立起了封贡关系，此后这种关系一直延绵保持了明清两朝近500年。在这种频繁的交往中，明清两朝政府曾形成了大量和琉球有关的档案。现存清宫档案中有关琉球的舆图，有相当一部分是中琉两国在这种直接的交往过程中形成的，也有一些是明清政府在治理海疆防务中形成的，或通过其他途径收藏进宫的。具体说，有以下几个方面。

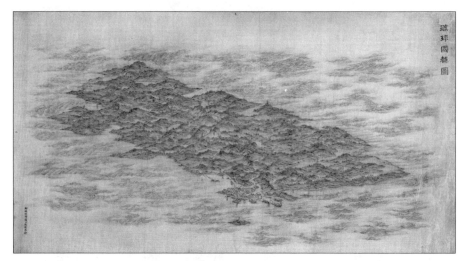

周煌绘琉球国都图

1. 从明朝流传、保存下来的海防舆地图

众所周知，中国历史悠久，文化发达，自古以来就十分重视对舆地图籍的绘制、收集工作。远在战国时期，就有了图文并茂的《山海经》；至元、明时期，随着航海技术和对外关系的不断发展，各种大宏幅、大规模的世界性地图已相继出现；清朝入关后，顺治、康熙两朝曾多次下令全国将明朝的档案图籍开送礼部，以备撰修《明史》，现存中国第一历史档案馆的明朝档案，大都是这时征集进宫并保存下来的。其中，现仍保存在档案馆的明朝绘制的大宏幅舆图主要有《大明混一图》《明刻九边图》《乾坤一统海防全图》《九州山镇川泽图》《明刻地舆图》等。在这些图中，明确标注了琉球地域、方位和名称的有两幅图，一是《大明混一图》；二是《乾坤一统海防全图》。

2. 赴琉册封使绘制的各种图

明清两朝政府，派赴琉球的册封使共24次45人。① 册封使归国后，有的著书立说，记下琉球的风土人情、自己的见闻体会；有的作画绘图，绘下琉球的山川地貌、航海行船的方向里程，并且将自己的所著所绘连同赴琉工作情况奏报给朝廷。其中影响较大的有：明嘉靖十三年（1534）册封使陈侃所著的《使琉球录》；万历三十四年（1606）册封使夏子阳所著《使琉球录》及所绘海路图；清康熙二十二年（1683）册封使汪楫所著《中山沿革志》《使琉球录》；康熙五十八年（1719）册封使徐葆光所著《中山传信录》及所绘《中山三十六岛图》《琉球国图》及使琉《针路图》；乾隆二十一年（1756）册封使周煌所著《琉球国志略》及其所绘《琉球国全图》《琉球国都图》及使琉《针路图》等。现在清宫档案中存留下来的册封使所绘有关琉球之舆图，主要是徐葆光的《册封琉球全图图册》《琉球物产风俗图图册》和周煌所绘的《琉球国全图》《琉球国都图》及使琉《针路图》。

3. 外国传教士进呈清朝皇帝的舆地图

明朝嘉靖三十一年（1552），西班牙传教士沙勿略到达广州西南150多公里的上川岛，4个月后病死，是为耶稣会来华第一人。万历七年（1579）和万历十年（1582），意大利传教士罗明华和利玛窦先后来到中国的澳门。此后直到19世纪后期，先后有大批西方传教士来到中国。他们为着传教的目的而来，同时他们也带来了一些新的天文地理、医药卫生等自然科技知识和方法，并将这些技术和方法作为结交中国士大夫、进而打开宫廷大门的敲门砖，绘制并向皇帝进献舆图，就是其所用方法之一。正如圣弗朗西斯科大学西方中国文化研究所所长福斯所说："他们深知，精美的绘图质量和漂亮的地图外观的好处，这是超越语言的。耶稣会士们的制图工作还对传教有直接的好处，有利于完成在这个庞大的中华帝国范围内宣讲福音的使命。"故"首批来华传教的天主教耶稣会士就把绘制中华帝国的地图作为一项重要任务来对待"②。

---

① 明清两朝派赴琉册封使24次45人，其中明朝16次29人，清朝18次16人。也有人统计明朝册封使18次，但因史失其名，故未计在内。

② 福斯著：《西方解释中国——耶稣会七制图法》，载1994年《文化杂志》。

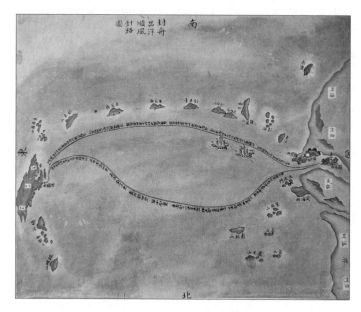

封舟出洋顺风针路图

耶稣会士们绘制传入宫廷的且影响比较大的舆图主要有：明万历年间意大利传教士利玛窦的《坤舆万国全图》、艾儒略的《万国全图》；清康熙年间比利时传教士南怀仁的《坤舆全图》及法国传教士进送清朝皇帝的《天下全图》、《亚西亚洲图》（即亚洲图）、《亚墨利加洲图》（即美洲图）、《欧罗巴洲图》（即欧洲图）、《亚非利加洲图》（即非洲图）5幅铜版印刷图；乾隆年间法国传教士蒋友仁的《坤舆全图》。其中，在利玛窦的《坤舆万国全图》、南怀仁的《坤舆全图》、蒋友仁的《坤舆全图》和《天下全图》《亚西亚洲图》中，都清楚标注着琉球。这些图，除利玛窦的《坤舆万国全图》现存南京博物馆，南怀仁的《坤舆全图》现存保定河北大学图书馆外，其余均珍藏在中国第一历史档案馆。

4. 清朝政府绘制的或地方官员收集绘制进呈的各种图

清朝历代皇帝都十分重视舆图的测绘和利用工作，从康熙中叶起，就在全国范围内开展了大规模的地图测绘活动，为此，康熙特命在宫中设立了画图处，后又改为舆图房，广招中外人士，绘制各种舆图收贮宫中，以备随时御览。康熙、雍正、乾隆年间，均以西方传教士为主，组织了全国性大规模的实地测绘地图工作，先后绘制了在世界上曾产生巨大影响的

《皇舆全览图》《雍正十排图》《乾隆十三排图》。以后各朝，虽未组织大规模的全国地图实地测绘，但也在此基础上，绘图不辍，历有增补。到光绪二十二年（1896），清宫舆图房已实存舆图2548件。由于皇帝的重视和提倡，各地大臣在工作中，也都积极绘制各种舆图，并随时奏呈皇帝。在这些大规

琉球国王印皇清职贡图卷·琉球人

模测绘的地图中，一般都要简要标绘出邻边诸国山水图形。琉球和中国山水相连，又是来往最频繁的国家之一，所以在这些舆图上多有标识。

档案中现存清朝官方绘制的标注有琉球的舆图主要分为两部分，一部分是舆地图，主要有：康熙年间绘制的《汉文东半球西半球坤舆图》《满文东半球西半球坤舆图》《东半球图》；乾隆年间绘制的《大清一统天下全图》；同治年间绘制的《皇朝中外一统舆地全图》《皇朝直省府厅州县全图》；光绪年间绘制的《皇朝一统舆地全图》《皇朝舆地全图》以及地方官员收集进呈的日本人所绘的《亚细亚东部舆地图》。另一部分标注有琉球的舆图是海洋航道图，主要有：康熙年间施世骠绘制的《东洋南洋海道图》、觉罗满保进呈的《西南洋各番针路方向图》和道光二十年（1840）黄爵滋绘呈的《海防图》。

除标注琉球地域的地图、海防海路图外，还有乾隆年间绘有琉球人物的《职贡图》及部分琉球贡物图。

二、清宫档案中有关琉球舆图的内容

清宫档案中有关琉球的舆图，虽然标注繁简不同，但包含的历史信息十分广泛，记载内容涉及中琉关系、封贡制度、琉球地理疆域、山川风貌、民俗物产等各个方面。

1. 标注了琉球的地域

（1）世界性舆地图对琉球的标注。

标注地域和地名是舆图的一般功能，现存清宫档案中的世界性的舆地

图，对琉球的标注有的十分简略，有的标注比较详细，下面分述之。

其一，《大明混一图》。该图绘于明洪武二十二年（1389），作者不详。图纵456厘米，横386厘米，绢质彩绘。它是一幅巨型明王朝及其邻近地区全图，所绘地理范围，东起日本，西达欧洲，南括爪哇，北至蒙古。全图没划明确的疆域界限，仅以地名加不同颜色的方框区别，图的方位为上北下南。有的学者认为，该图是参照了元朝朱思本的《舆地图》和李泽民的《声教广被图》等地图绘制而成的。清朝政府得到该图后，将原图中的汉字地名按等级全部用大小不等的满文标签覆盖，换成了满文名字，所以我们现在看到的是一幅用满文标注的《大明混一图》。在该图东南方，绘有一系列大小岛屿，其中包括琉球。①

其二，《乾坤一统海防全图》。系明万历三十三年（1605），吏部考功司郎中徐必达、董可威仿照著名地理学家郑若曾（开阳）嘉靖四十年（1561）所著的《郑开阳杂录》中《万里海防图》的摹绘图，绢质彩绘，共十幅。该图使用"密集缩地"之法，在有限的纸幅上，详细标注了明朝沿海海山岛屿、周边邻国和域外地名。其绘图主旨，在于揭示中国东海范围内的海疆地理和明朝海军的巡防海域及会哨地点等。在该图的第5幅东南向、第6幅正东向，标绘了琉球国、琉球都城主要景观及附属岛屿。图中称琉球为"大琉球国"。此外，图内还特别标注出了自三国时代吴国水军东渡琉球本岛，隋朝、元朝官军招谕琉球所经古航路上的岛屿及其相距路程。如图中写道"澎湖岛，东离琉球五日"，"高华屿（即钓鱼屿），东离琉球水程三日程"，"元辟屿，东离琉球水程一日"②。

其三，康熙年间绘制的《汉文东半球西半球坤舆图》《满文东半球西半球坤舆图》。此两图均系纸质彩绘，作者佚名。东半球西半球各一幅，图中有经纬线、赤道、黄道和南北极，在东半球北纬29度左右标绘有琉球。③

其四，嘉庆二十二年（1817）绘制的《大清一统天下全图》。彩色纸本，在台湾东北处标绘琉球，并有注曰："琉球国，明初归附。分国为三，曰中山、山北、山南。后惟中山来朝，本朝因之。受封世守。"④

---

① 中国第一历史档案馆藏：内务府舆图，第131号。
② 中国第一历史档案馆藏：内务府舆图，第196号。
③ 中国第一历史档案馆藏：内务府舆图，第116号。
④ 中国第一历史档案馆藏：内务府舆图，第136号。

其五，光绪二十年（1894）绘制的《皇朝一统舆地全图》。为上海鸿宝斋石墨印本，共二册，分总图、五大洲图和各省分图。在总图中标注了琉球。①

其六，《天下全图》和《亚西亚洲图》。这两幅图均为法国科学院巴黎天文台绘制，1649 年铜版印刷。约在康熙三十七年之后康熙四十二年之前（1698—1703），由法国传教士购得，进献于康熙皇帝。两图均在北回归线上方，约北纬 29 度处绘有琉球。但这两幅图对琉球的标注都比较简单。②

其七，蒋友仁的《坤舆全图》。蒋友仁，法国人，1744 年抵澳门，1745 年以建筑设计家身份进宫，参与了圆明园宫殿和"大水法"的设计。其所绘《坤舆全图》有两幅，第一幅绘于乾隆二十五年（1760），是年八月十三日，是乾隆皇帝五十岁寿辰，蒋友仁将该图作为礼物献给了乾隆皇帝。受到乾隆皇帝的赞赏之后，又奉命绘了第二幅。第二幅的完成时间在乾隆三十二年（1767）。此后这两幅图，第一幅被收在宫内，第二幅归入了舆图房。③

蒋氏的两幅《坤舆全图》，均系绢本彩绘，图幅纵 191.5 厘米，横 372.8 厘米，分为东西两半球。东半球绘入了亚细亚洲、欧逻巴洲、利未亚洲；西半球绘入了亚墨利加洲。东西两半球的四周绘有天文图 19 幅，浑天仪一架，并分三层填注了图说 36 处。蒋氏所标注的琉球及其附属岛屿主要有：谷米（即西表岛）、巴处（即八重山）、太平（即太平山）、母赤（即马赤山）、安景（即安根尼山，今粟国岛）、度那儿（即度那奇山，今渡名喜岛）、硫黄岛、野几（即伊计岛，又作池岛）、大岛（徐葆光图称作乌父世麻）、几皆（即奇界）、土谷（即度姑山，今德岛）、京成（即琉球首里王城）、国头（即今国头村）、大未（即大宜味村）、新吉女（即津奇奴，今津坚岛）、扒麻（即巴麻，又作滨岛，今名滨比嘉岛）。

据中国第一历史档案馆研究员鞠德源先生考证，绘制该图，蒋友仁"吸收了徐葆光著《中山传信录》一书所附的《针路图》《琉球国图》及《三十六岛图》"。而图的来源，则是法国传教士宋君荣给他提供的《中山

---

① 中国第一历史档案馆藏：内务府舆图，第 151 号。
② 中国第一历史档案馆藏：内务府舆图，第 110 号。
③ 中国第一历史档案馆藏：内务府舆图，第 114 号。

传信录》法文译稿和附图。因为翻译问题,蒋氏的《坤舆全图》虽源于徐葆光的《中山传信录》,而对琉球各岛屿的标注,实际则和宋君荣的译稿更相近。所以该图注写的琉球岛屿名字比葆光氏注写的有所省略,而据此图译出的汉文名字,有的也不规范。如"琉球"写作了"流球","古米"写作了"姑米","八重"写作了"巴处"等。①

其八,同治朝的《皇朝中外一统舆地全图》。该图绘于同治二年(1863),由湖广总督官文监制并作序,湖北巡抚严树森编制修订。全图用的是中国传统的方格绘图法,共32卷,分为首卷、中卷、南1—10卷、北1—20卷。在南6卷和南7卷,分别标绘了琉球国南部和北部。其中,南6卷本岛部分,从山北王故城今归仁绘起,南至迎恩亭,图中除绘各山岳河流桥梁外,共绘城址30处,在每所城址下,又分别标注该城所辖属村、县数目。南7卷本岛部分,从丰见城起,南至喜户上武,除绘了"那霸港""砂川""砂岳""国居山""由佐岳"外,共绘城址9处,同样在每所城址下,也分别标了注该城所辖属村、县数目。在琉球本岛和台湾之间,则分卷标绘了各所属岛屿。其中在南6卷上依次绘有:"椅山(亦曰椅世麻、伊江岛)"、"安根坭(译曰粟国岛,一做阿尼姑)"、"度那奇(译曰度名喜岛)"、"由论"、"巴麻(译为滨岛)"、"伊计(译为池岛)"。南7卷上依次绘有:"津奇奴(译为津)"、"姑达佳(译为久高)"、"姑米山(译曰久米岛)"、"西马齿山"、"伊奇麻(译曰伊喜间,一做伊计间)"、"东马齿山"、"弥葛岛(一作宇间岛)"、"钓鱼屿"、"黄尾屿"、"赤尾屿"、"小琉球"。②

其九,《亚细亚东部舆地图》。清宫中的这份地图并不是中国官员绘制的,根据图中许多汉字是日语中的变异汉字及图的用语、地域标注重点范围等方面推测,此图当为日本人绘制,系中国官员收集到该图进呈清朝政府的。根据图上有中国官员在"大连"等地名处所注"日本占领"字样,推测该图的绘制年代,当在1905年以后。因为在1905年日俄签订了《朴次茅斯条约》,俄国根据条约,将其在中国旅顺口、大连湾的租借地让给了日本。该图对琉球本岛的标注十分简略,只有"国头""奥间""运天""大山""首里""那霸"6处,但对琉球本岛之外的岛屿,却绘

① 鞠德源著:《蒋友仁绘坤舆全图》,载《中国古代地图集》第二册、清代,第120页。
② 中国第一历史档案馆藏:内务府舆图,第154号。

得十分详细,仅八重山周围就绘有池间岛、宫古岛、来间岛、伊良部岛、多良间岛等岛屿。而对台湾周围则只绘了一个彭佳屿,其他如赤尾屿、黄尾屿、钓鱼屿均忽略未注,显然这是绘图者有意省略去的。图中对琉球的称呼,在"琉球"下同时加上了"冲绳"字样,既写"琉球",又写"冲绳岛"。①

(2)海洋海防图对琉球的标注。

海洋海防图,是清宫舆图的重要组成部分,其中标注了琉球的海洋海防图,现已查到的共三幅,即《西南洋各番针路方向图》《东洋南洋海道图》《海防图》。

《西南洋各番针路方向图》,系纸质彩绘图,纵81.5厘米,横72厘米,图的背面有图签,上书图名,并写有"觉罗满保恭进"字样。根据满保的任职时间,推断此图的绘制时间在康熙年间。图中绘有一个方位盘,显示出针路指向方位。显然此图是清朝为便于与东南亚各国的交往而绘制的。在中国沿海各口岸和东南亚各国,都只绘出相对位置。图中海路,最北绘到南京长江入海口,折东为日本南部,再由此南转,在和福建东西接近平衡处绘有琉球及其岛屿。②

《东洋南洋海道图》,是施世骠出任福建水师提督时进呈的,时间约在康熙五十一至六十一年(1712—1721)。图纵169厘米,横132厘米,纸质彩绘。该图绘有中国沿海各口岸通往日本、越南、老挝、印尼、柬埔寨、文莱、菲律宾等国之航线、针路和所需时间,并用文字说明当地的物产资源。但该图只标注了琉球,并在其周边绘了一些岛屿,而没绘直达琉球的航线和针路等。③

《海防图》系道光二十年(1840)黄爵滋绘制进呈本。彩色纸质,共三册,其中表一册,图两册。上册从左至右依次绘有盛京、直隶、山东、江苏、浙江、福建等省沿海的防务情况,并有邻边国家的简要标注,在台湾东北,标绘了琉球及其岛屿。

从这几幅海防海洋航道图可以看出,清朝对本国沿海的岛屿绘得都比较详细,对周边国家包括琉球的海洋岛屿,普遍绘得比较简略。

---

① 中国第一历史档案馆藏:内务府舆图,第122号。
② 中国第一历史档案馆藏:内务府舆图,第198号。
③ 中国第一历史档案馆藏:内务府舆图,第882号。

2. 描绘了琉球的风俗和地理

现存的清宫舆图中，对琉球记述比较详细的是册封使徐葆光的《琉球物产风俗图图册》《册封琉球全图图册》和周煌的《琉球国全图》《琉球国都图》等专图。

（1）描绘了琉球的风土人情。

详细描绘琉球风土人情的舆图，主要见于徐葆光的《琉球物产风俗图图册》和《册封琉球全图图册》。大家知道，徐葆光是明清两朝44位赴琉正副册封使中，功绩比较大的一位，其原因所在，正是他使琉时，负有测绘琉球地图之责，他和宫内测量官平安、监生丰盛额等，通过对琉球的周咨博访、实地测量，绘了大量舆图，著了具有大量插图的《中山信访录》。现在的这两册图册，虽然图上未注作者、年代和图名（图名是本文作者加的），但根据图中有海宝、徐葆光的奏折及图中的文字说明看，就是康熙五十八年（1719），海宝、徐葆光从琉球回国后与舆图房画家所绘的。这两幅图现均存于北京故宫博物院。

其中《琉球物产风俗图图册》，绘图12幅，均系工笔绢质彩绘，每一图幅均纵55.5厘米，横49.3厘米。内容包括：《琉球全图》《中山三十六岛图》《冠簪夫带品级图》《肩舆图》《村寨图》《屋宇图》《器皿图》《水产图》《海杉图》《花卉图》（两幅）、《琉球国字图》。其中在《冠簪夫带品级图》中，绘了8种冠、3种簪、5种带，并分别在图旁注明了品级；在《器皿图》中，绘了茶托、风灯、烟架、火炉、枕具等各种器皿10余种；在《水产图》中，绘了海螺、海鱼多种；在两幅《花卉图》中，各绘有雪山、山丹、福木、名护兰等琉球花10余种；在《村寨图》中，绘的是村民集市的情景。除生动精美的图画外，该图册在每幅图旁，还都有详细的标注。经和《中山传信录》之插图相比较，图的内容多数基本相同，如《琉球全图》《中山三十六岛图》等。但也有些图册绘得详细而传信录绘得简单，或图册中有而传信录中没有。如，《冠簪夫带品级图》，在图册里，上至国王下至一般官员，每一品级的都有，共有图十余幅，而在《中山传信录》中，仅有"官民帽""王帽""弁帽"三个插图；《肩舆图》在图册中有分解图，而在《中山传信录》的插图中，仅有简单的两人一轿简图；还有，图册之《水产图》中绘的各种螺和鱼，《花卉图》中绘的各种花以及《海杉图》中之杉树等，在《中山传信录》

中都仅有标注，没有图。

《册封琉球全图图册》，虽然是记述册封琉球国王过程的舆图，但在其的《谕祭仪注图》《册封仪注图》《谢封图》《中秋宴图》《重阳宴图》中，也都有对琉球风俗、宫廷礼仪等生动形象的描绘，故也是一幅琉球风俗礼仪图。

（2）描绘了琉球的山川和地理。

《琉球国全图》《琉球国都图》，是清宫舆图中专项描绘琉球山川地舆的琉球地图，两图均为工笔绢质彩绘，图各横140厘米，纵68厘米，图的方向为上东下西，左北右南，在图的左下角，写有"翰林院侍讲臣周煌恭绘"字样。周煌，字景垣，号绪楚，又曰海山，四川涪州（今重庆涪陵区）人，乾隆二年（1737）进士，选庶吉士，散馆授编修，二十一年（1756）同侍讲全魁，分任正副使，赴琉球册封国王尚穆，二十二年归国。在琉球期间，周煌和全魁考察琉球的制度和礼俗，结交当地士大夫，访察琉球山川和地物，并将其汇录成篇，归国后，再加审校，成《琉球国志略》和《琉球国全图》《琉球国都图》，一并进呈皇帝。周煌在其给乾隆皇帝的奏折中写道："外具该国地图二幅，并录臣衔恩纪事韵语二册，随书恭进，统祈皇上垂慈训示。"皇帝批示："留览。钦此。"①

对照《琉球国全图》中所绘地域范围内容，和其所著《琉球国志略》卷首之插图，二者基本相同。该《琉球国全图》从西南之"由那古坻"起，绘至东北的"奇界"为止，共绘山海岛屿、寺泊桥梁等建筑97处，其中本岛61处，周边岛屿36处。《琉球国都图》是从《琉球国全图》中摘绘下来的，所绘地域范围主要包括琉球本岛中的61处建筑。②

3. 记述了中琉的封贡关系和对琉球国王的册封过程

中琉封贡关系，保持了近500年，此间双方来来往往，构成中琉历史交往的主题。清宫舆图对这一主题的记述，主要体现在徐葆光的《册封琉球全图图册》和周煌的使琉《针路图》及乾隆年间绘有琉球人物的《皇清职贡图》、琉球贡物图。

徐葆光的《册封琉球全图图册》，绢质彩绘，共含图10幅，每图纵

---

① 周煌著：《琉球国志略》卷首，见《国家图书馆藏琉球资料汇编》中册，第592页。
② 中国第一历史档案馆藏：内务府舆图，第883号。

55.5厘米,横49.3厘米,全图详细记述了康熙五十八年(1719)从册封使离开我国福州到返回国,及琉球谢恩使到京谢恩,和册封琉球国王尚敬的全过程。图的内容分别为:《封舟图》,为康熙五十八年册封使所乘之舟型图;《封舟出洋航路图》,为册封使团从福州至那霸港之间的往返海路图;《封舟到港图》,为六月初一封舟到那霸港时,琉球百官列队迎候的场面;《使馆至中山图》,为册封使住所到中山王王宫首里城的位置图;《谕祭仪注图》,为六月二十六日在尚氏祖庙举行谕祭前琉球国王的仪式图;《册封仪注图》,为七月二十六日世子尚敬接受册封的仪式图;《谢封图》,为八月初九日,新受册封王尚敬前往使馆去谢封时的情景图;《中秋宴图》《重阳宴图》,分别为中秋节、重阳节琉球国王在王府北宫滴水前和宴请册封使的场景图;《琉球进京谢封图》,为册封使团离开琉球时,尚敬遣官员随团赴北京谢恩的场景图。其中之《使馆至中山图》《谢封图》《琉球进京谢封图》,都是徐葆光在《中山传信录》中所未绘的。

使琉《针路图》,是明清两代赴琉册封使必备的航海指南,历代相传。《针路图》多由夥长及册封使直接掌握,以便指导、验证航向和航程。使琉归来后,册封使根据自己的验证,往往再对针路进行修改和校正。现存周煌所绘使琉《针路图》及其徐葆光的《封舟出洋航路图》,都是他们使琉归国后,按照海上往返所经历的海山岛屿路程、所用针位、行船更数等,重新绘制的从福州五虎门开洋至那霸,又从那霸返回福州五虎门的海程线路图。其中周煌使琉《针路图》所绘去程为:自乙辰针六更,单乙针五更见鸡笼山,又单乙针七更见钓鱼台,又单乙针五更见赤洋,又单乙针九更过沟,甲卯针二更见姑米山,单乙针一更,又乙卯针二更至姑米山南,自姑米山经马齿山至那霸港针路,因封舟遭风触礁而省载。归程为:自那霸港出洋,又乙卯针三更见马齿山,午针出安护浦,辛针三过姑米山,申针三更,又辛针六更过沟,又辛针十三更洋面寄碇,未针四更见南杞山,辛针七更罗湖下碇,申针定海下碇,入五虎门。

三、清宫档案中有关琉球舆图的价值

清宫舆图是清朝档案的重要组成分,具有极高的历史文献和文物欣赏价值。其中有关琉球的舆图,更是研究中琉关系史、琉球史必不可少的重要资料,具有重要的史料价值、凭证价值和文化文物价值。

1. 史料价值

中国自古就有"左图右书，不可偏废"、"索象于图，索理于书"的说法，用以阐明舆地图籍的重要性和价值。清宫里的舆图，其价值更和社会上一般画图不同。因为作为官方特意保留下来的档案，它首先具有强烈的政治历史的属性和特点，它的形成，和当时社会的发展密切相关，是当时社会历史发展变迁的直接记录和见证，尺幅之图，容纳着千山万壑、千军万马；蕴绘着人间风物，浩浩世界，可以说，每幅舆图都是一幅历史的画卷。其中有关琉球的舆图，史料价值更是如此。

首先，有关琉球的舆图是研究琉球历史的重要史料。现存清朝档案中有关琉球的舆图，不论对琉球标注的详细或简略，也不论准确度高不高，都直接载记着琉球历史的信息，首先都是研究琉球历史的第一手的重要的史料。如几任册封使先后绘制的《琉球国全图》《琉球国都图》，都是他们在琉球经过认真考察，实地测绘绘出的，特别徐葆光的《琉球全图》，是琉球历史上第一次经过实地测绘绘制的琉球全图。其他如冠带品级图、村寨图、屋宇图、水产图等，也都是他们以纪实性笔法绘制的。图中描绘的琉球职官制度、疆域星野、民俗物产的状况和变迁，可信度高，史实性强。其他那些仅仅简要标注了琉球名字的其他世界性舆地图，虽然简略，但通过地图透视的方位，载量的取舍，表现了时人对琉球的理解程度、琉球在世界中的地位。这些历史的内涵和信息，既是对其他文献史料的补充，又是对其他文献史料的佐证。

其次，这些图是研究中琉历史关系特别是封贡关系的重要史料。如前所述，这些图大多是中琉两国在直接的交往过程中形成的，作为一种载体，它也必然记载下这段交往的历史情形。如徐葆光所绘之《封舟出洋图》、周煌所绘之《针路图》，详细标绘着册封使从福建开洋赴琉及从那霸起航回中国的针向、航程及所经历的海山岛屿，也记述了中琉来往使者一路梯山渡海的艰辛；《封舟到港图》《谕祭仪注图》《册封仪注图》《琉球进京谢封图》等一幅幅纪实性的画图，是历史上中琉封贡关系和情景的真实写照，图中不仅详细描绘了对琉球国王册封的具体仪式和过程，让人们直观地了解了几百年前发生在首里城中那种热烈隆重的册封场面和情景，中琉间那种浓浓的关系和友情，其中记载的政治、文化、风俗、制度等历史信息，更是研究探讨中琉关系的重要资料。还有有关琉球的贡物图画、职贡人物图画等，都是对中琉几百年友好交往历史直观而立体的记录，具有不可磨灭的史料研究价值。

2. 凭证价值

舆地图籍，是土地、山川的形象图记，历来被认为是一个主权国家疆域领土的主要依据和凭证，所谓"国家抚有疆宇，谓之版图，版言乎其有民，图言乎其有地"①。清宫档案中和琉球有关的舆图，大都清楚标注出了中国、琉球及其相邻东南亚国家的海山岛屿，如《乾坤一统海防全图》，不仅从台湾起依次绘出了中国所属岛屿：小琉球（即台湾）、澎湖澳（即澎湖列岛）、东沙山、瓶架山（即台湾烛台屿）、鸡笼山、彭如（加）山、北山（又作壮山）、花瓶屿、钓鱼屿（高华屿）、黄毛（尾）屿、黄毛山（《筹海图编》改作橄榄山）、赤屿（即赤坎屿，又名赤尾屿）等，并在台湾上方绘出了琉球及其附属岛屿。《中山三十六国图》更明确绘出了琉球附属岛屿范围等。这些历史的标注，是各国间疆域范围的重要证据，舆图的这种凭证价值，是任何其他资料无法代替和比拟的。

3. 文化文物价值

清宫舆图，不仅传达着丰富的历史信息，内容十分重要，而且舆图形式多种多样：有的质地精美，装帧漂亮；有的图幅宏大，气势磅礴，其中和琉球有关的舆图同样如此。可以说，每一幅图，都是一件文化艺术的珍品，它们反映了时人的思想观念、文化素质，代表着当时的科学技术水平，具有极高的文化欣赏和文物保藏价值。

总之，清宫档案中有关琉球的舆图具有重要的历史文化价值，我们要进一步开发它的价值，使其为中琉关系史的深入研究发挥作用。

---

① 《清史稿》卷二八三，列传七十，何国宗，中华书局，1977年，第10186页。

清宫礼仪档案略论

礼仪是人们在生产、生活和社会交往中形成的律己处人处世的规范和形式，在阶级社会里，各种礼仪又是尊卑等级的体现和象征，代表着一定的社会价值取向和国家政治制度。中国是礼仪之邦，历朝封建统治者都十分重视礼制的建设，并把各种礼仪活动当作最高统治核心——宫廷的重要活动，以此炫耀皇家的权威和尊严，加强皇权的统治。清朝是中国封建社会最后一个王朝，也是集封建礼仪之大成者，它不仅详订了"五礼"之制，而且建立了庞大的礼仪职能机构，在其入关后的260余年的统治中，宫廷各种礼仪活动终年不断，无日不举，所形成的档案成千上万，让观者惊叹。本文谨根据这些档案的特点，分别从"清宫礼仪档案的形成""专题性礼仪档案的内容""清宫礼仪档案的价值"等几个方面，对中国第一历史档案馆所存的清宫礼仪档案做简要论述，以期有裨于清史、清宫史的研究者。

一、清宫礼仪档案的形成——中国封建社会宫廷礼仪典制的总汇

中国素有重礼的传统，早在周代，即有"经礼三百，曲礼三千"之说。它包括了上至天子，下至庶民，各阶级各阶层的行为规范。《周礼·大宗伯之职》将诸礼总括为吉礼、凶礼、军礼、宾礼、嘉礼5类。其中，吉礼包括12项，凶礼包括5项，宾礼包括8项，军礼包括5项，嘉礼包括6项。以后各朝，随着社会经济的发展，五礼范围越来越大，礼数、礼节愈来愈多，至清代，吉礼已有129项，嘉礼则达74项，军礼变为18

项，凶礼包括15项，宾礼包括20项，共计256项。所以在清代宫廷，礼可谓无处不在，无时不有，记录清宫礼仪活动的档案，浩瀚庞杂。这些档案，既有专职礼仪机构直接记录下来的，也有其他机关在协助办理各项礼仪事务中形成的，既有皇帝的谕旨，也有大臣的奏章和各机关的来往文书；既有清宫每一天、每一次礼仪活动的具体记录，也有每一类、每一项重大礼仪活动的系统汇编；既有礼的规定，也有仪的过程。

1. 礼仪机构形成的档案

自殷商以来，中国各朝均设有专门的礼仪机构和职官，殷商称大宗，周朝称为春官或大宗伯，秦汉则设有太常官掌管，至隋唐，始设礼部。明清沿隋唐之制，由礼部主管全国各项礼仪事务。清朝除礼部外，还设有太常寺、光禄寺、鸿胪寺等专职宫廷礼仪机构。所谓"凡国家诸祀，皆属于太常、光禄、鸿胪三寺，而综于礼部"。

（1）礼部形成的宫廷礼仪档。

清朝礼部设于天聪五年（1631），下设仪制、祠祭、主客、精膳四司及铸印局、会同四译馆等部门，宣统三年（1911）改为典礼院。礼部总的职掌是，"掌吉、嘉、军、宾、凶之秩序，学校重举之法，以赞邦礼"，即属于考订礼仪制度的机构。每遇宫廷典礼活动，礼部先期查考奏报该礼源委，以往办理先例及本次礼典安排等，然后知照各有关衙门具体办理。在一系列的过程中，就形成了一批档案。但由于迁转流徙、战乱焚毁等原因，礼部所形成的档案大多被损毁，现存仅3000多件。起于康熙二十五年（1686），止于宣统三年。其内容多是在办理各项典礼中拟写的奏底、奏稿和礼仪、礼节单。

吉礼方面，有皇帝登基大典前应行各项致祭礼的礼节单；皇帝、皇后、太后谒陵礼节；皇帝行耕礼、皇后行先蚕礼礼节；中元、冬至等节日派王公大臣祭陵礼节；钦天监择期祭祀太庙、天坛、社稷坛、地坛、文昌庙等行礼礼节等。

嘉礼方面，有光绪三十四年（1908）恭修玉牒，护送玉牒前往盛京收贮的礼节及奏底单；光绪实录圣训告成、皇帝御殿受贺礼节；三大节皇帝、皇太后、皇后受贺礼节；光绪十五年（1889）举行归政大典礼及宣统元年载沣监国摄政典礼礼节，册封王公、妃嫔、福晋及外藩夫人礼节；光绪二十年（1894）慈禧生日在慈宁宫庆贺筵宴礼节；嘉庆七年（1802）

庄静固公主行初定礼礼节等文件。

凶礼方面，有咸丰、同治、光绪、慈禧去世后颁发遗诏，丧葬、祭奠、陪祀及加谥号、徽号等礼仪的奏底、奏稿、上谕；有孝和睿皇后、孝贞显皇后、孝成全皇后、孝哲毅皇后等丧葬礼仪的奏底；礼部会奏醇亲王葬祭事宜的奏稿及满汉服制、丁忧章程、清明敷土礼节等。

军礼方面，有礼部、钦天监会奏关于日月食救护的行稿。

宾礼方面，有宾兴宴仪节；宴请外宾应用各款数目；颁赏、筵宴蒙古王呼图克图；前藏达赖喇嘛及朝鲜、琉球、越南使臣进表、谢恩及参加皇上万寿节行庆贺礼等文件。

另外，还有礼部学馆保存的"大清通礼"稿本、目录签注、拟重修通礼凡例等。

（2）太常寺、光禄寺、鸿胪寺档案。

太常寺、光禄寺、鸿胪寺均设于顺治元年（1644），光绪三十二年（1906）官制改革，一并裁撤，划归礼部。这三个机构均属具体办理宫廷礼仪事务的职能机构。

太常寺是掌管坛庙祭祀的机关，

法驾卤簿图

"相祭祀之仪，辨其器数与其物品，大祀、中祀、群祀各率其属，以供其事"。即凡各种祭祀活动前，太常寺都专门奏报，并开列承祭官、分献官名单，候旨钦定。于前二日会同乐部演礼，至祭期，皇帝行礼，由太常寺卿、少卿等任赞礼官。故该机构所形成的档案，主要是祭祀前遣官斋戒、拈香祈祷的官员名单、礼仪演练及器物备办情况的奏报底稿、祭祀中的制祭祝文、看板档等。

光禄寺是掌管朝廷典礼、祭祀中预备筵宴及供应官员食物的机关，所形成的档案主要是为办筵宴、给官员发祚肉票事及奏请饬催广储司拨银两等事的文件。

鸿胪寺是掌会宾客、祭祀燕飨中赞导礼仪的机关，"鸿"是声，"胪"是传，传声赞导，故称"鸿胪"。所形成的档案主要有：皇帝巡幸、耕耤、祭祀各坛庙，三大节庆典随行赞唱事宜清单、人员名册及该机构职掌职官设置等。

光绪皇帝大婚图之五——迎新轿出太和门

（3）陵寝礼部、乐部档案。

清朝共有帝后陵3处21陵，各陵均设有礼部衙门，统称"陵寝礼部衙门"，专职各陵寝祭祀礼仪事宜。东、西两陵各处陵寝分别由礼部、工部、内务府派员兼理，礼部官掌署文案，监视礼仪、岁供物品；工部官掌修缮工程；内务府官掌祭祀与陵墓打扫启闭，总管大臣则负责督办官兵巡防保卫工作。盛京陵寝则由盛京礼部、工部和内务府派员管理。各陵寝礼部形成的档案主要是各种清册档簿，如祭祀物品清册、支领经费清册、岁修工程清册、兵丁数目清册等。

乐是仪的伴奏。早在努尔哈赤时期清宫就已使用了仪仗和音乐，但独立的乐部机构则是乾隆七年始正式设立，此前礼乐事宜概归礼部。乐部是掌朝会、祭祀、燕飨时演乐及审定宫廷乐器音律事务的机关，所形成的档案几乎损失殆尽，现只存御制乐章——云汉诗八章及光绪朝祀祭、祈谷乐舞人员名册等少数几件。

2. 掌管皇族及宫廷事务的机构形成的礼仪档案

宗人府、内务府、銮仪卫、侍卫处及尚虞备用处是清代专门为皇族和宫廷服务的机构，它们因其服务职能的特性，许多工作都是围绕宫廷各种礼仪活动开展的，故所形成的礼仪档案也十分可观。

万寿贡单

其中，管理皇族事务的宗人府机关本身形成的各种文稿中，有大量宫中遇红白事，通知各旗旗人穿孝行礼、向皇帝请安的奏稿、题稿。在和各机构的来往文移中，有关于祭祀坛庙、日月坛、祈雨等典礼时，王公、宗室、觉罗侍值行礼方面的咨、呈、移、付。而銮仪卫形成的档案，则多是皇帝登基颁诏、出巡阅兵以及帝后、妃、亲王、阿哥、公主等婚丧嫁娶及各节令时有关卤簿仪仗、仪卫、仪礼的文件。特别是清宫内务府，因是专职为宫廷服务的机关，在其下属的7司3院40余个机构中，除由专门的掌仪司管理宫廷礼仪事典外，逢宫中红白大事，还要设临时机构，专责办理大典事宜。所形成的档案，即有大量的折奏谕旨，更有为数甚多的每类礼仪大典的档案汇编。

（1）内务府掌仪司的礼仪档案。

内务府掌仪司是"掌内廷礼乐之事"的机构，即凡皇室的祭祀、筵宴、礼仪、乐舞等事，都由它经管，并且下辖御茶膳房、中正殿、雍和宫、升平署及各陵园等部门，故该司所形成的礼仪档案最多、最集中。其中比较完整系统已单独分类的档案，就达3.1万余件又2478册，仅该司本身形成的奉先殿大祭档、备差档簿册就有1142册。另有上万件中正殿喇嘛念经单、祭神档、佛经道场什物档、雍和宫供佛上香档、念经时间地点人数单、御茶膳房备办宫中典礼筵宴膳底档、祭祀供品册、四香敬神献鲜底档、坤宁宫萨满祭祀吃肉档等。

（2）内务府临时礼仪机构形成的档案。

内务府的临时礼仪机构，主要是为皇帝、皇太后、皇后的红白寿事大典而设的机构，事毕即裁。包括：大婚礼仪处、庆辰处、丧礼处三处。他们在办理帝后婚丧寿事过程中，分别把所奉谕旨、每日办理事件、各衙门往来文件以"接奉谕旨档""堂谕堂交档""日记档""活计用料档""典礼礼节总档"等形式汇集起来，形成了较系统完整的红、白、寿事礼仪簿册。对此，后面我们有专门分析，这里略述。

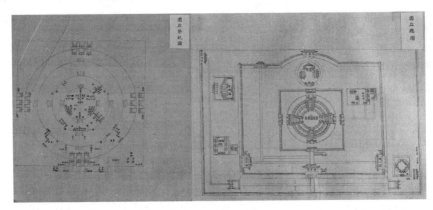

圆丘祭祀图

（3）内务府其他机构形成的宫廷礼仪档。

除掌仪司及大婚、庆辰、丧礼三处专设机构外，内务府堂本身和内务府所属其他各机构形成的档案中，还有许多和清宫礼仪有关的折单和簿册。其中簿册较多的是由内务堂记录和汇集形成的"典礼簿"。包括嘉庆至光绪朝皇帝、后妃、公主丧礼的文件，以及公主下嫁、阿哥婚娶的堂谕和奏案、嫁妆清单，还有平时祭祀拈香、东西陵致祭等文簿。各种折单中，关于宫廷礼仪内容较多的有来文、奏案、堂稿、呈稿。来文，简而言之是各机构间的来往文移；奏案，是内务府所属各机构的题报，类似各省向内阁奏报事务题本；堂稿，则是经内务府堂批办的各种事务的文稿。因为清宫每一次典礼活动，往往牵涉多个职能部门，所以形成的这些档案，许多为同一事件，内容也大同小异。

3. 其他中央机构中有关宫廷礼仪的档案

清代除专门的礼仪机构和直接为宫廷、皇族服务的机构自然形成了大量的宫廷礼仪档案，在其他几十个全国性政治、经济、军事、文化机构中，也形成了数量不等的和清宫礼仪有关的档案。

首先是掌管全国文教事务的国子监、学部、钦天监、翰林院等机构。这些机构的职责、职能与工作性质本身就和礼仪文化有着不可分割的联系。国子监清初原本隶属礼部，至康熙十年（1671）成为独立单位，主要职能是掌管文庙及皇帝临雍有关典礼；设立于光绪三十一年（1905）国子监撤销后的学部，除新式教学内容外，原属国子监的一切礼仪职能仍是其职能的重要组成部分；钦天监是从事天文历法的机关，在科学技术不发达的封建时代，天文历法属礼仪范畴，清初曾隶属礼部，直到乾隆年间才正式独立，但仍未脱离礼仪轨制；翰林院则是直接为皇帝服务、"掌论撰文史之事"的高级御用文化机关，不仅许多册祝礼仪文稿出自翰林院，而且有为皇帝拟写的各种经筵用礼仪讲章。故这些机构都从不同的角度，形成了各种有关宫中礼仪的档案。

其次是辅佐皇帝的中枢机构，如内阁、军机处、宫中奏事处等。这些中枢机构，本是办理国家政务的机关，但在封建的家天下时代，皇帝家事即国事，所以清宫各种婚丧大典及节令，办理宫中典礼，就成了它们政务工作的重要组成部分。以内阁为例，清代内阁号称是国家行政的中枢，但大量具体的工作，是帮助皇帝办理各种典礼，"凡大典礼，则率百僚以将事，凡大祀、中祀、前期书祝版"，"凡上徽号、进册宝册印，俱由内阁撰拟，至皇子、皇孙、王、公、公主名号，俱承旨以奏"。内阁主要职掌实际成为"掌拟上制、诏、诰、敕之式，进呈庆贺表笺，请用御宝、请上谥、请封号"的职能机构。这些诰册文稿拟好后，候钦酌定，宣示天下，原件收贮内阁大库。故内阁所形成的宫廷礼仪档案，一是各大典礼发布的制、诏、诰、敕及册文；二是各种祭文、祝文和碑文；三是中外臣工进呈的表、奏、贺、笺文。另有一些随题奏本章进呈的礼仪类清册、黄册，如礼部奏进的每年坛庙祭祀册，大常寺、光禄寺奏进的陵寝、寺庙修缮册、钱粮册等。军机处及宫中奏事处等各处，大量的奏折和谕旨中，也有相当一部分涉及朝见、册封、祭祀、婚丧、陵寝等礼仪问题。如仅宫中各项清单中，祭祀单就有1.5万余件，更有名称各异、无法确切统计的"礼仪记载档""主位请安档""万寿礼节档""旨意档"等。

再次是掌管民族、外交、金融钱粮及军事民政等事务的机构中，形成有外交觐见礼仪等宾礼方面的文件，如朝贡、封册、外国使臣递国书、觐见等礼仪仪式；有宫廷礼典动支钱粮、马匠的文件，如会考府核销礼部、太常寺等礼仪机构备办陵寝祭祀、婚寿礼典用牛、羊，坤宁宫祭神献牲用猪，常祀用果品等问题的奏折、呈稿；还有兵部陆军部、八旗都统衙门等机构，为接到礼部、鸿胪寺等通知坛庙祭祀日期、元旦、帝后生辰行礼、回避、备办宫廷礼典选派员弁迎送、随扈礼节等问题的文件。

总之，清代各机构形成的清宫礼仪档案，数量庞杂，内容全面，文种繁多。每个机构的档案虽不完整，但各个机构的内容可以互为补充，构成系统的中国封建社会宫廷礼典的总汇。

二、专题性礼仪档案的内容——宫廷精典礼仪文化的荟萃

宫廷礼仪繁多，但等级有差别，所形成的档案，也因其重要程度不同形式各异。清朝一些重要的典礼档案，多有专题汇编，或由职能机构单独分类收贮。现在保存下来的主要有：围绕帝后婚、丧、寿诞大典形成的红、白、寿事专档；围绕各种祭祀活动形成的祭祝文稿及较完整的奉先殿大祭档；还有围绕中外臣工觐见庆贺礼节形成的觐见档、表奏贺笺档等。

1. 红、白、寿事专档

宫廷礼仪，说到底，是以帝后生活为中心形成的礼仪。红事、白事和

光绪大婚典礼红档

寿事，基本涵盖了一个人一生中最重要的几件大事，所以也是清宫最大的典礼。现存清宫红、白、寿事档，一部分属宫中专档；一部分属内务府的大婚典礼处、庆辰处和恭办丧礼处档。

（1）红事档。即皇帝、公主的婚礼事宜档。清朝入关后的10位皇帝中，有4位是登基后举行大婚典礼的，即顺治、康熙、同治和光绪。现保存下来的清帝大婚专档，主要是同治、光绪两位皇帝的。清制，皇帝大婚，例由内务府遵旨主办。同治、光绪大婚，正式婚礼前两三年，即专门成立了大婚礼仪处，开始筹办婚礼事宜。如同治大婚于同治十一年（1872）九月举行，但在同治八年（1869）就成立了大婚礼仪处，慈安、慈禧下懿旨："皇上大婚，礼典崇隆，应宜先期预备，一切应办事宜，著派总管内务府大臣，遵照会典，敬谨办理。"① 现存同治朝大婚档共55册，光绪大婚档共135册，每册有档案10—20件不等，主要有谕旨档、堂谕档、行文档、来文档、奏案、奏片、日记簿等。其中谕旨档、奏案尤为重要。谕旨档系统记载了办理同治、光绪大婚的懿旨；奏案则是承办大婚事宜各大臣的奏折，其中有：大婚典礼章程清单，内务府大臣遵旨每月一次奏报办理的事件，京师各衙门、三织造、粤海关等承应差务衙门筹备差务、工程进展等情况，纳彩礼、大征礼、奉迎礼的礼仪及大婚典礼的经过等。同治、光绪大婚现存档案是记载帝王婚礼过程最完整、最详尽的档案，其婚礼之豪华气派、仪式之完备规范，都达到了中国封建社会婚礼形式的高峰，因此，这部分档案是研究中国封建社会婚礼制度与文化的珍贵资料。

（2）白事档。是清代帝王丧葬的档案。丧礼是一个人一生终结的最后一次大典礼，属"五礼"之中的"凶礼"。《大清通礼》载："周官凶礼有五，丧居其首，昭慎终也"，"我朝孝治光昭，与成周媲美，三年之丧，自天子达于庶人，其间称情立文，垂为典制，王道使民无憾，胥于是乎见焉"②。丧礼的等级又代表着这个人最后的身份和地位。皇帝是封建社会最高的统治者，他的丧礼在清代称为"国丧"，全国军民都要服丧，宫里要举行隆重的丧葬仪式。从当天的"小殓"礼，到最后入葬地宫，封好地宫石门行"告成礼"，礼仪环节几十道，仪式烦琐而隆重。为办理

---

① 中国第一历史档案馆藏：内务府大婚礼仪处20号《行文档》。
② 《大清通礼·凶礼》卷47。

丧礼，一般在内务府下成立专门的丧礼处，具体承办各项丧葬事宜，并由司员、笔帖式专门负责办理各衙门往来文稿。现存清宫档案中，共有高宗乾隆、仁宗嘉庆、宣宗道光、文宗咸丰、穆宗同治、德宗光绪6位皇帝及孝圣宪、孝和睿、孝贞显、孝钦显等11位皇后的丧礼档案汇集796册。这些档案记载了每次丧礼的各项礼仪和过程，内容详尽具体，小到每天行礼、每次祭奠、每个礼仪环节，乃至供案上点几支烛、放几盘果；大到陵寝总工程、礼仪总过程、用人用钱的总数目等。其中有皇帝的谕旨，有大臣奏折，也有内务府给承办单位和有关衙门的咨、照、移、付等行文，以及这些单位的禀、呈、帖、照等来文。

（3）寿事档。帝后寿诞，也是宫廷重要的典礼之一。清朝称皇帝诞辰为"万寿节"，皇后诞辰为"千秋节"，皇太后诞辰为"圣寿节"。顺治八年（1651）正式确定清宫"三大节"仪制，万寿节为三大节之一。逢帝后寿诞节，宫廷要举行庆贺仪式，逢"旬"寿节，礼仪较隆重，遇"周甲""古稀""耄耋"之年，更加隆重。其中清宫有几次大规模的庆寿活动，称为"万寿庆典"。一是康熙六旬万寿，二是乾隆八旬万寿，三是乾隆生母崇庆皇太后六旬、七旬、八旬之寿，四是嘉庆六旬万寿，五是慈禧太后五旬、六旬之寿。

庆典期间，组织全国欢庆，京城内外，搭龙棚，建经坛。京城内从西直门外的御园行宫到紫禁城西华门，沿途30余里，张灯结彩，张乐演戏。一些外省耆民赴京庆寿。万寿节日，皇帝至太和殿受贺，在乾清宫设宴，王公大臣敬献寿礼。举行一次万寿庆典，需时数旬，费用浩大。为办理寿诞大典，内务府成立专门临时机构——庆辰处，简派总办大臣督办各项庆典礼仪。现存清宫中寿事专档和内务府庆辰处档237册，其中有康熙万寿庆典档，乾隆七旬、八旬万寿档，孝圣宪皇后六旬、七旬、八旬庆寿档及慈禧太后六旬庆寿档。内容主要关于庆寿各项建筑工程，内外大臣报效银两、捐造无量寿佛，庆典礼仪事项，赏赐王公大臣、寿民寿妇如意、荷包、缎匹及筵宴等情况。

2. 祭祝文稿

祭礼是中国封建社会最重的典礼，所谓"礼有五经，莫重于祭"，"礼，履也，所以事鬼神致福也"。说明从远古时代开始，礼的中心活动就是祭祀。清宫祭礼包括大祀、中祀和群祀的朝廷传统祭祀；满族特有的祭堂子和坤宁宫祭神以及与汉族相类似的祭祖。这些祭祀活动，虽无实质性的内容，但典礼仪式极为烦琐，读祭祝文即祝祷是其中最主要的礼节之一，也可以说是祭祀的中心，体现和代表着祭祀人的目的和要求。费尔巴哈认为："祝祷是宗教的来源，是宗教的本质自身。"① 在清宫档案中，较集中保存下来的就是各种祭祀祝祷中用的祭祝文稿，即祭文、祝文、告祭告祝文的底稿。包括从康熙至光绪各朝向天坛、地坛、月坛、日坛、关帝庙、孔子庙、东岳庙、城隍庙等坛庙的祝文祭文；向后土神、山神、司工神、风雨神、炮神、太庙、奉先殿等神殿的祝文、告祭文；向社稷、三坛、关帝等的祈谷、祈雨雪、谢雨雪祝文。从文稿的内容可以看出，一般遇登基、婚丧、册封等大典，出师、凯旋等重大事件及坛庙动土兴工、神牌移付等用告祭文、告祝文；祈雨雪、谢雨雪、祈谷用祝文；祭祀陵寝、祖庙等用祭文。祭文、祝文均有一定的格式，内容用骈体文。

3. 奏表、贺表、贺笺及觐见礼节档

表笺之制，清会典载：凡每岁元旦、冬至及帝后诞日三大节，臣工行庆贺礼，进皇帝及太后者曰表，皇后者曰笺，其文式例由翰林院撰拟，大学士奏定，颁中外遵行。登基大典贺表，则由内阁撰拟，奏定颁行。每一贺表，又有正、副两份，正表卷而不折，副本则折叠如本章式，函以表匣，裹以黄绢。表笺进呈，交送礼部，礼部届期具疏奏闻皇帝，礼毕收贮内阁。《大清通礼》载："三大节……诸王、大学士率京朝官，直省文武率阖属官，具贺表，预送礼部，其式，在京称某亲王、臣某某、诸王、贝勒、文武官等；在外称某官臣某等，诚欢诚忭，稽首顿首，上贺伏以（表联、随时撰拟），恭维皇帝陛下（随时恭拟）。臣等恭遇熙朝，欣逢圣诞（元旦、长至），伏愿（随时撰拟）。臣等无任瞻天仰，忭欢之至，谨奉表称贺以闻。"这些表贺笺文，虽仅为一种仪节，其内容全为千篇一律、歌功颂德的官样词语，但在当时却是事关大典的礼仪。进表、笺人员资格有严格要求，应俱表者不进，是大不敬。康熙朝谕定："表文事关大典，应自五十六年万寿圣诞为始，文官按察使以上，武官副将以上，准其进上，其进上表文，仍照例该督抚汇齐，由驿递交礼部，转送内阁。"中国第一历史档案馆现存清朝表贺笺文档案4000余件，其中有京内外大臣

---

① 路德维希·费尔巴哈著：《费尔巴哈哲学著作选集》下集，商务印书馆，1984年，第464页。

的，也有朝鲜、琉球、越南等朝贡国国王的；有臣工致皇帝、皇后、皇太后的，也有光绪皇帝致慈禧太后的。

光绪进呈慈禧太后寿辰贺表

觐见礼原本主要指国内大臣和朝贡国使臣朝见皇帝之礼，后来主要指外国使节见清皇帝之礼，也成为清朝外交关系上一个长期争执交涉的问题。现存觐见档案即清后期外国公使觐见清帝礼仪档，主要有三部分：一是宫中各项事务档簿中的"觐见各国档"，二是内务府堂清册中"各国觐见档"，三是外务部档案中的"觐事备查"档。这几部分档案汇集了清朝时期外国使臣觐见中国皇帝整个礼仪变化、礼节争论及礼仪事项。如外务部"觐事备查档"即汇集了从康熙三年至同治元年各国历次觐见礼仪过程、进贡物品等。

从上述专题性礼仪档案看出，清宫礼仪的重点，一是人的婚、丧、寿诞；二是敬天地、事鬼神的祭祀；三是中外君臣礼节。这也正是中国自古以来历代统治者最为重视的，体现各阶级、阶层政治等级关系的"礼之三本"的核心。所以这些专题性清宫礼仪档案，可说是中国封建宫廷精典礼仪文化的荟萃。

三、清宫礼仪档案的价值——研究清宫史、清朝政治制度、思想道德、宗教文化的重要史料

中国历史上，不乏各种礼仪典籍，早在东汉时期，经学大师郑玄就归

纳了专讲官制的《周礼》，专讲各种礼典的《礼仪》，专论礼的性质、作用、意义的《礼记》，这些都是我们研究、探讨中国古代礼仪的经典之作。但是，这些典籍代替不了档案。档案是人类历史活动的直接记录，比一般书籍更真实、更具体。特别是清代，是中国封建社会的最后阶段，形成的各种礼仪档案，既是中国封建社会礼仪典制的终结和汇集，也是中国封建精典礼仪文化的荟萃，虽有糟粕，也有精华，具有极高的史料价值和文化价值。

1. 史料价值

礼仪档案是研究清宫史不可缺少的资料。清宫史，简言之是清朝最高统治核心——皇帝一家宫中生活的历史。而清宫生活，是笼罩在"礼仪"巨网之下的生活：吃穿有等级，起居有规矩，上下有尊卑，行止有礼仪；日常生活中行常礼，年节婚丧时行大礼；宫女、太监要行礼，皇帝、皇后也要行礼，一部宫廷史，可谓半部是礼仪。清宫礼仪档案，将宫中上上下下、形形色色的礼仪活动内容和过程真实地记录下来。所以研究清宫史，不可不用这部分资料。

礼仪档案也是研究清朝思想道德、政治制度等问题的重要史料。在阶级社会里，礼是一种社会思想道德的体现。不同的阶级，有不同的道德标准，礼的含义也不同。但对礼的重视历朝统治者都一样，都把礼当成维护社会道德和规范的手段。希望用礼，"经国家，定社稷，序人民"，用礼加强人的道德修养、节正民风，"礼者，所以正身也"，"礼所以防佚，节其侈靡也"。从孔子开始的圣哲先贤，无不倡导、追求一种以"礼"治天下的社会和谐之美。但礼的范畴很宽泛，孔子一部《论语》，虽74次提到礼，却没对礼的定义做出明确解释。倒是郭沫若先生说过："德"的客观方面汇集起来，便成为儒家所说的礼。而"德"不仅指个人的道德理性，"德"又表现为对社会规范和秩序的认同。这就是对国家要"忠"，对家族要"孝"，故中国古代常常强调"有孝有德""惟忠惟孝"。清宫礼仪档案中大量的内容体现的正是对社稷、对祖宗、对皇帝的"忠"和"孝"。如大量的表奏文书、朝觐礼仪档案，格式千篇一律，内容多是华丽辞藻的堆砌，表达的都是对皇帝、皇后的顶礼和忠心。而对祖庙、对陵寝等的祭祀和膜拜等，反映的核心则是"孝"。正是这种通过一次次的表忠祭祀等礼仪活动，使忠孝纲常在潜移默化中成为封建社会的道德和规范。礼及礼制逐渐成为人们思想、生活、交往中约定俗成的共同准则。所以大量的清宫礼仪档案,又是我们今天研究中国封建社会思想道德观的第一手资料。

相对政治而言,礼又是社会政治制度的体现。在阶级社会里,每个人各有各的名位身份,故而各种礼节、礼仪也有差别。因此,礼被更多地赋予政治等级、宗法制度的含义,并被改造、升华为治理国家的典章制度,成为历代统治者实施政治统治的工具。《礼记·礼运》中说:"礼者君之大柄也","失之者死,得之者生"。《礼记·祭统》更明确指出:"治人之道,莫急于礼","天子之职,莫大于礼"。孔子甚至认为,在治国治民方面,礼比法更重要,"礼者禁于将然之前,而法者禁于已然之后"。所以历朝历代所订的各种礼仪礼典,实质上代表的是该社会的国家政治等级和制度。清宫礼仪是清朝国家礼制的中心,大量清宫礼仪档案,是一次次宫廷礼仪活动的实录,在这些礼的实践中,不仅炫耀着皇家的尊严,更实施着皇权的政治统治。所以深入研究这些宫廷礼仪档案的内涵,是研究清朝国家政治制度的一个重要方面。

2. 文化价值

中国是礼仪之邦,梁启超先生曾评价:礼仪就是文化。法国启蒙思想家孟德斯鸠在其著作《法意》中,将"礼"看作是中国文化的同义词。这些都说明礼仪的深厚文化内涵。显然,内容丰实、多姿多彩的清宫礼仪档案,本身就是一笔巨大的文化资源,其每种礼仪、每个礼节都是一种历史文化的积淀。不仅各种宗教的、艺术的文化可以从中找到它的根源,而且各种政治的、伦理的、精神的文化也可以从中得到诠释。

其一,自古以来各种礼仪活动,很大程度上可以说都是一种对超人间力量的盲目信仰活动,多带有想象和艺术的特色,所以各种传统的音乐、舞蹈、诗歌等文化,多源于各种礼仪活动。"这些艺术种类最初是整套仪式活动的各种因素",和古代各种礼仪活动一样,清宫各种大的典礼,如登基、朝会、祭祀等,也无不伴着音乐和祝祷,而形成的一些档案,如祝文、乐律等都直接构成清代文化的一部分。

其二,礼仪活动又是人类追求精神满足感的活动。随着社会的发展,清宫礼仪将其输入了更多的精神文化因素,其中有荒诞迷信的封建性糟粕,但也有一定的积极的民族性精华。我们可以从大量的档案中,剔除其封建的糟粕,吸收其民族的精华,让古老的文化为现实服务。

中国第一历史档案馆馆藏租界档案及其价值

租界，是近代中国历史上的特殊产物，作为各帝国主义国家深入中国的据点，对当时乃至以后的中国政治、经济、文化等各方面的发展，均有重要影响。对于租界问题的记载中外不乏各种史书，但是记载最为详实、最有参考价值和凭证作用的莫过于档案。①

一

中国第一历史档案馆所存的近代租界档案，包括咸丰、同治、光绪、宣统四朝的文件，据不完全统计，共约有4000多件、册。这部分档案，主要是1842年中英《南京条约》签订后，为办理各国在通商口岸和地区租界、租地问题，中外在交涉过程中形成的官方文书以及官员奏议。其中有清政府与各国签订的租界条约、章程、合同；中外就租界问题来往交涉的照会、电函；清政府有关大臣或总理各国事务衙门、外务部等呈皇帝的密折、奏议；各有关衙门、地方督抚之间互致的咨文、函札、电报；租界内华人绅商给清政府的信禀等。

这部分档案的内容主要包括：各国租界的办理经过、扩租转租情形、租地价格、租界内各项设施、管理权限、各类司法案件、界内华民的抗捐抗税、罢工斗争以及帝国主义与清政府勾结镇压农民起义等方面的文件。内容涉及的范围，按国别包括英国、法国、德国、美国、俄国、日本、意大利、奥地利、葡萄牙、西班牙、比利时、荷兰、挪威等十几个国家；按

---

① 为使大家多了解一些档案情况，本文也插叙了一些租借地的档案内容介绍。

租界地域分，包括上海、天津、武汉、广州、福州、宁波、厦门、九江、镇江、长沙、芜湖、广州湾、胶州湾、九龙、威海、旅大、营口等20多个地区。

对这些档案，中国第一历史档案馆从20世纪60年代起，陆续按全宗进行了整理、编目，并就各档案全宗的不同情况，按国别—问题、国别—朝年、问题—朝年等原则分类立卷。现在，这部分档案主要分布于外务部全宗的疆界租地项、开埠通商项、法律诉讼项、路矿实业项、镇压革命运动项；军机处录副奏折外交类、帝侵类租界项；军机处照会、来文、电报；宫中朱批奏折外交类、帝侵类租界项；宫中电报电旨；以及兵部陆军部档、刑法部重大专案档、端方档、醇亲王府档、各衙门汇集档、山东巡抚衙门等档案内。其中以外务部档案为最多，共2000多件、册，约占全部档案的二分之一。

二

租界档案内容十分丰富，涉及范围十分广泛，这里只能对主要国家在华设立的主要租界的档案情况做一简略介绍。

1. 英国租界档案

在中国近代历史上，英国是第一个入侵并向清政府强划租界的国家，并是建立租界最多的国家。因此，现存档案也最多。

（1）上海。"上海为中国第一口岸，其地处南北两洋之交，衡握中外各商之枢纽"①，所以成为列强首选的租界区。道光二十五年（1845），根据《上海租地章程》，英国首先在洋泾浜以北、李家场以南建立租界。咸丰七年（1863），英美租界合并，后几经扩充，租地面积大增。档案中有一部分就是记述其形成、扩建、管理等情形的文件。但咸丰十年以前的租界档案甚少。因此该租界形成时期和咸丰四年以前扩租经过的直接文件，从档案中无从查到，对于这一时期的记载，主要是后期有关大臣在奏折中追述的。

档案中较多的是扩租文件。在扩租过程中，各国惯用的手段和步骤

---

① 中国第一历史档案馆藏：军机处录副奏折外交类、帝侵类租界项档。

英国上海租界

是，先在租界外延伸筑路，然后沿路安装公用设施，再设巡警等进行管理，然后收取特捐特税，最后将其划入租界区。因此，扩充租界大多和筑路等问题相连。英国在上海扩充租界的档案主要有：同治七年（1868）上海马路公司在新赛马场圈内租用民地的照会；光绪二年（1876）因英商在旧租马路界外扩租蕴草浜北岸地亩修筑吴淞铁路事，总理衙门与英使的往返辩论照会；光绪二十二年至二十五年间为扩充租界办理情形问题，张之洞、沈葆桢等大臣的奏折；光绪三十一年至宣统三年为上海推广租界事，上海道台与湖广总督端方、外务部的来往电报册；光绪三十二年工部局修筑上海至青浦之佘山路案文件；光绪二十二年和三十四至宣统元年，两江总督、南洋大臣、上海道台、上宝（山）绅民，旅沪绅商等一致要求力拒上海租界扩充事给外务部的函电；工部局在租界外编门牌、收自来水费居民反抗情形的奏折及英商租地清单等。

上海作为第一个由外国人专管的租界，其设置、管理及政治、经济、文化发展，公共设施设立等情况如何，此类档案也有许多。主要有：同治五年英使就上海洋泾浜外国租界四址内设官员数目，并需用经费数目的照会和附单；同治六年上海洋泾浜设官章程的照会；同治二年洋泾浜劝捐案清册；租界内试办食盐议增引数、课帑数目折单；江苏候补道张翼详陈路过吴淞时所见上海租界内外商繁荣之禀启；英商转租房地契约以及有关设立巡捕、建立公堂等事的来往照会、奏折；还有上海会审公堂变通刑章事的电旨、会审公廨全图以及有关租界内的法律诉讼案件，如：光绪十七年会审公堂拘捕范高头案、光绪二十年英副领事强押官眷激起众怒罢市案。

还有一些关于设学堂、办实业、洋行借贷等档案，其中许多内容涉及了租界经济、文化发展的情况。

另外，英国以租界为据点干预和参与中国内务的档案有：光绪三十一年（1905）为抑制英租界扩充，上海地方政府在闸北地方仿照租界设施情况建设马路、修建电灯、自来水，并设巡警管理，英使出面干涉，不允许中国对闸北的治理，双方引起交涉的来往照会；还有上海租界捕获革命党人、查封《苏报》案等。

（2）东南沿海口岸。根据《南京条约》，除上海外，在东南沿海还同期开放了广州、福州、宁波、厦门四处口岸；根据中英、中法《天津条约》，又增开通商口岸 11 处，其中包括东南沿海的台湾、潮州、琼州；光绪四年（1878）《中英烟台条约》，再增温州。至此，东南沿海口岸全部对外开放。随着开埠通商，各国在这些地区相继租地，建立租界。现存英国在这里建租界情况的档案有：咸丰十年（1860）英商在厦门租地案——光绪三十一年厦门商民因纳税办法过严，结队到英租界并欲攻击税司公所，被西人开枪殴打，英国派兵登岸准备以武力镇压，中英双方来往交涉照会；光绪八年，厦门英商租界填筑海滩章程；同治元年英国人在广州借故滋事案；光绪三年两广总督关于英国人在广州租地应纳田房税契纠葛事奏折；光绪三年至九年丁日昌等奏报英人在福州租地建筑房屋事奏折；福州鳌山书院等处租与英商当跑马厂事的照会；温州会办租界一切事宜之情形照会及租约抄单；光绪十七年厦门鼓浪屿公共租界章程及附后规则等。

（3）天津。天津位于海河水系五大支流的汇流处，东临渤海，是通向北京的一道大门，也是经济发展重镇。英国取得东南沿海通商、设立租界的特权并不满足，道光八年，英国先以递送国书为借口派船驶入天津，现存档案对此有较详细的记载。咸丰十年，英国在天津正式建立租界，档案有：咸丰十年，英使知照拟租用天津紫竹林与下园一带地方的照会；咸丰十年至同治二年（1863），英国天津租地清稿；光绪二年，直隶总督李鸿章奏报英国在天津租地占用内务府差地亩数、原属、租地价格、原应交纳租项折，以及英国要求租用大沽炮台的来往交涉文件等。

（4）长江流域各口岸。在租占上海和东南沿海口岸等地的同时，英国又开始在长江中下游各口岸扩建租界，并且把长江流域逐渐变为自己的势力范围。咸丰十一年，英国先后在汉口、镇江、九江三地建立租界。记载这些地方建租界的档案有：湖广总督官文奏报同治元年办理英国在汉口租地、"开导"百姓认真核减地价、依限搬迁和英人在汉口买地基事；当地水勇和英兵因口角引起武力冲突，水勇被毙事等来往文书；光绪三十二年（1906），英使关于在租界外租地，并在汉口展拓租界问题给外务部的照会；同治元年（1862）至二年间，沈葆桢等上英国在九江租地经过、租界四址及租地价格问题的奏折等。

光绪二年，根据《中英烟台条约》，长江流域增开了宜昌、芜湖两口岸。《马关条约》签订后，又增沙市、重庆、苏州和杭州为通商口岸。英国在这些地区建租界的档案，以芜湖租地通商文件居多，有光绪二十八年所订《芜湖公共通商场租地章程十条》；就英国要求在芜湖专立本国租界事，芜湖道与英领事柯毠良来往辩论信稿册及租界图说；安徽巡抚奏芜湖划辟通商租界要工需款折及清单；有关租价、办理手续等折件。另外还有一部分英国在长沙租地的档案，其主要内容是英国人带头不承认原订租界章程，擅自于租界外租地的来往照会、电函等。湖南巡抚岑春煊奏："湖南长沙自开作通商口岸后，划定租界于兹五载，外人不认租界章程，一再饶舌"，"长沙通商本为日本国约开之口岸，租界章程又系日本领事来湘会同商订，嗣以英国从中作梗，首先抗争，驻汉各国领事亦即随同附和，而日本乃有租界章程各国尚未认可，碍难举办之说。"此外，还有英商在杭州宝石山租地及在杭州城厢内外随意租房地、开货栈的交涉文件。光绪二十九年至宣统三年间，英商在苏州、杭州、芜湖、九江等处租地建油池及火油税款事交涉文件等也有相当数量。

（5）九龙、威海卫。中日甲午战争后，帝国主义国家掀起了瓜分中国的狂潮，各自争相划界，扩大势力范围。英国为巩固已取得的势力范围，抵制法、俄等国，于光绪二十四年又强行租借了九龙半岛深圳河以南地区和威海卫。现存档案有：谭钟麟、高照哲为英人占据九龙侵越租界及勘划威海卫租界，请总理各国事务衙门妥善办理的奏折；山东巡抚张汝梅就英人租勘威海、招募华兵以及在租界内悬挂旗帜等事给总署的来往函电册及办理经过文电册；杨士骧等因英人租借威海交涉较频，请将同知移驻威海折；英政府不允在威海设关拟于界边择要设卡折；《威海卫租界专约》等。

2. 法国租界档案

法国紧随英国之后，在中国强租地界。现存有关法国租界的档案主要包括：上海法租界、天津租界以及勘租广州湾、展拓汉口租界等几部分。

道光二十五年（1845），根据中法《黄埔条约》，允许法国人在五口通商。道光二十九年，沪道与法领事订立法租界章程，从而确定了法国在上海租界的最初范围。此后法国和英美争相扩租，并且自成系统，设官施政。反映这一时期法租界的档案有：咸丰十一年（1861）法国轮船公司在上海租地问题的照会；张之洞等记述上海法租界在光绪二十二年（1896）前占地、扩界情况的奏折；光绪二十二年至二十五年扩充租界的照会；光绪三十年至宣统三年（1911），法国和英美联合要求在租界外通电、通汽车事的来往辩论节略；同治三年（1864），法使就法租界内赌场滋生事端案给总理衙门的照会；同治十三年，因"四明公所事件"，中国赔偿法租界损失及处理过程的奏折及照会；同治六年，因法巡捕被杀事，总理衙门与法公使往来交涉的电函。

法国在天津租界的档案主要有：咸丰十年至同治二年间法国在天津租地案总册；光绪二十四年直隶总督裕禄等关于法国商人在天津租地的章程及有关地价、原属等问题的奏折。

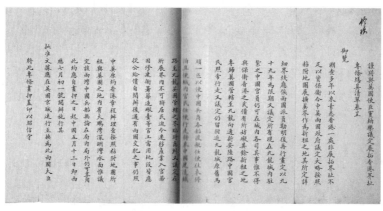

光绪二十四年，英国展拓香港界址专条

法国在汉口租地档案有：同治二年，法领事要清政府饬湖广总督将汉口龙王庙地方交该领事转租法国商人照会等；光绪三十三年，因日、比等国在汉口展界，法国亦要求扩充汉口租界事给湖广总督张之洞的咨、札等。

档案中有一大部分是记述法国强行勘租广州湾的文件。如光绪二十四年、二十五年总理大臣奕劻等"奏为法国请租广州湾及建造滇越铁路各节折"，"奏为广州湾紧要，法兵拖延划界，派兵肆意侵占，拟请特派大员与法员及早会勘折"，广东巡抚德寿、广西提督苏元春上"广州湾勘界事竣办理情形折"，以及法使与外务部的来往照会、函电等。

另外还有同治四年（1865），法国给军机处要求前往江宁择址租地的照会、议立烟台租地合同的照会、法国租用地界准其他各国均得共租的照会；光绪二十七年（1901），法、美一起要求扩充广州沙面对面之沿河一带做公共租界的来往电、咨等。

3. 德国租界档案

德国是后起的帝国主义国家，光绪二十一年"三国干涉还辽"事件发生之前，虽然有些德国商人在宁波、福州、厦门等地租地通商，但还没有真正可以作为其势力范围的租界区，因此，有关德国租界的档案主要在光绪二十一年之后。其中包括：

（1）光绪二十一年，德国在天津设立租界的文件。其主要内容是德国以"干涉还辽"事件有功，贱价迫拆民房、坟塚情形的有关奏折，以及清政府为弥衅端发生，拟由户部补贴民房地价办理经过的文件。

（2）光绪二十八年至宣统元年，德公使雷克司、两广总督关于德国商人在汕头扩充租地的来往照会，以及德国在汕头占地、设栈详细位置图等。

（3）光绪三十一年至宣统二年，德国在上海、汉口、福州等地设领事，并为辖区内管理、卫生、筑路等问题与外务部交涉情况的照会、咨文。

（4）胶澳租界办理始末的一系列文件，这也是有关德国租界问题中较为完备的一部分档案。其中有光绪二十四年，李鸿章与德国签订的《中德胶澳租界约》；光绪三十四年，商订未经签押的《胶澳一带暂行交涉简明章程》；北洋大臣王文韶等报告德人占据胶澳历次办理交涉电奏清单和山东巡抚报告办理经过的电、函；德使海靖关于胶澳界议租事项给总理衙门的照会及问答节略；租界内开挖道路沟渠情况及所用经费清册；南洋大臣为德国兵轮在海州登岸竖旗事给外务部的电文；张汝梅、胡孺芬、徐桐、王鹏运、杨深秀等就德租胶澳的危害及对策问题所上的奏折；山东沿海人民反抗德租胶澳的交涉文件和宣统元年（1909）因德国在大崂山根东南开设盐场一案的交涉函电、清册；当地绅商联名给外务部的禀呈等。

4. 美国租地档案

美国虽然是后起的帝国主义国家,但是从鸦片战争之后,它对中国的侵略活动一直没有停止过。特别由于"门户开放"政策的推行,使它在中国所攫取的利益并不少。反映在租界档案中,主要以美商在各通商口岸买地、开洋行、办实业的文件为主。如:美商违约在南京、九江、芜湖、汉口、丹阳、长沙、梧州等地买地建油池案的奏稿、照、咨;光绪二十八年(1902)至三十二年在营口、奉天等地开埠设关划定租界事,在宜昌违约开设利记洋行事,美医士租广东联兴街屋地案等事的来往电信。

另外还有:美国驻华公使于光绪二十八年要求在广东沙面对面沿河一带——自鲁班庙至南石头炮台设专界事的照会;光绪三十一年至三十四年为上海租界展地及界外修马路、收自来水费等事与外务部的照会等。

5. 俄国租界档案

俄国与西欧各帝国主义国家不同,它凭借和中国毗邻的优越位置,长期以来主要以吞并中国领土为主,在此基础上,逐渐向内地延伸,修铁路、建租界,从而形成了以东三省为基地的势力范围。光绪二十四年以前,俄国首先在我国东北界珲春、恰克图、海拉尔等地区租赁房屋进行贸易,光绪二十四年之后,又在张家口、汉口、营口、牛庄、拉哈苏苏(今同江市)等地租地盖房。档案中有一些关于这些问题的函电和租借章程,其中最重要的是有关旅顺和大连湾的内容。主要有《中俄租借旅大条约》《续订租旅大条约》;有关大臣详陈办理俄租界经过以及俄租旅大之后患的密折、电报等。

6. 日本租界档案

日本在中国设立租界,起于19世纪60年代。主要档案有:光绪二十二年至二十五年,厦门道与日本领事就厦门租界问题来往交涉的信函、《厦门日本专管租界条款》;日外务部请在苏州、杭州、沙市、重庆等地设租界问题节抄册;南洋大臣端方与日本驻苏州领事辩论租界问题的咨、呈;两广总督关于日本要求在广州设立租界问题给外务部的奏、咨;光绪二十六年至三十三年裕禄等奏报日本在天津租地、开设报馆的折件及日本天津租界图；湖广总督、外务部、邮传部与日本使臣就汉口日本租界内公共所用之地免纳租价问题、日本人在租界外买地和价格问题的来往照会；光绪三十三年（1907）《汉口日本扩租条约》，以及由此而引起的争论、官员奏议等。

7. 其他租界档案

除以上主要国家外，还有一部分是关于意大利、奥地利、比利时等国的租界档案。如：《天津意国租界章程合同》及界图；意大利归还天津租界盐坨地价案，杭州通商场转售地亩案；奥地利在天津强租民地、扩大租界案等。

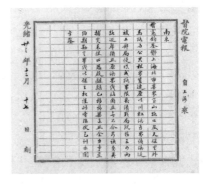

光绪三十三年，上海道为在与公共租界相连处巡警被英捕阻止事致端方电报

三

租界档案是研究租界与近代中国社会的原始资料之一，因而具有很高的史料价值和凭证作用。

就其史料价值而言，它是全面了解和研究租界制度产生、发展、演变及租界性质、类型等问题的直接材料，也是研究帝国主义侵华史、帝国主义国家之间关系、清代外交政策等问题的重要材料。

租界这一畸形事物的出现，有许多国际和国内的原因，档案中直接阐述这些原因的地方颇多。如湖南巡抚岑春煊在长沙开埠划界事密折中写道："我国自与列强交通以来，各省开作商埠之处虽多，犹幸华洋尚无杂居。所谓商埠者，皆有一定范围，设立租界为之限制，盖非此既不足以便稽察而任保护，亦无以杜流弊而重主权也。"署两江总督山东巡抚周馥在勘定金陵租界折中也写道，金陵勘定租界，修筑道路，其意在"安远商而便治理"。这些奏折，直接道出了清官方同意设立租界的主要原因。另外，在大量照会等档案中，也有许多直述帝国主义国家要求设勘租界的最初原因，"方借此地以为归宿"。

租界档案中有大量关于扩租、转租、地价以及租界内经济、文化等发展情况的文件和图说，很能反映出租界的发展、演变的过程。

如光绪二十二年（1894），湖广总督张之洞"严禁上海租界以防侵占折"，详陈了英、法、美租界占地扩地情形：查上海有英、法、美三租界，法界居中，其地略小；英、美居外，其地俱大，"英美两界地既散漫，四处可通繁盛之区，市廛已满，而界线之外仍复扩充无禁，起造洋房，按图英界以泥城桥为限，今则由泥城桥外直达徐家汇等处，十数里皆有马路通行，此英界之所占地也。美界定线最浮，尤无限制，同治初年所租止九百余亩，嗣后美领事西华不商关道自划界线，将未租民地圈入万余亩。光绪十九年十月经本任督臣刘坤一饬江海关道与美领事商议，将界线内东北一带未租余地收回二千六百亩，咨明总署在案，而于西北一带界外所占之地未及清厘。查美领事自立界石虽在苏州河边，而河外面之地今亦造起洋房，此美界所占也"。"推其占地之由，必先筑马路，继则设捕房，挂路灯，编门牌，闹市渐开，未几而已成为租界。"

李鸿章在同治二年（1863）洋泾浜劝捐案中，从一个方面阐明了租界的演变及原因，折中写道："近来英商在上海所住之地大为改观，不但不专是外国人居住，更觉外国人所住仅有十分之一。从前定居此地之意，原要英商与华人相远，现在英商图利，租地造屋赁与华人，是情愿与华人相近，而英商移住华人之处。"

租界是帝国主义侵华的产物，因此，租界史是帝国主义侵华史的重要组成部分。大量租界档案，记录了各国在中国划界租地的过程，同时也记下了各帝国主义国家在中国的行径。如德租胶澳、俄租旅大、法租广州湾等档案，均详尽记述了德、俄、法等国以威胁、勒索等手段取得租借地的过程。光绪二十二年，兵科给事中高燮曾在"详陈俄租旅大之后患折"中奏道："以各国近日要索数端，一限再限，动言开衅，迫以必从。"法国要求按自己的意图租广州湾，更直言不讳地照会清政府："所送（租界）图出自本国家之意，难再更改，如果不允，即自行办理。"德国在天津租地，也是以"还辽有功"，迫迁民房。英国在咸丰十一年租用九江郡城东常至狮子口地方，"迫拆民房180余处，并开枪打死民人"。诸如此类档案很多。因此租界档案又是研究帝国主义侵华史的重要资料。

各帝国主义国家从自身的利益出发，总是互相争夺和勾结。在近代瓜分中国的狂潮中，"各国政府咸以均势东方为言，进求利益"，这种关系在租界档案中表现得淋漓尽致。可以说，每个租界区的形成，都和他们的互相争夺有关。光绪二十四年，就俄租旅大之事，有关官员奏道："俄人与我联盟之本意，盖以为中国所笼络，各国为所间离，辽影燕齐取之如反掌耳。而不患德人发难，隐破其谋，将其数年默运之苦心和盘托出，咄咄逼人，势将背约。"因此，租界档案又为我们研究各帝国主义国家之间的关系提供了第一手的资料。

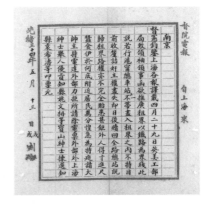

光绪三十四年，上海绅商各界人士请阻止英美以铁路为线扩充租界事致端方电报

租界档案除其本身的史料价值外，和所有档案一样，它还是补史和证史的重要材料。以往有关租界问题的史稿、论著等，其材料都是根据一些报纸杂志、方志等，其实这些史籍文章，较之档案已都是第二手材料了，不仅记载不全，而且多有错误之处。如德租胶州湾事件，虽然许多学者写过文章和书籍，但其中内容较之档案来，材料并不十分完全。又如，在现存租界档案中，有许多章程、合同或草约，但在一些涉及租界问题的史料汇编中，并没有全收集进来。如《中外旧约章汇编》中，就缺少光绪三十四年（1908）《胶澳一带暂行交涉简明章程》、宣统三年（1911）《张家口划地准洋商居住简章》等。再如过去有关上海公共租界的书，其大量内容是引用公之于众的报刊、章程、条约以及工部局报告等，但是，租界办理及交涉经过的真实情况，还在官方档案中。有的书在说到公共租界内设立会审公堂问题时曾写道："英使与中国官吏当有交涉，详情不可考。"而这部分档案，则为从事这方面的研究提供了更加翔实的资料。

清宫档案说清史

清帝治世谈

清帝读书与执政

翻开中国 2000 多年有皇帝的历史，能够发现一个基本规律，大凡一个统治比较稳定、长久的朝代，其当朝皇帝多是能够认真学习、领悟中国文化和历代治国经验教训的皇帝；反之，则往往或因荒淫造成其政权的短命，或因不学无术使国家风雨飘摇。清朝虽然是以一个少数民族统治全中国的朝代，但清朝皇帝在读书学习上，丝毫不亚于汉族王朝的帝王，所以最终成就了清朝 268 年稳定长久的统治，这是清朝皇帝治世理政的重要经验之一。那么清朝的皇帝是怎么学习的，对其执政又带来了哪些影响？清朝最后的灭亡和清帝读书学习又有什么关系？

一、严格的读书家规和大内读书生活

清朝从 1644 年入关到 1911 年被推翻，历 10 朝 10 帝。其中 5 位是成年继位，即雍正、乾隆、嘉庆、道光、咸丰皇帝。他们的共同经历是：先读书成才，掌握帝王之道，然后通过明争暗斗的激烈竞争，被老皇帝选中当上皇帝，其后在实践中检验、补充所学知识，施展治国本领。另 5 位是幼年继位，即清初的顺治、康熙和清末的同治、光绪、宣统皇帝。他们的共同经历是：先被选中当上了皇帝，然后上学读书，亲政后，由一面读书、一面学习理政，到一面理政、一面继续学习。（宣统除外，他只当了 3 年皇帝，没等到亲政，清朝即灭亡了。）

所以，清朝皇帝的读书学习，大致可分为两种情况：一种是成年皇帝的经筵典学；一种是对幼年皇帝和皇太子、皇子、皇孙的启沃培养。

对皇子、皇孙的培养教育，是关乎一个王朝兴衰继绝的基本国策，在中国历史上，每个朝代都十分重视，清朝尤为甚之，而且做得更好。早在入关之前的后金时期，他们就对家族子孙读书学习有了严格的规定，入关后经过几个朝代的不断发展完善，到乾隆时期已经形成了一套严格规范的皇家读书管理制度。

顺治皇帝像

首先，皇子均较早入学。清入关前，皇太极就要求，满蒙将领的子弟"但有八岁以上，十五岁以下，俱令报名读书，不许姑息容忍"，他甚至将是否送子弟读书作为这个将领能否从军出征的条件。"如有爱惜不令读书者，其父兄也不许披甲随征，可与子弟一起在家闲处。"从康熙朝起，对皇子、皇孙的学习，有了更严格的规定：皇子6岁入学，"就师读书于上书房"。康熙认为，一个人幼年所读之书，将会终身受益。七八岁所读之书，五六十年犹不遗忘，二十以外所读之书，数月不温，即至荒疏。"成就德器，皆在自幼豫教"，"应须早学，勿失机会"。

其次，规定了严格的学习时间。读书的皇子，每天寅时（约清晨3—5点）开始进书房，一边早读一边等师傅。5—7点师傅到书房后开始上课。中间用膳两刻钟，下午3—5点左右放学。每年除了元旦、端午、中秋、皇帝皇太后生日、本人生日外，再没有其他假期。直到嘉庆十二年开始才规定，夏至至立秋期间，因天气太热，每天半功课（即每天上半天课）。这种规定对于五六岁的幼童几乎不近情理，但是清朝从顺治到康熙直至清末，除同治小皇帝常常以生病为由偷懒过外，始终被严格遵守。清朝皇子们读书的情景，连当时的一些汉族大臣也不得不折服。乾隆年间在军机处入值的赵翼曾说:"余内值时,届早班之期,率以五鼓入,时部院百官未有至者,唯内府苏拉数人往来黑暗中,残睡未醒时,复依柱假寐。然已隐隐望见有白纱灯一点,入隆宗门,则皇子进书房也。"对此,赵翼当时感叹道:我们专门指望读书吃饭的人还不能每天那么辛苦地学习,而人家帝王之家的子孙却能天天如此,他们怎会学得不好!可以想见,当年每天清宫中起床最早的,是那些要上学读书的皇子、皇孙们。

皇子们学习的内容,以儒家经典为主。先从读《三字经》《百家姓》《千字文》开始,进行启蒙教育,一边学识字,一边学句读;然后学四书,再学五经,进而学《帝鉴》《资治通鉴》等。幼帝还要加上学读奏折,以训练当皇帝的基本功。以同治皇帝为例,在同治四年之前(10岁前),主要学四书、《庭训格言》;同治五年起,加讲《孝经》《诗经》;同治六年起,加讲《史鉴》《圣训》;同治八年起,加讲《大学衍义》《大学衍义提要》;同治九年起,加讲《易经》《会典》《左传》,并开始增加读奏折课程。十月十五日这天读"丁宝桢奏江北漕船挽入东境折";十六日读"李鹤年雨雪粮价折";十七日读"曾国藩府县期满甄别折";十八日读"吴棠奏各营驿站马匹并无缺额折";同治十年起,加讲《明史》《地图》《读史略论》。

所以,清朝不仅"宫中无不读书之子",而且单从经、史、子集、诗、书、画,也就是我们现在提倡的"国学"内容来讲,我们现在的大学生、研究生乃至博士生恐怕也没有清朝皇子们学得多。

清朝成年的皇帝,学习内容更加广博,除四书五经等儒家经典外,主要是史书,如《史记》《汉书》《资治通鉴》等,

乾清宫内顺治皇帝书写的正大光明匾

另外还有佛、释、道,诸子百家,以及诗、赋、书、画。读书最博泛的是康熙皇帝,天文、地理、数学、医学、农学等几乎无书不读。他说:"凡事可论贵贱老少,唯读书不论贵贱老少。读书一卷,则有一卷之益,读书一日,则有一日之益。"

为保证读书学习时间，他们还给自己做了规定：

一是每天早起必须读"宝训"一章。清朝皇帝大体都是每天早晨4点半—5点起床，洗漱、拜佛毕，就进行早读。所以，每天鼓楼上五更的亮更鼓尚未敲响，城里的人们还沉浸在黎明的睡梦之中，在紫禁城里，已经有两处亮起了读书的灯光：一处是当政的皇帝在寝宫里开始读列祖列宗的"宝训"；一处是幼年的皇子、皇孙开始了在上书房里一天的功课。"宝训"是其皇祖、皇父的《圣训》和《实录》的统称。所谓《圣训》，即皇帝告诫臣下的诏令、言辞语录，《实录》则是下一代继嗣之君为上一代皇帝修撰的编年体大事记，因号称"文直言，事实核，不虚言，不隐恶"，故谓之"实录"。对后继位的皇帝来说，"宝训"就是他们行动的指南和准则，读"宝训"既是为了从其祖宗教诲中学习治世经验，也是为了时刻提醒自己不忘祖制。

二是隔天进行一次日讲。即由"日讲起居注官"给皇帝讲解经史。为了每天能多学习一些内容，康熙朝日讲一般每次至少要讲1—2章，也有时一次讲七八章。

三是每年春秋两次在文华殿举行经筵。即皇帝和大臣集体学习四书五经。一般是提前定好选题，先由侍讲大臣讲，再由皇帝讲。

更多的时候是皇帝自学。虽然自学不算是制度，但是从顺治起，理政之暇自觉读书学习，几成了清朝皇家家法和祖制。在《康熙起居注》中，有多处记载他理政之余抽时间读书的事迹。如康熙自己所说"朕在宫中，手不释卷"，"朝于斯，夕于斯"。"逐日未理事前，五更即起诵读，日暮理事稍暇，复讲论琢磨"。"至于听政之暇，无问寒暑，唯有读书、写字而已"。嘉庆皇帝曾用一首诗描写自己每年、每天业余时间的读书生活："恰趁三余候，勤披万卷陈"，"夜读挑灯座右移，每因嗜学下重帷"。即常年坚持用"雨天时之余、夜晚日之余、冬季年之余"的"三余"时间读书、写作，

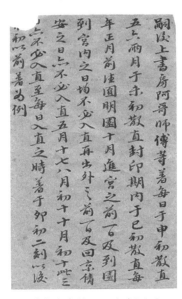

道光皇帝关于上书房阿哥师傅散值时间朱谕

每天则挑灯读书至深夜。

读书学习是一件快乐的事情，也是一件辛苦的事情。古语言："书山有路勤为径，学海无涯苦作舟。"皇帝并非天才，尤其面对略显枯燥和晦涩的经史子集、国学文典，即使贵为天子，也没有取巧的方法，唯有反复习读，由多而精，由博而通。康熙时期，康熙皇帝无论对自己还是对皇子、皇孙的读书要求都是：读书要读120遍，背书也要背120遍，写字要写几十遍，诵读经书要达到"纯熟舒徐，声音朗朗"，对经义讲解要达到"皆逐字疏解，又能融贯大义"。写字、书法更是要持之以恒，康熙练习书法达到"每日写千余字，从无间断"，清宫中的数千法帖，他都临写过，"所临之条幅、手卷将及万余，赏人者不下数千"。清后期的皇帝虽没能像康熙那样

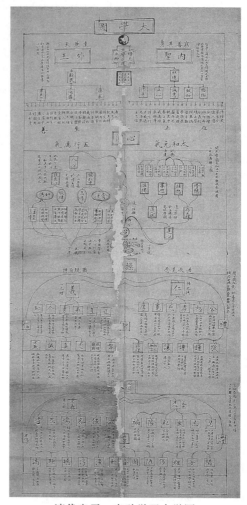

清代皇子、皇孙学习大学图

坚持下来，但是一般读书也要读几十遍。下面是翁同龢记录的同治皇帝一天上课中读书、背书的情况："初到读生书一号十遍，背生书一号，先读三遍，读前日生书一号亦十遍，温《书经》五号，膳后读《大学》《中庸》一号、《四书》六号，皆背诵，再读《四书》六号，毕，写字一张，默书数行，讲《帝鉴》一段或数行，上生书毕，再读前两日所上两号，再温新，背生书数页。"

为了提高学习效率，他们有时也采取一些新的学习方式，比如，在清宫皇帝学习用具档案中，有一张《大学图》，这是把儒家经典《大学》的

内容归纳提炼后，用表格形式制成的一张挂图，图中包括"内圣、外王、继天立极之道、心图、操存、省察"几部分，每部分用经典的词语层层分解，然后再把各部分之间的关系连接成大图，使人既可以一目了然地理解大学的精神内涵，又能够容易记忆，还可以随处张挂，方便随时随地阅读。

为求得实学，他们在学习中，还利用日讲、经筵等形式与讲官和大臣开展互动，进行讨论，遇到问题或有何感想，则随时提问。同时做到学思结合，知行并重。用康熙的话讲就是："凡看书不为书所愚，始善。"也就是说既要相信书中的道理，又要自己认真思悟，分辨出精华和糟粕，读出书的神韵，形成自己的观点和认识，做到信而不迷。比如，一次讲官进讲《中庸》"博学之，审问之"一节，康熙听后问："知行孰重？"讲官答："宋时朱熹之说，以次序言，则知先而行后；以功夫言，则知轻而行重。"康熙说："毕竟行重。若不能行，则知亦空知耳。"

总结清朝皇帝读书、学习的做法，借用一位清史专家评价康熙读书的话，那就是"少年好学、青年苦学、盛年博学、老年通学"；读书学习达到四种境界：欣然境界、愤然境界、敬然境界、陶然境界；其最根本的经验则是"贵恒久、贵思悟、贵知行、贵著述"。

二、读书对每个皇帝执政能力的影响

清朝皇帝虽然都能严守家规，重视读书学习，但是由于每个人生活时代、读书环境不同，悟性资质、刻苦努力程度不同等原因，每个人读书学习的成效也有差异，这种差异明显表现在他们的执政能力上。

我们先从清朝4个统治阶段进行分析。清朝入关后共268年，加上入关前努尔哈赤1583起兵到1644年顺治入关的60年，共13朝12帝328年，可以划分兴、盛、衰、亡4个时期。从1583—1684年，即从努尔哈赤1583年起兵到康熙二十二年（1683）平定三藩、统一台湾，稳定了南中国，共100年为兴起时期；从康熙二十三年（1684）到乾隆三十年—四十年（1765—1775）前后统一北疆，确定了全国版图，清朝社会、经济、文化均达到鼎盛时期，约100年为清朝鼎盛时期；从乾隆四十年前后到光绪二十年（1895）甲午战争失败，约110年为衰落时期；从光绪二十一年到宣统三年（1911），约15年为清朝最后的灭亡时期。

清宫档案说清史

在这4个时段中,可以很清楚地看出,兴盛时期的皇帝,普遍比衰亡时期的皇帝学习修养好。努尔哈赤和皇太极虽然终日南征北战,但他们绝对不是一介武夫,而是都很善于学习。努尔哈赤提出以蒙古文字为基础创造了满族文字,从而结束了满族只有语言没有文字的历史;皇太极最喜欢读史书,他曾命人翻译了《辽史》《宋史》《金史》《元史》的部分和《三国演义》。在《清太宗实录》中有50多处记载他运用史书经验指挥战争的事例,我们熟知的崇祯诛杀袁崇焕事件,就是皇太极用了《三国演义》中"蒋干盗书"的计谋——反间计,使崇祯皇帝听信谗言,误以为袁崇焕私

光绪皇帝读书像

通清朝。入关后的顺治和康熙皇帝都是幼年继位,当时清朝江山未稳,他们如饥似渴地学习,希望自己能尽快成长,建立巩固的大清朝。雍正皇帝虽然45岁才登上皇位,但是他当皇帝前参加了康熙朝一系列的社会实践,处理过大事大案,他的学习是在韬光养晦,并非死读书。雍正最得心应手

嘉庆皇帝做皇子时的诗文习作

清帝读书与执政

的就是驾驭百官,他上台以后连发12道谕旨,从中央到地方谈的全是吏治,学习和实践驾轻就熟。到了乾隆皇帝,虽然他也是在书斋中长大的,但他参加过一定的社会实践,从雍正十一年起,"每岁代祀北郊";并且参加了对西北用兵和在西南实行改土归流政策的决策,特别在其前半朝,还有创业兼守成,完成大一统的巨任,其学习也不是空读书。

所以在清朝入关后的皇帝中,康、雍、乾三帝文韬武略、学识渊博,文化修养最高。康熙有御制诗1147首,乾隆御制诗41800首;康熙、雍正、乾隆均写得一手好字,挥毫泼墨得心应手;乾隆还熟练掌握多种少数民族语言等。广博的读书学习基础和修养,使他们能够在执政中鉴古知今,驾轻就熟。清朝许多重要的方针政策,都是入关时发轫,康熙时制定,雍正、乾隆时完善。如,清朝在边疆民族宗教上,采取的是尊其教、重其俗的政策,包括加封达赖、班禅、章嘉、哲布尊丹巴四大活佛;康、乾两朝建立避暑山庄外八庙,用于接待蒙古王公大臣;每年派大臣到西藏参加熬茶仪式等。又如在政治上,实行的是满、蒙联姻政治,努尔哈赤和皇太极先后娶了9位蒙古族妻子,顺治的6个姊妹嫁给了蒙古王公;康熙皇帝20个女儿,除12个未成人外,其余8个有6个嫁给了蒙古王公。对边疆民族的管理,则根据地域等多种情况采取了多种方式:在蒙古实行盟旗制,在西藏实行驻藏大臣制,在西南实行改土归流制,在东北实行将军衙门制,在新疆、青海实行伯克制。这些政策和制度对稳固清朝北部陆路边疆起到了极大的作用,康熙曾自豪地说:"昔秦兴土石之工,修筑长城,我朝施恩于喀尔喀,使之防备朔方,较长城更为坚固。"

再如清朝的后宫管理制度,清朝能够统治268年的一条重要原因是后宫安宁,没有出现过去封建王朝惯于形成的太监干政、后妃干政或外戚篡权等现象。清朝入关后接受明朝太监、外戚干政的教训,顺治时期就严格规定,太监不许干政,并制定铁牌挂在宫中太监集中的地方。雍正四年再进一步明确

溥仪字画及学习英语练习字

345

清宫档案说清史

规定：太监品级不能超过四品。所以清朝前期虽然出现孝庄皇太后辅佐三代君王定江山的事情，但她自己始终没有走上前台，只是一个"贤内助"的角色。清后期出现了慈禧太后，开了后宫干政参政先河，但是她娘家人并没有过多干政参政，慈禧始终依靠的是爱新觉罗兄弟，所以减少了许多皇帝家族、朝廷大臣和外戚的矛盾。即便如此，这也是清朝衰亡时期所发生的事情，盛世没有太后干政现象。

又如在吏制和用人上，康熙、雍正和乾隆在日讲和经筵中都曾多次和讲官大臣进行讨论，认真吸取汉族官制的经验，形成了"知人则哲"，"才有大小，学有浅深，朝廷因才使器，难拒一格"，选人"先观人心术，次才学"等用人思想，逐渐建立了一套十分完备的官员任用考察监督管理制度。包括：康熙时期开始实行秘密奏报制度；雍正、乾隆时期确立和完善了官员上任前的引见制度、任官 500 里的回避制度；三年"大计"、五年"京察"的考核制度；言官可以风闻奏事的参奏制度等等。这些政策和制度，都是促成清朝盛世的保障和有效经验。

但是乾隆四十年之后，清朝皇帝的读书功底虽然还在，却已经是盛极而衰，大清国力也开始日趋衰退。进入守成期的嘉庆、道光和咸丰皇帝，都是纯粹的书斋书生，嘉庆皇帝、道光皇帝在书房读书都超过 30 年，读书范围也就是四书五经，其无论是知识的广博扎实程度，还是理论和实践的结合能力，都远不如康熙、雍正和乾隆皇帝。他们虽然在其师傅的引导、教诲、帮助下做了皇帝，但师傅并没教会他们怎么当好皇帝。上台以后，由于实践经验少，人也变得越来越保守。最后的三位皇帝，都是幼年即位，同治皇帝是清帝中学习最差的一位，常托病逃学，有时上课没精神，或有时上课嬉闹。其学习能力也较为一般，某些文章段落，甚至要背诵若干年才能记住。光绪皇帝比较爱学习，但是在两宫垂帘的特殊环境下，埋没了他的天赋，控制了他的自由，成了死读书。

对皇子的学习制度，从乾隆中期开始，也逐渐趋于懈怠，表现在上书房课读制度松弛，皇帝本人缺少康熙持之以恒的自学精神，日讲没有严格坚持，甚至出现师傅旷职、皇子逃学的事情，这都是在清前、中期不可想象的事情。到咸丰朝以后，皇帝都没有儿子，入上书房的只是皇亲国戚，虽然小王公也是天未明就入书房，但是天亮就放学回家。光绪年间，京曹何刚德记述说："近支王公子弟，令在上书房读书，余带引见，进内时，天皆未明，即见小王公纷纷下学。""儒者有三更灯火五更鸡之语，今则甫经上课,至五更鸡鸣,则已回家安歇矣。"

清朝中、后期皇帝这样的学习和功底,显然难以与前期的皇帝同日而语。文化修养的低下,直接影响的是其执政能力和水平。如康熙时期康熙皇帝每年都要到避暑山庄接见蒙古王公,乾隆皇帝共去过山庄40次;嘉庆皇帝去过8次;道光皇帝之后,去得越来越少;同治以后,一次没有再去,外八庙已失去了联系蒙古王公的功能。又如,明朝太监乱政的教训尚在眼前,慈禧太后却晋封太监李莲英官级从二品,破坏了太监品级不许超过四品的规定。而在这些事例中,最为明显的,是康熙皇帝和同治皇帝、光绪皇帝对台湾和琉球事件的不同处理态度。

康熙二十二年(1683),康熙皇帝力排众议,大胆启用施琅,统一了台湾;又在一片反对声中,再从施琅意见,留台置县,开始了对台湾的有效管理。而到了同治十一年(1872),日本以中国台湾"番民"杀害了琉球难民为由,出兵台湾。实际上,当时琉球是中国的藩属国,解决问题应该是中国和琉球间的事情,另外,中国当时兵力、国力都强于日本,并且在战争已经取得胜利的情况下,清朝还向日本赔偿了50万元军费,从而开启了日本吞并琉球、侵略中国的野心。再到光绪五年(1879),日本灭琉球置冲绳县之前,琉球政府几次派员到清朝请求保护,在美国调停下,提出了"两分琉球"方案,即将南部八重山划归中国,北部划归日本。但清朝政府既没能力保护琉球不被日本吞并,又孤陋寡闻,认为琉球南部是不毛之地,要了没价值,致使琉球问题不了了之。清朝舍弃琉球南部八重山等地,不仅失去了重要的战略要地,也给钓鱼岛问题留下后患,更失去了尊严。台湾则在光绪二十一年(1895)甲午战败后割让给了日本。

虽然历史不能假设,但如果清朝后期的皇帝拥有足够的历史经验和历史眼光,自然应该对清代之前中国与日本的关系,以及台湾、琉球群岛等问题有所知、有所思,也自然会恪守祖宗之制及战略安排,不至酿此大错,一改历史走向。在这里,可以说清朝皇帝的读书成效决定了他们的历史眼光,也决定了他们执政能力的高低,甚至决定了当时中国历史的走向。

三、清帝读书偏科与死读书的教训

清帝的读书与执政,给我们留下了许多值得借鉴的经验,也有一些教训和启示。统治了268年的一代王朝，在中国历史上算是长久的，但是面对一些后进国家的迅速崛起，为什么清朝帝国迅速走向了灭亡？如果深入思考，在众多历史原因之中，清帝读书学习的一些不足应当列在其中。那就是，在清朝皇帝的读书、学习、生活中，有几个致命的问题——只读了四书五经等儒家经典，没好好学习科学知识；只读了中国的书，没读关于世界的书，没有"开眼看世界"；中后期皇帝纯书斋的学习，脱离实际，为读书而读书，只为竞争上岗当皇帝而读书，很少考虑为治世而读书。

翻开清朝皇帝读书的记录，除康熙皇帝自己读过一些西方数学、地理、医学等书籍，光绪皇帝学过英语、读过一些西方的书之外，其他皇帝都没学过西方文化。即便个别皇帝学习过西方文化，也仅局限在宫中了解。

如乾隆时期英国的马嘎尔尼使团曾带来了西方的望远镜等科技仪器，但直到英法联军火烧圆明园时，这些仪器都只是存在清宫库房里，从未被认真学习和研究，更未向社会推广。所以，若说在清前期当时还是个发达国家，不读世界的书产生不了大的危机，那么当乾隆中期以后，世界已然发生了翻天覆地的变化，英国进行了工业革命、法国发生了大革命、美利坚合众国已经建立，及至19世纪，俄国废除了农奴制、日本进行了明治维新，而这时的清朝皇帝还沉醉在天朝大国的美梦中，抱残守缺，只读四书五经，不了解世界发展大势，所以造成落后挨打的局面，最后被侵略、被瓜分。

清朝从雍正时起，政权基本稳固，皇子、皇孙有了好的学习条件，但是也失去了参加社会实践、在大风大浪中锻炼的机会，个个都成了纯书斋里长大的书生。加上从雍正朝起实行了秘密立储制度，保证了在传位过程中政权的稳定过渡，但是也产生了一些弊端，不选皇太子，不公开竞争，只要老皇帝看中就能当皇帝。所以清朝中间阶段的几个皇帝，从嘉庆皇帝开始，个个都是听话型、保守型皇帝。他们好好读书，都只是表现给老皇帝看的，实际执政能力却不行，只能使清朝沿着中衰——灭亡的路走下去了。

清帝朱批常用语规律及特点

每天批阅奏折，是清朝皇帝了解军政民情、发号施令的最主要的行政方式之一。清朝使用朱批奏折文书210多年，据不十分精确统计，现存仅康熙三十年至宣统三年（1691—1911）的各种汉文奏折，就有150多万件。在这些奏折上，皇帝的朱批，长者上百上千言，短者只有聊聊数字，甚或仅有一个字。从这些长短不一的批语中，不仅能看到清朝皇帝在200多年间批示奏折用语的规律及特点，而且通过这些批语能看出每个皇帝的治世作风、治世能力和治世思想。

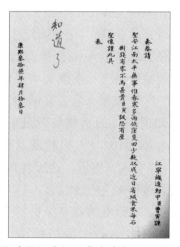

康熙朱批江宁织造曹寅奏折"知道了"

一、清帝朱批常用语类别

清朝皇帝奏折批语，在许多人印象里，就是"知道了。钦此。"几个字，即便在广大史学工作者中，虽然都清楚清帝朱批不仅仅只有"知道了"，但是其他常用语言究竟有哪些，却鲜有人研究。不仅"知道了"是清帝朱批中常用经典语言之一，且读起来朗朗上口，而这些年来，从台北故宫所办"知道了"展览到大量制作"知道了"创意文化用品，加之国内各种清宫影视剧的广泛宣传，使"知道了"大有深入人心之势，无形中成了清帝朱批的代名词。但是，实际上清朝皇帝原始朱批不仅没有"钦此"二字作为后缀①，而且对奏折的批示，除重点的长篇批语外，简短的常用语有多种，每种批语的内容，也都有着特定的指向和含义。本文将其归纳为7大类。

1. "知道了"类

这是清朝皇帝在奏折批示中最常用、最具代表性的简单用语之一。

据现有资料，以"知道了"批文，始于明代宣德年间。宣德三年五月，宫中为分发宣德鼎彝等事上书皇帝，明宣宗的批文就只有"知道了"三个字。后来弘治、正德、嘉靖皇帝也都用"知道了"批文。到了嘉靖年间，朱批"知道了"渐多。此后这个习惯一直延续到明末，并成为明代皇帝批示奏疏的一个惯例。

在清朝皇帝入关之前，已开始仿效明朝皇帝语气，在批文中开始使用"知道了"。现见于官方文献中第一个用"知道了"的清朝皇帝是皇太极。崇德七年（1642），梅勒章京孙定辽奏言，"奏入，得旨，这所奏知道了，以后著勉供职"②。此后，"知道了"三字经常出现在清朝皇帝的各类批文中。在朱批奏折中最早使用"知道了"作为批语的人是康熙皇帝，他在

乾隆朱批"以手加额，欣悦览之"

康熙三十二年（1693）十月朱批李煦请安并进献洋漆器小件的奏折上批示"知道了"，即是清朝朱批第一份"知道了"。③

但是，只要稍作考证便可发现，清朝各位皇帝朱批中使用"知道了"批语的频率并不相同，本文随意选了几年档案，便看到如下差距：康熙三

---

① 朱批没有"钦此"二字的后缀，"钦此"是大臣传达皇帝谕旨时加上的敬语，所以在作为副本存留的录副奏折中，皇帝的批语后面会有"钦此"二字作为全文的结束，而真正皇帝朱批的折子上并没有"钦此"字样。

② 《大清太宗文皇帝实录》卷之五十九，第十七页，崇德七年正月，中华书局，1986年。

③ 中国第一历史档案馆编：《康熙朝汉文朱批奏折汇编》，第1册，档案出版社，1986年，第7页。

十二年至康熙四十五年间，202 件朱批奏折中，批示"知道了"的有 96 件①；清史工程网站列出雍正八年录副奏折 60 件，一件也未批"知道了"，雍正八年二月至七月，朱批奏折 794 件，只有 2 件批示"知道了"②；嘉庆三年十二月，朱批奏折 189 件，其中批示"知道了" 36 件③；道光二十年正月，朱批奏折 292 件，其中批示"知道了" 54 件④；咸丰二年九月，朱批奏折 396 件，其中批示"知道了" 178 件⑤；光绪二十七年五月，朱批奏折 790 件，其中批示"知道了" 114 件⑥。总的统计，清朝以"知道了"作为批语的奏折仅占总量的 20% 左右康熙朝最多，雍正朝最少。

2. "览"类

包括"览""览奏俱悉""欣慰览之""欣悦览之"等等，也是清帝朱批中使用较多的批语之一。仍以"知道了"所选朝年档案为例：雍正八年，60 件朱批奏折中，出现"览"字的有 16 件；嘉庆三年十二月，189 件朱批奏折中，批示"览"字 35 件，"览奏俱悉" 7 件，"欣慰览之" 32 件；道光二十年正月奏折 292 件，批示"览"字 65 件；咸丰二年九月，朱批奏折 396 件，其中批示"览"字 63 件；光绪二十七年五月，朱批奏折 790 件，其中批示"览"字 106 件。从上述统计数据，"览"类批语总计约占 14% 左右。

3. 批转有关部院衙门知道或议奏类

这类批语最早主要用在题本、奏本、启本、手本等本章的批红中，用在朱批奏折中则是在奏折成为正式公文以后。因为在康熙朝，奏折还是只

---

① 中国第一历史档案馆编：《康熙朝汉文朱批奏折汇编》，第 1 册，档案出版社，1986 年，第 1—463 页。
② 中国第一历史档案馆编：《雍正朝汉文朱批奏折汇编》第 18 册，江苏古籍出版社，1991 年。
③ 中国第一历史档案馆编：《清代军机处随手登记档》，第 3 册，国家图书馆出版社，2013 年。
④ 中国第一历史档案馆编：《清代军机处随手登记档》，第 57 册，国家图书馆出版社，2013 年。
⑤ 中国第一历史档案馆编：《清代军机处随手登记档》，第 76 册，国家图书馆出版社，2013 年。
⑥ 中国第一历史档案馆编：《清代军机处随手登记档》，第 157 册，国家图书馆出版社，2013 年。

在少数官员中使用的秘密私奏，所以不仅不存在让有关部门知道的事，反而康熙皇帝担心奏折内容被其他官员知道。若遇上应让有关部门知道的事情，一般是批示具奏官员重新"具题"，即用题本通过内阁另行公开题报。即便到雍正时期，奏折批转"该部知道"或"该衙门知道"的也不太多。乾隆朝奏折成为正式公文，朱批"该部知道""该衙门知道"或"该部议奏""该衙门议奏""军机大臣会同该衙门议奏"等用语开始大量出现。如嘉庆三年全年共有奏折189件，其中批示"该部知道""该部议奏""军机大臣议奏"共36件；道光二十年正月，奏折292件，其中批示"该部知道""该部议奏""军机大臣议奏"折共67件；咸丰二年九月，奏折396件，其中批示"该部知道""该部议奏"和"军机大臣议奏"折共88件；光绪二十七年五月，奏折790件，其中批示"该部知道""该部议奏""军机大臣议奏"折共387件。这类批语的奏折，总计有20%左右。能够看得出，越往后期，使用这类批语数量越多，光绪时期已达到50%左右。

4. "依议""著照所请"类

此类奏折，即皇帝完全同意具奏者意见，直接下发具奏者和有关衙门执行的奏折。

这类批语的奏折，约占总数的3%左右。批示"依议"者，大多数是各部或军机大臣遵旨议复某一事项的复奏折，在个人奏折上直接批示"依议"的较为少见。相对来说"著照所请"用在个人请示上的较多些。如嘉庆三年十二月189件奏折，批示"依议"的共7件，分别为户部议复折1件，军机大臣会同刑部议复折6件，没有一件是个人的奏折。[1]

5. "另有旨""即有旨""余有旨"类

这类用语，在康熙和雍正时期的朱批中所见不多，主要在一些谕旨的陈述中使用，如康熙三十四年十一月谕："朕每日听政，从无间断……或遇大风甚寒之日，自另有旨。"雍正四年八月谕："塞思黑病故……约计

---

[1] 中国第一历史档案馆编：《清代军机处随手登记档》，第3册，国家图书馆出版社，2013年，第450—469页。

塞思黑妻子何时可到保定府，预先奏闻，朕另有旨。"① 至乾隆时期，"另有旨""余有旨"等，始较多作为朱批用语使用。

这类批语奏折约占总量的8%左右。如嘉庆三年十二月189件，其中批示"即有旨""余有旨""候旨行""已有旨"共22件；道光二十年正月，批折292件，其中批"另有旨""余有旨"共42件；咸丰二年九月，批折396件，其中批示"另有旨""余有旨"共64件；光绪二十七年五月，奏折790件，其中批示"另有旨""余有旨"共14件。

嘉庆朱批"另有旨"

6. 留中类

将官员臣民上的奏章留置宫禁之中，不交议也不批答，即谓之"留中"。②《史记·三王世家》："四月癸未，奏未央宫，留中不下。"《续资治通鉴·宋英宗治平二年》："诲前后三奏，皆留中不行。"

军机处随手登记档记载道光朱批内容

清朝最早出现"留中"字样的朱批奏折是康熙四十三年五月十七日，朱批翰林院编修仇兆鳌奏为续进经义事折："好，知道了，经义留中细览。"③ 第二份则是康熙四十七年二月朱批李煦请安折："知道了，记晴雨折子留中。"④ 但这类批语的奏折总量并不多，约有2%左右。如嘉庆三年十二月，奏折189件，其中批示"折留览"12件；道光二十年正月，

---

① 《大清世宗宪皇帝实录》，卷四十七，第二十五页，雍正四年八月，中华书局，1986年。
② 《史记·三王世家》，第三十，第143页。
③ 中国第一历史档案馆编：《康熙朝汉文朱批奏折汇编》，第1册，档案出版社，1986年，第116页。
④ 中国第一历史档案馆编：《康熙朝汉文朱批奏折汇编》，第1册，档案出版社，1986年，第841页。

奏折292件，其中批"折留览"13件；咸丰二年九月，奏折396件，未有留中折；光绪二十七年五月，奏折790件，未有留中折。这里要说明的是，并不是咸丰朝和光绪朝真的一件留中奏折也未有，而是每年年底各省督抚才奏报官员考语，所以九月和五月未有这类奏折。

7. 不规则简短批语类

所谓不规则批语，是说这一类批示不像前几类，语言基本固定，这一类的批语，有长有短，词义虽大同小异，但同样类别的事情，在不同时期、不同皇帝批示中表述略有差异。这些经常出现的不规则批语，大约可分为以下几种：

一是赞赏勉励类，如："是""好""这所奏是""这奏的是""深嘉之"等等；

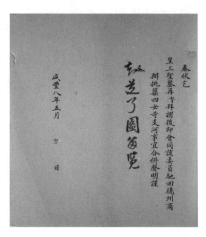

咸丰朱批"知道了，图留览"

二是告诫叮嘱类，如："益加虔惕""益当勉之""敬慎为之""实力为之""毋久而懈""不可粉饰"等等；

三是评价类：如"似可""亦可""中平""中材""可出息"等等；

四是指示类，如："不必来""准汝来""著来见""不准行"等等。

这类不规则批语奏折，在不同朝代数量多寡也有很大差别。相对来说，康熙、雍正、乾隆时期数量比较多，以后各朝越来越少。这类批语，不仅内涵丰富，而且最能彰显每个皇帝的能力和作风。

为了验证上述所列各朝某月数据比例的准确度，我们又分别选取乾隆至宣统每朝各一年共49901件的朱批进行统计，比例大致相同。分别是："知道了"类占17.9%；"览""欣慰览之"等占14.6%；"该部知道"类占18.3%；"该部议奏"类占约

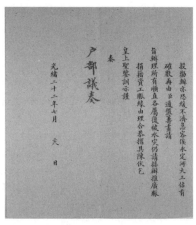

光绪朱批"户部议奏"

9.1%；"依议"类占1.6%；"另有旨"类约占8.3%；"留中"类约占0.3%；批示接见类占1.1%；未批件约占26.6%；对具体事项的答复及重点不规则批示等约占2.7%。①

二、朱批常用语使用规律

官员奏折，按照事件内容性质，可分为报告类、奏请类和请安恭贺类三大类，即所谓"奏为某某事"类和"奏请某某事"类。皇帝对这些奏折，有的褒，有的贬，有的采纳，有的交议，有的拒绝。具体批示什么，在于皇帝当时的心情，同时也有一些是代代相传、长期形成的习惯和基本规律。

1. 不褒不贬，默许按奏报者意见办的事情，多批示"知道了"

"知道了"的特定含义，是介乎褒贬之间的词语。早在明朝嘉靖年间，冯皋谟在《云邨许先生传》中就透彻地分析道："嘉靖改元以来，陛下批答言者，始曰：'所言有理'，益深嘉之；继曰：'知道了'，姑漫应之；又曰：'如何此等来说'，则怒之矣。"这里所谓"漫应之"就是心不在焉、敷衍了事地应付一下，不一定有什么实际结果。清代的朱批"知道了"和明朝皇帝所批"知道了"含义基本相同，即在内容上也是介于褒贬之间的意思，但相比起来，清代朱批"知道了"更具有"批准了"的含义。因为我们看到，在大量清代奏折中，不论是报告性质的奏折，还是请示性质的奏折，只要获批"知道了"，奏报者就可以按照奏报中所说去办理这些事情了。所以说，清代朱批"知道了"虽有不褒不贬之意，但与明朝相比又相对少了一些敷衍，多了一些实际内涵。

2. 只粗略看一下，无须详细了解和记住的事情多用"览"字

所谓"览"，也就是说仅仅浏览了一下，比起"知道了"，似乎"览"更有些"漫应之"、敷衍一下的感觉。所以只批一个"览"字的奏折，大多数都是一些附单，如雨雪粮价单、用款单、人名单或恭贺年节折等等。但是，也有些情况恰恰相反。

---

① 中国第一历史档案馆藏：宫中朱批奏折04－01－30－0094－014。

第一种情况是，当"览"字后面还有其他词，如"览奏俱悉""览奏知道了"等等，往往是批示一些皇帝特别关心和重视的事情。特别当遇到让皇帝既关心又高兴的事情时，会批上"欣慰览之""欣悦览之""欣悦观览""以手加额览之"等喜于言表之词。有这些喜悦批语的奏折，内容大致有四类，一是某地喜得雨雪，二是某战事的捷报，三是奏报河坝安澜，四是漕粮顺利过某境地。这也正是从康熙时期就强调的几件大事。

第二种情况是，虽同为一个"览"字，但是由于不同皇帝的作风和习惯不同，决定了其字的分量有着很大不同。如雍正最爱批"览"，他这里的"览"与后期皇帝只用于批示各种附单上的"览"，分量上就有着天壤之别。

3. 涉及有关部门的事情批"该部知道"或"该部议奏"

一般情况下，凡涉及某部院、衙门的工作，但又不需该部门商议的事情，会批示"某某部知道"，或"该部知道"，如果需要职能部门商议的事情，则批示"某某部议奏"或"该部议奏"；还有些更重要的事情则直接批转由"军机大臣议奏"或"军机大臣会同某某部议奏""军机大臣会同议政王大臣议奏"等。比如，在职官任用上，如果是某高一级官员署理某低一级职务，或同级官员临时兼理某一职务的奏折，清帝的批示一般是"该部知道"或"吏部知道"；而如果是下一级官员护理高一级官员职务时，皇帝一般批示"该部议奏"或"吏部议奏"。

4. 比较紧急或比较重要，需要通过军机处寄达奏报者执行的事情，一般批示"另有旨""余有旨""即有旨"

这一类的朱批，多是对一些剿捕盗匪、河坝堵筑、兵马钱粮之类奏折的批示。其中凡批"即有旨""另有旨"者，一般当天即下达谕旨。如道光二年九月初八这天，道光皇帝共批阅了颜检、蒋攸铦、那彦成、朱勋、庆祥五人奏折奏片共15件，其中批示"另有旨"和"余有旨"共6件。当天这6件全部随即下发了谕旨。①

"候旨行"，一般是对有些需要等等再办的事情的批示。如嘉庆三年

---

① 中国第一历史档案馆编：《清代军机处随手登记档》，第32册，国家图书馆出版社，2013年，第221—223页。

正月二十四日额勒登保奏报"为军营出力文武各员请分别加恩"折，嘉庆的批示是"候旨行"，因为这时剿捕任务尚未彻底完成，请奖显然尚早，所以要等候皇帝的旨意。①

5. 清代朱批的"留中"有以下几种形式

一是批示"折留览"；二是未有任何批答，直接交军机处"归箍"存留；三是明确批示"留中"；四是既不做任何批示，也不马上交军机处，而是皇帝直接存留在自己手中。

一般情况下，批示"折留览"的奏折，大都是乾隆朝密考制度正式实行后，每年督抚密奏的地方官员考语，也有些是谢恩折。

未有任何批示、由军机处直接"归箍"存留的奏折，大致包括下列几部分：一是大臣遗折；二是大臣恭贺皇帝年节折；三是各部院衙门折；四是各部院寺卿、各科给事中、各道监察御史等京官奏折。本文通过对同治九年（1870）至光绪九年（1883）邓庆麟、李璠、方学伊、邓承修、钟孟鸿、梁俊、叶萌昉、吴镇、黄之善9位监察御史所上的175件奏折统计发现，他们的奏折虽然有些后来有上谕，但原始奏折上没有一件有朱批印迹，也无录副存档。在原奏折折首，有军机处用墨笔记录的奏报者职务和所奏内容，在随手登记档中，只有简单记载对这些档案处理结果的两个字："归箍。"说明该类档案虽然当时未奉朱批，但却和其他奉朱批奏折一样，直接转交到了军机处，并由军机处将原始奏折按照录副奏折的处理方法径直归入了月折包存档。

我们过去所理解"留中"的奏折，一般是指皇帝直接扣留在自己手中的奏折，这样的奏折内容应该是大事、要事、难事。但实际情况是，这种内容的奏折，皇帝往往不做任何批示，既不写"留中"字样，也不交军机处归档。如雍正八年二月，雍正皇帝在陈宏谋请安折上批道："朕安。密奏二事览焉，留中，另有旨谕。"这件批语告诉我们，在"二事"原折上，并未批"留中"字样，而是另外告诉陈宏谋，密奏之折"留中"了。又如光绪五年吏部主事吴可读以死谏言同治皇帝继统之事，这对当时的慈安、慈禧太后来说，是一桩较难处理的事情，但不仅在吴可读遗折上

---

① 中国第一历史档案馆编：《清代军机处随手登记档》，第3册，国家图书馆出版社，2013年，第28页。

未有朱批，连同后来让李鸿章、张之洞等议复此事折和大臣为吴可读请恤、请建专祠等奏折上，均未有任何朱批。① 吴可读死在光绪五年闰三月初五，两宫太后则是在闰三月十七日和四月初十才对这件棘手事情另外下的谕旨。

所以，真正当时难以表态和处置的奏折批示"留中"的极少，相反，倒是对那些不涉及什么疑难问题，内容又很有参阅备查价值的奏折、附单、附图等，会批示"留览""留中"字样。如道光二十年四月十五日朱批托浑布"海口情形折"："图留览"②；咸丰元年朱批两广总督徐广缙"密陈两省文武官员考语"折："单四件留中"③。咸丰二年正月二十七朱批吕佺孙"请将年老之新选黔西牧彭泰楠勒令休致折"："另有旨，片留中"；光绪十三年十二月二十二日朱批李鸿章"司道府密考"折："知道了，单留中"等等。

三、各朝朱批之差异及实质

统观清朝皇帝朱批，虽然基本规律大致相同，乍看起来批语大同小异，但稍认真审视，便可看出有明显不同之处，不仅语言风格、感情色彩不尽相同，即便同类事件批语也不尽相同。若再仔细品味个中内涵和滋味，其实质则是其理政能力和作风的差异。

1. 用语词汇差异悬殊

前面我们列出清帝朱批常用语约有七八类，总计不下几十条，但是，这些用语主要出现在前期成年皇帝的批示中。特别是康、雍、乾几朝之朱批：语言潇洒，不拘形式；天文地理，全国风情，随手拈来；嬉笑怒骂，任情发挥；夹批、旁批、首批比比皆是。犹如千军万马，自在其笔端运筹，尽显其治大国如烹小鲜之气魄。仅以嘉庆三年（实为乾隆六十三年）上半年乾隆皇帝在朱批中的简短批语为例，就有："所办好""所办是"

---

① 中国第一历史档案馆编：《清代军机处随手登记档》，第110册，国家图书馆出版社，2013年，第34、35页。

② 中国第一历史档案馆编：《清代军机处随手登记档》，第57册，国家图书馆出版社，2013年，第501页。

③ 中国第一历史档案馆藏：军机处录副奏折03-4082-063。

"所办妥""一切皆妥""好,知道了""是,不可姑息""总不明白""错远了""惟当镇静,不可错主意""览奏俱悉,勿始勤终怠""欣悦览之""实是如此""为之以实""实力为之""治河无善策,惟当随时相机顺水性而已。""实勘庆慰,益深虔惕。""何必为此虚名""似属空言""未擒首逆,不足为功。""何未生擒逆首,尔等无能之至矣。""不过按例之事,何用此虚文。""自应如此""明通公正为之""勿自满,更加勉。""汝等如此出力,不赏可乎"等等。

到了道光、咸丰时期,虽然不如康、雍、乾那么挥洒自如,但还是常有一些随事随情颇有内涵之批语。比如道光二十年除用常规性语言所批奏折外,各种短语批示至少出现有81次,其中三月初七一天内仅批示林则徐奏折就有5次:"所办好""查缉甚好""愿卿福寿日增,用为国家宣力也。""必当先其所急,可奏请时再行奏来。""从长计议,务出完全。"等等。①

而同治、光绪、宣统三朝的朱批,则基本只有"知道了""览""该部知道""该部议奏""另有旨"等几个固化的、干巴巴的常规性批语,偶尔对重要事情有些特殊批示,也是就事论事,不敢有任何发挥。就连朱批格式也是一成不变地批在折尾,能展示其随读随批的旁批、夹批奏折几乎一件都没有。

2. 语言感情越来越淡漠

批示奏折既是皇帝指挥官员治理国家的工具和手段,也是了解下情以及与官员沟通和联系的最直接、最有效的方式,还是与臣下建立和巩固感情的平台。所以从康熙朝建立和实行密折制度起,皇帝的朱批就不仅只是下达臣僚执行的谕旨,还成为表达自己对官员的情怀,与官员进行对话的平台和工具,朱批语言基本都是简短自然的大白话。康熙的许多朱批,特别是对一些亲近的大臣的朱批,感情深沉亲切,许多就像拉家常。如朱批李光地折:"年老之人,起居饮食小心!"②"览卿奏折,朕心惨然,想当日旧臣,近来全无,即如卿等者,不过一二人,今朕亦老矣,实不忍言

---

① 中国第一历史档案馆编:《清代军机处随手登记档》,第57册,国家图书馆出版社,2013年,第389页。
② 中国第一历史档案馆编:《康熙朝汉文朱批奏折汇编》,第1册,档案出版社,1986年,第256页。

也。早晚回宫，当面再说。"① 朱批王度照折："这奏的是，前任巡抚做官虽有清名，众论不服，所以如此。地方只以安静，自然百姓受福。"②

雍正的朱批，感情奔放，有的尖刻入骨，有的热情似火，如雍正八年朱批鄂弥达、鄂尔泰、祖秉圭、石云倬、王肃章请安折："朕躬甚安好，你好么？"③ "览卿等谢矣！"④ "似你这种但知受恩而不知报恩者见之多矣。"⑤ "谢训谕大恩，不要只谢小恩。"⑥ "若无心自免国宪，若有心必遭天刑，何谢之有！"⑦

乾隆皇帝朱批除有对大臣的温情，更多喜欢用"欣悦览之""览卿奏欣慰"等语言表达感情。如乾隆十八年（1753）朱批刘统勋"奏洪泽湖水位稍降及督催坝工情形折"："览奏俱悉，今命卿速来京，以便面陈情形，较之来往问对更为亲切。可量力而来，亦不必疲顿道路……"此等朱批，无任何官腔，字里行间，君臣对话的亲切感情跃然纸上，似如当面听训或交谈。

到了嘉庆、道光、咸丰时期，虽然康、雍、乾逸风犹存，但类似的批语越来越少了，有之，大多数也是责备或批评。如咸丰二年奏折中出现过的重点朱批："览奏，知道了。所议章程尚属妥善，汝系朕特简之人，天良具在，断不准沾染外官喜气，挟同粉饰，致负委任。"⑧ "知道了。训练参防随时讲求，勉力为之。"⑨ "知道了。务须言行相符，不可徒循故事。好好为之，文武相济，事克有成，断不准自甘愚蠢，反畏文员。武弁习气固坏，然较之不消文吏，犹为彼胜于此。默识心存，不必形于言色。"⑩

---

① 中国第一历史档案馆编：《清代军机处随手登记档》，第3册，国家图书馆出版社，2013年，第723页。

② 中国第一历史档案馆编：《康熙朝汉文朱批奏折汇编》，第2册，档案出版社，1986年，第834页。

③ 中国第一历史档案馆藏：宫中朱批奏折04－01－30－0082－041。

④ 中国第一历史档案馆藏：宫中朱批奏折04－01－30－0034－014。

⑤ 中国第一历史档案馆藏：宫中朱批奏折04－01－30－0034－018。

⑥ 中国第一历史档案馆藏：宫中朱批奏折04－01－30－0034－021。

⑦ 中国第一历史档案馆藏：宫中朱批奏折04－01－30－0034－023。

⑧ 中国第一历史档案馆编：《清代军机处随手登记档》，第75册，国家图书馆出版社，2013年，第4页。

⑨ 中国第一历史档案馆编：《清代军机处随手登记档》，第75册，国家图书馆出版社，2013年，第6页。

⑩ 中国第一历史档案馆编：《清代军机处随手登记档》，第75册，国家图书馆出版社，2013年，第11页。

"知道了。认真操练,不可沾染习气,边境要地,文武尤须和衷。汝之才具虽非出人者,若悉心讲究,成就有余,慎勿自暴自弃也。"① "知道了。实力办理,不准推诿。汝与河臣必须事事和衷,勿得稍分彼此,著照所请行,必须尤为出力者,酌保数员,毋许冒滥。"② "慎勿为浮言所惑,著传谕刘良驹,断断不准将就……"③

至同、光、宣时期,则几乎见不到任何带有感情色彩的批语了,既没有表示欣喜之情的"欣慰览之""以手加额览之",也没有对大臣怒其不成之刻骂,更少表示亲切之情的互动问候,给人冷冰冰的感觉,完全是公事公办的样子,朱批基本失去了和官员联系情感的功能。

3. 同类事情批示越来越简单

以清史工程网数字图书馆中朱批"雨雪粮价单""收成分数折、单"档案为例。康熙五十六年(1717),山东巡抚李树德上雨水情形折6件,除2件批"知道了"外,4件做了重点批示。其中在"二麦得雨折"上批道:"知道了。近京各处觉旱";在四月雨水折上批道:"知道了。今夏雨水似调,未知后来如何";在五月得雨折上批到:"知道了。今岁山左山右河南、陕西,一概不少雨,口外亦好,唯京中少雨,今也俱足了";在十月山东得雪折上批到:"知道了,今冬不必报雪了"。由此朱批足可看出,康熙皇帝对全国雨雪、粮价情形极端重视:每年夏天风调雨顺了,又担心秋天;山东得雨了,又记挂着口外、北京、河南和陕西,直到第一场大雪下过,一年过去了,他才放心。所以每年各省奏报的雨雪、粮价,不论是奏折还是附单,他都是仔细阅看,认真批示。若有些官员一段时间未奏报雨雪粮价情况,他还常常催促。康熙四十七年四月朱批闽浙总督梁鼐折:"知道了。收成分数速奏。"④ 五十年五月朱批云南巡抚吴存理折:

---

① 中国第一历史档案馆编:《清代军机处随手登记档》,第75册,国家图书馆出版社,2013年,第62页。
② 中国第一历史档案馆编:《清代军机处随手登记档》,第75册,国家图书馆出版社,2013年,第114页。
③ 中国第一历史档案馆编:《清代军机处随手登记档》,第75册,国家图书馆出版社,2013年,第122页。
④ 中国第一历史档案馆编:《康熙朝汉文朱批奏折汇编》,第2册,档案出版社,1986年,第8页。

"以后凡有奏折，将米价写明奏闻。"① 对那些只请安不报粮价民情的官员，康熙批评到："凡督抚上折子……四季民生、雨旸若何、米价贵贱、盗案多少等事，尔并不奏这等关系民生的事，请安何用……"②

雍正朝山东雨雪粮价折单共18件，除残破和无批折5件外，批示"览"字6件，重点批示有7件。其主要强调，各地能够雨雪调顺，"深为庆慰"，这全赖天地神明之保佑，宜感谢上苍，官员们则更应当"愈加寅畏"，"敬诚以待"。

乾隆以后各朝，雨雪粮价奏折批示不尽相同，但"雨雪粮价单"批语均为一个"览"字。如，乾隆元年至三年及三十二至三十四年山东雨雪粮价折单共144件，其中奏折批"知道了"12件，批"览"17件，批"欣慰览之"49件，重点批折20件。嘉庆十五年山东雨雪粮价折42件，奏折批"知道了"4件，批"览"3件，批"欣悦览之"19件。道光二十年正月全国雨雪粮价折单78件，奏折批"知道了"41件，批"览"3件。咸丰二年正月全国雨雪粮价折单32件，奏折批"知道了"15件，批"览"1件。光绪二年五月全国雨雪粮价折单38件，奏折批"知道了"18件。

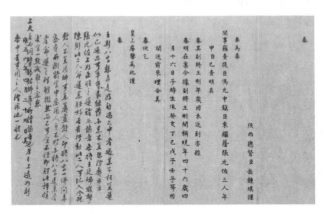

雍正四年六月二十九日朱批陕西总督岳钟琪奏折

从上述雨雪粮价、收成分数等朱批中，我们能清晰看出各个皇帝批语

---

① 中国第一历史档案馆编：《清代军机处随手登记档》，第3册，国家图书馆出版社，2013年，第434页。

② 中国第一历史档案馆编：《康熙朝汉文朱批奏折汇编》，第2册，档案出版社，1986年，第724页。

和态度的变化——批语从康熙时期反复询问、谆谆叮咛，到雍正、乾隆、嘉庆三朝，虽然对此类奏折不如康熙那么严格，但仍然十分重视，除有重点批示外，当听到雨雪霑沛、粮价稳定等奏报时，表现出来的是满腔欢欣和喜悦，只对附单的批示全是有"漫应之"之意的"览"字。但道光以后，批语越来越简单，越来越固化，只有"知道了"和"览"四个字，基本是所有奏折均批"知道了"，所有附单全批"览"。

4. 同样"知道了"，内涵不一样

清帝朱批中的"知道了"也好，"览"奏也罢，看似都是简单的大白话，但在不同皇帝的笔下，内涵却有很大不同。康熙皇帝习惯用"知道了"，雍正皇帝习惯用"览"。康熙皇帝、雍正皇帝所说"知道了"和"览"，相信是认真地"览"，并在览后真正"知道了"，没有或少有敷衍之意。表现在，康熙皇帝、雍正皇帝在批"知道了"或"览"后，大部分还有后缀语，如康熙四十七年至五十年，在朱批曹寅、李煦、郎廷极、黄秉中等折中分别有："知道了，此事奏闻得好，尔再打听有什么闲话写折奏来。"① "知道了，近京各处至于口外秋收十分有余，未知江南若何？"②"览此奏折深慰朕怀，以后收成若好，民命得苏矣！"③ "知道了，近日造谣生事之徒比先如何？南方安静否？尔亲手写帖来。"④ "知道了，以民忧为忧更不美乎！"⑤

雍正皇帝在批"览"字之后，更是往往还有很多话，像"览，卿奏谢亦！""览，朕知亦！""欣悦览焉"等，已属比较简短的批语，而有的重要奏折雍正批语常多达几百字、上千字。所以雍正笔下的"览"字，分量和内涵比"知道了"还要重。

---

① 中国第一历史档案馆编：《康熙朝汉文朱批奏折汇编》，第 2 册，档案出版社，1986 年，第 48 页。

② 中国第一历史档案馆编：《康熙朝汉文朱批奏折汇编》，第 2 册，档案出版社，1986 年，第 95 页。

③ 中国第一历史档案馆编：《康熙朝汉文朱批奏折汇编》，第 2 册，档案出版社，1986 年，第 486 页。

④ 中国第一历史档案馆编：《康熙朝汉文朱批奏折汇编》，第 2 册，档案出版社，1986 年，第 934 页。

⑤ 中国第一历史档案馆编：《康熙朝汉文朱批奏折汇编》，第 2 册，档案出版社，1986 年，第 969 页。

所以，在康熙皇帝和雍正皇帝批示"知道了"和"览"的背后，是他们对每个人、每件事的考量和要求，绝不是可有可无的走形式。

乾隆之后各位皇帝朱批用语习惯不尽相同，他们既喜欢仿照康熙批"知道了"，也喜欢学习雍正用"欣慰览之"。相对来说，乾隆皇帝、嘉庆皇帝还是学到了一些精髓。如：在《清代文字狱》一书中，收录乾隆朝相关奏折400多件，乾隆皇帝朱批"知道了"108次，在每个"知道了"背后，都表达了他对该案、该人的态度。如对第一个诗钞案，山西巡抚阿思哈几经讯问，最后认为该案主犯王肇基"似属病患疯癫之人"，在这件奏折上，乾隆批道："知道了，竟是疯人而已。"这里的"知道了"连同后面的"而已"，明显表示，在经过几个月大动干戈的紧张追查后，此奏折使乾隆终于松了一口气。

但是道、咸之后，似雍正那样长篇大论的朱批越来越少，常用批语也越来越简单。至同、光、宣几朝，不仅朱批中没有了长篇批示，甚至有些重要事情也仅仅批个"知道了""该部知道"等字样，基本是千折批示用一语，内容内涵一个样。所以同样的"知道了"，同样的"览"，在清朝各个皇帝笔下，内涵深度大不相同。

综上所做分析，除去奏折的制度化、后期几位皇帝年龄问题以及国家政治大环境等因素外，从清朝皇帝朱批常用语的变化，我们看到的是各个皇帝不同的能力和水平、气魄和作风。清朝朱批奏折文书使用了210多年，作为一种重要的上传下达的工具，批语越来越简单，格式越来越固化，越来越流于形式的过程，反映的正是清朝皇帝或治国能力和水平越来越低下，或魄力和自信一代不如一代，或思想和作风越来越惰政的过程。

从元旦开笔看清朝皇帝治世思想的变化

新春之际,人人都会有一份美好的期望,这份期望,或珍藏心中,或凝结笔端,送给亲友,也留给自己。美好的祝福、祈愿习俗,给数千年中国节日文化增添了一抹绚丽的色彩。

穿越历史时空,打开清朝的皇家档案,我们看到,当年的皇帝,在节日期间也有各种各样独特而有意义的祈福、祈愿活动。但和民间礼仪、礼俗活动不同的是,皇家的这些活动,无不打着政治思想的烙印,其中每年开年的第一项活动,就是大年初一举行的"元旦开笔"写吉字,规模不大,但寓意深刻,吉字内容颇能反映出清朝皇帝治世思想的变化。

一、开笔仪式寓意:金瓯永固　玉烛常调

清朝时期称春节为元旦,元旦开笔,又叫"元旦举笔""元旦动笔",本来是流行于民间的一种习俗,即元旦(春节)这天,人们在红纸上写两句话,第一句话写"元旦开笔",第二句话写自己当年最大的心愿,如"元旦开笔,百事大吉""元旦开笔,读书进益"等等。

清朝皇帝从雍正年间开始,仿民间习俗举行"元旦开笔"活动,但是清朝皇帝的"元旦开笔"活动,较民间的"元旦开笔",不仅增加了庄重的礼仪程序,而且在内容上赋予了更多的社会政治意义和思想内涵。

其开笔仪式是:皇帝大年初一起床洗漱后,须赶在子刻时分,到养心殿东暖阁临窗处,研墨开笔。养心殿东暖阁窗纸通明,故曰"明窗","取明目达聪之义"。是时,在紫檀长案上,先置一寓意大清疆土、政权永固的"金瓯永固杯",盛入屠苏酒,然后点燃一支蜡烛,再用朱漆雕云

清宫档案说清史

嘉庆元旦开笔

金瓯永固杯

龙盘,中盛古铜八趾吉祥炉和两个古铜香盘,将笔管先在炉上微熏,然后用笔端曰"万年青",笔管镌"万年枝"的专用万年枝笔,写下对新一年的希望、期盼和要实现的主要目标。吉字写在两种纸上,一般先用红笔在黄纸上写数句,再用墨笔在红纸上写数句,或在一种纸上,先用红笔书中行,再用墨笔书左右行。写完后,皇帝亲自把所用物件收拾好,交人收贮,备来年开笔时再用。写好的吉字则放入专门的黄匣内封存,不许任何人拆看,等到第二年开笔,写的吉字仍放入该匣。一直到这位皇帝去世,他所写的元旦开笔吉字均完整地封存在内,甚至要求其子子孙孙,都"不许开看"。

开笔吉字内容:江山巩固 农业丰收

清朝皇帝元旦开笔的内容,不像民间那样仅仅写两句话,清朝皇帝元旦开笔吉字,多则上百字,少则几十字。祈望政权巩固、国家安定、风调雨顺、农业丰收是清朝每个皇帝开笔中最主要、最基本的内容。如雍正元年,雍正皇帝在朱笺上分别写下的吉字是:"春韶介祉,开笔大吉"和"一入新年,万事如意,五谷丰登,天下太平,民安乐业,边尘永息,大吉大吉。"乾隆元年元旦,乾隆皇帝开笔写了三笺心愿,第一笺上写道:"登基宜良,天下太平,五谷丰登,风调雨顺,日月光明,万民乐业,四海清宁,刀兵永息,长享升平,所求如愿,所愿遂成。"第二笺中行用朱笔写道:"元年元旦,海宇同喜,和气致祥,丰年为瑞。"左右行用墨笔分别写道:"愿共天下臣民永享升平""所愿必遂,所求必成,吉祥如意"。最后在第三笺中更尽情发挥,先用朱笔写了"天清地宁,海晏河清,天下太平,万姓安生,雨旸时若,百谷丰登,臣民乐业,上下安宁,中外清吉,所向皆从,风调雨顺,大有年成,所求如愿,所愿皆成"。又用墨笔写道:"新年大喜,四季八节十二时永永平安,吉祥如意。"

乾隆皇帝像

除江山社稷和农业收成外,针对上一年发生的大事、难事,在清朝皇帝开笔中也有所祈求。如:由于雍正皇帝是经过一番兄弟相残的激烈争夺当上的皇帝,他做皇帝后,虽然用严厉手段逐渐剪除了异己势力,但宫中并不安宁,所以雍正在位前8年中,有6年的元旦开笔他都祈求:"一入新年……宫中清泰平安""……宫闱清吉平安""……宫中清吉和宁"等等。雍正八年,雍正皇帝得了一场大病,经过一场生死大劫后,在雍正九年元旦开笔中他写道:"新年节令……无灾无病,此吾之愿也",期望的是自己身体健康。

乾隆皇帝初掌政权时,用的是雍正时留下的老班子。这些雍正时期的旧人,尽管对这位新皇帝都俯首帖耳,但乾隆皇帝使用起来并不得心应手,他深感缺少自己十分中意的人才,所以在乾隆二年至四年的元旦开笔中,每年都有"敷政宁人……贤才挺生""贤才汇征,为邦家光"的祈望,表达了他迫切渴望多得人才的心情。

乾隆十二年至乾隆二十五年西北战事期间,他的开笔中年年都有"西海早靖"的祈愿。乾隆十四年开笔中写道:"早平金川,奏凯班师,大吉。"乾隆二十年写道："天下太平，远夷归化……四海宾服，九州丰乐。"乾隆二十一年写道："天下太平，捷音早报……永靖海边，化洽中外。"乾隆二十二年写道："捷音早报，永靖西海，天下太平，万民安泰。"乾隆二十三年写道："天下太平，捷音早报……边庭宁静，远近归化。"乾隆二十四年写道："平定回部，大吉大利……早开捷音，如期应愿。"

二、开笔吉字解读：清帝治世思想变化和清朝兴衰转折的反映

虽然元旦开笔仅是春节文化的一种习俗，清朝皇帝每年的祈愿语也犹如说不完的套话、吉祥话，但作为一国之君，他的祈愿反映的是他的执政思想和理念，解读他们的开笔吉字，不仅可以看出其本人的思想变化，甚至可以从中找到清朝社会兴盛衰亡的思想根源和影子。

康、雍、乾时期，是清朝社会的鼎盛时期，前后约一百年。细细品读这个时期雍正皇帝和乾隆皇帝留下的开笔吉字，除"雨旸时若""和气致祥""三羊开泰""吉祥如意"等雷同的吉祥语外，每年国家发生的重大事情在元旦开笔中都有体现，并且他们每年还都有一些新的祈求和愿望。正是在这不断地期望、不断地奋斗中，清朝社会才不断地发展，达到了康、雍、乾盛世的顶峰。从他们每年不一样的开笔祈愿中，我们解读到的是清朝盛世皇帝不懈的进取精神和思想。

乾隆元年、二年、三年元旦开笔

乾隆中期开始，清朝社会由盛转衰，乾隆二十五年的元旦开笔已明显

传递了这种信号,特别从嘉庆以后各位皇帝的开笔吉字中,更明显反映了这种状态。

乾隆二十五年,历时5年的平准、平回战争结束,乾隆皇帝亲至良乡城南,登坛列纛,行郊劳礼,迎接凯旋归来的将士。至此,乾隆基本完成了康熙、雍正皇帝未竟的事业,统一了西北。大功告成,乾隆皇帝开始产生了"武成功定"的骄傲自满心理,形成了"修养生息"的思想。在这年的元旦开笔中他写道:"二十五年元旦,天下太平,万民安泰……武成功定,修养生息。"这种思想一经产生,便一发不可收拾,反映在元旦开笔中,从乾隆二十七年开始,除笼统的吉祥话外,再未有任何新的目标和祈求,其每年的元旦开笔形成了固定不变的24个字:"宜入新年,万事如意,三羊开泰,万象更新,和气致祥,丰年为瑞。"在此后他当政的33年和当太上皇的4年间,每年开笔所祈所求,内容再无一字改变。并且从这一年开始,开笔吉字由原来的3笺变成只有简单的1笺。

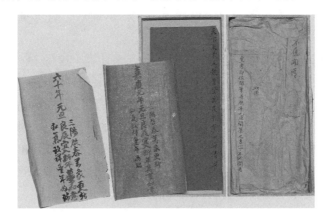

雍正皇帝、乾隆皇帝、嘉庆皇帝的元旦开笔

从每年大年初一满怀信心地写下新一年的期望和目标,到37年间无任何新的期望和追求,这一变化的背后,传递的是一个最高统治者指导思想的变化,这种指导思想的变化给清朝社会的发展带来的是不可挽回的影响。一个国家、一个社会不断前进、不断发展的活力之源,是要不断有新的追求和目标。思想创新是人类进步的灵魂,新的目标更是鼓舞斗志、积极进取、奋发向上的动力。当思想上没有新的期望和追求、事业中没有了新的奋斗目标时,也就没有了前进的动力和源泉,社会必然衰退。在极端专制的封建时代,皇帝的思想和意志不仅能够影响甚至能够主导社会的发展。乾隆皇帝作为清朝中期国家的总掌舵人,他的一言一行,深深影响着当时的社会,当他志高意满、思想开始僵化、治国开始倦怠、再也没有新的追求时,社会弊端快速丛生,前进的步伐也就逐渐停滞。所以,虽然清朝中衰停滞的事例大多发生在乾隆四十年以后,但追溯其思想的发端,则在 15 年前,乾隆二十五年的元旦开笔,就给他今后的治国指导思想和原则定了调。所以清室中衰,不仅有政治的、经济的、社会的原因,乾隆思想的变化也是重要的原因。

可叹的是,到了嘉庆时期,这种状况不仅没有任何改变,甚至嘉庆皇帝的每笺开笔吉字,都是从乾隆后期原原本本抄录下来的,并且一抄就是 25 年。据嘉庆"御制元旦开笔诗"记载,嘉庆当皇帝的第一年春节子时,他来到养心殿东暖阁临窗处,乾隆皇帝将整个开笔程序示范了一遍,当年乾隆皇帝写下的仍是其 33 年来一直写的 24 个字:"宜入新年,万事如意,三羊开泰,万象更新,和气致祥,丰年为瑞。"嘉庆皇帝当时也就仿照这 24 个字写下了当皇帝后的第一份元旦开笔。从此后,嘉庆皇帝每年元旦重复着这 24 字,一直到其去世。

嘉庆朝 25 年,加上乾隆朝 33 年,合起来计算,这份 24 个字的空话、套话经两任皇帝共念了近 60 年。两任最高统治者 60 年祈愿没变化,一个国家 60 年无新的发展思路,思想僵化如此,要想不落后衰退,岂有可能!

再到同治、光绪、宣统时期,几个小皇帝的开笔吉字大都是由大臣提前拟好后,再由小皇帝抄写的,连吉字的内容寓意,他们可能都还不十分明白,更谈不上有新的祈望和目标。为求金瓯永固的皇帝元旦开笔祈愿仪式,至此也就完全失去了它的政治价值和意义。

同治皇帝典学教育的得与失
——从"功课档"和《翁同龢日记》谈起

同治皇帝是清朝入关后的第 8 位皇帝，他 6 岁登基，16 岁亲政，19 岁病逝，实际掌权只有两年，所以他一生的主要时间是在上书房里随师课读。由于他的学习成长直接关系到其亲政后的国家社稷，所以清廷对他的培养花费心血最大，学习条件最优越，规定也最严格。但是较之其他皇帝，其学习教育成效却不尽如人意，这里面有客观环境的原因，也有教育方式、方法等方面的问题。清宫档案中，有不少关于同治皇帝学习方面的资料，作为两代帝师的翁同龢，见证了同治皇帝学习成长的全过程，也在其日记中逐日做了记录。本文即根据清宫所存同治皇帝学习"功课档"等档案，参照《翁同龢日记》等资料，对此问题做分析和论述。

同治皇帝便装画像

一、同治皇帝"功课档"和《翁同龢日记》

1. 同治皇帝每日学习的"功课档"

在现存清宫档案中，有关皇帝学习的内容主要有以下几种。

一是幼年皇帝的学习课本。又可分为两种，一种是各种讲义，如清幼帝学习用的《论语讲义》《易经讲义》《礼记讲义》《大学衍义讲义》《国史讲义》《西史讲义》《满文字头》《诗词选读》等。这些书籍，都是不同时期由各位皇帝的师傅及翰林院讲官编撰，并专供皇帝和皇子学习用的。二是各种挂图，如《数学挂图》《大学挂图》等。这些挂图，有的是皇帝的师傅编制的，有的则是社会知名人士编制的，后传入宫中，成了皇帝学习的参考工具书。

二是幼年皇帝的练习本和当皇子时的练习本。包括：汉文练字本、满文练字本、算盘歌诀练习本、诗词练习草本等。

三是幼年皇帝的"功课档"。所谓"功课档"，即幼年皇帝每天的学习功课表和学习情况的综合记录档。包括：上课的年、月、日；每天的课次；每次课读生书篇号和名称；复习熟书篇号和名称；写字内容；属对内容；诗题及韵律；论题；讲读奏折内容等。

翁同龢

现存同治皇帝的"功课档"为簿册式，从同治三年（1864）起至同治十年（1871），主要记录了同治皇帝学习汉文功课的内容和情况。在每一年档册的册面左上角处，标注有一个天干符号，如，同治四年上半年之前为半功课（即每天上半天课），档册标注符号为"甲"；同治四年下半年起为整功课（即全天上课），档册标注符号为"乙"；同治五年标注为"丙"；同治六年标注为"丁"，依次类推。天干符号下再按月注明顺序号。其中，同治八年前用的是大流水号，从1到39，共39册，分别为：同治四年上半年之前，甲，第一、二两册；同治四年下半年，乙，第三至第五册；同治五年，丙，第六至第十三册；同治六年，丁，第十四至第二十四册；同治七年，戊，第二十五至第三十三册；同治八年，己，第三十四至第三十九册。同治九年和十年每年排一个顺序号，每年7册，分别为庚第一至第七册，辛第一至第七册。

合计同治朝功课档共应有50余册，但现存档案已不完整，实存37册，缺10余册。尽管如此，我们仍能从中十分清楚地看出同治皇帝每天的学习情况以及总的学习进度和顺序。

功课档内首记朝年,次记月日,再分早课和午课,然后记每课学习的内容。每课内容包括:背书、读书篇号,有无写字、默书(即默写)、讲书(即讲解)、生书(即预习下次课要读的新书)、属对、作诗、做论等。

如:同治五年二月十七日、十八日的功课档记载,其学习内容为:"二月十七日早:周公曰呜呼君子,治民祗惧,旧为小人,王曰格尔众庶,王宅忧,王曰呜呼封敬明,既生魄。午:禹敷土,自诚明,或曰管仲俭乎,子曰吾有知乎哉,孟子曰人之易其言也,柳下惠不羞汙君不辞,老吾老,子曰野哉,柳下惠为士师,孟季子,曾晳嗜羊枣,诗云周虽旧邦;写字;默书;讲书;生书";"二月十八日早:治民祗惧,旧为小人,周公曰呜呼厥亦惟,王曰封元恶,惟十有三祀,夏王有罪,惟暨乃僚。午:月正元日,诗云与戏,子路曰有是哉,微子去之,诗曰周虽旧邦,孟季子,公孙丑问脍炙,君子去仁,子在川上,今国家闲暇,孟子曰天下大悦,天子一位;写字;默书;讲书;生书"。①

在背诵过的课目上方,还有用朱笔做的标注和课程变动情况。如同治四年十二月十一日午课,主要是温理《书经·召诰》《书经·汤誓》和《孟子》等数号,当天的功课档上记载:"十二月十一日午:呜呼若生子、惟二月既望、越三日丁巳、呜呼惟我文考、汤誓曰、其为气曰、诗曰天之、万章曰舜之。"另背诵《大学》"子程子曰大学"一号。并在背诵课目上方画了两个红圈。②

同治九年八月十七日午课,原为"讲《大学衍义》《左传》,诗,写字",但在"讲《大学衍义》"和"写字"课目下分别用朱笔改成了"看折"和"写论"③,说明了课程的变动情况。

2.《翁同龢日记》

翁同龢(1830—1904),字声甫,号叔平,晚号松禅、瓶庐居士。江苏常熟人,咸丰六年(1856)状元,同治四年(1865)起在弘德殿行走,充同治皇帝师傅,光绪二年起,再充光绪皇帝师傅。此间,他以日记的形

---

① 中国第一历史档案馆藏:宫中杂件·学习用项,卷526,丙五。
② 中国第一历史档案馆藏:宫中杂件·学习用项,卷526,己五。
③ 中国第一历史档案馆藏:宫中杂件·学习用项,卷526,庚四。

式,记下了同治皇帝、光绪皇帝每天的学习情况。

和功课档相比,《翁同龢日记》不记具体的学习内容,只记同治皇帝每天的到课时间、各类课目学习时间,以及同治皇帝的精神状态、学习是否认真、学习成效好坏等。如同治五年正月二十一日至二十四日记道:"二十一日,卯正上至,犹燃烛也。先读《经书》毕,读满书。辰初二刻还宫传膳,诸臣退饭。巳初复入,午初三刻退。以上咳嗽未止,仍未上生书。"

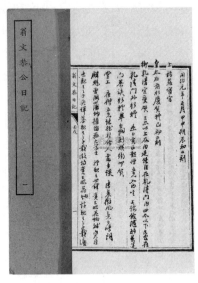

翁同龢日记

"二十二日,上至书斋时刻如昨,是日精神不聚,以连日夜卧不安,且吐积食,故未上生书。"

"二十三日,到时如昨,午正退,仍未上生书。是日上读书尚鼓舞,无倦容。醇邸来。"

"二十四日,是日初上生书:'上下勤恒''至友越民'。是日徐荫轩进讲,余乃于巳刻进至案前侍上温书六号,以口音不同先奏,上固欲带书,因带一过。初上生书三行,未初退。默书,讲书,生书于功课全完后上。"①

所以,"功课档"和《翁同龢日记》,都是研究同治皇帝典学的最直接的资料,并且内容上可以互相补充,互相佐证。

二、清廷对同治皇帝的学习规定与要求

清代对皇子的学习教育制度是康熙时期才正式确立的,而对幼帝的典学制度则是从同治时期才有的。这是因为在康熙之前,无论是努尔哈赤还是皇太极,主要精力都是放在立国打天下上,其儿孙们稍长,便赋予兵权,战场才是他们最重要的学习课堂。顺治皇帝以 6 岁冲龄继位,24 岁故世,

---

① 翁同龢著:《翁同龢日记》,第一册,中华书局,1989 年,第 444、445 页。

加上当时全国仍处在战争状态，没有人为他制定完备的学习制度，他也抽不出更多的时间和精力去关心小皇子的学习，他和其8岁即位的儿子康熙皇帝，幼年都是靠孝庄皇太后的悉心照料，指定师傅，才使其学业有成。

平定三藩以后，全国局势趋于稳定，康熙皇帝的皇子也陆续长大，特别对已立为皇太子的皇二子胤礽更要进行系统教育。因此，康熙二十五年，命汤斌、耿介等为皇太子讲官，并开始制定皇子的学习教育制度。每天的学习时间及内容为"寅刻至书房，先习满洲、蒙古文毕，然后习汉书"①。书房是设于皇家宫苑中的"上书房"。上书房每年的"法定假日"只有万寿节及前一日、元旦、端午节、中秋节和皇子本人的生日等几天，这些不上学的日子俗称"无书房"。此外每年封印至开印期间，每天半天课；夏至至立秋期间，因天气太热，嘉庆十二年正式定为每天半天课。

慈安、慈禧命惠亲王之子奕询为同治皇帝伴读的谕旨

同治皇帝先是按皇子例六岁就学，他的第一位启蒙老师是李鸿藻，这是他当皇长子时他父亲咸丰皇帝为他选定的师傅。同治皇帝即位后，慈安、慈禧两位皇太后又为幼年的小皇帝增加了祁寯藻、翁心存、倭仁三位师傅，翁心存去世后，又增加了翁同龢、徐桐等，同时派醇郡王奕譞等人教习蒙文和骑射。为保证其学习的规律和成效，还特由恭亲王奕䜣奏准，专门为同治小皇帝制定了日常上课作息时间表及功课内容：

①每日皇帝至书房，拟照上书房之规矩，先拉弓，次习蒙古语，读清书，然后读汉书。②皇帝入学时刻，现经皇太后钦定，每日俟召见，引见后至书房。现系半书房，于下书房后传晚膳，将来整功课，即在书房传晚膳。③现在皇帝甫入书房，系半功课，于八岁时，拟改整功课。④诵读与讨论，二者不可偏废。皇帝读书之暇，总宜与师傅随时讨论，以古证今，屏除虚仪，务求实际。切勿诵声甫辍，旋即退息。⑤每逢慈禧、慈安两太后及皇帝万寿圣节，均于正日及前后各一日不入学。⑥年终自彩服日至次

---

① 吴振棫著：《养吉斋丛录》，北京古籍出版社，1983年，第49页。

年初五日，不入学。⑦正月十三日至十六日，不入学。⑧弘德殿搭、拆天棚及端午、中秋，均一日不入学。⑨每遇祭祀大典日，撤去拉弓及满蒙文，仍酌减汉书。⑩皇帝亲祭坛庙日不入学。⑪自初伏至处暑，均半功课。⑫现在皇帝尚在冲龄，只习拉弓。二三年后即应习步射，十岁后即应习打枪，以重根本旧俗。⑬为重功课计，拟请懿旨严饬皇帝，于驾幸紫光阁习打枪时，不得各处游览。打枪毕，稍坐即还宫。⑭骑马一事，必须自幼学，方臻娴习。拟自入学后，每隔五日，于下书房后，即在宫中长街学习骑马，令是日教读清书之御前大臣一人压马，大臣三四人进内教习，祁寒、盛暑、风雨及遇有礼节之日，均拟停。⑮学习步射时，拟请由御前大臣及乾清门侍卫派出数人随同校射，以资观摩。①

由上规定可知，清廷对同治皇帝规定必须学习的功课，内容甚多，其中既有满文、汉文、蒙古文，还有拉弓、射箭、打枪、骑马等。相较之对皇子们的学习教育制度，对同治皇帝的学习课程安排得更具体，内容更丰富，要求也比较严格。

三、规定要求与同治"功课档"之比较

虽然清廷为同治皇帝的学习做了详尽的安排和规定，然而规定只是写在纸上的东西，实际的执行状况，并未达到上述的要求，这从同治皇帝的"功课档"以及《翁同龢日记》中可以得到证实。

1. 学习时间的比较

按照规定，整功课时期，同治皇帝每年不上学的日子只有年假、灯节、寿诞、端午、中秋等共计30余天，以及暑期中的半假40余天，合计共有50余整天。但按"功课档"和《翁同龢日记》记载统计，除上述规定的节假外，同治皇帝实际上每年不上课的时间还有40至50天，其中主要是病假。如，同治四年下半年开始整功课后，当年十月二十六日他因感冒不到书房，一直到十二月初五，才"出诣弘德殿，圣躬大安"②。又因

---

① 吴相湘著：《晚清宫廷实纪》，转引自徐立亭《清帝列传》（咸丰同治），文史出版社，1993年，第376页。

② 翁同龢著：《翁同龢日记》，第一册，中华书局，1989年，第435页。

其病初愈，从初五至初九的5天有课而未读，初十则只上半功课，这一次生病合计就有43天未上课。同治五年则有正月十四、十八、十九，四月初一、初二，五月二十四至六月初三，六月十一至二十九，七月十五、十六，八月二十五至九月初二，十一月三十至十二月十一，共计54天因生病未上课。

由于只要生病就可以减书或不到书房读书，以致同治小皇帝曾故意装病逃课。在被皇太后发觉后，才有所收敛。《翁同龢日记》载：同治六年六月初四日，"上倦不可支，六刻许仅读三号，写字一张。曰头晕恶心，胸中烦忧，于是招首领太监来，启知太后。良久传旨，问上是否如此，命即至长春宫看视。并谕，若系推脱，则功课明日一律补齐"。到了第二天，翁同龢又记道："昨日上至长春宫，无甚不适。皇太后责谕再三，并谕，嗣后书房举动，内侍随时启知，无得隐讳。"①

同治皇帝《御制诗文集》

除生病可以减书或不到书房外，参加各种临时性活动也占用了同治皇帝一定的学习时间。如每年的祈雨、祈雪等各种祭祀活动，有时还陪同皇太后临幸各王府，参加一些庆典等。

另外，有的节假日，皇太后一道懿旨，又会增加几天假。如元旦假，康熙时期给皇子们的规定只有3天，对同治小皇帝的规定则是"年终自彩服日至次年正月初五日不入学"，即从十二月二十六日至次年正月初五，共9天不入学。但同治五年十二月二十二日又传旨："自二十三日起

---

① 翁同龢著：《翁同龢日记》，第一册，中华书局，1989年，第542、543页。

至明年正月初五，皆无书房。"① 实际放假日期达到 13 天。

所以，除规定的正常假期外，同治小皇帝实际每年不上课的时间多达 100 多天。这和规定的时间比，远未达到要求，和以往其他皇子们的上课时间比起来，不仅未增加，反而少了许多。

2. 学习课程的比较

由于学习时间的减少，同治皇帝应学的许多课程只是列在了功课表上，实际上有些内容当堂课并未学，未学的课程，有的移到了下次课，有的则以减少当课堂读写的遍数匆匆带过。"功课档"和《翁同龢日记》中都有"减课"的记录。仅以同治五年十月为例，据《翁同龢日记》载："十三日，中官传旨：以上体甚倦，疑有食滞，稍减功课。于是减四书应背者五号，其余应背者改为读"；"十四日，仍传懿旨，云数日且减功课"；"十八日，中官传旨：以感冒未愈略减功课。于是议减应背三号，应读二号，并唐诗数首"；"二十三日，上微感冒，头疼、痰多，膳后已初来，中官传懿旨：以今日仅食米粥，可准酌减数号书。于是减应背熟书三号，应念熟书五号"②。由此看出，一个月内，同治皇帝虽未请病假，但有四次因其身体不适而减功课，如果再加上病假和其他规定外休假耽误的功课，他实际所学的功课内容比规定的内容要少许多。

从以上对比中我们可以看出，不论从学习时间上还是从学习课程上，同治小皇帝都没达到给他规定的要求。

3. 学习成效的比较

清朝皇帝自幼的学习内容是儒家经典，首先学习四书五经，在此基础上，课程的门类、难度、深度逐年增加，循序渐进。从"功课档"中我们可以看出，同治皇帝的汉文学习情况，大致内容和顺序安排如下。

（1）读讲背诵。读和背是学习汉语文化知识的基本功，也是中国自古治学的基本方法。清朝入关后不仅照搬此法，而且有过之而无不及，康熙皇帝曾要求皇子读书每段要读 120 遍。虽然同治时读背的遍数比康熙时期少，但往往也在 10 遍、20 遍以上。所以，在同治皇帝"功课档"中，

---

① 翁同龢著：《翁同龢日记》，第一册，中华书局，1989 年，第 509 页。
② 翁同龢著：《翁同龢日记》，第一册，中华书局，1989 年，第 495 页。

所记录的主要是读讲背诵的内容。下面是刚开始上整功课时同治皇帝读书背书的情况:"初到读生书一号十遍,背生书一号,先读三遍,读前日生书一号亦十遍,温《书经》五号,膳后读《大学》或《中庸》一号、《四书》六号,皆背诵,再读《四书》六号,毕,写字一张,默书数行,讲《帝鉴》一段或数行,上生书毕,再读前两日所上两号,再温新,背生书数页。"①

同治四年之前,读讲背诵的文章主要是《书经》《春秋》《大学》《中庸》《孟子》《论语》,同时听讲《庭训格言》和《帝鉴图说》。

同治五年起,加讲《孝经》《诗经》。"十月初五日,是日,初读诗经"。"六年四月二十七日,第二本诗经读毕"②。

同治六年起,加讲《史鉴》和《圣训》。

同治八年起,加讲《大学衍义》及《大学衍义提要》。

同治九年起,加讲《易经》,并加讲《会典》和《左传》。

同治九年八月起,开始加读奏折。起初两个月,每半个月读一次,至十月十五日起,每天都有读奏折的课程,如十五日这天读"丁宝桢奏江北漕船挽入东境折";十六日读"李鹤年雨雪粮价折";十七日读"曾国藩府县期满甄别折";十八日读"吴棠奏各营驿站马匹并无缺额折"。③

同治十年,加讲《明史》《地图》《读史略论》。

从上述档案可以看出,随着同治皇帝年龄的增长,读讲背诵的内容在逐渐加深。但这些课程,有时也互相交叉学习,特别对四书五经,重要段落要反复背、反复读,甚至有的从同治四年一入学就开始诵读,直到八年、九年时,诵读课中还常常出现。

(2)练字。清帝对汉字书写一向十分重视,特别康熙、雍正、乾隆三位皇帝,都写得一手好字。同治皇帝从入学起,即开始练习写字,每课不辍。一般是写颜体,每次写一至两张。

(3)写作。写作主要包括两方面,一是作诗,二是做论,但写作的基本功是从属对练起。同治六年二月初九的"功课档",第一次出现"属对"的内容,此时先练习做的是两字对,以后逐渐出现三字对,再到五

---

① 翁同龢著:《翁同龢日记》,第一册,中华书局,1989年,第494页。
② 翁同龢著:《翁同龢日记》,第一册,中华书局,1989年,第452页。
③ 中国第一历史档案馆藏:宫中杂件·学习用项,卷526,庚四。

字对。七年起,开始正式作诗。八年起,开始做论。

每天的功课时间,据翁同龢同治十年的日记载,大致是"生书五刻,熟书六刻,讲《书经》三刻,看折两刻多,讲《明史》及论共三刻,古文、诗三刻,写字一刻"①。

随着每一阶段课目的增加,同治皇帝的学习内容也不断调整和增加。

同治六年前,基本是每天早课背读诗书 4 至 5 号,午课背读诗书 14 至 15 号,另加讲书、写字、默书、预习生书。同治六年以后,一般早课要背读诗书共 20 号左右,午课则主要是讲论和写作,包括讲书、讲大学衍义、讲诗作诗,讲奏折、看奏折、写字、写论。

同治十年起,除仍然是早课、背读、午课讲作外,每五天中,还要有一天时间专门练习写作,一般是早课作论,午课作诗。如,三月初三早作论:"礼乐不可斯须去身",午作诗:"兰亭修契,得春字";三月初八早作论:"敷奏以言,明试以功",午作诗:"以祈甘雨,得甘字";三月十三日早作论:"明目达聪",午作诗:"池花春迎日,得池字"②。

从上述"功课档"记述的课程安排中我们看到,同治皇帝不仅系统学习了四书五经等各种儒家经典,还学习了书法和诗论写作,特别学习了帝鉴、会典、通鉴等各种做皇帝应具备和了解的历史经验、典章制度、治国方略。其中有些课甚至是专门为同治小皇帝学习而编辑的,如《大学衍义提要》系由清朝大学士、也是同治皇帝的师傅之一的徐桐所编辑,"大学士徐桐恭进《大学衍义提要》,以补宸修而裕治原,徐桐用时三年,辑成提要十六卷,拟请发交弘德殿,以备随时进讲"。再如《启心金鉴》,则是倭仁专为辅导同治学习编写的。

应该说,仅从课程内容而言,只要小皇帝认真学,即便时间上没严格达到规定的要求,但仍能为其以后亲政治国打下良好的文化政治基础。更何况,同治小皇帝实际上十分聪明,加上有几位一流的学者大臣辅佐讲授,所以成绩还是十分显著的。《翁同龢日记》载,同治六年同治皇帝初学属对,"二月初九日,是日始属对,余等以'敬天'二号告对,上应声曰'法祖',诸臣皆称善。"五月起开始练习三字对,"五月二十四日,属

---

① 翁同龢著:《翁同龢日记》,第二册,中华书局,1989 年,第 831 页。
② 中国第一历史档案馆藏:宫中杂件·学习用项,卷 526,辛三。

从『功课档』和《翁同龢日记》谈起——同治皇帝典学教育的得与失

对'中兴颂',对曰'大宝箴',诸臣赞美不已"①。同治八年,同治皇帝14岁时,师傅们为其出了一道论文题"任贤图治",不到一小时,他即一挥而就,且语句顺畅,主题明晰,很有帝王之气。文曰:"治天下之道,莫大于用人,然人不同,有君子焉,有小人焉,必辨其贤否,而后能择贤而用之,则天下治矣。"②

应该说,这样的学习成绩,若对一般人家的孩子而言还是不错的,但是同治皇帝的功课像这种好的时候毕竟极少,特别是与清廷对他的培养教育所花费的心血和期望比,与其将来要担负的治国重任要求比,这样的成绩还相差甚远。

下面仅摘录《翁同龢日记》所记同治皇帝16岁时的学习情况片断为证:

"同治十年正月初七日,晨读懋勤殿。因极陈光阴可惜,当求日进之方。上颔之而已。"

"二十四日,读甚倦,仍如去年也。"

"二十五日,读稍振,巳初二退。午初一来,午正二入。看折时精神极散,虽竭力鼓舞,终倦于思索,奈何?余亦草草。"

"二十九日,读生书犹可,余则倦不可支,且有嬉笑。满书极吃力,讲折尤不着力,真无可如何也。减去功课,申初一始退。"

"三十日,讲折仍嬉笑,不解其故。余忙促。申初一散。"

"二月初一日,读满文甚迟,辰正三始入,读生书毕,巳初一即还宫用膳。巳正二刻来,减去看折、读书经及熟书二号。未正一刻匆匆退。"

"初四日,晨读生书尚好,熟书数号后忽而发涩,遂不能背诵。巳初二退,午初来,午正一入。再背前所未毕书,益支离。直至未初二刻背毕,减去讲史及论,尚到申初一刻。"

"初五日,背书极慢,讲折又倦,遂减去《大学衍义》《明史》未讲。申处一始散,犹匆促也。"

"初六日,晨读尚好,讲折又极难,讲《大学衍义》时亦精神不属,不免动声色。数日来,无精神时则倦,有精神则嬉笑,难于着力,奈何?"

"初八日,课题重农贵粟,文思极涩,初稿几无一字可留,且虚字亦

---

① 翁同龢著:《翁同龢日记》,第一册,中华书局,1989年,第540页。
② 翁同龢著:《翁同龢日记》,第二册,中华书局,1989年,第683页。

381

不顺,及逐字拆开讲过,仍凑泊而成数段,未毕退。午正再入,坐四刻而不成一字,遂作诗,诗亦不佳。如此光景,奈何奈何!"

"十三日,军机见时,两宫询书房功课,并以上不能辨字体为言,有谯责之义。"

"十五日,晨读尚好,诸事甚不切实,神气极不聚也。"

"二十日,晨读极涩,总振不起,不过对付时刻而已。午满书甚好,而汉书又毫无神采,且多嬉笑,直是无可如何。"

"二十四日,晨读浮甚,颇费唇舌,竟日如此,无一用心者。"

"二十五日,晨读极散,余亦然。"

"二十六日,晨读亦不如昨,不得不发声色。讲折亦大闹。"

"二十七日,是日兰孙传两宫谕,问书房功课极细,有'不过磨工夫','见书即怕',及'认字不清','以后须字字斟酌','看奏折要紧'① 等语。"

从上述两个月皇帝上学情形的记录中可以看出,虽然作为老师的翁同龢等人百般努力,费尽口舌,但是同治皇帝的学习成效却仍不如人意。特别是,作为一个皇帝亲政后的第一要务是看奏折,但据《翁同龢日记》载,小皇帝经常是"讲折时又倦","讲折仍嬉笑,不解其故","讲折尤不着力"。以至于到了同治十年,年已16岁的皇帝,还是"读折不成句"。慈禧皇太后为此忧心忡忡,伤心垂涕,许多大臣也感到"真无可如何"。②

四、同治皇帝学习教育得失原因之分析

分析造成这种结果的原因,应该是多方面的,这里有客观的因素,也有教育方式的问题。最主要的原因,当是其特殊的皇帝身份和地位带来的影响,这种影响可以包括几个方面。

1. 特殊的皇帝身份和地位使其没有了职位竞争的压力,从而也没有了学习的动力

清朝依照康熙以来所定成规,在位的皇帝不预立太子,这种成规至雍

---

① 翁同龢著:《翁同龢日记》,第二册,中华书局,1989年,第828—839页。
② 翁同龢著:《翁同龢日记》,第二册,中华书局,1989年,第883页。

正朝正式形成了秘密立储制。这种做法的好处，一是倘若选定的人以后行为表现不佳而需要更换，则不必经过废立手续，皇帝自己即可做主；二是可以避免太子及其兄弟之间朋党相争；三是在没正式继立为帝之前，每一位皇子都有继位当皇帝的希望，因此他们便不得不在学问品行各方面努力进取，以博得乃父的好感。"这第三样的好处最足以诱致皇子之敦品向学。所以清朝自雍正、乾隆以降，皇子的教育都很成功。"① 但到同治时期，这种状况就变了，其原因就在于，后者是已经做了皇帝，没有了任何职位竞争的压力，况且同治皇帝又没有任何亲兄弟，也就没有任何潜在的竞争对手，所以无论他学不学习、用不用功都不要紧，皇位永远都是他的。既然用不用功都不要紧，也就很难有学习的积极性。

从"功课档"和《翁同龢日记》谈起

同治皇帝典学教育的得与失

当然，顺治皇帝、康熙皇帝和光绪皇帝也都是做了皇帝后继续学习的，他们都比同治皇帝的学习好得多，他们的学习积极性从何而来？至少在帝位竞争压力方面他们和同治皇帝有很大不同。一是顺治、康熙皇帝即位之前，在宫廷内部都有过一番激烈的争论，他们帝位的得来并非一帆风顺，详细内幕或许当时他们不一定完全知道和懂得，但作为当事人，他们肯定也会了解和明白一些其中的艰难。而光绪皇帝则是以旁系兼祧的身份进的宫，所以更会有诚惶诚恐的感觉。二是虽然顺治、康熙都是幼年登基，但因其登基后都还有其他的兄弟在侧，所以帝位并不十分牢固，而光绪作为清朝第一个非皇帝嫡子的皇帝，太后既能选他也就能废他。因此顺治皇帝、康熙皇帝和光绪皇帝在帝位都比同治皇帝多一些压力，这也就逼迫他们自己不得不努力学习，积极进取，以保证自己的皇位。

2. 特殊的皇帝身份和地位与清廷对其严格的管理和要求造成的心理反差，使其对学习产生了厌恶的心理

同治皇帝即位之初，年仅 6 岁，虽然凡事听命于太后，但朝堂之上众大臣要对他三跪九叩、唯唯诺诺，充分显示了皇帝至高无上的权威和尊严。但只有在学习问题上，他要受到众多人的管制，他要遵守清廷给他制定的学习规定。他不仅每天要到上书房读书，接受师傅们的督教，而且要随时听候太后查问功课，时常承受着太后的训诲，上上下下对小皇帝严格

---

① 庄练著：《中国历史上的关键人物》中册，中华书局，1988 年据台湾四季出版事业有限公司，1980 年 4 月版，第 154 页。

的要求和管理，就连他的师傅翁同龢也认为操之过急，督责过严。"盖督责过严，诸事拘泥，其实不致如此也。"① 所以，在同治小皇帝的心中，皇帝地位虽然崇高，却无可贵之处，其中每天"又须至弘德殿读书"，是其认为最苦的"苦差"之一。② 这种位高而苦的心理反差，使小皇帝对学习逐渐产生了厌恶的心理，以至于上课常常无精打采，"读甚倦"，"倦不可支"，"无精神则倦，有精神则嬉笑"。而顺治皇帝、康熙皇帝虽然也有太后和师傅的管理，但当时清廷还没有规范的皇帝、皇子学习规定，督责还不会过严，也不必"诸事拘泥"，能给小皇帝一些自由的空间，不致使他们对学习产生厌恶之感。到光绪时，无论太后还是师傅，可能都或多或少接受了一些教训，从《翁同龢日记》中可以看出，方法上师傅们开始注意先试探性地了解小皇帝的秉性和喜好，再循循善诱，视情施教。这也是顺治皇帝、康熙皇帝和光绪皇帝学习效果比同治皇帝好的原因之一。

3. 特殊的皇帝身份和地位，为其提供了一些逃学的理由和环境

皇帝作为"真龙天子"，健康尤为重要，特别是同治皇帝，他是咸丰皇帝唯一的继承人，也是当时清朝国家的唯一希望所在，所以宫廷上下最怕小皇帝生病，对小皇帝的一切学习规定，只有在其生病时才变得无效，两宫太后才同意他不上课或减上课的内容。久而久之，同治小皇帝知道了这个诀窍，再加上其本身体质较弱，所以在同治五年以前，他常常以"恶心""头晕"等名目装病逃学。而他身边的小太监，则碍于他是皇帝，或有意袒护替他遮瞒，或不敢实说，因此使他常常逃学成功。直到有一天他的小动作被太后识破，同治小皇帝才有所收敛。

4. 特殊的皇帝身份和地位使其参加公务活动过多，学习越来越浮躁

小皇帝年龄虽小，但却要以一国之主的身份参加各种应酬和活动：每次临朝召见军机，虽有两宫垂帘，并且他对大臣们奏对之事一概不懂，但他也要正襟危坐在皇帝宝座上聆听；每天早晨，要到太后宫中问安侍膳；

---

① 翁同龢著：《翁同龢日记》，第二册，中华书局，1989年，第864页。
② 庄练著：《中国历史上的关键人物》中册，中华书局，1988年据台湾四季出版事业有限公司，1980年4月版，第153页。

冬天、夏天要经常去祈雨、祈雪。除各种公务外，宫内节日、每月朔望演戏，还有时常临幸各王府等，这些活动不仅占去了小皇帝不少的时间，更重要的是分散了他的学习精力，使其变得越来越浮躁。为此，同治六年二月，翰林院侍讲夏同善曾上折谏止其临幸亲王府："皇上圣学日新，功资养正，除临朝大典礼外，不宜时有间断，且耳目玩好之娱，偶有所近，心以纷而不专，即学恐疏而不密。"①

同治皇帝的师傅倭仁、徐桐、翁同龢则更是看在眼里，急在心上，他们不顾皇上是否高兴，联衔上了一道"圣学不宜间断折"。但此折被太后留中未发。翁同龢在这几天的日记中这样记载："二月初五，是日上奉两宫太后诣醇亲王府，晚膳后申初二刻还宫。""初六，卯正入，读书极倦，不能成句。""初七，读书精神不能聚，较昨更甚矣……是日，倭相、徐荫轩及余联衔具密折，略言圣学不宜间断，请嗣后停止临幸。折留中。""初八，读尤倦。""十二日，是日上奉太后幸恭亲王府，无书房。""十三日，《四书》五号，生极，讲则数日来俱不贯注。""十八日，《四书》五号，背皆极生……盖气不静，心不聚也。""十九日，极浮动，气终不静，讲亦无力。""二十三日，极倦，闻昨日在漱芳斋观剧，此其验也。"② 从《翁同龢日记》中看出，一月之内，同治小皇帝几乎天天都在心情浮动、精神疲倦中学习，如此状况，怎能指望其学有成效？

除皇帝的身份地位对其学习的影响外，枯燥的学习内容、一以贯之的教学方法，也使其缺少了学习的兴趣，并压抑了其本身的天性和发展。同时，帝师仅具有高深学问却对幼帝心理缺少了解，并不是最适宜的选择，所以授课效果并不理想。

总之，作为皇帝，同治既有优越的学习条件和环境，也要接受比常人更高的要求和更多的约束。清廷在他身上寄托了太多的希望，也收获了太多的失望。刚开始对他要求太高，功课太多，求之过甚，使其对学习产生了反感和厌恶心理；后来以其有病为由大量减少功课，并因其是皇帝，上课时无论倦闹嬉笑，师傅都无法管理，使其轻视了学习；再后来则因接见、看戏、临幸等活动太多使其无心学习；直到该让其亲政之时，太后方发觉花费大量心血培养的皇帝，还是"读折不成句"，可为时已经晚矣。

---

① 中国第一历史档案馆藏：同治朝军机处录副奏折，卷5085。
② 翁同龢著：《翁同龢日记》，第二册，中华书局，1989年，第517—521页。

从清宫舆图的形成看清朝兴衰

清宫舆图，是清朝时期由官方绘制、收集并存放宫中各处的地图、战图、山水图、名胜图等各种图档的总称。中国历来对画图、地图等形式的档案十分重视，自古就有"左图右书，不可偏废"，"索象于图，索理于书"的说法。清入关后，一直十分重视对舆图的绘制和利用，仅中国第一历史档案馆现存各种清宫舆图即达约8000件（册）。这些图和社会上一般画图最大的不同就在于，它不仅是融天文学、地理学、测绘学、美术学等多种科学文化艺术为一体的综合性文化产品，而且作为官方特意存留下来的档案，它首先具有强烈的政治和历史属性和特点，它的形成，和当时社会的发展密切相连，是当时社会历史发展变迁的直接记录和见证。数千件的清宫舆图，清晰地勾勒出了清朝兴衰的印迹。

一、康、雍、乾三朝大手笔绘图展盛世

清入关前，戎马倥偬，政权未稳，还来不及考虑绘制舆图，顺治时期，仅下令京内外将明朝的档案图籍开送礼部，备修《明史》，但当时响应者不多，绘图问题也未提上议事日程。清朝大规模测绘舆图，正式开始于康熙朝。康熙时期是清朝鼎盛的开始时期，至乾隆朝的100多年间，清朝政权巩固，经济发展，文化繁荣，形成康、雍、乾三朝盛世。而这期间所绘制的舆图，和着时代的步伐，大多或具有开创性，或是大宏幅、大规模，其磅礴的气势，多姿多彩的文化特色，尽显出一个盛世王朝的太平景象和勃勃生机。

这个时期有代表性的清宫舆图，首推舆地图。

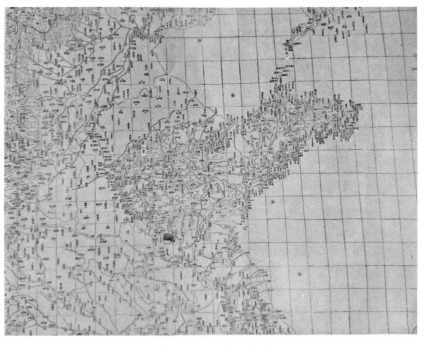

康熙朝皇舆全览图局部（山东半岛）

舆地图，是一个国家主权和领土的主要凭证，所谓"国家抚有疆宇，谓之版图，版言乎其有民，图言乎其有地"①。所以历朝历代最重舆地图，这也是现存清宫舆图的最重要组成部分，共2800余件，其中最具典型意义的是康、雍、乾三朝分别绘制的《皇舆全览图》《雍正十排图》《乾隆十三排图》。

康熙皇帝是中国历史上一位有作为的皇帝，他亲政后，平定"三藩"，统一台湾，抗击沙俄入侵，又三次亲征平定准噶尔部上层分子叛乱，奠定了中国版图的基础。在此基础上，他任用白晋（Joach Bouvet）、雷孝思（Joan-Bapt Regis）、杜德美（Petyus Jareoux）等西方传教士，使用西方经纬度测绘法，开始在全国范围内大规模实地测绘地图。从康熙四十七年（1708）起，中外人员自长城测起，其后测北直隶，再测满洲（今东北地区）及其他各省，历时10年，至康熙五十六年（1717），除新疆和西藏部分地区外，实测工作全部完成。各路人员回京后，根据实测的

---

① 《清史稿》，列传七十，何国宗，中华书局，1977年，第10186页。

资料,编绘成《皇舆全览图》。"五十八年图成,为全图一,离合凡三十二帧。别为分省图,省各一帧。"① 中国第一历史档案馆现存的康熙五十八年全国总图和30余幅分省图就是该《皇舆全览图》的最早版本。该图舆地范围东北至萨哈林岛(库页岛),东南至台湾,南至崖州(海南岛),西至伊犁河,北至贝加尔湖。② 进行如此大面积、大范围的地图测绘工作,这不仅在中国历史上是第一次,在当时的亚洲也是创举,即与当时世界各国比,也走在了前列。对在这次测绘中绘制的《皇舆全览图》,英国学者李约瑟评价它"不但是亚洲当时所有的图中最好的一幅,而且比当时的所有欧洲地图都更好,更精确"。③

雍正在位13年,没有像康熙朝那样进行全国范围的实地测绘舆图工作,但康熙一生重视舆图测绘的行动和成就,给了他深刻的启迪和影响。"按北极之高,测地理南北东西差,得皇舆全览图",这是雍正五年(1727)对康熙测绘地图功绩的总述。为指挥对西北用兵和管理改土归流后的西南苗、瑶等少数民族,雍正命怡亲王允祥等组织有关人员,在《皇舆全览图》的基础上,利用国内外的新资料,编绘了比《皇舆全览图》范围更大,包括北起北冰洋,南至中国南海,东起太平洋,西到地中海的巨幅地图。全图按纬线自北向南,每八条线为一排,共十排,所以后人称之为《雍正十排图》。该图虽不及用实测投影法绘出的地图精确,但其范围之广,在当时的世界地图史上仍是屈指可数的。

乾隆时期所绘制的十三排图,是集康熙、雍正两朝地图之大成者。康熙时期,清朝的统治势力尚未完全掌控新疆,西藏地区还时常发生上层分子的分裂反叛活动,故当时所绘的《皇舆全览图》,缺新疆、西藏两地区的部分实测地图。至乾隆中叶,清朝先后平定了准噶尔,统一了天山南北,又平息了颇罗鼐子朱尔墨特妄图割裂西藏的叛乱,才得以在康熙《皇舆全览图》的基础,派测绘人员进入西北,实测了新疆地形,重新绘制了西藏地图,从而补充了康、雍两朝舆地图最大的不足,并于乾隆二十六年(1761)绘成了一幅北起北冰洋,东至太平洋,南到中国南海,西南抵印度洋,西至波罗的海、地中海和红海的《乾隆十三排图》,又称

① 《清史稿》,列传七十,何国宗,中华书局,1977年,第10185页
② 中国第一历史档案馆藏:内务府舆图,第135号。
③ (英)李约瑟著:《中国科学技术史》,第5卷,第1册,科学出版社,1990年,第235页。

《乾隆内府舆图》。全图共104张,其中地盘图1张、御制诗文1张,每排分别为:第一排3张,第二排4张,第三排6张,第四排8张,第五排8张,第六排9张,第七排11张,第八排10张,第九排10张,第十排10张,第十一排10张,第十二排10张,第十三排3张。① 这不仅是我国最完整的实测地图,也是当时世界上最早的、最完善的亚洲大陆全图。"制极其精,推极其广,从古地图未有能及此者也。"

能够反映康、雍、乾时期特点的另一部分有代表性的舆图是江河水源图。作为一个农业大国,对江河水利的治理,是中国历代王朝都十分重视的大事。有清一代,水患频仍,治水救灾为其主要政务之一。现存清宫舆图中,大大小小的江河源渠等水利工程图共350多件。

从这部分图中能明显看出,清前期与清中后期的工程特点有很大不同。清前期进行的多是具有探险性、长期规划性、大规模的水利工程,所形成的舆图有相当一部分是开拓性的探源图,这一点是清中后期所绘江河水利图无法比拟的。如康熙时期对几条著名的江河源头都派人进行过勘察,"凡大江、黄河、黑水、金沙、澜沧诸水发源之地,皆目击详求,载入舆图"。故现存的几幅大规模的江河源图大都是康、乾时期形成的。其中重要的有:康熙朝的《星宿海河源图》《黄河发源图》《金沙江、澜沧江发源图》《嫩江、黑龙江、松花江水源图》,乾隆时期的《黄河源图》《长江图》《金沙江上下两游图》等。这说明清盛世对江河水渠的治理,不仅仅是局部的疏浚、被动的堵修,而是穷究其源,力图从长远上规划,从根本上治理。

我们仅以黄河图为例。黄河是清朝水利治理的重点,早在康熙亲政之初,他便将河务作为三大要政之一,并书在宫中柱上,以时时提醒自己重视。不仅每次水灾过后派人巡视,绘图进呈,而且任命重臣为河道总督,提出了治理黄河要辨水势、疏故道,"务为一劳永逸之计"的指导思想。特别是康熙四十三年(1695),特派侍卫拉锡等人考察黄河之源。康熙谕示:"黄河之源,虽名古尔班勃罗漠,其实发源之处,从来无人到过。尔等务须直穷其源,明白察视其河流至何处入雪山边内,凡经流等处宜详阅之。"拉锡等人根据康熙谕旨,考察了黄河发源地星宿海、札陵湖和鄂陵湖的大小、形成和流经路线,绘制了长360厘米、宽147.5厘米的《星宿

① 中国第一历史档案馆藏:内务府舆图,第142号。

海河源图》①。康熙见到该图十分高兴，欣然写下了《星宿海》一文，以记叙这次黄河探源行动。这份具有开创性意义的黄河探源图，虽和现代地理学家对黄河源的科学勘测不完全一致，但其所具有的特殊意义，不是其他图所能比拟的。

乾隆朝《星宿海河源图》局部（鄂陵诺尔）

继这次探源绘图之后，清朝第二次实地测绘黄河源是在乾隆四十七年（1782）。是年春间，因黄河在河南青龙冈漫口，迟迟未能合龙，乾隆遂仿效其祖父的做法，"遣乾清门侍卫阿弥达，前往青海，务穷河源，告祭河神"②。阿弥达等沿拉锡到达的星宿海继续前行，发现星宿海并非黄河真正的源头，星宿海西南300里，还有一阿勒坦郭勒河，该河之水又来自阿勒坦噶坦素齐之上的天池。"星宿海西南有一河名阿勒坦郭勒，蒙古语阿勒坦，即黄金郭勒，即河也。此河实系黄河之上源，其水色黄，回旋三百余里穿入星宿海，自此合流。至贵德堡，水色全黄，始名黄河。又阿勒坦郭勒之西有巨石高数丈，名阿勒坦噶坦素齐，蒙古语噶达素，北极星也。齐，老石也，其崖壁赤色，壁上为天池，池中流泉喷涌，骤为百道，

---

① 中国第一历史档案馆藏：内务府舆图，第909号。
② 中国第一历史档案馆藏：内务府舆图，第911号。

皆作金色,入阿勒坦郭勒,则真黄河之上源也。"① 阿弥达返回复命,按指南针方位,绘图具说以呈。图长346.5厘米,宽110厘米,谓《黄河源图》②。这是一份比《星宿海河源图》更精确的黄河源头图。乾隆对此次黄河探源给予了充分的肯定,赋"河源诗"一首以记其事,并命四库馆编辑《河源纪略》一书,将该图分成五幅,刻版印刷。康、乾两次实测绘制的黄河源图,为以后黄河探源打下了基础,从现存清宫舆图看,此后清朝所绘各种黄河图,均未超过这两次测绘的范围。

康熙五十八年《岷江源打冲河源图》局部(左右上部)

清宫所存江河源流图中,还有一幅尤为珍贵的《金沙江上下两游图》③,该图为乾隆六年(1741)云南巡抚张允随奉命治理金沙江所绘工笔彩图,图长7280厘米,宽51厘米。金沙江西起青海玉树,东至四川宜宾并入长江,全长2038公里,是长江上游的重要部分。早在明朝正统和嘉靖年间,明朝政府就曾几次议及开修而未成。迨至乾隆六年,经张允随奏请,议准由其动帑治理。张允随奉旨后,勘探源头,逐段疏修,工程告竣,绘图具折进呈。该图从金沙江源头云南东川府汤丹厂陆路画起,将上

---

① 中国第一历史档案馆藏:内务府舆图,第911号。
② 中国第一历史档案馆藏:内务府舆图,第899号。
③ 中国第一历史档案馆藏:内务府舆图,第1471号。

游52滩涂，下游82滩涂及水流走向、江边建筑情形，一一绘入其中。其图幅之长，画作之精，堪称中国历代江河渠源图之最，就其自然科学和艺术价值而言，甚至可以和《清明上河图》媲美。

康、雍、乾三朝，尤其是康、乾两朝所绘的名胜图、行宫巡幸图及战图等，与清后期所绘比，也无不尽显大手笔的气势。

巡幸活动是中国古代帝王的一项重要礼仪活动，清康乾时期，又在这项活动中纳入了更多的政事内容，成为其巡察河务、了解民情的重要形式。康熙一生南巡北狩，东谒陵西礼佛，从康熙十年至康熙六十年，大小出巡不下150次。乾隆效法其祖事迹，将出巡作为其为政和生活中的大事，从乾隆六年（1741）起，几乎无年不举。与巡幸活动相联系，同时形成了行宫图、水陆路程图及部分名胜图、寺庙图乃至少量河湖工程图等等。这些图或是臣工为迎接皇帝巡阅查览而绘进的，或是在记录皇帝巡幸过程中形成的，也有在对名胜古迹的修缮中绘制的，80%以上为彩色工笔图画。其所绘行宫庙宇，建筑错落有致；林木山川，扶疏蜿蜒；路程景点，标注详细，既是记事图，又是风景图，既具有较高的历史价

《东岳泰山寺庙图》

值，又具有较高的美术欣赏价值。其中较为著名的名胜图有：《江南名胜图》《浙江名胜图》《江苏名胜图》《山东名胜图》《西湖全景图》。历史价值较高的行宫图则有：《江南行宫图》《西湖行宫图》《杭州金山寺行宫图》《济南行宫图》《山东德州行宫坐落图》《盘山行宫图及南巡御道图》13册、《乾隆南巡路程图说》10册、《江南回銮程站图册》等。而画作精美、图幅宏大的名山寺庙图更是不胜枚举。除著名的恒、衡、泰、华、嵩五岳及

寺庙图外，还有浙江普陀山、山西五台山、四川峨眉山等佛教名山及寺庙图，山东曲阜孔林、孔庙图等等。这些图许多是惊世之作，如一幅《东岳泰山寺庙图》①，长388.5厘米，宽179.5厘米，图从泰山脚下岱庙绘起，直至南天门玉皇顶，沿途绘有人文景观81处。不仅亭台古迹、古松巨石一一入图，而且图幅宏大，气势磅礴，泰山的雄伟，一览无余。又如乾隆四十二年（1777）陕西巡抚毕沅绘进的《华山寺庙图》②，长326厘米，宽199厘米，不但庙宇房屋绘制精细，而且还绘有近百株树木，其中有些树旁贴注浮签，标明"秦柏""秦槐""汉柏""汉槐""唐柏""唐太宗挂甲树"等。类似这些巨幅的寺庙名胜图，清后期图中很少见到。

军务战争图在清宫舆图中也占有相当大的比例。康、雍、乾三朝战图，其明显的特点，一是在内容上主要是对西北、西南等边疆用兵的战事图。如康熙平定"三藩"中的《大军平定吴应麟图》、施琅统一台湾的《平定台湾战图》，乾隆时平定新疆的《大、小金川战图》等。这些图说明康、雍、乾时期的军事重点是巩固边疆，完成祖国的统一大业，也说明这时的清朝正处于军事强大、战斗力昌盛的时期。二是从图的形式上，凡主要战图都配有御制诗，如《平定两金川得胜图十六咏》《平定西域战图十六咏》《平定苗疆战图十六咏》《平定台湾战图十二咏》等，均诗图并茂。不仅栩栩如生，生动形象地记述了每次战争战役的经过和情况，而且诗中洋溢的激越豪迈之情，更充分显示了清盛世帝王的宏伟气魄。

如今当我们面对这一幅幅珍贵的清宫舆图时，看到的不仅仅是其本身的价值，还能看到康、雍、乾时期清朝国家统一、经济发展、文化繁荣的社会景象。同时，这些图也会引起今人的反思，为什么这么一个国力强盛、充满生机和希望的统一大国，不仅未能长久延续发展，反而很快陷入内外交困、萧条中衰、落后挨打的局面？

二、嘉、道、咸、同时期治理内乱图增多兆衰微

历康、雍、乾三朝100多年，中国封建社会各种固有的矛盾，经过长期潜伏和发展，从乾隆中期开始，已逐渐激化起来，到嘉庆时期，清朝已

---

① 中国第一历史档案馆藏：内务府舆图，第1482号。
② 中国第一历史档案馆藏：内务府舆图，第899号。

从中国封建社会盛世的顶峰走向衰落。在嘉、道、咸、同四朝近一个世纪内,清朝先内忧后外患,国力日衰,江河日下,用曹雪芹的话说:"外面的架子虽未甚倒,内囊却也尽上来了。"后相继的几位皇帝,也如贾门子孙,竟一代不如一代了。面对各种矛盾和危机,虽然他们也曾极力振作和治理,但他们没有康、雍、乾那种治世的胆略和气魄;面对迅速崛起的西方资本主义国家,他们仍守着祖宗的成法,以天朝大国自居,闭关锁国,最终使民穷国弱,矛盾愈烈,中衰之势成为定局。

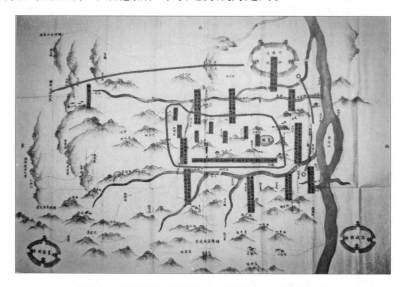

《嘉庆朝镇压湖北钟祥县(今钟祥市)白莲教图》

　　反映清朝这一历史时期社会状况的形象档案——清宫舆图,已明显没有清初那种"开拓疆宇,四征不庭,揆文奋武"的景象和气势,其特点主要体现为"两少一多"。

　　"两少"为:开疆探源性的舆地图、军事图、河源图少;大篇幅,有气势、有较强艺术价值的名胜山川图少。如,自乾隆二十五年(1760)大规模实测全图舆地图之后,清朝再未进行过统一的全国规模的地图实测工作。其后诸帝不仅没能开疆固土,守住祖宗创下的家业,而且因割地赔款,使国家原有版图逐渐缩小。清宫档案中现存的几幅清中后期由地方镌刻、印制的全国舆地图,如嘉庆二十二年(1817)的《大清一统天下全图》,咸丰六年(1856)的《皇朝府厅州县全图》,同治二年(1863)的《皇朝中外一统舆地全图》等,都是依据康、雍、乾三朝的全国图绘制的，而且无论图幅还是实际地域，都未达到康、雍、乾舆地图的图例范围和面积。至于山川名胜图，因其形成多和清帝出巡活动有关，而乾隆之后诸帝均未举行南巡，他们中出巡最多、最远的嘉庆皇帝，也只是两到盛京（今沈阳），一到五台山，所以这一时期形成的名胜山川图既数量少，且气势小。

"一多"则是指治理内乱性质的图增多。具体体现为：一是大量形成的镇压农民起义的战图、防务图；二是较多形成的局域性治水救灾性质的工程图。

同治四年二月镇压云南曲靖府邓城回民战图

农民起义和农民战争，是封建社会各种矛盾激化的集中表现形式。清朝衰落的重要象征之一，就是从嘉庆朝开始接连爆发的农民起义。早在嘉庆继位前夕和初期，湘、黔苗民起义烽火未熄，川、楚、陕白莲教大起义的战火又起，闽、粤、浙沿海一带海疆不靖，在中期又爆发了天理教京畿起义。至道光朝，虽未发生大的农民起义，但小的起义连绵起伏，持续不断，其在位30年，大大小小的农民反抗斗争达数百次，几乎无年无月不有。这些不断的起义，终于汇成汹涌澎湃的怒潮，于1851年爆发了始于咸丰、跨同治两朝14年，中国历史上规模最大、持续时间最久的太平天国农民革命运动和北方捻军起义。围绕对这一次次农民起义的镇压和战争，清宫形成了大量与农民军作战的防务图和战图。其中嘉庆年间最集中的是镇压白莲教起义的战图。如：内务府舆图中《平定川楚陕教民四川达州一带官兵布防图》，军机处舆图中《平定川楚教民湖北安陆县图》《湖北当阳县图》《湖北襄阳军营打仗地方图》等等。咸丰、同治年间对太平天国、捻军作战图,是清宫军事战图中最多的两部分。其中仅军机处舆图中就有与太平天国作战战图近30件,与捻军作战战图20余件。如《曾国藩奏克复金陵图》《曾国藩奏克复安庆图》《胡林翼奏克复岳州图》《克复武昌府图》《骆秉章奏清军于四川老鸦滩伏获石达开图》《太平军攻打独流镇战图》《攻打山东临清图》《僧格林沁奏清军破山东捻军张洛行图》以及《李鸿章、左宗棠奏会剿捻军张宗愚图》等等,都是太平天国运动和捻军起义中清军与农民军作战的重要战役图。这些图,有些是战地官员随折进呈的,有些是舆图房画工根据大臣奏报情形补绘的。在舆图房所绘战图中,还能看到许多处有更改重绘的痕迹。这些图每幅都长3米,宽1.5米左右,一幅图中人物多达上千人。图中营房安置、军事布防、进退路线、拼杀场景及人物表情都栩栩如生。从这些图档中看出,清政府虽然用几倍乃至十几倍的兵力将一次次农民起义镇压了下去,但所耗人力、物力,也使清朝元气大伤,根基动摇。

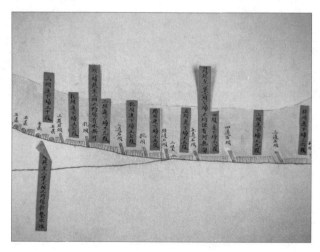

道光二十三年《河南黄河北岸各厅霜后河势工程情形图》

清朝对江河湖渠的治理,经过康熙朝的积极筹划、综合治理,原本已很有成效,如黄河虽未达到"一劳永逸"的根治,但水患却逐渐减少。乾隆一朝,因其好大喜功,对水利的治理远不如康熙朝扎实,但他得了康熙治水之益,所以乾隆中前期黄河水灾并不严重,当其后期问题开始突出时,他则把后患扔给了嗣皇帝嘉庆,而嘉庆以后各代,由于治理不力,造成水灾河患愈益严重。经统计,嘉庆25年间,仅黄河之患就有10次;道光30年间，全国重大水灾10次，黄河决口发生9次；咸丰一朝，黄、淮河连年决口。水灾河患多，治河、治水的次数就多，对修治的情况，官员均须具折绘图报告皇帝，所以这一时期形成的江河湖渠工程图也相对增多，但是这些图中大量的属局部性堵筑拦口工程图。如黄河工程图中，嘉庆二年（1797）11件，均是因这一年黄河在山东曹县北漫口，负责该工程的兰第锡等绘进的挑水、分溜、修补堤坝等图；嘉庆八年（1803）水利工程图22件，亦是因河南封丘衡家楼黄河决口，那彦宝等绘进的抢修各工情形图。还有咸丰五年（1855）黄河在下北河厅漫溢，分别形成《下北厅兰阳汛堡迤下漫溢情形图》《直隶、东明漫水下注东境酌议堵口筑坝图》《李六口引渠分溜情形图》等工程图十余件，也均是局部溜势、堵口等工程图。除黄河工程图外，这一时期形成的还有大量的其他河渠局部工程图。如仅道光一朝，较大的还有运河工程7次，淮河工程5次，永定河工程5次，海塘工程2次。在这接连不断的治河工程中，每次均形成5—10幅大小不等的局部工程图。

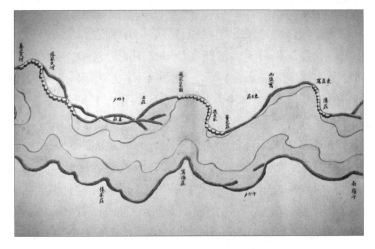

咸丰五年《山东黄河工图》

面对这林林总总几百件河渠工程图，不能不说嘉、道、咸、同几朝对河工的治理主观上还是积极的，但由于几朝治水均用人不力，嘉庆朝的河臣，大多缺乏通盘计划和长远打算，而只是修修补补，局部堵塞，头疼医头，脚疼医脚，顾此失彼，因此漏洞百出。随着问题增多，治河成了疲于应对的例行公事。道光一朝，也是有防无治，只要河不决口，官员就认为万事大吉。一旦河道决口水患发生，只注意加高堤坝，堵口塞漏，做些表面工程，根治之法，很少有人过问。"当秋伏大汛，司河各官率皆仓皇奔走抢修不遑，及至水流坝清，则以见在可保无虞，而不再求疏刷河身之策。"至咸、同两朝，更无根治的打算，所以河患频仍，水灾繁生。

大量形成的局域性治水救灾图昭示着，从嘉庆初年起，清朝各种社会矛盾已经激化，统治根基已经动摇。政治不清，治灾也不力，连历朝封建社会最重要的治水工程也多是修修补补。这种结果，又加剧了灾害的发生，并加剧了农民的反抗和斗争。天灾伴着人祸，恶性循环，使清政府元气大伤，衰落之势终成定局。

三、光、宣时期新的边疆防务图、近代科技图出现示巨变

1. 边疆防务图

统一边疆，加强对边疆的统治和管理，是清朝进行全国统治的重要方面。尤其在康、雍、乾时期，清朝在统一全国的过程中，把测绘地图与国家疆域和加强边疆防务联系在一起，曾形成了相当一部分边疆地舆图和边疆防务图。但从总体来看，由于从康熙二十八年（1689）驱逐沙俄入侵，到道光二十年（1840）鸦片战争的一个半世纪内，清朝虽然国内矛盾日益激烈，对外却无大战事，边疆尚属安宁，与周边国家的关系主要是封贡关系，西方殖民主义势力还未对中国边疆构成威胁，所以这一时期形成的边疆防务图，一是从数量上比晚清时期少，二是从内容上侧重在北部、西北部。1840年，鸦片战争爆发，英国成为第一批从东南海上侵入中国的殖民者。继之咸丰六年（1856），英国军舰再次从海上突入珠江，侵犯广州，又沿海北上，直抵大沽口，威胁北京。此后，随着清朝的衰落，东西方列强纷纷把侵略的矛头指向中国的邻邦和边疆。中国边防，从海疆到陆疆，从东南到西北，普遍发生危机。同治四年（1865），中亚浩罕国军官阿古柏率军侵入南疆；同治十年，沙俄出兵侵占伊犁，西北边疆危机加深；与此同时，在东南海疆，日本1874年以弱旅入侵我国台湾，而清廷竟无力以武力驱逐，最后不得不襃赞日军侵台为"保民义举"，以白银50万两换取日军撤离台湾了事。光绪五年（1879），日本以武力吞并和中国

光绪十二年福建闽厦两口炮台图之南岸明暗炮台图

已有400余年封贡关系的琉球，并企图以此为侵华基地，矛头首先直指台湾，"海防空虚"情状暴露无遗。西北、东南边疆危机，清朝朝野为之震动，为此，从同治十二年（1873）起，在清朝内部引起了一场边疆防务问题的大讨论，时称"海防"与"塞防"之争。时任各边疆大吏，几乎都卷入了这场争论之中。他们中一部分人主张东南沿海防务为急，另一部分则认为西北边疆防务为先，经广泛讨论，清廷最后一面任左宗棠为钦差大臣收复新疆，一面由李鸿章、沈葆桢分别督办南北海防。这时，配合全面加强西北、东南边防的局势，各大臣纷纷具折绘图，陈奏边防事宜，从而形成了一批新的边疆边防形势图。主要分为两大类，一是东部、东南部海疆图；二是北部、西北部陆疆图。

海疆地图又有两种：一种是沿海形势图，一种是军事防务图。其中较重要的沿海形势图有《沿海七省口岸险要图》《江浙闽沿海图》《渤海沿岸图》《沿海疆域图》及八省（广东、福建、浙江、台湾、江苏、山东、奉天、直隶）分省沿海地区水路图等，其中仅分省沿海图就有几十件。沿海军事防务图则包括《舰船演阵图》《炮台防务图》以及《新式鱼雷、枪炮图》等武器图，如《铁舰快船八艘演阵图》《蚊船六船演阵图》《江浙两省沿海炮台式样图》《广西边防大、中、小炮台全图》《福州海口电光山炮台平面图》《奉天营口炮台丈尺做法图》《旅顺海口鱼雷图》等等。此外，还有一批在中法、中日战争中直接形成的边防军事图。如在中法战争中形成的《台北设防地图》《中法战争越南谅山划界形势图》；中日战争中形成的《倭兵运车运兵马舢板等图》《威海卫形势图》《渤海黄海沿海图》《台湾地图》等等。

在东南及沿海省份加强海防的同时，西北边疆在左宗棠的带领下已消灭阿古柏，收复新疆失地。在其收复过程和其后与俄国一系列的堪界谈判中，形成了一批西北堪界图和地图。其中有：左宗棠呈进的《新疆总图》《新疆中俄边界图》；光绪年间查界大臣绘进的《新疆中俄堪界图》《新疆中俄分界详图》《分界略图》《中俄交界全图》《勘定西北边界俄文译汉图》以及《新疆喀什噶尔道西南边内外属地形势图》等等。

2. 近代科技图

清初，随传教士东来，一批西洋科技仪器曾进入清宫，与此同时，也形成了部分具有科技性质的清宫舆图。如《天盘星斗图》《荷兰车图》以及用西法测绘的全国《舆地图》等。但随着闭关锁国政策的实施，和雍正时期开始对传教士的驱逐，近代科技之光在中国很快消失，这些先进的西方科技文化产品，最终变成了皇帝的玩物被存压清宫库底。19世纪60年代兴起的洋务运动，使西方科技文化，特别是先进的工业技术越过宫廷，开始直接进入社会生产、生活领域。戊戌变法后，新的先进的科技文化思想进一步得到传播，近代科学技术在一些重要领域开始得到推广应用。在清宫舆图中，相继出现了新式轮船机器图、铁路矿山图、电报电线图，以及新式枪炮图等工农业生产生活科技图，如《北洋机器制造局各厂机器图》《第一号轮船机器总图》《江西萍乡煤矿图》《湖北汉阳钢铁厂图》《湖北当阳煤铁山图》《新疆某地烧房图（即新式烧锅房图）》《中国铁路轨道图》《东三省铁路图》《赣汉铁路图》《吉林省至陶赖昭电线图》《新疆某地安设电杆图》等等。

在这里还要说明的是，清光绪年间曾两次用近代制图法绘制舆地图，一次是光绪十九年（1889）至二十二年（1896），为筹办纂修会典，谕令各省进行经纬度测量、编制各省府州县舆图，然后会典馆用圆锥投影编绘了一幅《皇舆全图》。但因当时各省条件和测绘人员水平不同，绘图的质量有差异。"其蒙古西藏及边僻各省或无新图，或有图而不堪据办"，仍是"按乾隆年间钦定内府舆图,道光年间'钦定大清一统志'诸书纂绘底本"。所以"这次编的全国和分省图,是中国传统的制图法向近代化阶段过渡时期的产物"①。第二次是光绪三十四年(1908)以后成立了测绘局、陆地测量局等近代测绘机构,由其陆续测绘形成了不少省、府、州、县舆地图。这两次测绘,从范围上讲都没有跳出局部地域的范畴,未有统一的大地测量,所形成的图也未超出康、雍、乾全图舆地图的范围。但从方法上讲,则使用了乾隆以后未曾使用的近代制图方法,一定程度上也可以说,这是近代绘图技术走出宫廷普遍在社会使用的尝试。它和清末科学技术在其他领域的使用,共同标志着近代科技在中国推广应用的时代已经到来。

边疆防务图和近代工农业生产生活科技图,这两种不同性质的舆图在清宫的同期形成,一方面反映了清晚期不仅内忧重重,外患纷纷,其统治岌岌可危的局面;另一方面则昭示着,被阻近一个世纪的近代科学技术,终于在中国工农业生产中开始得到推广和应用。在新的生产力面前,清朝传统的统治愈见腐朽,封建的制度已到了濒临衰亡的边缘,一个新的时代必将到来。

---

① 曹婉如、郑锡煌等编:《中国古代历史地图集》清代分册,文物出版社,1997年,第16页。